Sabores do Brasil em Portugal

Descobrir e transformar novos alimentos
(séculos XVI-XXI)

Dados Internacionais de Catalogação na Publicação (CIP)
(Câmara Brasileira do Livro, SP, Brasil)

Braga, Isabel M. R. Mendes Drumond
Sabores do Brasil em Portugal : descobrir e transformar novos alimentos (séculos XVI-XXI) / Isabel M. R. Mendes Drumond Braga. – São Paulo : Editora Senac São Paulo, 2010.

Bibliografia
ISBN 978-85-7359-990-9

1. Brasil – História 2. Culinária brasileira 3. Culinária portuguesa 4. Gastronomia 5. Portugal – História 6. Receitas I. Título.

10-06844 CDD-641.50981
-641.50469

Índices para catálogo sistemático:

1. Brasil : Culinária : História 641.50981
2. Portugal : Culinária : História 641.50469

Isabel M. R. Mendes Drumond Braga

Sabores do Brasil em Portugal

Descobrir e transformar novos alimentos (séculos XVI-XXI)

editora senac são paulo

Editor: Marcus Vinicius Barili Alves (vinicius@sp.senac.br)

Coordenação de Prospecção e Produção Editorial: Isabel M. M. Alexandre (ialexand@sp.senac.br)
Supervisão de Produção Editorial: Pedro Barros (pedro.barros@sp.senac.br)

Edição de Texto: Adalberto Luís de Oliveira
Preparação de Texto: Lucimara Carvalho
Revisão de Texto: Denise de Almeida, Fátima Couto, Luiza Elena Luchini
Projeto Gráfico e Editoração Eletrônica: Fabiana Fernandes
Capa: Fabiana Fernandes – montagem a partir de Lilian Zampol, *Vendedora de frutas* (2009), e azulejos *Grande panorama de Lisboa* (*c*. 1700)
Impressão e Acabamento: Geográfica e Editora Ltda.

Gerência Comercial: Marcus Vinicius Barili Alves (vinicius@sp.senac.br)
Supervisão de Vendas: Rubens Gonçalves Folha (rfolha@sp.senac.br)
Coordenação Administrativa: Carlos Alberto Alves (calves@sp.senac.br)

Editora Senac São Paulo
Rua Rui Barbosa, 377 – 1º andar – Bela Vista – CEP 01326-010
Caixa Postal 1120 – CEP 01032-970 – São Paulo – SP
Tel. (11) 2187-4450 – Fax (11) 2187-4486
E-mail: editora@sp.senac.br
Home page: http://www.editorasenacsp.com.br

Sumário

Nota do editor*

Abraçar, comer e confraternizar. No "abraço" entre portugueses e autóctones, no início da colonização, e posterior miscigenação entre índios, africanos e colonizadores há uma complexa influência de valores, de cultura e de sabores.

O tempo amadurece no coração do colonizador os frutos exóticos e assim o Novo Mundo vai aos poucos penetrando no hábito alimentar dos portugueses.

A historiadora Isabel M. R. Mendes Drumond Braga, da Universidade de Lisboa, trata aqui dessas influências da culinária brasileira em Portugal, e vai nos mostrando como aos poucos dá-se uma verdadeira modificação na culinária europeia.

É mais um lançamento do Senac São Paulo no interesse dos estudos da história da alimentação.

* Nesta edição, excepcionalmente, usamos algumas palavras e expressões de uso mais comum em Portugal sem prejuízo do entendimento. (N. E.)

"[...] se houvesse paraíso na Terra, eu diria que agora o havia no Brasil [...] saúde não há mais no mundo; ares frescos, terra alegre, não se viu outra; os mantimentos eu os tenho por melhores, ao menos para mim, que os de lá e de verdade que nenhuma lembrança tenho deles para os desejar. Se tem em Portugal galinhas, cá as há muitas e mui baratas; se tem carneiros, cá há tantos animais que caçam nos matos, e de tão boa carne, que me rio muito de Portugal em essa parte. Se tem vinho, há tantas águas que a olhos vistos me acho melhor com elas que com os vinhos de lá; se tem pão, cá o tive eu por vezes e fresco, e comia antes do mantimento da terra que dele, e está claro ser mais sã a farinha da terra que o pão de lá; pois as frutas, coma quem quiser as de lá, das quais cá temos muitas, que eu com as de cá me quero. E além disto há cá coisas em tanta abundância que, além de se darem em todo o ano, dão-se tão facilmente e sem as plantarem que não há pobre que não seja farto com mui pouco trabalho".[1]

Pº Rui Pereira (S.I.), Bahia, 1560

1 *Cartas avulsas (1550-1568)* (Belo Horizonte/São Paulo: Itatiaia/Edusp, 1988), p. 289.

Introdução*

Esta obra foi escrita a partir do prisma da história. Sem esquecer o profícuo diálogo com a antropologia e com a sociologia, a visão que se apresenta nas páginas que se seguem é, de fato, a da história. Resistiu-se a uma tentação, a de partir da atualidade e recuar até 1500. De qualquer modo, em alguns casos, foram reflexões do presente que motivaram a perspectivação da problemática abordada nos dois capítulos que se seguem. Efetivamente, em meados de 2008, a leitura de um artigo num jornal francês sobre as preocupações patentes nos Estados Unidos por parte dos *locavores* – grupo de pessoas que se comprometeram a comer apenas produtos locais produzidos, preparados e embalados num raio de 160 quilômetros – deu azo à ponderação de aspectos como os seguintes: quando e por que se chegou a tal situação? Têm essas preocupações relevância em Portugal?

Se bem que as preocupações ecológicas não sejam de modo algum estranhas aos europeus, foi um grupo de norte-americanas de São

* No intuito de uniformizar a obra de acordo com os critérios da editora, as notas de rodapé e as citações bibliográficas não obedecem aos critérios da autora. O mesmo se diga da ortografia e de algumas expressões, atendendo a que o livro se destina preferencialmente ao público brasileiro. (N. A.)

Francisco que, partindo da defesa do meio ambiente – o transporte dos produtos implica não apenas a colheita antes do término do processo de maturação, como também gastos elevados em combustível e aumento da poluição –, entendeu valorizar a produção local e, com algum radicalismo, suprimir açúcar, arroz, azeite, café e chocolate do cotidiano alimentar. Não obstante, algumas exceções foram criadas: uma vez por semana é permitida uma prevaricação a cada *locavore* (com o consumo de um produto como chocolate, café, azeite ou outro), ao mesmo tempo que está autorizada a manutenção do sal e das especiarias, a chamada exceção Marco Polo.[2] Ou seja, caminham essas pessoas em sentido inverso àquele que ao longo dos séculos se foi percorrendo.

Sem entrar na polêmica em causa, parece claro que, ao longo dos tempos, o homem foi procurando explorar as diferentes potencialidades da natureza e proceder à aclimatação de plantas, melhorando as dietas das populações e lutando, assim, contra as endêmicas fomes. A impossibilidade de proceder à importação de certos gêneros alimentares – por serem perecíveis ou por os gastos não compensarem o investimento – fomentou as tentativas de cultivar plantas e criar animais oriundos de um continente em outro. De qualquer modo, os excessos iniciados no século XX explicam, por exemplo, a presença de kiwis provenientes da Nova Zelândia, o antípoda de Portugal, nos supermercados do país; o consumo de morangos, que não cheiram nem sabem a morangos, em qualquer época do ano, em especial durante o inverno; ou até a presença de água oriunda, por exemplo, da Espanha (Solan de Cabras), França (Evian, Perrier, Vitel), Itália (Oxygizer, San Pellegrino, Solé), Reino Unido (Speyside), Alemanha (Gerolsteiner), Holanda (Ogo) e Noruega (Sparkling Voss) em alguns estabelecimentos *gourmets*, supermercados e restaurantes portugueses. Assim, se compreendem as reações extremas e até simplistas vividas nos Estados Unidos, país onde esse tipo de prática é comum há muito com os *locavores* e outros. Tanto quanto sabemos, essas atitudes ainda não chegaram a Portugal.

---

2 Corine Lesnes, "Le Régime 'locavore', délices et délires", em *Le Monde*, nº 19.694, Paris, 22-5-2008, p. 34. A edição do *New Oxford American Dictionary*, de 2007, escolheu como palavra do ano o vocábulo *locavore*. Cf. também http://en.wikipedia.org/wiki/Local_food, consultado em 10-9-2008. As preocupações ecológicas e as ideias dos locavores estão patentes até em séries televisivas norte-americanas como, por exemplo, *Lipstick Jungle* e *Brothers and Sisters*.

Neste estudo, pretendemos percorrer as fontes disponíveis, nomeadamente cartas de leigos e de eclesiásticos, relatórios científicos, relatos de viagens de portugueses e de estrangeiros, livros de cozinha, anúncios publicados na *Gazeta de Lisboa* e na *Gazeta do Rio de Janeiro,* inventários de bens, dados estatísticos disponibilizados por instituições governamentais e outras, conjugá-las com os estudos já realizados[3] e tentar perceber as reações provocadas pelos novos sabores encontrados no Brasil pelos portugueses, bem como o percurso e a presença de alguns desses sabores brasileiros nas mesas portuguesas desde o século XVI até a atualidade. No caso do século XXI, recorreu-se à realização de um inquérito e à visita a estabelecimentos de gêneros alimentares optando-se por uma clara aproximação à sociologia, numa tentativa de esboço, e não mais do que isso, da situação que se vive atualmente.

O texto foi estruturado a partir de dois momentos. O primeiro, em 1500 e anos subsequentes, grosso modo do final do século XV até ao final do século XVIII; o segundo desde que ocorreu a presença da Corte no Rio de Janeiro (1808-1821) até ao presente. Ou seja, começou por apresentar-se o que se comia, como se comia e onde se comia em Portugal, quando os primeiros colonos se dirigiram ao Brasil; a seguir contrapôs-se essa realidade com a do local de chegada, através do estudo da alimentação dos índios e dos negros, nomeadamente dos primeiros escravos africanos levados para as plantações de açúcar; posteriormente foi-se dando conta do impacto dos novos gêneros entre os portugueses residentes no Brasil e em Portugal, nomeadamente com a lenta recepção de alguns produtos; seguidamente passou-se para a situação no início do século XIX, para se poder perceber as alterações suscitadas pela presença da Corte no Rio de Janeiro nos dois lados do Atlântico; e, finalmente, tentou realçar-se a realidade atual.

---

[3] A produção historiográfica portuguesa sobre alimentação é bastante pobre comparativamente à brasileira ou a outras historiografias europeias, caso da francesa. Cf., respectivamente, Isabel M. R. Mendes Drumond Braga, *Alimentação e sociabilidade à mesa: um percurso historiográfico recente,* comunicação apresentada ao I Colóquio de História e Cultura da Alimentação. Saber e sabor. História, comida e identidade, Curitiba, 19 a 21 de agosto de 2007; Henrique Carneiro, *Comida e sociedade: uma história da alimentação* (4ª ed. Rio de Janeiro: Elsevier, 2003), pp. 131-185; Carlos Roberto Antunes dos Santos, "Por uma história da alimentação", em *História: Questões e Debates,* 14 (26-27), Curitiba, 1997, pp. 154-171; Odile Redon & Bruno Laurioux, "Histoire de l'alimentation entre Moyen Age et temps modernes. Regards sur trente ans de recherches", em Odile Redon, Line Sallmann, Sylvie Steinberg. (orgs.), *Le désir et le goût: une autre histoire (XIIIE-XVIIIe siècles)* (Saint-Denis: Presses Universitaires de Vincennes, 2005), pp. 53-84.

Muitas vezes, as comparações impuseram-se, pois o que levaram os portugueses para o Brasil, o que lá encontraram, o que de lá trouxeram, o que rejeitaram, o que adotaram e o que transformaram não são abstrações nem assuntos isolados. Usamos e abusamos dos relatos de estrangeiros, cujos excertos mais significativos não nos coibimos de transcrever, enquadrar e comentar, sem perder de vista que os autores deste tipo de narrativas permaneceram por períodos variáveis no Brasil, o que, em alguns casos, impediu a compreensão cabal da realidade observada, apresentando testemunhos superficiais e subjetivos resultantes de alguns preconceitos e influenciados por diversas leituras prévias ou posteriores às estadas.[4] Porém, não descuramos outras fontes, nem sempre tão expressivas quanto as referidas impressões dos que percorreram o Brasil, mas, mesmo assim, importantes. Dentre estas, salientemos a publicidade, que evidenciou a oferta crescente de bens e serviços, permitindo a afirmação de novos valores e a divulgação de muitos produtos importados, denunciando a expansão de hábitos alimentares de várias comunidades.

A descoberta e o percurso de certos bens alimentares provenientes do continente americano, e em especial do Brasil, nas mesas portuguesas, de 1500 à atualidade, conheceu avanços e revezes. Com a primeira viagem de Colombo à América, em 1492, e com a descoberta oficial do Brasil, em 1500, por Pedro Álvares Cabral, deu-se o contato, não só com populações diferentes das europeias e das africanas, como também se descobriram novos sabores, alguns dos quais foram entrando nas dietas alimentares dos europeus, primeiro *in loco*, depois na Europa. Qual o critério que presidiu as escolhas? Por que se adotaram uns produtos e se rejeitaram outros? Quando se vulgarizaram? Quais se aclimataram? Como foram reinterpretados pelos europeus? Teve ou não a presença da Corte no Rio de Janeiro (1808-1821) impacto nesse processo? Finalmente, qual é a situação atual? Eis algumas das perguntas a que pretendemos dar resposta ao longo das próximas páginas.

---

4 Sobre os cuidados necessários à análise desse tipo de fontes, ver Luciana de Lima Martins, *O Rio de Janeiro dos viajantes: o olhar britânico (1800-1850)* (Rio de Janeiro: Zahar, 2001), pp. 9-19; Valéria Lima, *J. B. Debret historiador e pintor* (Campinas: Editora Unicamp, 2007), pp. 33 e 175-178; Luciana Rossato, *A lupa e o diário: história natural, viagens científicas e relatos sobre a capitania de Santa Catarina (1763-1822)* (Itajaí: Universidade do Vale de Itajaí, 2007), pp. 15-19, 22-23, *passim*.

O convite do professor doutor Ronaldo Vainfas para elaborar o verbete "Culinária e gastronomia", inserido no *Dicionário do Brasil joanino*; a presença, a convite do professor doutor Carlos Roberto Antunes dos Santos, no I Colóquio de História da Alimentação. Saber e sabor. História, comida e identidade, realizado em Curitiba, em agosto de 2007; e, a convite da professora doutora Mônica Chaves Abdala, no colóquio Fazendo gênero 8. Seminário temático alimentação e gênero, realizado em Florianópolis, em agosto de 2008, contribuíram para um melhor conhecimento das realidades brasileiras, com proveitosa e alargada discussão de temas entre estudiosos de várias áreas. Esses momentos profícuos permitiram enriquecer este trabalho. Contamos também com o envio de livros e artigos de revistas, por diversos colegas: Claude Papavero, Georgina Silva dos Santos, Leila Mezan Algranti, Paula Pinto e Silva e Ronaldo Vainfas. A obtenção das respostas ao inquérito só foi possível com diversas colaborações, as dos que se prontificaram a responder e as de todos – e foram muitos – os que nos ajudaram a conseguir obter respostas. Neste sentido, merecem especiais agradecimentos os que mais ativamente colaboraram nesta atividade, nomeadamente, no meio universitário, as colegas professora doutora Inês de Ornellas e Castro, professora doutora Fátima Hanaque e as antigas alunas mestre Ana Cristina Pereira, drª Maria de Jesus Assunção e drª Maria Elsa Mourão, a quem também devo o desenho do mapa de Portugal e a pesquisa de parte da iconografia *on-line.* Fora do meio universitário, os maiores encômios são para as senhoras dr.ª Patrícia Pratas, dr.ª Paula Dinis, dona Andradina Pestana, dona Gislaine Peixoto, dona Irene Oliveira e para o senhor Márcio Sousa Santos. Numa tentativa de difícil sucesso, mas apesar de tudo bem conseguida, no sentido de conciliar praia e biblioteca, contamos com a ajuda de Paulo Drumond Braga, que, na Biblioteca do Instituto Histórico Geográfico Brasileiro e ao nosso lado, leu algumas das fontes que aqui se utilizaram, viabilizando mais tempo para estarmos juntos. A todos, um enorme muito obrigada.

Lisboa, abril de 2009

LINHA DA DEMARCACAM
Capitania de Francisco barreto
Capitania de Iorgo dalbuquerqe
DESVA MAGESTADE
Capitania de Francisco giraldes
Capitania do Duque claueiro
Capitania de
Capitania de
Scala de 100 legoas repartidas por 2.10.e 50
Rio da prata
Estreito de Fernando de Magalhães
N
M
R
I
D
I
O
N
A
L

Um novo mundo cheio de novos sabores (séculos XV-XVIII)

Mapa do Brasil, de Luís Teixeira, *c.* 1585-1590.

Portugal à época da chegada ao Brasil

Em 1500, reinava em Portugal D. Manuel I,[1] que sucedera, em 1495, a seu primo e cunhado, D. João II, em virtude da morte prematura do único filho legítimo deste último, o príncipe D. Afonso, em 1491.[2] Uma das primeiras medidas do novo monarca foi o édito de expulsão dos judeus e dos mouros de Portugal (1496). Essa medida assemelhava-se a outras, que já tinham sido tomadas por esses anos na Europa, a última das quais pelos reis de Castela e Aragão, Isabel I e Fernando II, os Reis Católicos (1492). Como consequência, surgiu a minoria cristã-nova, constituída pelos judeus convertidos e seus descendentes, uma vez que, se a maior parte dos mouros optou por sair, a maioria dos judeus permaneceu e tornou-se cristã.[3]

---

1 Reinou de 1495 até à sua morte, em 1521. Sobre essa figura, ver João Paulo de Oliveira e Costa, *D. Manuel I (1469-1521). Um príncipe do Renascimento* (Lisboa: Círculo de Leitores/Universidade Católica Portuguesa/Centro de Estudos dos Povos e Culturas de Expressão Portuguesa, 2005).

2 Luís Adão da Fonseca, *D. João II* (Lisboa: Círculo de Leitores/Universidade Católica Portuguesa/Centro de Estudos dos Povos e Culturas de Expressão Portuguesa, 2005).

3 Maria José Pimenta Ferro Tavares, *Judaísmo e Inquisição: estudos* (Lisboa: Presença, 1987); François Soyer, *The Persecution of the Jews and Muslims of Portugal. King Manuel I and the End of the Religious Pluralism in Portugal (1496-97)* (Leiden: Brill, 2007); "Le royaume de Portugal et

D. Manuel I, atribuído a Garcia Fernandes, 1520.

Durante o reinado de D. Manuel I, ocorreram duas hipóteses pacíficas de união ibérica: em 1497, a primeira mulher do monarca, D. Isabel, filha mais velha de Fernando e Isabel de Aragão e de Castela, tornou-se, inesperadamente, herdeira dos tronos de Castela e Aragão, em virtude da morte do seu único irmão varão, D. João. D. Manuel I e D. Isabel chegaram mesmo a ser jurados herdeiros da Coroa de Castela, nas Cortes de Toledo, mas D. Isabel morreu em Saragoça (Reino de Aragão), ao dar à luz o príncipe D. Miguel da Paz (1498),[4] que protagonizaria a segunda hipótese de união ibérica, uma vez que, durante a sua curta vida (1498-1500), foi herdeiro de três coroas (Portugal, Castela e Aragão).[5]

No mesmo ano em que se deu o descobrimento oficial do Brasil, D. Manuel I voltou a casar, com uma irmã da primeira mulher, D. Maria. Se era altamente improvável que esse segundo enlace lhe voltasse a abrir as portas da união ibérica, já que D. Maria tinha uma irmã mais velha, D. Joana, serviu ao menos para garantir a continuidade dinástica. De fato, nesse segundo enlace do rei foram gerados dez filhos, dos quais sobreviveu a maior parte, tendo dois deles cingido a coroa: D. João III e D. Henrique.[6]

No reinado de Dom Manuel I, deram-se passos importantes na centralização do poder real, por exemplo, com a reforma dos forais e a publicação das Ordenações Manuelinas. A primeira, iniciada em 1497, duraria até 1520. Tratou-se de dar a todas as cidades e vilas do Reino novos forais, que passaram a ser quase só listas de impostos devidos à Coroa.[7] As Ordenações Manuelinas, vieram substituir as envelhecidas Ordenações Afonsinas (1449) e conseguiram reduzir diversos diplomas

l'expulsion des Juifs d'Espagne en 1492", em José Hinojosa Motalvo & Maria Filomena Lopes de Barros, *Minorias étnico-religiosas na península Ibérica (períodos medieval e moderno)* (Lisboa/Évora/Alicante: Colibri/Universidade de Évora/Centro Interdisciplinar de História, Culturas e Sociedades/Universidade de Alicante, 2008), pp. 325-347.

4 Isabel M. R. Mendes Drumond Braga, "A governação de Portugal durante a viagem de D. Manuel a Castela e Aragão em 1498", em *Cooperação e conflito. Portugal: Castela e Aragão (séculos XV-XVII)* (Lisboa: Universitária Editora, 2002), pp. 13-34.

5 Isabel M. R. Mendes Drumond Braga, "D. Miguel (1498-1500) ou o projeto de um monarca para a península Ibérica", em *Cooperação e conflito: Portugal, Castela e Aragão. (séculos XV-XVII*, cit., pp. 35-60.

6 João Paulo de Oliveira e Costa, *D. Manuel I (1469-1521): um príncipe do Renascimento*, cit., pp. 115-117.

7 Maria José Mexia Bigotte Chorão, *Os forais de D. Manuel. 1495-1520* (Lisboa: Arquivo Nacional da Torre do Tombo, 1990); Carlos Margaça Veiga, "A reforma manuelina dos forais", em Margarida Garcez Ventura (org.), *O foral da Ericeira no Arquivo Museu* (Lisboa: Colibri, 1993), pp. 31-56.

legislativos a textos uniformes e harmoniosos, sem referência à data de publicação original. A primeira versão do código manuelino foi publicada em 1512-1513, e a segunda, em 1521.[8] D. Manuel I, com vista a uma melhor organização de diversos setores, promulgou e mandou publicar um conjunto de regimentos, como o dos oficiais das cidades, vilas e lugares (1503), das Casas da Mina e da Índia (1509), dos contadores das comarcas (1514), das ordenações da fazenda (1516), das ordenações da Índia (1520) e, ainda, os artigos das sisas (1511-1512).[9] Viviam-se tempos em que as Cortes tinham perdido grande parte do seu poder e da sua eficácia, reunindo-se cada vez menos e quase só para jurar herdeiros do trono,[10] como aconteceu precisamente com duas das três que esse soberano convocou, em 1499[11] e 1502.[12]

A euforia e o otimismo caracterizaram o reinado de D. Manuel I, traduzindo-se, entre outros aspectos, na construção de um novo palácio real, junto ao Tejo – o Paço da Ribeira, que levou a Corte a descer de uma das colinas de Lisboa, onde se achava a anterior residência, o Castelo de São Jorge –,[13] e de um panteão dinástico – o Mosteiro de Santa Maria de Belém, geralmente conhecido como Jerônimos, por ter sido entregue a monges hieronimitas – que albergou os restos mortais dos vários reis e seus familiares próximos até 1580.[14]

A era manuelina foi de crescimento demográfico, fenômeno que se iniciou por volta de 1450. Em termos urbanos, afirmou-se o peso de Lisboa, que teria entre 50 e 60 mil habitantes nos primeiros anos

---

8 João José Alves Dias, "Introdução", em *Ordenações Manuelinas: reprodução em fac-símile da edição de Valentim Fernandes (Lisboa, 1512-1513)*, livro 1 (Lisboa: Universidade Nova de Lisboa/ Centro de Estudos Históricos, 2002), pp. VII-XL.

9 João José Alves Dias; Isabel M. R. Mendes Drumond Braga: Paulo Drumond Braga, "A conjuntura", em João José Alves Dias (org.), *Portugal: do Renascimento à crise dinástica*, vol. 5 da Coleção Nova História de Portugal (Lisboa: Presença, 1998), p. 715.

10 Isabel M. R. Mendes Drumond Braga & Paulo Drumond Braga, "O juramento dos herdeiros do trono em Cortes (séculos XIV-XVII)", em *As cortes e o Parlamento em Portugal: 750 anos das Cortes de Leiria de 1254. Atas do Congresso Internacional* (Lisboa: Assembleia da República, 2006), pp. 245-259.

11 João José Alves Dias (org.), *Cortes portuguesas: reinado de D. Manuel I (Cortes de 1499)* (Lisboa: Universidade Nova de Lisboa/Centro de Estudos Históricos, 2001).

12 João José Alves Dias (org.), *Cortes portuguesas: reinado de D. Manuel I (Cortes de 1502)* (Lisboa: Universidade Nova de Lisboa/Centro de Estudos Históricos, 2001). Acrescente-se que, além das de 1499 e das de 1502, D. Manuel I convocou outras cortes em 1498. Cf. João José Alves Dias (org.), *Cortes portuguesas. Reinado de D. Manuel I (Cortes de 1498)* (Lisboa: Universidade Nova de Lisboa/Centro de Estudos Históricos, 2002).

13 Nuno Senos, *O Paço da Ribeira (1501-1581)* (Lisboa: Editorial Notícias, 2002).

14 Jorge Muchagato, "A arquitetura", em João José Alves Dias (org.), *Portugal do Renascimento à crise dinástica*, cit., pp. 526-529.

do século XVI. A cidade do Porto tinha aproximadamente 14 mil, e Évora, cerca de 13 mil. Nas diversas cidades, surgiram novos bairros. Várias vilas foram, então, elevadas à categoria de cidade.[15] Acrescente-se ainda que foi com D. Manuel I que nasceram as Misericórdias, alterando o paradigma da assistência. A primeira foi a de Lisboa, criada em 1498, seguindo-se outras em todo o Reino e, mais tarde, no próprio Império.[16] Em termos culturais, é de salientar que, no tempo de D. Manuel I, o humanismo continuou a florescer.[17] A imprensa, que começou a funcionar no reinado anterior, conheceu um importante incremento.[18] Refiram-se ainda os novos estatutos dados à Universidade de Lisboa (*c.* 1503), graças aos quais aumentou a capacidade régia de intervenção.[19]

O reinado de D. Manuel I corresponde ao auge da expansão portuguesa. Coroando os esforços desenvolvidos pelo seu antecessor, D. João II, que visava chegar à Índia por via marítima, navegando para oriente – daí a importância das viagens de Diogo Cão (1482 e 1485-1486) e, sobretudo, de Bartolomeu Dias (1487-1488) –,[20] deu-se, em 1498, a chegada de Vasco da Gama a Calecut, na Índia.[21] Muito mais importante foi a constituição do Império Português do Oriente. Em 1499, quando Vasco da Gama regressou a Lisboa, a intitulação régia mudou para "Rei de Portugal e do Algarve de Aquém e de Além-

15 João José Alves Dias, *Gentes e espaços: em torno da população portuguesa na primeira metade do século XVI*, vol. 1 (Lisboa: Fundação Calouste Gulbenkian/Junta Nacional de Investigação Científica e Tecnológica, 1996).

16 Isabel dos Guimarães Sá & José Pedro Paiva (orgs.), "A fundação das Misericórdias: o reinado de D. Manuel", em José Pedro Paiva (org.), *Portugaliae Monumenta Misericordiarum*, vol. 3 (Lisboa: Universidade Católica Portuguesa/Centro de Estudos de História Religiosa/União das Misericórdias Portuguesas, 2002).

17 A. H. de Oliveira Marques, "As grandes tendências da cultura", em João José Alves Dias (org.), *Portugal do Renascimento à crise dinástica*, cit., pp. 483-489.

18 João José Alves Dias, "Nova forma de transmissão do 'verbo': a imprensa", em João José Alves Dias (org.), *Portugal do Renascimento à crise dinástica*, cit., pp. 496-498.

19 Manuel Augusto Rodrigues, "A universidade no tempo de D. Manuel I: algumas notas", em *A Universidade de Coimbra: Figuras e fatos da sua história*, vol. 1 (Porto: Campo das Letras, 2007), pp. 87-117.

20 Luís Filipe F. R. Thomaz, "O projeto imperial joanino: tentativa de interpretação global da política ultramarina de D. João II", em *De Ceuta a Timor* (Linda-a-Velha: Difel, 1994), pp. 149-167; A. H. de Oliveira Marques, "A expansão no Atlântico", em A. H. de Oliveira Marques (org.), *A expansão quatrocentista*, vol. 2 de Joel Serrão & A. H. de Oliveira Marques (orgs.), *Nova História da Expansão Portuguesa* (Lisboa: Estampa, 1998), pp. 92-133; Luís Adão da Fonseca, *D. João II*, cit., pp. 92-134.

21 Cf. a síntese de A. H. de Oliveira Marques, "A expansão no Atlântico", cit., pp. 133-136, bem como Luís Adão da Fonseca, *Vasco da Gama: o homem, a viagem, a época* (Lisboa: Expo 98, 1997).

-Mar em África, senhor da Guiné, da conquista, da navegação e do comércio na Etiópia, Arábia, Pérsia e Índia". Era um verdadeiro programa. Os portugueses conseguiram, de fato, controlar o Índico, lutando contra egípcios, persas e potentados locais, como o rei de Cambaia. As políticas dos dois primeiros representantes da Coroa portuguesa na região, D. Francisco de Almeida, vice-rei da Índia (1505-1509), e Afonso de Albuquerque, governador (1509-1515), longe de terem sido opostas, foram complementares. Se o primeiro dotou o Índico de uma esquadra permanente e estabeleceu o monopólio português nesse oceano, Afonso de Albuquerque conquistou os pontos estratégicos de Malaca, Ormuz e Goa. Além do domínio do Índico, os portugueses estabeleceram a "rota do Cabo" ou "Carreira da Índia", que a Coroa monopolizou até 1570, e que funcionou em grande parte graças à feitoria portuguesa em Flandres, situada desde 1453 em Bruges e, a partir de 1499, em Antuérpia, responsável quer pelo financiamento das viagens portuguesas ao Oriente, quer pelo escoamento, na Europa, dos produtos trazidos dessas paragens longínquas.[22] As moedas portuguesas – com relevo para o chamado *português*, cunhado pela primeira vez no reinado de D. Manuel I, com a variante áurea e a argêntea – inundaram grande parte da Europa, dando ao monarca luso a fama de rico e poderoso.[23]

Ainda em termos de expansão ultramarina, o reinado de D. Manuel I assistiu ao regresso às conquistas no Norte da África, concretamente, Safim (1508), Azamor (1515) e Mamora (1515). Esta última praça-forte foi rapidamente abandonada após um cerco. A Coroa comprou ainda o Castelo de Santa Cruz de Cabo de Gué de um particular português (1513) e mandou construir a Fortaleza de Mazagão (1514).[24] Foi também a época áurea da escravatura negra, em que milhares de indivíduos foram utilizados, sobretudo, em trabalhos domésticos e na

---

22 Kirti Chaudhuri, "O estabelecimento no Oriente", em Francisco Bethencourt & Kirti Chaudhuri, *História da expansão portuguesa: a formação do Império (1415-1570)*, vol. 1 (Lisboa: Círculo de Leitores, 1998), pp. 163-191; Sanjay Subrahmanyam, *O Império Asiático Português (1500-1700): uma história política e econômica,* trad. Paulo Jorge Sousa Pinto (Linda-a-Velha: Difel, 1995); João Paulo de Oliveira e Costa, *D. Manuel I (1469-1521): um príncipe do Renascimento*, cit., pp. 154-164, *passim.*

23 Maria José Pimenta Ferro Tavares, "A moeda portuguesa no mundo (sécs XII-XVI)", em *Os portugueses e o mundo: Conferência internacional*, vol. 2 (Porto: Fundação Engenheiro António de Almeida, 1988), pp. 184-185.

24 António Dias Farinha, "Norte de África", em Francisco Bethencourt & Kirti Chaudhuri, *História da expansão portuguesa: a formação do Império (1415-1570)*, vol. 1, cit., pp. 128-130.

agricultura.[25] Foi, igualmente, o tempo da chegada dos ciganos, cuja primeira expulsão, nunca concretizada, como, aliás, nenhuma das restantes, data do reinado seguinte, o de D. João III (1526).[26]

Deixado propositadamente para o final destas linhas, é importante lembrar, ainda, o fato de que no reinado d'O Venturoso, em abril de 1500, descobriu-se oficialmente o Brasil, quando a frota de Pedro Álvares Cabral, que saíra de Lisboa a 9 de março, teoricamente rumo à Índia, avistou terra. O desembarque ocorreu no dia 23 de abril. O Brasil não suscitou de imediato um grande interesse aos portugueses. D. Manuel I estava, de fato, mais interessado em conseguir a hegemonia lusa no oceano Índico e o alargamento das posições portuguesas no Norte da África. Realizaram-se algumas viagens exploratórias da costa e pouco mais. Só em 1531, já no reinado de D. João III, com a chegada de Martim Afonso de Sousa, é que começou a colonização efetiva. Em 1534, foram instituídas as capitanias e, em 1548, o governo-geral.

Tendo o Brasil sido oficialmente descoberto em 1500, nos anos imediatos, do ponto de vista econômico, o território interessou pela obtenção do pau-brasil (*Caesalpina echinata*), de nome tupi *ibirapitanga*, cuja exploração contou com a colaboração dos índios. A produção de açúcar foi iniciada na Bahia, em 1531, e em São Vicente, no ano seguinte. Com a implementação do regime das capitanias-donatarias, a lavoura canavieira estendeu-se a outras regiões, como Pernambuco e São Tomé (Paraíba do Sul). Diversas condições naturais fizeram da Bahia e de Pernambuco os centros produtores mais importantes do Brasil. Em 1590, ambas as capitanias concentravam 80% dos engenhos em laboração no território. Em meados do século XVI, um engenho produzia, em média, 2 mil arrobas de açúcar por ano, o que dava qualquer coisa como 100 mil arrobas em todo o espaço brasileiro. A aclimatação da cana-de-açúcar e a construção de engenhos motivaram a presença de brancos e o tráfico de escravos, provenientes do continente africano, desde cedo.[27]

---

25 A. C. de C. M. Saunders, *História social dos escravos e libertos negros em Portugal (1441-1550)* (Lisboa: Imprensa Nacional/Casa da Moeda, 1994).

26 Elisa Maria de Jesus Lopes da Costa, "La minoranza sociale rom nel Portogallo moderno (secoli XV-XVIII)", em *Lacio Drom*, 25 (1), Roma, 1989, pp. 5-23; Isabel M. R. Mendes Drumond Braga, "Para o estudo da minoria cigana no Portugal quinhentista", em *Brigantia*, 12 (4), Bragança, 1992, pp. 29-47.

27 Alice P. Cannabrava, "A grande propriedade rural", em Sérgio Buarque de Holanda (org.), *A época colonial: administração, economia, sociedade*, vol. 2, Coleção História Geral da Civilização Brasileira (10ª ed. Rio de Janeiro: Bertrand Brasil, 2003), pp. 229-236; Stuart B. Scwhartz, *Segre-*

De qualquer modo, será posteriormente que o Brasil assumirá importância de relevo. Atentemos às palavras de A. H. de Oliveira Marques:

> De finais do século XVII a 1822, o Brasil constituiu a essência do Império Português. Com algum exagero, até se poderia dizer que constituía a essência do próprio Portugal. Foi o Brasil que, em grande parte, levou à separação de Espanha, em 1640. Foi o Brasil que deu a Portugal os meios de se conservar independente depois, e que justificou o apoio concedido pelas outras potências à secessão portuguesa. Foi o Brasil que trouxe uma nova época de prosperidade durante o século XVIII e que fez Portugal respeitado uma vez mais entre as nações civilizadas da Europa.[28]

---

dos internos: engenhos e escravos na sociedade colonial (São Paulo: Companhia das Letras, 1988); Jorge Couto, *A construção do Brasil: ameríndios, portugueses e africanos do início do povoamento a finais de quinhentos* (2ª ed. Lisboa: Cosmos, 1997), pp. 284-296; Harold Johnson, "Desenvolvimento e expansão da economia brasileira", em Joel Serrão & A. H. Oliveira Marques (orgs.), *Nova história da expansão portuguesa. O Império Luso-Brasileiro (1500-1620)*, vol. 6, coordenação de Harold Johnson e Maria Beatriz Nizza da Silva (Lisboa: Estama, 1992), pp. 240-256.

28 A. H. de Oliveira Marques, *História de Portugal*, vol. 2 (Lisboa: Presença, 1998), p. 387.

A alimentação em Portugal no princípio do século XVI

Estudar as práticas alimentares num determinado espaço e num certo momento implica ter consciência da produção e da distribuição dos produtos alimentícios, da sazonalidade de certos bens, das maneiras de conservar os diferentes gêneros, do estádio de desenvolvimento das técnicas culinárias e, naturalmente, do poder de compra dos diferentes grupos consumidores. Ora, se nos situarmos no início da presença portuguesa no Brasil e tentarmos perceber o que comiam e como comiam os portugueses residentes no Reino, somos, desde logo, levados para a análise do primeiro livro de receitas conhecido, normalmente designado como *Livro de cozinha da infanta D. Maria*, escrito no final do século XV, início do XVI[1] e divulgado fora da Itá-

[1] Sobre a análise da escrita do manuscrito, com a indicação das diferentes sete mãos, tipos de letras, caracterização e datação das mesmas – receitas 4-12, 30-38 e 41-64 do século XV, e as restantes do século XVI, por seis mãos diferentes –, ver Célia Marques Telles, "Características grafemático-fonéticas de um manuscrito em letra gótica cursiva", em Ângela V. Leão & Vanda de O. Bittencourt (orgs.), *IV Encontro Internacional de Estudos Medievais: anais* (Belo Horizonte: Pontifícia Universidade Católica de Minas Gerais, 2003), pp. 731-738. Sobre a análise codi-

Gregório Lopes, *Salomé apresentando a cabeça de São João Batista a Herodes*, c. 1538-1539.

lia, onde se guarda o original, no século XIX.[2] Recentemente, outras fontes diversas têm vindo a ser difundidas, permitindo um melhor conhecimento das técnicas alimentares e, sobretudo, dos consumos dos grupos privilegiados.[3] Não esqueçamos que a informação sobre os diferentes tipos de alimentos e de refeições é muito diferenciada por toda a Europa.[4]

Bem menos dados temos sobre a alimentação popular, caracterizada, frequentemente, por carências, quer no âmbito dos produtos, quer na quantidade, mesmo numa época em que comer bem era sinônimo de comer muito. Algumas considerações são, contudo, possíveis, como, por exemplo, o consumo exagerado de cereais e de vinho pelos grupos não privilegiados, em detrimento da carne, do peixe, dos legumes e das frutas, utilizados em pequenas quantidades e nunca de forma recorrente. Mesmo assim, há que pontualizar. No que se refere ao pão, havia os tipos meado, terçado e quartado, ou seja pão de mistura de dois, três ou quatro cereais, em oposição ao pão alvo, ou branco, de trigo, utilizado especialmente, mas não exclusivamente, pelos mais abastados.[5] No grupo das carnes, as mais frequentes eram a de porco e a de algumas aves, enquanto no dos peixes, o destaque incidia

---

cológica, ver também Maria José Azevedo Santos, "O mais antigo livro de cozinha português: receitas e sabores", em *A alimentação em Portugal na Idade Média: fontes, cultura, sociedade* (Coimbra: Inatel, 1997), pp. 35-66. A autora indica seis mãos.

2 Giacinto Manuppella (org.), *Livro de cozinha da infanta D. Maria* (Lisboa: Imprensa Nacional/Casa da Moeda, 1987). Sobre a análise do receituário, ver A. H. de Oliveira Marques, *A sociedade medieval portuguesa: aspectos de vida quotidiana* (4ª ed. Lisboa: Sá da Costa, 1981), pp. 7-22; Salvador Dias Arnaut, *A arte de comer em Portugal na Idade Média* (Lisboa: Imprensa Nacional/Casa da Moeda, 1986); e Maria José Azevedo Santos, "O mais antigo livro de cozinha português", cit., pp. 35-66.

3 Iria Gonçalves, "Acerca da alimentação medieval", em *Imagens do mundo medieval* (Lisboa: Horizonte, 1988), pp. 201-217; "A colheita régia medieval, padrão alimentar de qualidade: um contributo beirão", em *Revista da Faculdade de Ciências Sociais e Humanas*, vol. 6, Lisboa, 1992-1993, pp. 175-189; "À mesa, com o rei de Portugal (séculos XII-XIII)", em *Revista da Faculdade de Letras*, 2ª série, vol. 14, Porto, 1997, pp. 13-32; Maria José Azevedo Santos, "O peixe e a fruta na alimentação da Corte de D. Afonso V: breves notas", em *A alimentação em Portugal na Idade Média: fontes, cultura, sociedade*, cit., pp. 1-33; *Jantar e cear na Corte de D. João III: leitura, transcrição e estudo de dois livros de cozinha do rei (1524 e 1532)* (Vila do Conde/Coimbra: Câmara Municipal de Vila do Conde/Centro de História da Sociedade e da Cultura, 2002); "A escrita serve à mesa", em Helena Gil & Florinda Gomes (org.), *Atas do Congresso Saberes e Sabores* (Vila Real: Direção Regional da Cultura do Norte, 2006), pp. 23-65.

4 Daniel Roche, *Histoire des choses banales: naissance de la consommation dans les sociétés traditionnelles (XVIIe-XIXe siècles)* (Paris: Fayard, 1997), p. 242.

5 Iria Gonçalves citou, a partir do caso de Alcobaça, as variações acerca do consumo de pão, inclusive o de trigo, pelos camponeses daquela região. Cf. "Do pão quotidiano nas terras de Alcobaça (séculos XIV e XV)", em *Separata de Cister: espaços, territórios, paisagens. Atas* (s/l.: Ministério da Cultura/Instituto Português do Patrimônio Arquitetônico, s/d.), p. 22.

nas sardinhas.[6] Fora dos meios rurais, a essas questões juntavam-se dificuldades de abastecimento, necessidade de proceder à venda em locais próprios, tabelamento de preços, exata averiguação dos pesos e medidas e ainda conservação e qualidade dos alimentos, questões a que as câmaras tentavam dar resposta.[7]

A alimentação quinhentista manteve a maior parte das características da sua congênere medieval.[8] Apenas o uso exagerado de açúcar e de especiarias entre os privilegiados revelou algumas diferenças, uma vez que a integração dos produtos americanos na dieta mediterrânica, isto é, a principal diferença entre a alimentação medieval e a alimentação moderna, deu-se de forma progressiva e lenta, só tendo cabal significado no século XVIII, com a divulgação generalizada da maior parte dos produtos.[9] Assim, a trilogia pão, vinho e carne continuou a ser uma realidade atestada por diversas fontes.

Fazer pão era uma tarefa caseira para muitas famílias, embora a moagem e a panificação também se levasse a efeito por profissionais da especialidade, em particular, nas grandes cidades. Sabemos, por exemplo, que em Lisboa, em meados do século XVI, havia 170 forneiras e 782 padeiras, segundo o cômputo de Cristóvão Rodrigues de Oliveira.[10] Por seu lado, João Brandão (de Buarcos), além de referir as medideiras de cereais e as joeireiras, deu conta da existência de dez fornos de biscoito e de quinhentos de cozer pão, bem como de mil mulheres que vendiam pão, parte delas tendo-o previamente padejado[11] Desde cedo, prepararam-se diversas massas de pão, o que permitiu a hierarquização dos cereais, tendo em conta a relação destes com o

6 Maria Helena da Cruz Coelho, "Apontamentos sobre a comida e a bebida do campesinato coimbrão em tempos medievos", em *Homens, espaços e poderes (séculos XI-XVI): notas do viver social*, vol. 1 (Lisboa: Horizonte, 1990), pp. 9-22; Iria Gonçalves, "Do pão quotidiano nas terras de Alcobaça (séculos XIV e XV)", cit., pp. 21-26; "Alimentação medieval: conceitos, recursos, práticas", em *Atas dos VI Cursos Internacionais de Verão de Cascais*, vol. 2 (Cascais: Câmara Municipal de Cascais, 2000), pp. 29-48.

7 Iria Gonçalves, "Defesa do consumidor na cidade medieval: os produtos alimentares - Lisboa, séculos XIV-XV", em *Um olhar sobre a cidade medieval* (Cascais: Patrimonia, 1996), pp. 97-116.

8 João Carlos Oliveira, "A alimentação", em João José Alves Dias (org.), *Portugal do Renascimento à crise dinástica*, cit., pp. 618-626.

9 Isabel M. R. Mendes Drumond Braga, *A herança das Américas em Portugal: trópico das cores e dos sabores* (Lisboa: CTT Correios, 2007).

10 Cristóvão Rodrigues de Oliveira, *Lisboa em 1551: Sumário em que brevemente se contêm algumas coisas assim eclesiásticas como seculares que há na cidade de Lisboa (1551)* (Lisboa: Horizonte, 1987), pp. 97-100.

11 João Brandão (de Buarcos), *Grandeza e abastança de Lisboa em 1552* (Lisboa: Horizonte, 1990), pp. 86, 194, 200, 209-214.

consumo dos diferentes grupos sociais. O cereal nobre era o trigo, o responsável pelo pão branco, não obstante se confeccionar, como antes referimos, pão meado, terçado e quartado. Faziam-se, entre outros, pães finos, com farinhas selecionadas, fogaças (cozidas sob cinzas), pão de calo (doce) e pão-de-leite.[12] O pão era comido também em papas, sopas, açordas* e migas,** além de integrar diversas receitas, nas quais não era o principal ingrediente.

A carne, base da alimentação dos grupos abastados, era um produto de luxo, sendo o seu consumo socialmente prestigiante e um critério essencial do nível de vida. Consumia-se carne de vaca, vitela, carneiro, cordeiro, cabrito, porco, javali, coelho, láparo, lebre, veado, gamo, além de aves de capoeira e de caça, entre as quais se contam galinha, frango, frangão, ganso, perdiz, perdigoto, galinhola, narceja, capão, pato, adém, pombo, rola, tordo, codorniz e tarambola. A carne era obtida diretamente pela caça e, sobretudo, adquirida em feiras, mercados e tendas. Daí a existência de marchantes de carne, esfoladores, cortadores, carniceiros, galinheiros, cabriteiros e homens e mulheres que vendiam peças de caça,[13] as quais eram preparadas nas casas dos consumidores e nas tabernas.

A carne era servida albardada, em almôndegas, assada, cozida, desfeita, isto é, desfiada, em ensopado, estufada, em cuscuz, frita, defumada, em pastéis, picada, recheada e em torresmos e enchidos diversos, integrando inclusive doces, como o manjar branco. Os pratos de carne eram acompanhados de pão, de outras carnes, como toucinho, presunto e chouriço, e de molhos, havendo ainda guarnições de legumes. A carne era temperada com diversas especiarias, como cravo e pimenta, e, em alguns casos, com canela e até com açúcar. Apesar da diversidade de espécies consumidas, havia uma hierarquia traduzida na qualidade e no preço. As carnes mais caras e mais apreciadas eram a de carneiro, seguindo-se a de vitela e a de vaca, havendo ainda as peças de caça, obtidas no mercado e, sobretudo, nos passatempos da aristocracia. Se tivermos em conta a despensa real de D. João III, em

---

12 Iria Gonçalves, "Do pão quotidiano nas terras de Alcobaça (séculos XIV e XV)", cit., p. 24.

* Espécie de papa de miolo de pão ensopado em caldo, temperada com azeite e alho. (N. E.)

** Papa consistente feita com pedaços de pão refogado em carne de porco, banha, toucinho, alho, etc. (N. E.)

13 Cristóvão Rodrigues de Oliveira, *Lisboa em 1551: sumário em que brevemente se contêm algumas coisas assim eclesiásticas como seculares que há na cidade de Lisboa (1551)*, cit., pp. 97-100; João Brandão (de Buarcos), *Grandeza e abastança de Lisboa em 1552*, cit., pp. 209-214.

novembro de 1524, podemos verificar o importante peso da caça. Se o carneiro era a carne preferida, só as perdizes, peças de caça portanto, representaram 40,25% das espécies consumidas.[14]

Do livro de cozinha da infanta D. Maria, vejamos duas receitas de carne, uma das quais de caça, as quais são elucidativas do que antes referimos: isto é, a presença de várias especiarias e até de açúcar entre os temperos, e a utilização de pão na confecção da receita, não como acompanhamento, mas como ingrediente secundário.[15]

Pastéis de carne

Tomarão carneiro ou lombo de vaca ou de porco fresco e toucinho velho, porque põe sabor, e picá-lo-ão com cheiros e um colher de manteiga e cravo e açafrão e pimenta e gengibre e coentro seco e sumo de limões ou de agraço: tudo junto muito bem afogado numa panela ou tigela de fogo; e dês que for muito bem afogado, pô-lo-ão a enfriar. E depois de muito bem frio, deitá-lo-ão nos pastéis que já estão feitos; então levá-los-ão ao forno e, depois que forem tirados do forno, deitar-lhes-eis caldo amarelo dentro nos pastéis e a massa dos pastéis será dura e os pastéis altos. E desta própria têmpera se fazem os de galinha, e também se fazem pastéis de panela desta têmpera, salvo que a galinha há-de ser feita em peças e cada peça sobre si. E para estes pastéis serem muito mais saborosos, deitarão na massa a carne crua.

Tigelada de perdiz

Tomarão a perdiz e cozê-la-ão com uma posta de toucinho em talhadas, e temperada com seus cheiros e sal; e não há-de levar vinagre. E depois dela cozida, cortá-la-ão como quando vai à mesa, e terão acolá uma dúzia de ovos batidos, e tomarão um pão duro em fatias muito delgadas, e tomarão um arrátel de açúcar e os ovos hão-de ser batidos com um pouco de açúcar que sejam doces, e clarificarão este arrátel de açúcar. Então farão as fatias neste açúcar, e para serem bem feitas hão-de ferver um pouco. Então, tirar o tacho fora do fogo. Então sobre abaixar a fervura, torná-lo a por sobre o fogo; e neste ponto deste açúcar há-de ir uma pouca de água de flor, e não hão-de fazer senão tirar e por no fogo e depois de feitas que tiverem o ponto mais alto, tirá-las e pô-las num prato, e a perdiz que está nos ovos doces. Hão-de tomar uma tigela real[mente] nova.

---

14 Maria José Azevedo Santos, *Jantar e cear na Corte de D. João III*, cit., p. 33.
15 Giacinto Manuppella (org.), *Livro de cozinha da infanta D. Maria*, cit., pp. 11 e 13.

A abundância e a diversidade das espécies ictiológicas permitiam que o peixe fosse um dos alimentos presentes na dieta alimentar de ricos e pobres,[16] tanto mais que os dias de jejum e abstinência prescritos pela Igreja eram em número elevado,[17] o que levou alguns autores a salientar a influência daquela instituição no consumo das populações.[18] Por outro lado, não esqueçamos que o peixe ocupou um lugar de relevo no regime alimentar das comunidades monásticas, um pouco por todo o lado.[19] Não admira, pois, que as verbas conventuais dispendidas na aquisição de peixe fossem elevadas. Sabe-se, por exemplo, que em 1530 as freiras do mosteiro cisterciense de Cós (Alcobaça) despenderam em pescado 99.200 reais, isto é, 50,6% do total dos gastos em alimentos e vestuário.[20]

Obtido o peixe, importava tratá-lo, isto é, lavá-lo, escamá-lo e transportá-lo para as diferentes regiões do Reino, o que era feito por barca, besta e azêmola, depositado em barris, canastras, seiras e golpelhas,[21] não se sabendo se, tal como em Castela, se utilizava neve para assegurar o frescor.[22] Além do peixe consumido fresco, era frequente o uso de peixe salgado, seco, defumado, em empadas, em escabeche e em conserva em barris, principalmente o atum e o salmão.[23] Tal como

---

16 Isabel M. R. Mendes Drumond Braga, "O peixe na dieta alimentar dos portugueses", em *Do primeiro almoço à ceia: estudos de história da alimentação* (Sintra: Colares, 2004), pp. 35-59.

17 Sobre esses dois conceitos, ver Pierre Pommarède, "Le jeûne et l'abstinence", em *Du bien manger et du bien vivre à travers les âges et les terroirs* (Pessac: Maison des Sciences de l'Homme d' Aquitaine, 2002), pp. 83-93. Sobre a vivência dos dias de jejum e abstinência em Portugal, ver A. H. de Oliveira Marques, *A sociedade medieval portuguesa: aspectos de vida quotidiana* (Lisboa, Sá da Costa, 1981), p. 10; e Maria Helena da Cruz Coelho, "Quaresma", em Carlos Moreira Azevedo (org.), *Dicionário de história religiosa de Portugal*, vol. 4 (Lisboa: Centro de Estudos de História Religiosa da Universidade Católica Portuguesa/Círculo de Leitores, 2000), pp. 86-87. A diversidade de espécies teve paralelo, por exemplo, em Castela e Aragão, onde a variedade de peixes consumidos também era uma realidade. Cf. María de los Ángeles Pérez Samper, *La alimentación en la España del Siglo de Oro: Domingo Hernández de Maceras. "Libro del arte de cocina"* (Huesca: La Val de Onsera, 1998), pp. 73-74; L. Jacinto García, *Carlos V a la mesa: cocina y alimentación en la España renacentista* (Toledo: Bremen, 2000), p. 54.

18 Josefa Mutgé i Vives, "L'abastament de peix i carn a Barcelona, en el primer terç del segle XIV", em *Alimentació i societat a la Catalunya medieval* (Barcelona: Consejo Superior de Investigaciones Científicas, 1988), p. 110.

19 Jean-Claude Ignace & Yan Laborie, "Approche du régime alimentaire des moines dans les couvents franciscains, dominicains et carmes de Bergerac à la fin du XVIIIe siècle", em Pierre Guillaume, *Du bien manger et du bien vivre à travers les âges et les terroirs*, cit., pp. 263-299.

20 Cristina Maria André de Pina e Sousa & Saul António Gomes, *Intimidade e encanto: o mosteiro cisterciense de Santa Maria de Cós (Alcobaça)* (Leiria: Magno, 1998), p. 85.

21 Maria José Azevedo Santos, *Jantar e cear na Corte de D. João III*, cit., p. 43.

22 L. Jacinto García, *Carlos V a la mesa: cocina y alimentación en la España renacentista*, cit., p. 53.

23 Maria Ângela da Rocha Beirante, *Santarém quinhentista* (Lisboa, s/ed., 1981), p. 247; Maria José Azevedo Santos, "O peixe e a fruta na alimentação da Corte de D. Afonso V: breves notas", cit., pp. 1-33.

outros gêneros, os peixes conheciam uma hierarquia que se traduzia no preço e, consequentemente, na possibilidade de aquisição de algumas espécies só por parte dos mais abastados. Se a sardinha era habitualmente entendida como o alimento dos pobres, a lampreia e o linguado, por exemplo, eram só para algumas bolsas.

Alguns indicadores acerca de quem comia o que podem ser apontados. Conhecemos os alimentos adquiridos e gastos pela Corte de D. João III em alguns meses dos anos de 1524 e de 1532. Estas fontes, dois livros de ucharia,* mostraram, no que se referiu ao peixe, que a espécie mais consumida foi a sardinha. Contudo, a maior parte foi destinada às iguarias dos oficiais da Coroa, que as receberam como complemento do ordenado. O rei e os infantes seus irmãos só as consumiram ocasionalmente. A lista de peixes carregados em receita e despesa foi, contudo, muito variada. Só em novembro de 1524, por ordem decrescente, apareceram sardinhas, choupinhas, choupas, azevias, muges, cavalinhas, pescadas secas, linguados, salmonetes, besugos, besuguinhos, bordalos, gorazes, pargos, linguadas, litões, sáveis e congros. Nos mariscos, santolas e ostras.[24]

A alimentação dos internos do Colégio das Artes, em Coimbra, contava igualmente com peixe de várias espécies, consumido quer durante a Quaresma, quer fora daquele período. No século XVI, os regimentos de 1547 e 1574, bem como os contratos de abastecimento, referiram diversas espécies frescas e secas: sáveis, linguados, lampreias, pescadas e litões. Nas refeições mais caras e nas médias, o consumo era de um arrátel e um quarto e de um arrátel por dia, respectivamente, com exceção do linguado, cuja porção era mais pequena, isto é, um arrátel e 13 onças, para cada refeição mais cara ou média.[25]

As gorduras utilizadas na culinária eram manteiga – a gordura nobre de então –, azeite, banha e toucinho. Além de integrar refogados, a manteiga era utilizada para untar recipientes que posteriormente acolhessem alimentos. De qualquer modo, entre a população menos abastada, o azeite e o toucinho decerto predominariam, tanto mais

---

* O mesmo que despensa (compartimento onde se guardam os mantimentos). (N. E.)

24 Maria José Azevedo Santos, *Jantar e cear na Corte de D. João III*, cit., p. 45.

25 António de Oliveira, *A vida econômica e social de Coimbra de 1537 a 1640*, 1ª parte, vol. 2 (Coimbra: Universidade de Coimbra/Faculdade de Letras/Instituto de Estudos Históricos Doutor António de Vasconcelos, 1972), pp. 343 e 345. Um arrátel equivale a 0,459 quilos. Uma quarta de arrátel equivale a 0,115 quilos e uma onça a 0,029 quilos.

que o consumo de azeite dominou nas áreas mediterrânicas e o de manteiga, no norte da Europa.[26] Por exemplo, em Lisboa, havia mulheres que vendiam manteiga, as chamadas manteigueiras, e outras que vendiam azeite. Em meados do século XVI, seriam por volta da meia centena para cada produto.[27]

Entre os condimentos utilizados na cozinha quinhentista, contam-se especialmente agraço (sumo de uva verde), água de flor de laranjeira, água rosada, alcaparra, alho, cebola, limão, sal e vinagre, ervas aromáticas, como cerefólio, coentro, erva-doce, funcho, louro, manjericão, manjerona, salsa, tomilho e, naturalmente, especiarias,[28] amplamente divulgadas a partir de então, as quais serviam para temperar carne, peixe e doces, sendo denominadas genericamente como "adubos": açafrão, canela, cravo, gengibre, macir, noz-moscada e pimenta. Usava-se ainda almíscar, âmbar, gergelim e pó de sândalo. Essas substâncias eram adquiridas em tendas e pela rua. Por exemplo, João Brandão (de Buarcos) referiu a existência de treze mulheres que vendiam sal em tendas e de homens que andavam por Lisboa com odres de vinagre às costas.[29] Um regimento do Colégio das Artes, posterior a 1574, foi particularmente preciso acerca dos temperos para as carnes. Por exemplo, a de vaca deveria ser condimentada com mostarda bem moída, o carneiro cozido, com salsa e vinagre, e o carneiro assado, com limão, lima ou laranja.[30]

Os vegetais também integravam a dieta alimentar. Aparecem abóbora, agrião, alcachofra, alcaparra, alface, aspargo, berinjela, beterraba, cardo, cebola, cenoura, chicória, cogumelo, couve-flor, couve-galega, couve-lombarda, couve-murciana, couve-tronchuda, ervilha, escorcioneira, espinafre, fava, feijão-branco, feijão-frade, feijão-verde,

---

26 Jean-Louis Flandrin, "Le goût et la nécessité: sur l'usage des graisses dans les cuisines d'Europe Occidentale (XIVe-XVIIIe siècle)», em *Annales. Économies, Sociétés, Civilisations*, 38 (2), Paris, 1983, pp. 369-401.

27 Cristóvão Rodrigues de Oliveira, *Lisboa em 1551: sumário em que brevemente se contêm algumas coisas assim eclesiásticas como seculares que há na cidade de Lisboa (1551)*, cit., pp. 97-100; João Brandão (de Buarcos), *Grandeza e abastança de Lisboa em 1552*, cit., pp. 209-214.

28 O uso de especiarias e, consequentemente, de novos sabores, e o luxo que que tal consumo representava chegaram a ser criticados na poesia. Cf. Saulo Neiva, "Les mets et les moeurs: la représentation satirique des repas courtisans au Portugal", em Marie Viallon-Schoneveld (org.), *Le boire et le manger au XVIe siècle: actes du Colloque du Puy-en-Velay*, cit., pp. 225-235.

29 João Brandão (de Buarcos), *Grandeza e abastança de Lisboa em 1552*, cit., pp. 209-214.

30 Mário Brandão, *O Colégio das Artes (1555-1580)* (Coimbra: Imprensa da Universidade, 1933), p. CXXIV.

lentilha, nabo, rabanete e repolho. Os vegetais evidenciam-se quase exclusivamente em guarnições, sopas e tortas nas receitas dos séculos XVII e XVIII; presumimos que antes a situação não teria sido diferente. Diante das receitas, somos levados a pensar que os vegetais eram consumidos cozidos, como acompanhamento de alguns pratos de carne e de peixe, e não crus, em salada. Uma fonte de natureza diferente, um regimento do Colégio das Artes, posterior a 1574, denota também essa realidade. Por exemplo, preconizou-se que a carne de vaca ou de carneiro fosse servida com uma escudela de caldo com couve, abóbora ou nabo, dependendo da época do ano; e que o peixe fosse acompanhado com uma escudela de abóbora, favas verdes com alface, grão, castanhas piladas ou lentilhas, mais uma vez, de acordo com a época.[31] Desconhecemos o uso que os não privilegiados faziam dos vegetais. Importa, contudo, referir que a venda dos produtos hortícolas era comum nas cidades, abastecidas pela produção à sua volta e pelas quintas e quintais citadinos. Em meados do século XVI, João Brandão (de Buarcos) mencionou a existência de oitenta mulheres que vendiam hortaliças na capital, e mais cinquenta que comercializavam exclusivamente couves, daí serem denominadas "couveiras".[32]

A lista de frutas era, já então, bastante vasta: alperce, ameixa, amora, cereja, cidra, damasco, figo, ginja, groselha, laranja, limão, maçã, marmelo, melancia, melão, morango, pera, pêssego, tâmara, uva. Além da azeitona, que integrava recheios de alguns pratos, e da castanha. Entre os frutos secos contam-se amêndoas, nozes, nozes verdes (nodegos) e, mais raramente, pinhões. Todos esses frutos eram utilizados em doces[33] e também em pratos de carne.

Favorecendo o consumo exagerado de doces de frutas estava a produção de açúcar na ilha da Madeira e, mais tarde, no Brasil. Já no século XVI, insistiu-se na preparação de doces de frutas frescas submetidas a operações nas quais o açúcar esteve sempre presente, como compotas e geleias, as denominadas conservas; pastas, caso da marmelada, da perada e da codornada; e frutas cobertas, ou seja, cristalizadas. Alguns doces eram preparados em conventos femininos,

---

31 *Ibid.*, pp. CXXIV-CXXVII.

32 João Brandão (de Buarcos), *Grandeza e abastança de Lisboa em 1552*, cit., pp. 209-214.

33 Sobre a utilização do açúcar, ver Leila Mezan Algranti, "Alimentação, saúde e sociabilidade: a arte de conservar e confeitar os frutos (séculos XV-XVIII)", em *História: Questões e Debates*, nº 42, Curitiba, 2005, pp. 33-52.

caso, por exemplo, do de Santos, onde, em 1528, a rainha D. Catarina mandou entregar 30 mil reais pela marmelada que ali fora feita e enviada para Castela.[34] Os doces eram oferecidos a familiares, mas serviam também para obter boas vontades. Isso foi confessado pelo embaixador de Portugal em Castela, António de Azevedo Coutinho, em 1526. Segundo o diplomata, para aliciar alguns castelhanos precisava de gatos de algália, papagaios, camisas mouriscas e marmeladas, ao mesmo tempo que declarou já ter partilhado "confeituras com judeus e bêbados".[35]

Os doces parecem ter sido uma verdadeira obsessão em Portugal, pelo menos desde o século XVI. Recordemos que no *Livro de cozinha da infanta D. Maria* foram apresentadas quatro receitas de doces de ovos, sete de doces com leite - alguns dos quais também contêm ovos - e 24 de conservas, nas quais se contaram três receitas diferentes de marmelada e diversos doces de frutas tão variadas como abóbora, casquinha, cidra, limão, marmelo, pera ou codorno e perinha dormideira.[36] Em 1580, os cavaleiros Tron e Lippomani, ao visitarem Lisboa, não deixaram de notar que, em diversas ruas próximas da rua Nova, havia "lojas cheias de doces e frutas secas e cobertas, primorosamente preparadas, de que se faz grande tráfico, mandando-as para diversas partes do mundo".[37] Não esqueçamos, também, os doces de ovos. A ucharia real, só em 22 dias do mês de novembro de 1524, conseguiu consumir 1.364 ovos, ou seja, 113 dúzias.[38] A título de curiosidade, vejam-se duas receitas quinhentistas, uma de doce de ovos e outra de doce de frutas.[39]

34 Isabel M. R. Mendes, "O 'deve' e o 'haver' da casa da rainha D. Catarina", em *Arquivos do Centro Cultural Português*, vol. 28, Lisboa/Paris, 1990, p. 163.

35 Anselmo Braamcamp Freire, *Ida da imperatriz D. Isabel para Castela* (Coimbra: Imprensa da Universidade, 1920), p. 59.

36 Maria José Azevedo Santos, "O mais antigo livro de cozinha português", cit., pp. 35-66.

37 Alexandre Herculano, "Viagem a Portugal dos cavaleiros Tron e Lippomani (1580)", em, *Opúsculos*, vol. 4 (Lisboa: Presença, 1985), p. 366. Sobre o consumo de doces confeccionados com açúcar na Flandres, ver Eddy Stols, "'O doce nunca amargou... e nem mesmo na Flandres': a dinâmica do novo açúcar brasileiro nas relações econômicas de Portugal com Flandres na época de D. João III", em Roberto Carneiro & Artur Teodoro de Matos (orgs.), *D. João III e o Império: atas do Congresso Internacional Comemorativo do seu Nascimento* (Lisboa: Centro de História de Além-Mar/Centro de Estudos dos Povos e Culturas de Expressão Portuguesa, 2004), pp. 453-483.

38 Maria José Azevedo Santos, *Jantar e cear na Corte de D. João III*, cit., p. 41.

39 Giacinto Manuppella (org.), *Livro de cozinha da infanta D. Maria*, cit., pp. 57 e 125-127.

Ovos mexidos

Para uma dúzia de gemas de ovos tomarão uma escudela de açúcar e deitá-la-ão num tacho, e então deitar-lhe-ão uma pouca de água de flor e pô-la-ão sobre o fogo e far-lhe-ão o ponto baixo. Então fareis fatias de pão e deitá-las-eis dentro no tacho e, como estiverem cozidas estas fatias, tirá-las-ão, pô-las-ão num prato. E tereis as gemas dos ovos batidas com a clara, e deitá-los-eis no tacho e, como levantar fervura, com uma colher mexê-los-ão para uma parte sempre. E como se for coalhando, assim ireis mexendo de maneira que não os façais miúdos. E tirá-los-eis inteiros e pô-los-eis em cima do prato, e por cima deitar--lhes-eis açúcar e canela pisada. Então mandá-los-eis à mesa.

Marmelada de dona Joana

Tomarão quatro arráteis de marmelos e cinco de açúcar. E os marmelos hão-de ser cozidos em água, ou em açúcar, ou como quiserem. E se forem na água, hão-de ser cozidos inteiros, e abafados dês que forem cozidos. E quando se pisarem, hão-nos de partir em talhadas, depois de aparados. E esta há-de ser coada por uma joeira. E dês que o açúcar for clarificado, ponha-se no fogo para fazer ponto; e em o acabando de coar, hão-lhe deitar água de flor. E há-de fazer ponto que seja como resina; e então lhe lançarão os marmelos e desfá-los-ão no açúcar, fora do fogo; e como forem todos desfeitos, tornem-nos ao fogo e cozerá até que se despeça do tacho.

Entre os preparados com fruta e açúcar, cabe destacar a marmelada, que, após ser confeccionada, se guardava em caixas de madeira. Sabe-se que, em meados do século XVI, havia quarenta carpinteiros em Lisboa que produziam as referidas embalagens, cerca de 20 mil unidades por ano, no valor de 20 a 30 reais cada peça. Segundo João Brandão (de Buarcos) "as marmeladas que nelas se põem e se vendem valem muita cópia de dinheiro; porque caixa se vende por trezentos reais e outra por quatrocentos, e por mais e menos".[40] As pastas de fruta, principalmente a marmelada guardada em caixas, eram muito apreciadas, tendo sido representadas na pintura portuguesa do século XVII e na castelhana do século XVIII, decerto com aspecto semelhante ao que apresentariam durante o século XVI.

[40] João Brandão (de Buarcos), *Grandeza e abastança de Lisboa em 1552*, cit., p. 71.

Também se presenteavam parentes com outros doces, frutas e conservas salgadas, como "ostias e azevias" e "*barriles de sollo y sardinas*",[41] tudo remetido por D. Catarina a seu irmão, o imperador Carlos V, que por sua vez também mimou o cunhado, D. João III, com camoesas, peras e melões.[42] Anos mais tarde, em 1573, quando D. Sebastião visitou o Alentejo e o Algarve, também foi presenteado com alimentos pela marquesa de Ayamonte e pelo duque de Bragança. Da primeira, recebeu pastéis de ovos e marmelos, tigelas de leite, filhós, arroz de leite, ovos mexidos e talhadas de ovo cobertas. Enquanto o presente do segundo compreendeu muitos doces, empadas de salmonetes e lampreias, sável, solho, galinha, capão, água e vinho. Na mesma viagem, o duque de Aveiro, D. Jorge de Lencastre, foi contemplado pela marquesa de Ayamonte com doces, sáveis, lampreias, linguados e empadas.[43]

Outros produtos como mel, leite e derivados estavam igualmente presentes na dieta alimentar de muitos. Em meados do século XVI, a capital era abastecida pelas áreas periféricas; duzentas mulheres vendiam queijos frescos, natas, queijadas e pães-de-leite em feiras. Havia ainda outras que, de forma ambulante, serviam os clientes com manteiga, queijo, requeijão e leite.[44] As falsificações, com a junção de água, já eram uma realidade.[45] O mel era vendido na capital por vinte mulheres, e trinta outras tinham à disposição dos consumidores "fruta de mel, ou seja, girgilada (doce de gergelim), pinhoada, alféloas e outras coisas de mel".[46]

O gosto pelas bebidas frescas também ficou assinalado desde cedo. Para refrescar ou por prescrição médica, consumia-se água de neve - tal aconteceu com D. João III pouco antes de falecer.[47] Daí o apreço pelos refrescadores de bebidas, uma moda italiana introduzida em

---

41 "Ostias e azevias" são doces; "*barriles de sollo y sardinas*" são barris de peixes, nesse caso esturjão e sardinhas.

42 Isabel M. R. Mendes Drumond Braga, *Um espaço, duas monarquias: interrelações na península Ibérica no tempo de Carlos V* (Lisboa: Centro de Estudos Históricos da Universidade Nova de Lisboa/Hugin, 2001), pp. 92-94.

43 Francisco de Sales Loureiro, *Uma jornada ao Alentejo e ao Algarve: a alteração das linhas de força da política nacional. Texto do cronista João Cascão* (Lisboa: Horizonte, 1984), pp. 124, 132-133.

44 João Brandão (de Buarcos), *Grandeza e abastança de Lisboa em 1552*, cit., pp. 94 e 209-214.

45 Paulo Drumond Braga, *Leite: biografia de um gênero alimentar* (Sintra: Colares, 2004), pp. 39-40.

46 João Brandão (de Buarcos), *Grandeza e abastança de Lisboa em 1552*, cit., pp. 209-214.

47 Paulo Drumond Braga, *D. João III* (Lisboa: Hugin, 2002), p. 107.

Castela e, posteriormente, em data desconhecida, em Portugal. Recordemos que, em 1543, quando a princesa D. Maria, filha de D. João III, se deslocou a Castela para se casar com o futuro Filipe II, alguém notou, com especial interesse, um refrescador de prata, fabricado em Roma, pertencente ao bispo D. Francisco de Bobadilha, "peça muito para ver".[48] Mais tarde, D. Maria, neta de D. Manuel, filha de D. Duarte, mulher de Alessandro Farnese, também possuiu um, igualmente de prata, presumivelmente italiana, segundo um inventário de cerca de 1575.[49] Os dados que conhecemos sobre a existência de refrescadores em Portugal são todos posteriores ao século XVI.

Referência ainda para a onipresente água, obtida em fontes e chafarizes ou vendida pelas cidades por aguadeiros, que, em meados do século XVI, em Lisboa, eram vinte; havia também mil negras que andavam ao pote vendendo água pela cidade e cinquenta outras mulheres que, em tendas na Ribeira, asseguravam o abastecimento aos transeuntes.[50] Os vinhos eram de castas variadas. Na região de Santarém havia labrusca, mourisca, temporã, castelã, ferral, terrantês e galega. Os mais comuns e apreciados eram, então, os brancos, denominados palhetes ou alambreados, de curta duração, mais doces do que alcoólicos, características que permitiam uma melhor tolerância e um consumo na ordem dos dois litros por dia. Havia também os vermelhos ou tintos, e os vinhos de cunho mediterrânico, como malvasias e bastardos, os mais prestigiados.[51]

Durante o século XVI, já era visível, ainda que tenuemente, a relação entre certos pratos e determinadas épocas festivas. O consumo estava condicionado ao poder econômico (abastado, remediado ou pobre), à época do ano (verão ou inverno, época de certas frutas ou de caça de algumas espécies) e à localização geográfica do consumidor

48 D. António Caetano de Sousa, *Provas da história genealógica da Casa Real Portuguesa*, tomo 3, parte 1 (Coimbra: Atlântida, 1948), p. 167.

49 Giuseppe Bertini & Annemarie Jordan Gschwend, *Il 'guardaroba' di una principessa del Rinascimento: l'inventario di Maria di Portogallo sposa di Alessandro Farnese* (Parma: Guaraldi, 1999), p. 15.

50 João Brandão (de Buarcos), *Grandeza e abastança de Lisboa em 1552*, cit., pp. 209-214.

51 Mário Viana, *Os vinhedos medievais de Santarém* (Cascais: Patrimonia, 1998), pp. 102, 151-155. Sobre o consumo de vinhos na França, no século XVI, ver Françoise Argod-Dutard, "Cuvée lexicale dans les vignes du XVIe siècle", em Marie Viallon-Schoneveld (org.), *Le boire et le manger au XVIe siècle: actes du Colloque du Puy-en-Velay*, cit., pp. 151-172 ; Nadège Arrivé, "Le vin en France au XVIe siècle. Aspects du vin: production, usages et pratiques culinaires", em Marie Viallon-Schoneveld (org.), *Le boire et le manger au XVIe siècle: actes du Colloque du Puy-en-Velay*, cit., pp. 173-194.

(litoral ou interior, com ou sem cursos fluviais por perto, apesar de se tentar preservar os alimentos por mais tempo do que a época em que eram caçados, abatidos, pescados ou colhidos, por meio do fumo, do sal, da seca e do açúcar, de acordo com os gêneros em causa). Paralelamente, começaram a ligar-se certas iguarias ao calendário litúrgico. Sabe-se, por exemplo, que pelo Carnaval era comum consumir laranjadas e caldeiradas de água de farelos[52] e que, durante a Páscoa, eram preparadas rosquilhas folhadas com manteiga, queijadas, folares e cortiças de ovos.[53] No Convento de Santa Clara, de Santarém, amêndoas confeitadas, beilhós, biscoitos, folares, ovos mexidos com açúcar, pão de ló, queijadas de leite e queijadinhas das Endoenças marcavam presença na mesa das religiosas.[54] Ao Natal estavam associados os consumos de doces diversos, que em Lisboa eram vendidos por trinta mulheres na Ribeira e no Pelourinho Velho. Em mesas cobertas de toalhas brancas, eram apresentados gergelim, pinhoada, nogada, marmelada, laranjada, sidrada e fartéis, isto é, bolos de açúcar e de amêndoas, além de outras conservas.[55] Por seu lado, na mesa das freiras de Santa Clara, de Santarém, estavam presentes doces diversos, como arroz doce, beilhós e chouriços doces, ambos melados com mel e açúcar, diacidrão, fartéis, malazadas, massapães, pão de calo, picado e queijadinhas.[56] Outro aspecto interessante, que será mais visível a partir do século XVII, é a ligação entre determinados espaços e produtos considerados bons. Pensemos nos doces de Alcobaça e Leiria, juntemos os da Madeira e as lampreias de Abrantes e de Coimbra, que eram consumidas assadas ou em empadas por quem morava longe de tais sítios.[57]

Por vezes, as iguarias eram apresentadas de modo a impressionar. Por exemplo, quando a imperatriz D. Isabel se dirigiu a Sevilha, em 1526, por ocasião do seu casamento com Carlos V, ocorreram diversas refeições festivas. Uma, oferecida por um nobre castelhano ao

---

52 Francisco de Sales Loureiro, *Uma jornada ao Alentejo e ao Algarve: a alteração das linhas de força da política nacional. Texto do cronista João Cascão*, cit., p. 121.

53 Isabel M. R. Mendes Drumond Braga, "A alimentação das minorias no Portugal quinhentista", em *Do primeiro almoço à ceia estudos de história da alimentação*, cit., p. 30.

54 Maria Ângela da Rocha Beirante, *Santarém quinhentista*, cit., pp. 247-252.

55 João Brandão (de Buarcos), *Grandeza e abastança de Lisboa em 1552*, cit., p. 87.

56 Maria Ângela da Rocha Beirante, *Santarém quinhentista*, cit., pp. 247-252.

57 Isabel M. R. Mendes Drumond Braga, "A alimentação das minorias no Portugal quinentista", cit., p. 30.

marquês de Vila Real, D. Pedro de Meneses, não agradou, pois foram servidas

> muytas vyandas em que entravam muyto pouquas que homem folgase de comer porque o solho era dourado he as salsas [leia-se molhos] co as suas armas pyntadas no meo delas he omem sa be lhe mylhor soolho muyto bem asado e por salsa muyto bom vynagre sem nenhuas armas". Conclusão, esperada, do marquês de Vila Real: "ate nysto do comer lhe fazem os portuguezes tanta ventagem como en tudo o al.[58]

Outros banquetes, desta feita oferecidos por portugueses, ficaram célebres. Pensemos, por exemplo, no que foi servido em Bruxelas, por D. Pedro de Mascarenhas, embaixador de Portugal junto de Carlos V, o qual contou com a presença do imperador e de sua irmã D. Leonor. Celebrava-se, então, o nascimento do príncipe D. Manuel (1531-1537), filho de D. João III. A refeição foi imortalizada por André de Resende no seu poema *Genethliacon,* no qual se descreveram os espectáculos, as iguarias e os vinhos servidos. O banquete não contou com peixe. As carnes utilizadas foram as mais diversas: aves de capoeira, bacorinhos, cabritos de mama, novilhos de leite, perdizes, tetas de porca, peças de caça, nomeadamente cabeça de javali selvagem, coelhos, corças, faisões, gansos, garças-reais, lebres, lombos de veado temperados em salmoura, patos, pombos, rolos e tordos. Pavões enfeitados com as penas da cauda aberta e até um cisne de asas douradas completaram o quadro, que ainda contou com outras excentricidades, como empadas recheadas de línguas de rouxinóis e de flamingos e, sobretudo, empadões recheados com pássaros vivos, como papagaios, pombos e pintassilgos. A sobremesa contou com diversos doces de frutas, além de marmelos em calda, maçãs em mel e nozes e fartéis, cuja receita foi, inclusive, fornecida. A lista dos vinhos servidos foi igualmente extensa. Entre os nacionais referiram-se um de uva moscatel da Lusitânia, outros de Lisboa e Alcácer do Sal. Quanto aos estrangeiros, a variedade foi enorme: vinho da Bética, Tarraconense, das Baleares, Ceretano, das regiões de Orleães, Panônia e Reno, da Ligúria, Trifolino, de Pucino, de Sétia, Cécubo, Falermo, de Sinuessa, Mássico, de Alba, Sorrentino, de Cales, Rético, Mamertino, de Creta, de Quios, de

58 Anselmo Braamcamp Freire, *Ida da imperatriz D. Isabel para Castela*, cit., p. 68.

Clazómenas, de Metimna, de Tasos e de Cós. Isto é, vinhos da península Ibérica, do espaço italiano, da França, da Grécia e do Império.[59]

Também impressionantes foram os banquetes oferecidos por D. Sebastião e por D. Catarina em 1565, por ocasião do casamento de D. Maria, neta de D. Manuel I e filha do infante D. Duarte, com Alessandro Farnese.[60] A descrição dessas refeições festivas foi feita por Francesco de Machi, que também registou o banquete nupcial servido a 18 de novembro de 1565, em Bruxelas, o qual contou com o trabalho de 110 cozinheiros trabalhando durante quinze dias. Na ocasião, foram servidos vinhos de diversas proveniências, de Portugal, sem indicação mais rigorosa, e da Madeira.[61] Fixemo-nos nos banquetes da corte de D. Sebastião descritos por Machi. O que foi oferecido pelo monarca foi acompanhado por música e

> teve lugar na sala real, onde se tinha erguido um anfiteatro de madeira, com sete ou oito degraus, o qual rodeava toda a sala, estando tanto esta, como aquele, forrados por finíssimas tapeçarias de ouro, prata e seda, coisa riquíssima e de grande vulto, atendendo ao tamanho da sala e ao do anfiteatro. Neste havia um baldaquino recamado de pérolas de espaço a espaço, sob o qual estava uma cadeira com almofadas guarnecidas de ouro e o chão coberto com tapetes de seda. Ao pé havia duas grandes credencias, fechadas por uma balaustrada, cada uma com oito degraus e por cima das quais estavam dois dóceis de tela de ouro, estando numa uma baixela de vasos dourados, com

---

59 Virgínia Soares Pereira, "Celebrando Portugal: Bruxelas, 1531, e o *Genethliacon* de André de Resende", em *Congresso Internacional Damião de Góis na Europa do Renascimento: atas* (Braga: Universidade Católica Portuguesa/Faculdade de Filosofia, 2003), pp. 879-902. Mais tarde, Manuel da Costa também celebrará em poema certa refeição oferecida pelo duque de Bragança, D. Teodódio, em 1537, por ocasião do casamento de sua irmã D. Isabel com o infante D. Duarte, irmão de D. João III. Cf. José A. Sánchez Marín, "Características de la obra poética de Manuel da Costa", em *Humanismo português na época dos descobrimentos: atas* (Coimbra: Instituto de Estudos Clássicos/Centro de Estudos Clássicos e Humanísticos, 1993), p. 271.

60 Sobre o casamento, a viagem e o recebimento de D. Maria, ver Giuseppe Bertini, "L'entrata solenne di Maria di Portogallo a Parma nell 1566", em *D. Maria de Portugal princesa de Parma (1565-1577) e o seu tempo: as relações culturais entre Portugal e a Itália na segunda metade de Quinhentos* (Porto: Centro Interuniversitário de História da Espiritualidade/Instituto de Cultura Portuguesa, 1999), pp. 69-84; e Giuseppe Bertini, "The Marriage of Alessandro Farnese and D. Maria of Portugal in 1565: Court Life in Lisbon and Parma", em K. J. P. Lowe (org.), *Cultural Links between Portugal and Italy in the Renaissance* (Oxford: Oxford University Press, 2000), pp. 45-59.

61 Giuseppe Bertini, "O 'Livro de Cozinha' de Maria de Portugal e a cozinha de Corte em Bruxelas e em Lisboa ao tempo das suas núpcias com Alexandre Farnésio", em *Oceanos*, vol. 21, Lisboa, 1995, pp. 119-125. Ver também José Adriano de Freitas Carvalho (org.), *D. Maria de Portugal (1538-1577), princesa de Parma: Monumenta Sparsa* (Porto: Centro Interuniversitário de História da Espiritualidade, 1998), p. 100.

> alguns jarros, bacias, taças e copos de ouro maciço, e na outra um grande jarro e bacia de ouro puro, cravejado de pedras preciosas de enorme valor, digno, na verdade, de um imperador. De forma que não se cansavam os olhos de admirar esta grande e riquíssima credencia, ornamentada com tão copioso número de copos, bacias, jarras, frascos, taças, candelabros, tudo isto com profusão de subtis e vários lavoures de folhagens e diversos esmaltes, sendo os trinchadores dourados e alguns de ouro maciço. Era a outra credencia de igual tamanho, e com vasos da mesma riqueza, toda ela cheia de baixela de prata, polida como um espelho, mas estas duas credencias estavam desta forma somente por grandeza e pompa real, porque nas cozinhas havia uma outra baixela, composta de um sem número de pratos, taças e outros gêneros de peças adequadas ao serviço da mesa.[62]

Simultaneamente, outro aposento do palácio real também foi palco de um banquete, cuja anfitriã foi a rainha D. Catarina. De Machi notou que a refeição foi igualmente suntuosa e que também foi exibida uma enorme quantidade de peças douradas. O aposento fora decorado a preceito: "riquissimamente adornado com tapeçarias de ouro, prata e seda, com um baldaquino de brocado de ouro".[63]

Como, quando e onde se comia? Comecemos pelo horário das refeições. No século XVI, ainda se faziam quase sempre apenas duas refeições. O mais comum era o jantar e a ceia. O primeiro pelas 10 ou 11 horas, o segundo pelas 18 ou 19 horas. A tendência para jantar cada vez mais tarde - por vezes às 20 horas - implicou a criação de um almoço, ao levantar, e de uma merenda, à tarde, mas essas duas refeições estavam longe de ser muito divulgadas. Por exemplo, entre os colegiais de Coimbra, o almoço era só para os para os mais fracos, os menores e os enfermos, e consistia em meio pão e um pouco de vinho.[64]

A mesa de uma refeição de luxo, apresentada na sala de jantar enquanto espaço específico e permanentemente dedicado às refeições, só foi uma realidade no século XVIII.[65] Antes, como vimos, mesmo

62 Fernandes Tomás, *Cartas bibliographicas*, 2ª série (Coimbra: Imprensa da Universidade, 1877), pp. 53-54.

63 *Ibid.*, p. 55.

64 António de Oliveira, *A vida econômica e social de Coimbra de 1537 a 1640*, cit.; António de Oliveira, "O quotidiano da academia", em *História da Universidade em Portugal (1537-1771)*, vol. 1, tomo 2 (Coimbra/Lisboa: Universidade de Coimbra/Fundação Calouste Gulbenkian, 1997), p. 638.

65 Philippe Thiébaut, "1850-1914: la table bourgeoise", em Pierre Ennès; Gérard Mabille; Philippe Thiébaut, *Histoire de la table* (Paris: Flammarion, 1994), pp. 253-264; Raffaella Sarti, *Casa e*

nos palácios renascentistas, as salas eram multifuncionais. Aí se armava a mesa, que também podia ser posta nos aposentos privados – câmaras e antecâmaras. A mesa dos abastados era sempre montada em espaços ricamente decorados. No chão eram colocadas alcatifas ou esteiras e nas paredes, tapeçarias ou guadamecis, de acordo com as estações frias ou quentes, respectivamente. Por vezes, construía-se um estrado com alguns degraus, que era posteriormente coberto. A iluminação, feita com castiçais e candelabros de prata, assegurava fins práticos e fomentava uma atmosfera festiva e até cerimonial,[66] daí os elevados gastos com cera.[67] O recurso a pequenas construções efêmeras, como os dosséis, e o uso de panos de armar também eram frequentes. Posto isto, colocava-se a mesa, frequentemente retangular, coberta com toalha, em princípio branca, mesmo quando aquela já apresentava algum pano rico bordado, por exemplo, com seda e ouro. Sobre a toalha aparecem sempre objetos emblemáticos das refeições: a faca e o saleiro,[68] este último por vezes decorado com elementos marinhos ou em forma de concha. Mais raramente com formas zoomórficas da fauna de novas paragens, como certo saleiro de cristal indiano ornamentado com dois jacintos e com ouro, oferecido pela rainha D. Catarina à sua nora D. Joana, em 1553.[69] Perto da mesa, expunham-se os utensílios, especialmente os de prata, sobre móveis diversos, para evidenciar a riqueza da casa. Cadeiras e almofadas completavam o quadro. Em momentos festivos, a refeição era acompanhada por música.

---

família: habitar, comer e vestir na Europa moderna, trad. Isabel Teresa Santos (Lisboa: Estampa, 2001), p. 226.

66 Marco Daniel Duarte, "O rei preside à ceia: estudo iconológico da mesa real na Idade Moderna", em Leontina Ventura (org.), *Economia, sociedade e poderes: estudos em homenagem a Salvador Dias Arnaut* (Coimbra: Comissão Científica do Grupo de História da Faculdade de Letras da Universidade de Coimbra, 2002), p. 725.

67 Ver, por exemplo, os gastos com cera por parte da rainha D. Catarina, em Isabel M. R. Mendes, "O 'deve' e o 'haver' da casa da rainha D. Catarina", cit., p. 171.

68 Sobre essa realidade, ver Maria José Palla, "Cozinhar e contar uma história: o imaginário alimentar em Gil Vicente", em T. F. Earle (org.), *Associação Internacional de Lusitanistas: atas do V Congresso* (Oxford/Coimbra, s/ed., 1998), pp. 1190 e 1191; Maria José Palla, "Comida em Portugal no limiar do Novo Mundo", em *À volta da mesa: os alquimistas do prazer* (Lisboa: Instituto do Emprego e Formação Profissional, 2004), p. 33.

69 Annemarie Jordan Gschwend, "A Cristal Elephant from the Kunstkammer of Catherine of Austria", em *Jahrbuch der Kunsthistorischen Sammlungen in Wien*, tomo 87, Viena, 1991, pp. 121-126.

Se a iconografia quinhentista nos mostra uma mesa relativamente simples,[70] isso explica-se pelo fato de a ostentação concentrar-se na copa e não na própria mesa, situação que só irá ser cabalmente alterada no século XVIII. Efetivamente, as pinturas quinhentistas que apresentam mesas constituem claras transposições de episódios bíblicos para a época em que o pintor viveu. Logo, ao olharmos para as representações da *Última ceia*, do *Banquete de Herodes* ou de *Cristo em casa de Marta*, independentemente das questões de autoria dessas obras,[71] estamos a apreciar a ambiência própria do século XVI, o que converte as cenas ali representadas em episódios domésticos. A realidade política, social e cultural da época está ali presente. Assim, estamos perante discursos pictóricos realistas, que pretendiam possibilitar o diálogo com quem observava a pintura. Notem-se as mesas retangulares, mais raramente redondas, montadas sobre estrados e revestidas com toalhas brancas, em alguns casos colocadas sobre outras toalhas ricamente decoradas, bem como a presença da multifuncional faca e, em alguns casos, de guardanapos, saleiros e frutos.

Outras fontes revelam as refeições dos grupos privilegiados. Por exemplo, por uma carta do embaixador de Castela em Portugal, Ochoa Isasaga, sabe-se como foram as refeições da Corte portuguesa no último Natal do século XV.[72] Em 24 de dezembro de 1500, a rainha D. Maria, segunda mulher de D. Manuel I, comeu nos seus aposentos e recebeu um presente de fruta da sua sogra, a infanta D. Beatriz; o rei foi servido numa sala bem-ataviada, onde fora montado um estrado com dossel de brocado e colocadas uma mesa e uma cadeira. A refeição foi servida pelo mordomo-mor, pelo vedor e por muitos pajens. Entre as iguarias, o embaixador salientou grandes pratos de conserva e fruta. Afirmou ainda que o repasto decorreu ao som de música e que as refeições da rainha eram servidas do seguinte modo: "*Lope de Valdivieso hacia la salva, doña Ângela cortava, doña Leonor de Millan servia*

---

70 Sobre a análise iconográfica da mesa, ver Marco Daniel Duarte, "O rei preside à ceia: estudo iconológico da mesa real na Idade Moderna", cit., pp. 705-751, e Monserrat Miret i Nin, *O vinho na arte*, trad. Daniel Gouveia (Lisboa: Chaves Ferreira, 2005).

71 Sobre a atividade de Vasco Fernandes, ver Maria Dalila Aguiar Rodrigues, *Modos de expressão na pintura portuguesa: o processo criativo de Vasco Fernandes (1500-1542)*, 2 vols., tese de doutorado (Coimbra: Faculdade de Letras da Universidade de Coimbra, 2000).

72 Sobre a etiqueta de corte nessa época, ver Ana Maria Alves, "A etiqueta de corte no período manuelino", em *Nova História: século XVI*, nº 1, Lisboa, 1984, pp. 5-26; *Iconografia do poder real no período manuelino: à procura de uma linguagem perdida* (Lisboa: Imprensa Nacional/Casa da Moeda, 1985), pp. 61-65.

con las fuentes y con la copa, el maestre sala con los pajes traya el manjar á la mesa y estavan todas las damas alderredor".*[73] Damião de Góis também se referiu aos banquetes natalícios durante o reinado de D. Manuel I. A refeição oferecida a todos os que estavam na Corte decorria em momentos diferentes, de acordo com o estatuto dos comensais, e era composta por "frutas verdes e de açúcar e de conservas que lhe traziam da ilha da Madeira.[74]

Em 1543, durante a viagem a Castela, para entregar D. Maria, filha de D. João III, ao futuro Filipe II, num jantar em Estremoz com a presença de vários elementos da nobreza que acompanhavam a princesa, o ambiente era, naturalmente, de luxo e suntuosidade:

> Estava o duque [de Bragança, D. Teodósio] em cabeceira da mesa em hua cadeira de brocado e detrás delle hum drocel de brocado e toda a casa armada de muito rica tapeçaria e loguo D. James seu irmão da mão direita e sua R. S. [D. Fernando de Meneses e Vasconcelos, arcebispo de Lisboa] abajxo delle D. Comstantino irmão do dito duque e asy os outros fidalguos de hua bamda e doutra. Estavão huas alcatifas ao comprido pelo meo da casa sobre as quaes estavão as mesas e as mesas todas cubertas de panos de veludo verde e polas bordas barradas de brocadilho. A copa estava muito rica de prata. E depois do dito jamtar ouve musica.[75]

Na mesma viagem, um outro banquete oferecido pelo duque de Bragança, em Elvas, contou com pavões assados e perdizes em pastéis.[76] Os bens do duque eram de molde a impressionar, pois, segundo o mesmo testemunho, em Elvas, nas casas em que pousava, D. Teodósio "tinha a sua copa toda branca com peças muito fermosas em estremo principalmente hua bacia e dous ou tres potes que segundo diziam teria muita soma de marcos que pasariam de dous mil marcos". Entre as tapeçarias contavam-se uma com os trabalhos de Hércules

* "Lope de Vadivieso fazia a salva [provava a comida para verificar se estava envenenada], dona Ângela cortava, dona Leonor de Millan servia com os pratos e com o copo, o mestre-sala com os pajens trazia a comida à mesa e todas as damas ficavam ao redor." (N. E.)

73 Antonio de la Torre & Luis Suárez Fernández (orgs.), *Documentos referentes a las relaciones con Portugal durante el reinado de los reyes católicos*, vol. 3 (Valladolid: Consejo Superior de Investigaciones Científicas, 1963), pp. 77-79.

74 Damião de Góis, *Crónica do felicíssimo rei D. Manuel: nova edição conforme a de 1566* (Coimbra: Ata Universitatis Conimbrigensis, 1955), parte IV, p. 225.

75 D. António Caetano de Sousa, *Provas da história genealógica da casa real portuguesa*, tomo 3, parte 1, cit., pp. 147-148.

76 *Ibid.*, p. 151.

e outras representando os doze meses do ano. A mesma sala estava ainda decorada com um dossel de brocado com sanefas de veludo carmesim e franjas de ouro.[77]

Ainda na mesma viagem, uma outra refeição, desta feita oferecida pelo arcebispo de Lisboa, D. Fernando de Meneses e Vasconcelos, ao bispo de Coria, D. Francisco de Bobadilla, mereceu referência pelas iguarias apresentadas. Relata a fonte que:

> ao dito jantar estava S. R. S. na cabeceira e abajxo delle da mão direita o Bispo vestido com seu roxete e da mão esquerda o veador da Princeza e de hua bamda e doutra muitos fidalguos [...]. A primeira iguaria foi manteiga muito singular sobre talhadas de pão com açúcar por sima e S. R. S. mandou aquentar as suas sopas para lhe por a manteiga por cima. Da qual manteiga vieram ha dita mesa dous moços em hum bacio de cozinha feitos no modo dos queijos de Vila Verde de Portugal. E Sua S. R. comia carne. Vieram ha dita mesa muitos peixes de Rio asados e cozidos e pescada seca e muitos pees de porcos com muitas potagens e cabeças de cabrito e muitos chouriços e especearia e por façanha hua cabeça de vitela cozida e ouve muitos vinhos brancos e vermelhos e no meo do jantar ouve muitos linguados cozidos e fritos que dizem que Sua S. R. mandou dar por favorecer o ospede. E por derradeiro veo hum grande momte de neve que se pos na mesa. O jantar foi bem servido e se começou depois das onze oras e se acabou amtes das duas.[78]

Outras refeições da realeza eram notícia. Num banquete oferecido pelo Convento de Cristo a D. João III, na então vila de Tomar, no ano de 1551, foram servidas diversas espécies piscícolas, a saber, atuns, azevias, besugos, chernes, corvinas, linguados, pescadas, sáveis e ostras. As aves ficaram representadas por capões, frangos, galinhas, patos, perdizes, pombos e rolas. Estiveram ainda presentes pratos de coelho, boi e cabrito. Havia também pão, queijo, manteiga, ovos, açúcar, arroz, alcaparras, diacidrão, rabanetes, alféloa, alfenim, amêndoas e marmelada. No grupo das bebidas apenas água e vinho.[79] Em Guada-

---

77 *Ibid.*, p. 152.

78 *Ibid.*, pp. 168-169.

79 António Baião, "Despesas do Convento de Cristo, por 1551, com a visita de D. João III e comitiva", em *Anais da União dos Amigos dos Monumentos da Ordem de Cristo*, vol. 3, Tomar, 1952, pp. 17-18; João José Alves Dias, "Un banquet royal au Portugal au XVIe siècle", em Martin Aurell; Olivier Dumoulin; Françoise Thélamon (orgs.). *La sociabilité à la table: commensalité et convivialité à travers les âges: actes du Colloque de Rouen* (Rouen: Universidade de Rouen, 1992), pp. 155-158.

lupe, durante o famoso encontro entre D. Sebastião e Filipe II, ocorrido no mosteiro jerônimo, na Páscoa de 1576, o monarca português obsequiou o tio com uma refeição em que os peixes e os crustáceos reinaram: amêijoas, lagostas e ostras, empadas de salmonete, congro e cherne e ainda azevias, besugos e linguados fritos; tudo em grande quantidade, tendo as lagostas e ostras chegado vivas a Guadalupe. Os comensais puderam ainda degustar muitos doces, alguns de frutas, alcaparras, azeitonas, passas cozidas com amêndoas, chicória e saladas diversas.[80]

Estar à mesa pressupunha a observância de certas normas, daí a produção de textos desse teor, o que não foi uma novidade renascentista. Esquecendo a Antiguidade, o fenômeno remontou à Idade Média, quando se elaboraram as primeiras normas ditas de etiqueta e civilidade, então designadas como "normas de cortesia". Nesse tempo, não eram mais do que frases curtas, por vezes mnemônicas e em verso, que visavam a rápida memorização.[81] As normas inseriam-se em várias tradições: prolongaram e precisaram uma literatura legada pela Antiguidade, basearam-se em alguns pontos dos ensinamentos dos Padres da Igreja, inspiraram-se nas regras monásticas e foram influenciadas pela *Arte de amar,* de Ovídio.[82] Um enorme passo foi dado em 1530, quando Erasmo publicou a *Civilidade pueril,* uma pequena obra dedicada a um jovem nobre, Henrique de Borgonha, filho de Adolfo, príncipe de Veere, que pôs a descoberto a falta de polimento de uma sociedade que ainda estava longe da correção generalizada e do trato mundano regrado. Pela primeira vez, foi elaborada uma com-

---

80 F. de Llanos y Torriglia, "Una comida histórica en el refectorio de Guadalupe", em *El Monasterio de Guadalupe*, tomo 4, Guadalupe, 1923-1924), pp. 220-226; Isabel M. R. Mendes, *O Mosteiro de Guadalupe e Portugal (séculos XIV-XVIII)* (Lisboa: Junta Nacional de Investigação Científica e Tecnológica, 1994), p. 78.

81 Norbert Elias, *O processo civilizacional: investigações sociogenéticas e psicogenéticas*, vol. 1, trad. Lídia Campos Rodrigues (Lisboa: D. Quixote, 1989). A tese desse autor tem sido objeto de grande interesse e de algumas críticas. Um ponto da situação pode ser visto em Ana Lúcia Silva Terra, *Cortesia e mundaneidade: manuais de civilidade em Portugal nos séculos XVII e XVIII*, vol. 1, dissertação de mestrado (Coimbra: Faculdade de Letras da Universidade de Coimbra, 2000), pp. 16-26. Sobre os antigos textos de civilidade, ou mais corretamente de cortesia, ver também Jacques Revel, "As práticas da civilidade", em Philippe Ariès & George Duby (orgs.), *História da vida privada*, vol. 3: *Do Renascimento ao Século das Luzes*, trad. Armando Luís de Carvalho Homem (Porto: Afrontamento, 1990), pp. 171-174; e Roger Chartier, *Lectéures et lecteurs dans la France d'Ancien Régime* (s/l., Seuil, 1987), pp. 50-54, *passim*.

82 Claude Roussel, "Les legs de la rose: modèles et préceptes de la sociabilité médiévale", em A. Montandon (org.), *Pour une histoire des traités de savoir-vivre en Europe* (Clermont-Ferrand: Associations des Publications de la Faculté des Lettres et Sciences Humaines de Clermont-Ferrand, 1995), p. 3.

pilação das tradições orais na literatura escrita, dando origem a um novo gênero literário.[83] A obra conheceu mais de 130 edições até ao século XVIII, tendo-se sucedido traduções e imitações. Não conhecemos, contudo, a divulgação e alcance dessa obra em Portugal.

O ritual da mesa real com o estender as toalhas, bendizer a Deus pelo alimento que se ia comer, levar água às mãos a fim de purificar o corpo e o espírito, comer, limpar-se de novo e arrumar a louça foi recentemente entendido, por Marco Daniel Duarte, como devedor do ritual da mesa eucarística. As refeições régias podem, pois, também ser interpretadas como formas de encenação do poder, cuja matriz era copiada do cerimonial religioso.[84]

Do mais pobre ao rei, todos comiam em casa. Exceção feita quando se trabalhava longe do lar, quando se passeava ou quando se viajava. Possuímos algumas informações acerca de refeições fora de casa preparadas previamente, uma espécie de piquenique, e de refeições tomadas *ad hoc*. Por exemplo, segundo Damião de Góis, D. Manuel I, aos domingos e dias santos, costumava passear de barco e merendar "muitas fruitas verdes, conservas e cousas d'açúcar, vinho e água, do que também comiam hos fidalgos que a seu chamado iam com ele no batel".[85] Quando a infanta D. Maria, filha de D. João III, empreendeu viagem para Castela, para se casar com o futuro Filipe II, em outubro de 1543, num dos dias do percurso, entre Évora e Estremoz, acabou por comer dentro das andas em que se fazia transportar. Segundo uma fonte da época,

> ao dito almorço se apeiaram o Embaxador de Castella e o Duque de Bragança e Sua R. S. e o Barão d Alvito e o camareiro moor D. Francisco de Castello Branco e estiveram as portinollas das ditas amdas emquanto durou o dito almorço. No qual ouve musica de viola d arco com dous moços do Duque de Bragança que cantavão.[86]

---

83 Erasmo, *A civilidade pueril*, trad. Fernanda Guerreiro (Lisboa: Estampa, 1978). Sobre esse aspecto da compilação das tradições orais, ver o ponto da situação elaborado por Jean-Claude Margolin, "La civilité nouvelle: de la notion de civilité à sa pratique et aux traités de civilité", em A. Montandon, *Pour une histoire des traités de savoir-vivre en Europe*, cit., pp. 161-168.

84 Marco Daniel Duarte, "O rei preside à ceia: estudo iconológico da mesa real na Idade Moderna", cit., p. 735.

85 Damião de Góis, *Crónica do felicíssimo rei D. Manuel* (Coimbra: Acta Universalis Conimbrigensis, 1955), p. 225.

86 D. António Caetano de Sousa, *Provas da história genealógica da casa real portuguesa*, tomo 3, parte 1, cit., p. 146.

A prática da caça, e o consequente afastamento de casa, também permitia certas refeições algo inusitadas. Assim aconteceu com o infante D. Duarte, falecido em 1540. Este filho de D. Manuel I, um dia, ao praticar atividades venatórias perto de Arraiolos, junto de uma ribeira, observou certo homem que, lançando a tarrafa (rede redonda de pesca individual), obtivera bordalos e picões. Fez-se convidado para comer, tendo-lhe sido servidos bordalos assados com coentrada pisada com folhas de alho e uma tigela de leite.[87]

No século XVI, estávamos ainda longe do conceito de restaurante. Logo, o mais comum, para quem viajava e não se beneficiava de aposentadoria nem se podia acolher a mosteiros ou paços, era comer em tabernas e pernoitar em estalagens. Naturalmente, estamos nos referindo, sobretudo, aos populares. Desde a Idade Média, as tabernas eram espaços de sociabilidade rural e urbana frequentadas por gentes tão diversas como camponeses, artesãos e estudantes, onde se consumia vinho, aguardente, pão, carne cozida e assada e peixe frito e cozido.[88] Só em Lisboa, em meados do século XVI, havia trezentas tabernas.[89] As estalagens asseguravam igualmente o fornecimento de comida e dormida, uma vez que ao estalajadeiro competia ter sempre à disposição do viandante pão, vinho, carne, pescado e camas, bem como cevada e palha para as montadas. Sabe-se que, entre 1441 e 1495, os monarcas portugueses concederam 270 cartas de estalajadeiro[90] e, só no reinado de D. João III (1521-1557), foram confirmadas 32 cartas de privilégios a estalajadeiros e outorgadas 192. A quantidade de estalagens, distribuída de forma desigual pelo território, nunca esteve isenta de críticas à comida servida e às camas disponíveis.[91] Só em Lisboa havia trinta.[92]

Para os indivíduos de poucos recursos que trabalhavam em cargas e descargas, para negros, pedintes e outros que estavam afastados das suas casas, havia outras possibilidades para consumir alimentos.

87 André de Resende, "Vida do infante D. Duarte", em José Pereira Tavares (org.), *Obras portuguesas* (Lisboa: Sá da Costa, 1963), pp. 99-100.

88 João Brandão (de Buarcos), *Grandeza e abastança de Lisboa em 1552*, cit., pp. 31-32.

89 *Ibid.*, p. 206.

90 Iria Gonçalves, "Privilégios de estalajadeiros portugueses (séculos XIV e XV)", em *Imagens do mundo medieval* (Lisboa: Horizonte, 1988), p. 149.

91 Isabel M. R. Mendes Drumond Braga, "Circulação e distribuição de produtos", em João José Alves Dias (org.), *Portugal do Renascimento à crise dinástica*, cit., pp. 200-201.

92 João Brandão (de Buarcos), *Grandeza e abastança de Lisboa em 1552*, cit., p. 206.

Efetivamente, vendedores ambulantes, homens e mulheres, escravos e forros asseguravam a venda regular de uma enorme diversidade de preparados, doces e salgados, em diversos pontos da cidade. Assim, em Lisboa, durante o século XVI, poderia comer-se pela rua: açúcar rosado, aletria, ameixas cozidas, arroz cozido, arroz doce, azevezinhos (espécie de doce ou massa), chícharos, confeitos, cuscuz, frutas verde e seca, laranjada, marmelada, obreias, pão, pastéis, peixe frito, tripas cozidas e sardinhas assadas. Junto da Ribeira, havia dez cabanas com braseiros manipulados por homens e mulheres, que aí assavam sardinhas e outros peixes, os quais alimentavam homens livres e escravos que trabalhavam nas imediações.[93] Às Fangas da Farinha, na Porta Nova e na Porta do Açougue havia 25 mulheres que vendiam tripas cozidas.[94] Essa realidade chegou a incomodar alguns estrangeiros que visitaram a cidade. Assim aconteceu com um que comentou: "cozem as viandas na rua, sobre uns fogareiros de barro, de modo que, ao passar, se é perfumado pelo fumo das sardinhas e dos outros peixes que remexem *ad nauseam*, porque carne há tão pouca que muitos não a comem".[95]

Visto o que se comia, como e onde se comia, refira-se também um conjunto de infraestruturas que permitiam preparar e servir os alimentos. Aventuremo-nos, pois, pelas cozinhas. Se a iconografia portuguesa não nos legou dados sobre a matéria, alguns documentos de outra natureza, como livros de receitas culinárias, regimentos de colégios e inventários de bens, permitem ter alguma ideia acerca dos profissionais da arte culinária e dos objetos de que se serviam,[96] tanto mais que o material de cozinha também pode ser entendido como critério para aferir o estatuto social dos seus possuidores.

Pelo inventário dos bens da infanta D. Beatriz, mãe do rei D. Manuel I, falecida em 1506, podemos conhecer uma boa parte do recheio da sua cozinha: açafates, alguidares de Estremoz, de pedra, de vidro e vidrados; almofariz, almofias, bacios de Valença, barris, búrneas, caldeiras, caldeirões, cestos, colheres de ferro, bandejas, escudelas, escumadeiras, funis de cobre, graais de pedra, obradeiras de obreias,

---

93 *Ibid.*, p. 107.

94 *Ibid.*, p. 102.

95 A. H. de Oliveira Marques, "Uma descrição de Portugal em 1578-80", em *Portugal quinhentista: ensaios* (Lisboa: Quetzal, 1987), p. 197.

96 Sobre essa realidade na França, ver Martin de Framond, "À la table d'un marchand bourgeois du Puy", em Marie Viallon-Schoneveld, *Le boire et le manger au XVIe siècle: actes du XIe Colloque du Puy-en-Velay*, cit., pp. 111-114, 142-144.

pratos de estanho, pedras-mármores, potes, púcaros de barro, ralos de folha de flandres, sertãs, tachos de cobre e de ferro de vários tamanhos, tabuleiros, vasilhas de barro e de chumbo, sem esquecer assadores de castanhas, espetos, fogareiros de ferro de diversos tamanhos, fornos de pastéis, grelhas e trempes. Para o serviço da mesa, a infanta contava com prataria diversa branca e dourada: açucareiros, barris, caçoilas, caixas para confeitos, castiçais, colheres, garfos,[97] gomis, pratos e salseiras. Os vidros, brancos e de cores, também faziam parte dos bens: castiçais, copas, bacios com gomil, enfusas, escudelas, jarros, potes e púcaros com tampa. Havia ainda alcatifas, almofadas, panos de armar, toalhas de mesa de damasco e de pano de Holanda bordadas com seda e ouro e até um braseiro de prata.[98] A mesma fonte deu também a conhecer parte do recheio da despensa da infanta, onde se encontravam produtos alimentares e medicinais. Ali se guardava abóbora coberta, açúcar, açúcar aviolado, açúcar rosado, alcaparras, alfenim, amêndoas, ameixas em passa, avelãs, confeitos, conservas de ameixas, diaprunos, mirobálanos, peras e atum, especiarias e aromatizantes, como cálamo aromático, cardamomo, canela, cravo, espiquenardo, gengibre, galanga, malagueta, noz-moscada e pimenta; figos, marmelada, marmelada em talhadas, mel rosado, pães de açúcar, passas de uva, queijos, tâmaras, tamarindos, xaropes diversos, além de "especia de lingua de vaca de açúcar" e "piparotes de conserva da ilha". Entre outras excentricidades, conta-se ainda uma mãozinha de ouro com âmbar e uma língua de escorpião,[99] isto é, dentes fossilizados de tubarão que se utilizavam para funcionarem como antídotos de veneno ao serem introduzidos na comida.

A infanta D. Beatriz, mãe do monarca, possuía um recheio de casa que em nada seria inferior ao do rei D. Manuel I.[100] A riqueza proporcionada pelo comércio ultramarino e a facilidade em obter especiarias

---

97 A presença de talhares no inventário mostra a precocidade da sua adoção em Portugal entre os privilegiados. Sobre essa realidade em termos europeus, ver Raffaella Sarti, *Casa e família: habitar, comer e vestir na Europa moderna*, cit., pp. 252-253.

98 Anselmo Braamcamp Freire, "Inventário da infanta D. Beatriz: 1507", em *Archivo Historico Portuguez*, vol. 9, Lisboa, 1914, pp. 64-110.

99 *Ibidem*.

100 Sobre a casa da infanta, ver Sebastiana Alves Pereira Lopes, *O infante D. Fernando e a nobreza fundiária de Serpa e Moura (1453-1470)* (Beja: Câmara Municipal de Beja, 2003); e João Paulo de Oliveira e Costa, *D. Manuel I (1469-1521): um príncipe do Renascimento*, cit.

e outros produtos de luxo para a mesa, como porcelanas,[101] apenas após sete viagens ao Oriente (1497-1499, 1500-1501, 1501-1502, 1502-1503, 1503-1504 e 1504-1505 e 1505-1506),[102] começaram a evidenciar um certo grau de exotismo e de sofisticação que será, naturalmente, mais visível durante o reinado de D. João III, quando os portugueses alcançaram a China e o Japão, como se pode testemunhar pelos inventários de bens da rainha D. Catarina. Mas, antes ainda, quando D. Manuel I casou a sua filha, D. Beatriz, com o duque de Sabóia, em 1521, também foram bem visíveis as peças luxuosas que integraram o dote da infanta. No grupo das pratas douradas contaram-se albarradas, atanares, bacias, bacios de água às mãos, barnagais, barris, braseiros, caçoulas, castiçais, colheres, confeiteiras, copos, escalfadores, escudelas, escumadeiras, especieiros, frascos, garfos, gomis, jarros, oveiros, pichéis, pivetes, pratos, saleiros, salseirinhas, salvinhas e taças. Todos esses objetos eram de prata dourada. De referir, ainda, toalhas e guardanapos de pano de Holanda e pano de Bretanha e também "hua caxa grande de pao com seus repartimentos pera a specearia guarnecida com sua fechadura e chaves".[103] A infanta levou para Sabóia diversas peças de cobre para uso na cozinha, a saber: quatro tachos de cozer peixe, outros tantos para manjar branco, quatro bacias para lavar carne e ainda três tachos, duas escumadeiras, duas caçoilas, dois caldeirões, quatro panelas, um funil, dois fornos com trempes e quatro cântaros. Juntem-se ainda, de ferro ou com partes de ferro: almofarizes, assadores, barris, colheres grandes, cutelos, escapolas, espetos, ferros para bolos, gadanhos, gorivaldos, graais, grelhas, navalhões, pás, peneiras, pingadeiras, rapadouras, sertãs, tábuas para pastéis, tenazes e trempes. Seguiram ainda ceirões de esparto.[104]

O patrimônio de D. Catarina, mulher de D. João III, no que se refere aos utensílios da cozinha e às peças que iam à mesa, era suntuoso. No primeiro caso, contam-se, entre outras peças: açafates, açucareiros, alguidares, almaraias, almofarizes, almofias, bacios de cozinha,

---

101 Sobre este ambiente de luxo, sofisticação e exotismo na corte de D. Manuel, ver João Paulo de Oliveira e Costa, *D. Manuel I (1469-1521): um príncipe do Renascimento*, cit. .

102 Cf. José Virgílio Amaro Pissarra, *A armada da Índia: cômputo, tipologia e funcionalidade das armadas de guerra portuguesas do Oriente (1501-1510)*, dissertação de mestrado (Lisboa: Faculdade de Letras da Universidade de Lisboa, 2001), pp. 276-299.

103 D. António Caetano de Sousa, *Provas da história genealógica da casa real portuguesa,* tomo 2, parte 2, cit., pp. 27-81.

104 *Ibidem.*

balanças, barris, caçoilas, cestos, colheres, recipientes de preparar cuscuz (denominados cuscuzeiros), escalfadores, escudelas, escumadeiras, fusos de mexer conservas, facas para sal, galhetas, garfos, grelhas, medidas de vários tamanhos, panelas, taças, vinagreiras. Ao serviço da mesa estavam bacias de água às mãos, bacios, bandejas, caçoilas, castiçais, colheres, confiteiras, escudelas, fruteiros, garfos, garrafas, jarros, pratos, saleiros, salseirinhas e até uma fonte para decoração.[105] A rainha possuía ainda mobiliário indiano e chinês, guadamecis, tapeçarias europeias e asiáticas e uma profusão de panos e almofadas de seda.

Além da prataria, alguns dos objetos arrolados nos inventários eram de tartaruga, laca, madrepérola e porcelana, que começou a chegar a Portugal logo após a primeira viagem de Vasco da Gama. Sabe-se, por exemplo, que entre fevereiro de 1511 e abril de 1514, o tesoureiro das especiarias da Casa da Índia recebeu 692 peças de porcelana. A esse número há que acrescentar as que eram de particulares e cuja quantidade se desconhece.[106] Recorde-se o testemunho dos cavaleiros Tron e Lippomani, que, em 1580, notaram a existência de diversas lojas da rua Nova (Lisboa), onde se podiam adquirir objetos orientais: "porcelanas finíssimas de vários feitios, conchas, cocos lavrados de diversos modos [e] caixinhas guarnecidas de madrepérola".[107] Pela mesma fonte ficamos ainda informados de que "a prata de Lisboa é

105 A publicação dos vários inventários de bens da rainha e dos resumos de muitos documentos guardados na Torre do Tombo, bem como o seu estudos foram objeto de atenção por parte de Annemarie Jordan Gschwend, *The Development of Catherine of Austria's Collection in the Queen's Household: His Character and Cost*, 2 vols. (Washington: Brown University, 1994). A mesma autora tem repetido, e em alguns casos antecipado, essas informações em diversos trabalhos, por exemplo: "Catarina de Áustria: coleção e *Kunstkammer* de uma princesa renascentista", em *Oceanos*, vol. 16, Lisboa, 1993, pp. 62-70; "As maravilhas do Oriente: coleções de curiosidades renascentistas em Portugal", em *A herança de Rauluchantim* (Lisboa: Comissão Nacional para as Comemorações dos Descobrimentos Portugueses/Misericórdia de Lisboa, 1996), pp. 82-127; "Os produtos exóticos da Carreira da Índia e o papel da Corte portuguesa na sua difusão", em *Nossa Senhora dos Mártires: a última viagem* (Lisboa: Expo 98/Verbo, 1998), pp. 123-141; "Queen of the Seas and Overseas Dining at the Table of Catherine of Austria, Queen of Portugal", em Leonor d' Orey (org.), *Mesas reais europeias: encomendas e ofertas / Royal and Princely Tables of Europe: Comissions and Gifts / Tables Royales en Europe: commandes et cadeaux* (Lisboa: Instituto Português de Museus, 1999), pp. 14-43.

106 Pedro Dias, "Símbolos e imagens do cristianismo na porcelana chinesa", em *Reflexos: catálogo* (Lisboa: Misericórdia de Lisboa/Comissão Nacional para as Comemorações dos Descobrimentos Portugueses), 1996, pp. 17-59.

107 Alexandre Herculano, "Viagem a Portugal dos cavaleiros Tron e Lippomani (1580)", cit., p. 366.

lavrada com delicadeza e variedade, por ser costume, assim entre nobres como entre plebeus, usarem de pratos e bacias de prata".[108]

Por ocasião do já referido casamento da infanta D. Maria com Alessandro Farnesse, em 1565, a rainha de Portugal, D. Catarina, mandou servir uma suntuosa refeição na qual se exibiram peças de porcelana branca e azul da dinastia Ming, tigelas de laca pintadas, pratos de tartaruga, jarros de madrepérola, peças de vidro de Veneza e muita prataria.[109]

Também conhecemos o nome de alguns dos servidores da rainha ao longo da sua vida em Portugal. Foram seus cozinheiros mores Diogo Gil e João Álvares. Os cozinheiros foram Afonso Gomes e Francisco de Almeida, o assador Francisco Dias, o pasteleiro Afonso Gil e os confeiteiros Manuel Rodrigues e Cornélio Izarte, os quais, além dos vencimentos, receberam mercês monetárias em diversos momentos.[110]

No *Livro de cozinha da infanta D. Maria*, podemos também ter ideia do conteúdo de uma cozinha principesca. Ali se encontrariam albarradas de bico, alguidares, bacias, bacios, borcelanas (tigelas), canudos ou paus roliços (rolos da massa), canivetes, carretilhas, colheres de prata, escudelas, escumadeiras, fusos ou furadores, graais, joeiras, panelas, peneiras de seda, pratos, púcaros, rapadouras, sertãs, tachos, tigelas e vasilhas de diversos tamanhos.[111]

Mais modesta é a informação acerca das peças de cozinha utilizadas para confeccionar as refeições dos estudantes do Colégio das Artes. No regimento não datado, mas posterior a 1574, faz saber-se que as viandas deveriam obrigatoriamente ser cozinhadas em recipientes de barro. A única exceção aceita era o peixe, que poderia ser preparado em peças de cobre estanhado.[112]

A arqueologia também fornece dados de muito interesse. Por exemplo, conhece-se bastante olaria comum produzida em Montemor-o-Novo, durante o século XVI. Efetivamente, no Convento de São Domingos daquela localidade, foram encontradas peças de diferentes tipologias: alguidares, asados, atanores, barris, caçoulas, fogareiros, in-

[108] *Ibidem*.

[109] Annemarie Jordan Gschwend, "Os produtos exóticos da Carreira da Índia e o papel da Corte portuguesa na sua difusão", cit., p. 135.

[110] Isabel M. R. Mendes, "O 'deve' e o 'haver' da casa da rainha D. Catarina", cit., pp. 162-165.

[111] Maria José Azevedo Santos, "O mais antigo livro de cozinha português", cit., pp. 35-66.

[112] Mário Brandão, *O Colégio das Artes (1555-1580)*, cit., p. CXXIX.

fusas, panelas, pias de cântaros, potes de adega, pucarinhos, quartas, talhas, tarros, tigelas e tachos.[113]

Além das informações já mencionadas, outras fontes dão conta do patrimônio pessoal de certas figuras, relativamente à baixela que possuíam. Por exemplo, entre os bens pertencentes a D. Manuel I, à data da sua morte em 1521, contaram-se diversas peças de mesa, como bacios de água às mãos com e sem gomil, bacios de pé, castiçais, escudelas, garrafas, púcaros, salvas, garfos e colheres. Todos esses objetos eram de prata branca ou dourada, alguns com esmaltes e com as armas reais e, em alguns casos, com temas ligados às conquistas e, consequentemente, aos novos espaços.[114] Para limpar as mãos eram utilizadas toalhas de pano de Holanda.[115]

No século XVI, começaram a verificar-se as primeiras alterações alimentares resultantes do contato com uma fauna e uma flora antes desconhecidas. Porém, essas mudanças alimentares foram ocorrendo de forma lenta e gradual. Ainda no século XV, o açúcar produzido na Madeira começou a marcar de forma significativa a doçaria portuguesa, quer na confecção dos doces de ovos quer, sobretudo, nas diferentes maneiras de conservar frutas com açúcar. No final do século, a partir do regresso da primeira viagem de Vasco da Gama ao Oriente (1497-1499), as especiarias, produtos luxuosos e caros, começaram a ter uma presença exagerada nas mesas abastadas portuguesas. Quanto aos alimentos, as novas introduções foram mais lentas; referimo-nos, sobretudo, aos produtos oriundos da América: o milho maís, a batata, a batata-doce, o tomate, o cacau e o peru, sem esquecer o chá e o café, oriundos de outras paragens. Na realidade, foram especialmente os produtos americanos os grandes responsáveis pela diferenciação entre alimentação medieval e alimentação moderna, embora os resultados dessa mutação só tenham tido cabal concretização no século XVIII, se excetuarmos o milho.

---

113 Margarida Ribeiro, *Olaria de uso doméstico na arquitetura conventual do século XVI* (Montemor-o-Novo: Edição do Grupo de Amigos de Montemor-o-Novo, 1984).

114 Anselmo Braamcamp Freire, "Inventário da guarda-roupa de D. Manuel", em *Archivo Historico Portuguez*, vol. 2, Lisboa, 1904, pp. 391-392. Sobre a decoração de algumas peças, ver Maria do Carmo Rebelo de Andrade, "Iconographic Narrative of Stately Silverweare: Portugal XV and XVI centuries", em Leonor d' Orey, *Mesas reais europeias: encomendas e ofertas / Royal and Princely Tables of Europe: Comissions and Gifts / Tables Royales en Europe: commandes et cadeaux*, cit., pp. 44-57.

115 Anselmo Braamcamp Freire, "Inventário da guarda-roupa de D. Manuel", cit., p. 398.

Se na questão alimentar o século XVI pouco inovou - recordemos que, anteriormente, se usava mel em vez de açúcar e que as especiarias chegavam à Europa pelo Mediterrâneo -, o mesmo não se pode afirmar em relação ao aspecto das mesas régias e das elites em geral. Os contatos com o Oriente e com o Extremo Oriente permitiram a descoberta e o consumo de peças requintadas praticamente desconhecidas na Europa; referimo-nos sobretudo às porcelanas, mas importa não esquecer também o uso de outros materiais, como a madrepérola, a tartaruga e a laca. A encomenda de peças ao gosto europeu, algumas das quais brasonadas, foi imparável. Montar porcelana oriental em prata portuguesa também se fez, desde o século XVI. Mais tarde, especialmente ao longo do século XVIII, com a adoção de novos hábitos, importaram-se igualmente modelos e peças antes desconhecidos, tais como chávenas com e sem tampa, pires, bules, cafeteiras e chocolateiras. A par dessas novidades, exibidas à mesa, as cozinhas naturalmente providas de bens mais modestos continuavam a contar com muitas peças de ferro, estanho, cobre, barro, algum vidro e louças de Sevilha e de Talavera, além de púcaros de Estremoz e Montemor-o-Novo.[116]

Entre os grupos privilegiados, começou, no século XVI, o uso das peças individuais à mesa: pratos, copos, talheres e guardanapos.[117] Só os pratos e os talheres de serviço continuaram a ser comuns. Porém, esse processo foi muito lento, só se generalizando séculos mais tarde entre os desfavorecidos. Paralelamente a essas alterações, as maneiras à mesa também se foram refinando através da codificação das normas de civilidade e etiqueta.

---

116 João Brandão (de Buarcos), *Grandeza e abastança de Lisboa em 1552*, cit., p. 50.

117 Conhecemos o uso regular de guardanapos na casa da rainha D. Catarina e entre alguns estudantes do Colégio das Artes de Coimbra. Ver, respectivamente, Isabel M. R. Mendes, "O 'deve' e o 'haver' da casa da rainha D. Catarina", cit.; e António de Oliveira, "O quotidiano da academia", cit., p. 640.

Os hábitos alimentares dos índios e dos negros no Brasil

Descoberta, estranheza, deslumbramento, rejeição e fascínio parecem palavras apropriadas para descrever as sensações, por vezes contraditórias, vividas pelos portugueses ao tomarem contato com a fauna e a flora brasileiras. De fato, a chegada a um novo continente e o contato com realidades tão diversas motivou relatos entusiasmados. Pero Vaz de Caminha, em 1500, começou logo por se maravilhar com a natureza:

> A terra [...] em si, é de muitos bons ares, assim frios e temperados como os d'Antre Doiro e Minho, porque neste tempo d'agora assim os achávamos como os de lá. Águas são muitas, infindas. E em tal maneira é graciosa que, querendo-a aproveitar, dar-se-á nela tudo por bem das águas que tem.[1]

---

1 Pero Vaz de Caminha, *Carta a el-rei Dom Manuel sobre o achamento do Brasil (1 de maio de 1500)* (Lisboa: Imprensa Nacional/Casa da Moeda, 1974), pp. 82-83.

Albert Eckhout, *Homem tupinambá*, 1643.

Mas muitos outros se lhe seguiram. Por exemplo, em 1549, Manuel da Nóbrega escreveu sobre a Bahia:

> mui temperada, de tal maneira que o inverno não é frio nem quente, e o verão, ainda que seja mais quente, bem se pode sofrer; porém é terra mui húmida, pelas muitas águas que chovem em todo o tempo mui a miúdo, pelo qual as árvores e as ervas estão sempre verdes, e por esta causa é a terra mui fresca.[2]

Poucos anos depois, o francês André Thevet também notou, em relação à região do Rio de Janeiro, que os terrenos eram

> fertilíssimos, repletos de árvores que dão excelentes frutos, sem exigirem cultivo ou cuidados. Não há dúvida de que se estes terrenos fossem cultivados produziriam maravilhosamente, tendo em vista sua situação, suas belíssimas montanhas e vastas planícies, seus rios piscosos e a grande fertilidade das terras, tanto insulares quanto continentais.[3]

Mais tarde, em 1576, Pero de Magalhães Gândavo engrossou o coro de elogios:

> esta província [Santa Cruz, vulgo Brasil] é à vista de mui deliciosa e fresca em grande maneira, toda está vestida de muito alto e espesso arvoredo, regada com as águas de muitas e mui preciosas ribeiras de que abundantemente participa toda a terra, onde permanece sempre a verdura com aquela temperança da primavera que cá nos oferece abril e maio.[4]

José de Anchieta, em 1584, foi poético: "todo o Brasil é um jardim em frescura e bosque e não se vê em todo o ano árvore nem erva seca. Os arvoredos se vão às nuvens de admirável altura e grossura e variedade das espécies".[5] Poucos anos depois, em 1587, Gabriel Soares de Sousa, ao enaltecer a fertilidade de cada uma das capitanias, deu conta, por exemplo, do seguinte:

---

2 Manuel da Nóbrega, *Cartas do Brasil (1549-1560)* (Belo Horizonte/São Paulo: Itatiaia/Edusp, 1988), p. 97.

3 André Thevet, *As singularidades da França antártica*, trad. Eugênio Amado (Belo Horizonte/São Paulo: Itatiaia/Edusp, 1978), p. 98.

4 Pero de Magalhães Gândavo, *História da província de Santa Cruz a que vulgarmente chamamos Brasil* (ed. *fac-símile* Lisboa: Biblioteca Nacional, 1984), p. 8.

5 José de Anchieta, *Cartas, informações, fragmentos históricos e sermões* (Belo Horizonte/São Paulo: Itatiaia/Edusp, 1988), p. 438.

> nestas capitanias de São Vicente e de Santo Amaro são os ares frios e temperados, como na Espanha, cuja terra é mui sadia e de frescas e delgadas águas, em as quais se dá o açúcar muito bem, e se dá trigo e cevada, de que se não usa na terra por os mantimentos dela serem muito bons e facílimos de granjear, de que os moradores são mui abastados e de muito pescado e marisco, onde se dão tamanhas ostras que têm a casca maior que um palmo, e algumas muito façanhosas.[6]

Nos séculos seguintes, os elogios por parte dos europeus à fertilidade da terra continuaram. Por exemplo, Claude d'Abeville, um capuchinho francês, considerou que "o Brasil não é somente fértil e bom, e sim também bonito e agradável à vista, não havendo bondade que não realce a sua beleza e reciprocamente".[7] Poucos anos depois, em 1618, Ambrósio Fernandes Brandão, pela boca de Brandônio, afirmou que o Brasil era terra "disposta para se haver de fazer nela todas as agriculturas do mundo, pela sua muita fertilidade, excelente clima, bons céus, disposição do seu temperamento, salutíferos ares e outros mil atributos".[8] Em 1627, frei Vicente do Salvador salientou a riqueza e a diversidade da produção: "É o Brasil mais abastado de mantimentos que quantas terras há no mundo, porque nele se dão os mantimentos de todas as outras".[9] Rocha Pitta, cuja obra foi editada no século XVIII, foi ainda mais prolixo, ao escrever:

> em nenhuma outra região se mostra o céu mais sereno, nem madrugada mais bela a aurora; o sol em nenhum outro hemisfério tem os raios tão dourados, nem os reflexos nocturnos tão brilhantes; as estrelas são as mais benignas, e se mostram sempre alegres; os horizontes, ou nasça o sol, ou se sepulte estão sempre claros; as águas ou se tomam nas fontes pelos campos ou dentro das povoações nos aquedutos, são as mais puras é enfim o Brasil terreal paraíso descoberto, onde têm nascimento e curso os maiores rios; domina salutífero clima; influem benignos astros e respiram auras suavíssimas, que o fazem fértil e povoado de inúmeros habitantes.[10]

6 Gabriel Soares de Sousa, *Tratado descritivo do Brasil em 1587* (Belo Horizonte: Itatiaia, 2000), p. 89.

7 Claude d'Abeville, *História da missão dos padres capuchinhos na ilha do Maranhão e suas circunvizinhanças*, trad. César Augusto Marques (São Paulo: Siciliano, 2002), p. 211.

8 Ambrósio Fernandes Brandão, *Diálogos das grandezas do Brasil* (3ª ed. Recife: Fundação Joaquim Nabuco, 1997), p. 11.

9 Frei Vicente do Salvador, *História do Brasil (1500-1627)* (7ª ed. Belo Horizonte/São Paulo: Itatiaia/Edusp), 1982, p. 68.

10 Rocha Pitta, *História da América portuguesa* (Belo Horizonte: Itatiaia, 1976), p. 19.

Ou seja, independentemente dos autores e das datas em que escreveram, há constantes que importa salientar: bom clima, natureza luxuriante, terra fértil e, consequentemente, muitos alimentos para quem lá vivesse.

Os índios beneficiavam dos generosos recursos brasileiros tanto de caça e pesca como de frutas e legumes, levando a efeito uma alimentação sóbria e frugal, independentemente de cultivarem ou não alguns gêneros, como batata, mendubi ou milho caitité ou zaburro. Apesar das diferenças entre as tribos, tinham como alimentos básicos a mandioca, o peixe, a carne, os insetos e as frutas, consumidas ao natural ou dissolvendo as polpas em água, transformando o produto nos chamados vinhos. Em relação aos alimentos secundários, destaque para o milho, a batata-doce, o cará, o feijão e a abóbora. Em algumas regiões do norte do Brasil assinale-se também o cacau.[11]

Na expressão de Osvaldo Orico, "o índio possuía o cardápio que estava ao alcance do seu arpão ou da sua flecha".[12] A quantidade e a qualidade dos alimentos que ingeriam dependiam das oportunidades. Por exemplo, em 1587, Gabriel Soares de Sousa notou:

> quando os tupinambás comem à noite, é no chão como está dito, e virados com as costas para o fogo, e ficam todos às escuras; e não praticam em coisa alguma quando comem, senão depois de comer; e quando têm que, toda a noite não fazem outra coisa, até que os vence o sono; e por outra parte mantém-se este gentio com nada, e anda logo dois e três dias sem comer.[13]

No século XVII, a situação mantinha-se inalterada. Simão de Vasconcelos notou as oscilações entre os períodos de fome e de abundância como uma realidade cotidiana: "[os índios] são sofredores de grandes fomes, quando é necessário; mas tendo que comer, acabam uma anta inteira sem descansar".[14] Ainda mais tarde, em 1810, Koster, referindo-se aos índios do Ceará, considerou que "sendo possível comer imoderadamente [comem], mas havendo necessidade, conten-

11 António José Souto Loureiro, "A alimentação indígena", em *Gastronomia através do Brasil* (8ª ed. São Paulo: Editora Senac São Paulo/Estúdio Sonia Robatto, 2007), pp. 13-15.

12 Osvaldo Orico, *Cozinha amazônica: uma autobiografia do paladar* (Belém: Universidade Federal do Pará, 1972), p. 24.

13 Gabriel Soares de Sousa, *Tratado descritivo do Brasil em 1587*, cit., p. 237.

14 Simão de Vasconcelos, *Notícias curiosas e necessárias das cousas do Brasil* (Lisboa: Comissão Nacional para as Comemorações dos Descobrimentos Portugueses, 2001), p. 97.

tam-se com verdadeiras migalhas, quando a preguiça os reduz a isso".[15] Efetivamente, a alternância entre períodos de abundância e de fome mantém-se na atualidade.

Qualquer contato mais ou menos aprofundado com os índios permitia a descrição, mas nem sempre a cabal compreensão, das suas preferências alimentares, que, por vezes, não escaparam ao desprezo dos europeus e à sátira de poetas como Gregório de Matos.[16] A esmagadora maioria dos autores referiu-se ao consumo de mandioca, frutas, carne e peixe - resultantes da caça e da pesca - e bebidas fermentadas. Por exemplo, em 1556, André Thevet deu conta da superstição vigente de não gostarem de ingerir animais lentos e acrescentou: "como não possuem algum critério que lhes permita escolher o que é bom, separando-o daquilo que não presta, comem de todas as carnes, a qualquer dia e hora, sem moderação alguma".[17] Fernão Cardim, como todos os autores, referiu a mandioca, mas não deixou de dar conta da ingestão, por parte dos índios, de produtos que lhe pareceram mais repugnantes:

> comem todo o gênero de carnes, ainda de animais imundos, como cobras, sapos, ratos, e outros bichos semelhantes, e também comem todo o gênero de frutas, tirando algumas peçonhentas, e a sua sustentação é ordinariamente do que dá a terra sem a cultivarem, como caças e frutas; porém têm certo gênero de mantimento de boa substância e sadio e outros muitos legumes.[18]

A maioria dos que mantiveram contato com os silvícolas do Pará mencionou o consumo de mandioca - o "pão da terra" - e de suas farinhas, de peixe (peixe-boi, pirarucu e outros, tanto de água doce quanto de água salgada), de carne (antas, capivaras, cutias, emas, veados e outras espécies), de frutas (abacaxi, açaí, araçá, bacaba, bacuri, caju, castanha-do-pará, curiti, guabiroba, juçara, mangaba, mucajuba, pacova, pequi, puçá, pupunha, sapucaia e outras), sem esquecer palmito

---

15 Henry Koster, *Viagens ao Nordeste do Brasil*, vol. 1, trad. Luís da Câmara Cascudo (11ª ed. Recife: Fundação Joaquim Nabuco/Massangana, 2002), p. 226.

16 Claude Guy Papavero, *Ingredientes de uma identidade colonial: os alimentos na poesia de Gregório de Matos*, tese de doutorado (São Paulo: Faculdade de Filosofia, Letras e Ciências Humanas da Universidade de São Paulo, 2007), pp. 328-333.

17 André Thevet, *As singularidades da França antártica*, cit., p. 105.

18 Fernão Cardim, *Tratados da terra e gente do Brasil* (Lisboa: Comissão Nacional para as Comemorações dos Descobrimentos Portugueses), 1997, p. 169.

e cupá, além de cobras, lagartos, tartarugas e seus ovos, gafanhotos, formigas (tanajuras e saúvas), bem como diversas bebidas fermentadas.[19] Entre estas, o cauim (com mandioca) e o aluá (com milho) foram frequentemente apontados, se bem que tais bebidas fossem de consumo ritual e, consequentemente, não consumidas cotidianamente às refeições.

Os testemunhos acerca da preparação dos alimentos não variam muito. Por exemplo, em 1556, André Thevet notou que os índios "assavam as peças de carne aos bocados mas sem lhes retirarem a pele".[20] No ano seguinte, José de Anchieta relatou que os silvícolas "torram ao fogo" as carnes e não desprezavam o consumo de cobras, sapos, lagartos e ratos, acrescentando que "são muito dados ao vinho, o qual fazem das raízes de mandioca que comem, e de milho e outras frutas [...]. Este vinho comummente o fazem grosso e basto, porque juntamente lhes serve de mantimento e quando bebem nenhuma outra coisa comem".[21] Hans Staden, que viveu algum tempo com uma tribo, deteve-se, como todos os outros, na preparação da mandioca, dando conta de três modos. Assim,

> primeiro, trituram sobre uma pedra as raízes totalmente, em pequenos grumos, extraindo o suco com uma cana feita da casca de palmas e chamada tipiti. Deste modo se torna seca a massa, que depois passam numa peneira. Da farinha fazem bolos fininhos. A vasilha na qual secam e torram sua farinha é feita de barro queimado e tem a forma de uma grande travessa. Segundo, tomam as raízes frescas, deitam-nas na água deixando-as aí apodrecer; retiram-nas então e secam-nas na fumaça sobre o fogo. Chamam a estas raízes secas carimã. Conservam-se por muito tempo. Quando os selvagens querem utilizá-las, esmagam-nas em um almofariz de madeira. Isto dá uma farinha branca. Com ela fazem bolos que se chamam beijus. Terceiro: tomam mandioca bem apodrecida, não a secam, mas a misturam com seca e verde. Obtêm assim, torrando, uma farinha que se conserva perfeitamente um ano. É boa também para comer. Chama-se *uitán*.[22]

---

19 Joaquim Nabuco, *Premier mémoire le droit du Brésil* (Paris: A. Lahure, 1903), p. 93; e Osvaldo Orico, *Cozinha amazônica: uma autobiografia do paladar*, cit., p. 95. Sobre as bebidas fermentadas, ver João Azevedo Fernandes, *Selvagens bebedeiras: álcool, embriaguez e contatos culturais no Brasil colonial*, tese de doutorado (Niterói: Universidade Federal Fluminense, 2004).

20 André Thevet, *As singularidades da França antártica*, cit., p. 162.

21 José de Anchieta, *Cartas, informações, fragmentos históricos e sermões*, cit., pp. 124, 338.

22 Hans Staden, *Duas viagens ao Brasil*, trad. Guiomar de Carvalho Franco (Belo Horizonte/São Paulo: Itatiaia/Edusp, 1974), pp. 162-163.

Fig. 1 | Johann Moritz Rugendas, *Engenho de açúcar*, século XIX. 35,5 x 51,3 cm.

Fig. 2 | Jean-Baptiste Debret, *Pequena moenda portátil*, século XIX, em *Viagem pitoresca e histórica ao Brasil*.

Fig. 3 | Albert Eckhout, *Homem tupinambá*, 1643. Óleo sobre tela, 267 x 159 cm.

Fig. 4 | Albert Eckhout, *Mulher tupinambá*, 1641. Óleo sobre tela, 265 x 157 cm.

Fig. 5 | Johann Moritz Rugendas, *Indiens dans leur cabane*, século XIX, em *Viagem pitoresca através do Brasil*.

Fig. 6 | Johann Moritz Rugendas, *Preparação da raiz de mandioca*, século XIX. Litografia colorida à mão, 35,5 x 51,3 cm.

Fig. 7 | Frei Christovão de Lisboa, *Mandioqua*, 1624. Desenho de pena e lápis, 30 x 22 cm.

Fig. 8 | Albert Eckhout, *Mulher mameluca* (detalhe), que mostra cajueiro, 1641. Óleo sobre tela, 267 x 160 cm.

Fig. 9 | Cacau.

Fig. 10 | Albert Eckhout, *Bananas, frutas cítricas, etc.* (detalhe), século XVII. Óleo sobre tela, 91 x 91 cm.

Fig. 11 | Agostinho José da Mota, *Natureza-morta com frutas,* 1873. Óleo sobre tela, 53,8 x 67 cm.

Fig. 12 | Albert Eckhout, *Abacaxi, melancia, etc.*, século XVII. Óleo sobre tela, 91 x 91 cm.

Fig. 13 | Albert Eckhout, *Inflorescência de palmeira e cesta de especiarias*, século XVII. Óleo sobre tela, 93 x 103,5 cm.

Fig. 14 | Jean-Baptiste Debret, *Vendedores de milho – Negros vendedores de carvão*, século XIX, em *Viagem pitoresca e histórica ao Brasil*.

Fig. 15 | Milho.

Fig. 16 | Jean-Baptiste Debret, *Retrato de dom João VI*, 1817. Óleo sobre tela, 60 x 42 cm.

Fig. 17 | Francisco Bartolozzi, Embarque de Dom João VI e toda família real, no porto de Belém, a Portugal em 27 de novembro de 1807, 1808. Gravura a buril, 40 x 54 cm.

Fig. 18 | Autor não identificado, *Vista da cidade de Salvador*, século XIX (anterior a 1868). Aquarela sobre papel, 29,3 x 46,7 cm.

Fig. 19 | Jean-Baptiste Debret, *Negros vendedores de aves*, século XIX, em *Viagem pitoresca e histórica ao Brasil*.

Fig. 20 | Jean-Baptiste Debret, *Vendedores de capim e de leite*, século XIX, em *Viagem pitoresca e histórica ao Brasil.*

Fig. 21 | Joaquim Cândido Guilhobel, *Cameleiro*, 1786.

Fig. 22 | Joaquim Cândido Guilhobel, *Vendedor de louças*, 1786.

Fig. 23 | Johann Moritz Rugendas, *Marché sur la Praïa dos Mineros*, século XIX, em *Viagem pitoresca através do Brasil*.

Fig. 24 | José Joaquim Freire, *Pirarucu*.

Fig. 25 | James Storer, *Rio de Janeiro* (parte do aqueduto, com a rua chamada Matacavalos vista através de um dos arcos), 1820. Gravura em metal, 20,9 x 27 cm.

Fig. 26 | Bosset de Luze, *Estudo para fazenda Pombal, Colônia Leopoldina, Bahia*, s/d. Aquarela e lápis sobre papel, 20,3 x 44,5 cm.

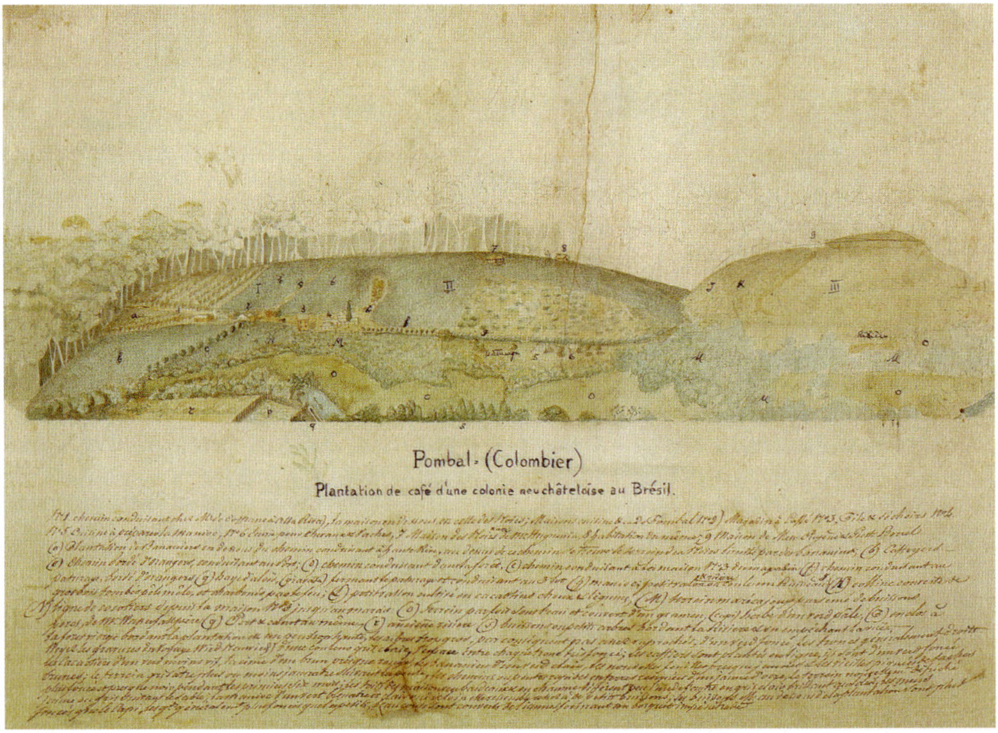

Fig. 27 | Félix-Emile Taunay, *Rua Direita, Rio de Janeiro*, *c.* 1823. Aquarela sobre papel, 17,7 x 23,6 cm.

Fig. 28 | John Clarke & Henry Chamberlain, *Uma banca do mercado*, 1822. Água-tinta colorida sobre papel, 19,9 x 28,1 cm.

Fig. 29 | Jean-Baptiste Debret, *Jantar no Brasil*, século XIX, em *Viagem pitoresca e histórica ao Brasil*.

Fig. 30 | Jean-Baptiste Debret, *O passatempo dos ricos depois do jantar*, século XIX, em *Viagem pitoresca e histórica ao Brasil*.

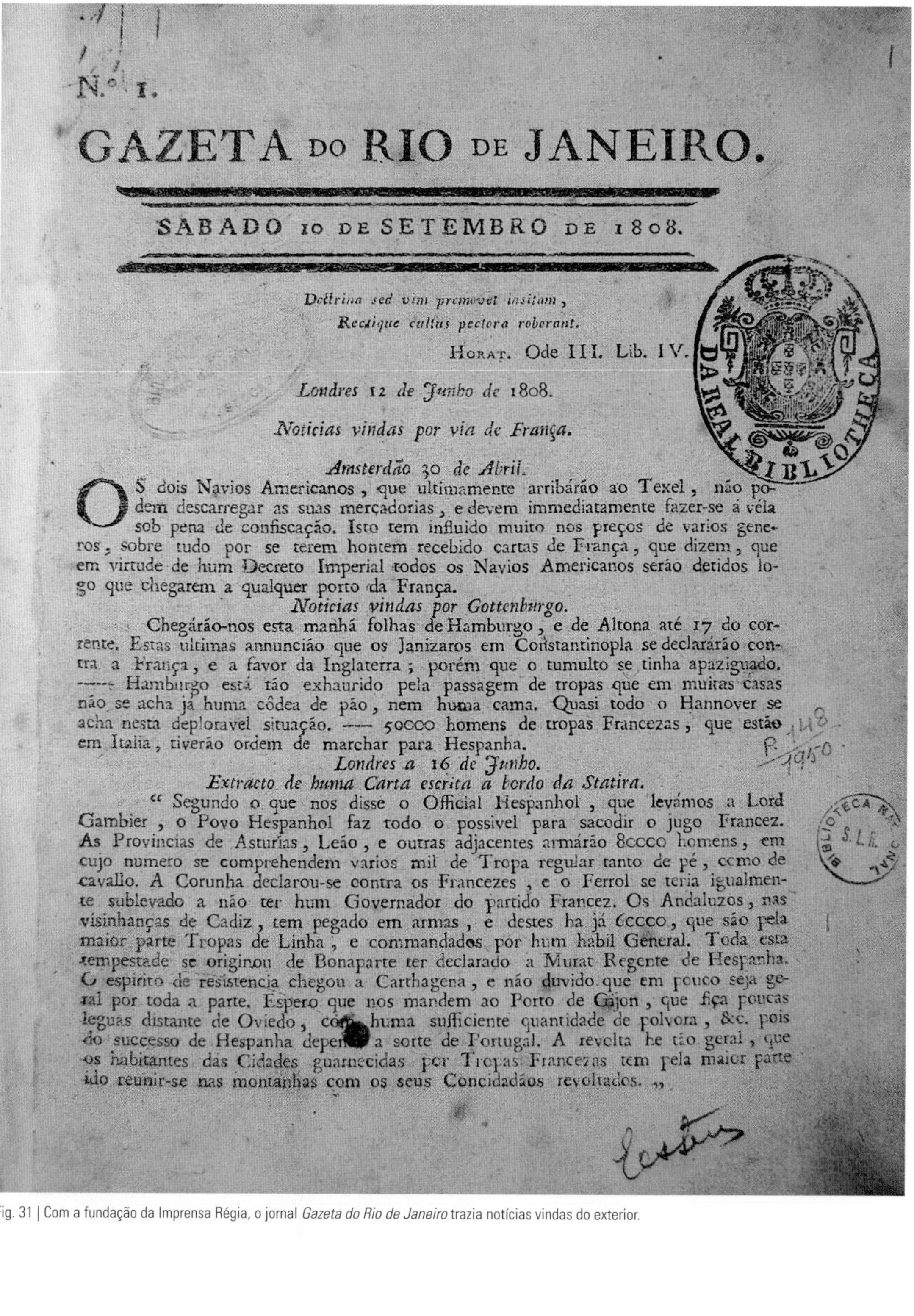
N.° 1.

GAZETA DO RIO DE JANEIRO.

SABADO 10 DE SETEMBRO DE 1808.

Doctrina sed vim promovet insitam,
Rectique cultus pectora roborant.
HORAT. Ode III. Lib. IV.

Londres 12 de Junho de 1808.

Noticias vindas por via de França.

Amsterdão 30 de Abril.

OS dois Navios Americanos, que ultimamente arribárão ao Texel, não podem descarregar as suas mercadorias, e devem immediatamente fazer-se á véla sob pena de confiscação. Isto tem influido muito nos preços de varios generos, sobre tudo por se terem hontem recebido cartas de França, que dizem, que em virtude de hum Decreto Imperial todos os Navios Americanos serão detidos logo que chegarem a qualquer porto da França.

Noticias vindas por Gottenburgo.

Chegárão-nos esta manhã folhas de Hamburgo, e de Altona até 17 do corrente. Estas ultimas annuncião que os Janizaros em Constantinopla se declarárão contra a França, e a favor da Inglaterra; porém que o tumulto se tinha apaziguado. —— Hamburgo está tão exhaurido pela passagem de tropas que em muitas casas não se acha já huma côdea de pão, nem huma cama. Quasi todo o Hannover se acha nesta deploravel situação. —— 50000 homens de tropas Francezas, que estão em Italia, tiverão ordem de marchar para Hespanha.

Londres a 16 de Junho.

Extracto de huma Carta escrita a bordo da Statira.

" Segundo o que nos disse o Official Hespanhol, que levámos a Lord Gambier, o Povo Hespanhol faz todo o possivel para sacodir o jugo Francez. As Provincias de Asturias, Leão, e outras adjacentes armárão 80000 homens, em cujo numero se comprehendem varios mil de Tropa regular tanto de pé, como de cavallo. A Corunha declarou-se contra os Francezes, e o Ferrol se teria igualmente sublevado a não ter hum Governador do partido Francez. Os Andaluzos, nas visinhanças de Cadiz, tem pegado em armas, e destes ha já 60000, que são pela maior parte Tropas de Linha, e commandados por hum habil General. Toda esta tempestade se originou de Bonaparte ter declarado a Murat Regente de Hespanha. O espirito de resistencia chegou a Carthagena, e não duvido que em pouco seja geral por toda a parte. Espero que nos mandem ao Porto de Gijon, que fica poucas leguas distante de Oviedo, com huma sufficiente quantidade de polvora, &c. pois do successo de Hespanha depende a sorte de Portugal. A revolta he tão geral, que os habitantes das Cidades guarnecidas por Tropas Francezas tem pela maior parte ido reunir-se nas montanhas com os seus Concidadãos revoltados. "

Fig. 31 | Com a fundação da Imprensa Régia, o jornal *Gazeta do Rio de Janeiro* trazia notícias vindas do exterior.

Fig. 32 | Jean-Baptiste Debret, *Café*, século XIX. Aquarela sobre papel, 24 x 18,9 cm.

Fig. 33 | Johann Moritz Rugendas, *Colheita do café*, século XIX, em *Viagem pitoresca através do Brasil*.

Staden relatou ainda a preparação de uma espécie de farinha de peixe e de carne:

> assam a carne ou o peixe, na fumaça sobre o fogo, deixam-na secar de todo; desfiam-na, torram-na de novo depois, ao fogo, em vasilhas queimadas para tal fim e que chamam *inhêpoã*; esmagam-na após em um pilão de madeira e passando isto numa peneira, reduzem-na a farinha. Esta se conserva por muito tempo.[23]

Nos séculos seguintes, as descrições acerca da alimentação dos índios não fugiram ao quadro anterior. Nos anos de 1613-1614, Yves d'Evreux fez uma viagem ao norte do Brasil e explicitou a preparação do peixe: "lançam-nos com entranhas e tudo ao fumeiro para assá-los [...] quando querem comer, tiram a pele do peixe, secam-na ao sol, pisam-na em um almofariz, reduzem-na a pó, com que fazem seus mingaus".[24] De qualquer modo, alguns deram conta da diversidade de procedimentos de acordo com as tribos. É o caso, por exemplo, do jesuíta Simão de Vasconcelos, que, em 1668, anotou:

> suposto que todos usam dos mesmos mantimentos (comummente falando) de raízes de plantas, mandioca, aipim, batata, inhame, cará, mangará, legumes, carne de suas caças, peixe de suas pescas e frutas dos campos, são, contudo, diversos os modos entre eles; porque uns costumam comer assado e cozido ao modo ordinário, o que há-de assar-se sobre brasas e o que há-de cozer-se em panelas, a que chamam *nhaempepó* de cujo caldo com farinha de mandioca fazem como papas, que chamam mingau, ou *mindipiró*. Outros basta tostar a carne, os peixes ao sol, e dá-la por cozida e assada e pasto saboroso. Outros usam de melhor artifício, e que, em verdade, torna a carne (e ainda o peixe) saborosíssimo: fazem na terra uma cova, cobrem-lhe o fundo com folhas de árvores, e logo lançam sobre estas a carne, ou peixe, que querem cozer ou assar, cobrem-na de folhas, e depois de terra; feito isto, fazem fogo sobre a cova, até que se dão por satisfeitos e então a comem; e chamam a este modo biaribi. Os peixes miúdos embrulham em folhas, e metidos debaixo do borralho, em breve tempo ficam cozidos ou assados. Para farinha ou legumes não usam de colher quando comem,

---

23 *Ibid.*, p. 164.

24 Yves d'Evreux, *Viagem ao norte do Brasil feita nos anos de 1613 a 1614*, trad. César Augusto Marques (3ª ed. São Paulo: Siciliano, 2002), p. 204.

> mas servem-lhe em lugar dela três dedos tão adestrados, que fazendo o lanço à boca de remesso, não perdem um só grão.[25]

No século XVIII, o jesuíta João Daniel adiantou que o dote das índias compreendia diversos bens relacionados com a alimentação e com a preparação das refeições: uma cuia, isto é, um pequeno cabaço com jequitaia ou malagueta, uma pequena panela, um ralador de mandioca e um *guturá*, ou seja, um cesto onde se guardava tudo.[26] O missionário foi ainda claro acerca do papel das índias idosas na preparação de *mocororó*, uma bebida alcoólica fermentada,[27] sem esquecer a descrição do modo como as indígenas preparavam e comiam os alimentos. Tornou-se evidente a inexistência de talheres e a comparação entre o modo de comer das feras e dos silvícolas, além de se registar a pouca diversidade e o caráter rudimentar dos instrumentos e dos preparos em qualquer época. Assim, no século XVI, a propósito dos tupinambás, Gabriel Soares de Sousa notou:

> toda a caça que este gentio come, não a esfola, e chamuscam-na toda ou pelam-na na água quente, a qual comem assada ou cozida e as tripas mal lavadas; ao peixe não escamam nem lhe tiram as tripas, e assim como vêm do mar ou dos rios, assim o comem ou assam.[28]

No século XVIII, a situação mantinha-se:

> ordinariamente comem tudo assado, ou meio assado à inglesa, o que fazem em uma como trempe de três paus levantados com os pés distantes, para lhes meterem a lenha e o fogo que rematam em cima unidos e atados; no meio lhes fazem um arremedo de grelhas com varas e nelas assam todas as suas caçadas de carnes, peixe, tartarugas, ou o que Deus lhes depara e rara vez usam de espeto. Os seus pratos são umas vezes folhas de árvores, outras nos mais polidos são umas cuias, que, como já disse, são um gênero de bons cabaços, ou cousa semelhante; e de nada mais constam as suas baixelas e serviços de mesa. Porém quando nas suas ocharias há vianda, que não se pode assar, e se deve cozinhar, como é a sua usual bebida, a que chamam

---

25 Simão de Vasconcelos, *Notícias curiosas e necessárias das cousas do Brasil*, cit., p. 97.

26 João Daniel, *Tesouro descoberto no máximo rio Amazonas*, vol. 1 (Rio de Janeiro: Contraponto, 2004), p. 274. Este tipo de referências está patente em textos anteriores aos do século XVIII. Cf. Lucinda Saragoça, *Da "feliz lusitânia" aos confins da Amazônia (1615-62)* (Lisboa: Cosmos, 2000), pp. 43-44.

27 João Daniel, *Tesouro descoberto no máximo rio Amazonas*, cit., p. 285.

28 Gabriel Soares de Sousa, *Tratado descritivo do Brasil em 1587*, cit., p. 237.

> mingau, tacacá e outras têm para isso suas panelas fabricadas de cinza de uma árvore, misturada com algum barro, e burnida com uma resina com que ficam como vidradas. E destes mesmos materiais fabricam umas talhas pequenas e grandes chamadas *iguaçabas*, que ordinariamente fazem as vezes de pipas e tonéis para lançar nelas as suas vinhaças, a que são mui inclinados [...]. Para torrarem a farinha de pau, ou fazerem seus bolos, a que chamam beijus, têm seus forninhos fabricados da mesma cinza [...]. O molho também não é de esquisitos ingredientes, antes ainda mais ligeiro que o molho de vilão. Consiste ele em uma gota de caldo, ou gordura da menestra que têm para comer; e se é como regularmente costuma ser, assada, supre uma gota de água do rio, e nela esmagam uma pimenta, ou se a não têm fresca, um pó dela seca, que sempre têm, e está feito e perfeito o molho.[29]

A preparação dos alimentos era sóbria, sendo o recurso ao assado frequente. No testemunho do militar português Francisco de Paula Ribeiro, datado de 1819, pode ler-se que

> usam assar todas as suas comidas, exceto as frutas mais tenras. As caças miúdas vão ao fogo em peça inteira, sendo este quem lhe limpa todo o cabelo ou penas de que se vestem: sucede cozinhá-las às vezes em covas feitas no chão de propósito para esse fim, nestas as depositam cobrindo com folhas verdes, terra, lenha e fogo: chamam a este cozinhado biaribu.[30]

Os naturalistas Spix e Martius, na missão que levaram a efeito entre 1817 e 1820, chamaram a atenção para o tucupi, ou seja, sumo de mandioca engrossado ao fogo com pimenta seca, que servia para temperar os pratos de carne.[31] Os mesmos salientaram a preparação dos assados, preparados pelos homens:

> os porcos são chamuscados, outros animais de pelo são assados ao espeto com couro e pelo, as aves são ligeiramente depenadas e estripadas. O corpo inteiro ou em pedaços é enfiado no espeto e levado ao fogo ou metido na panela com água, para cozinhar. Quando o índio quer conservar uma parte da carne, mete-a em moquém, isto é, numa grade colocada acima do fogo, e fica tanto tempo no fumo e no calor,

---

29 João Daniel, *Tesouro descoberto no máximo rio Amazonas*, cit., p. 276.

30 Francisco de Paula Ribeiro, *Memórias dos sertões maranhenses* (São Paulo: Siciliano, 2002), p. 162.

31 Johann Baptist von Spix & Carl Friedrich von Martius, *Viagem pelo Brasil: 1817-1820*, vol. 3, trad. Lúcia Furquim Lahmeyer (Belo Horizonte/São Paulo: Itatiaia/Edusp, 1981), p. 76.

> até se tornar seca como pau. Como especial petisco, assam também as tripas, enfiadas em paus redondos.[32]

Os germânicos notaram ainda que os índios não usavam sal, tinham sempre uma cuia de mandioca perto do fogo, bebiam água após terem comido, só tomavam uma refeição por dia e algumas frutas fora dela, apreciavam a carne assada ainda sangrenta e tinham como manjares prediletos antas, macacos, porcos, tatus, pacas e cutias. Também apreciavam quatis, veados, aves, tartarugas e peixes. Em caso de necessidade, não deixavam de consumir cobras, sapos e larvas de insetos assadas.

Maximiliano de Wied Neuwied, ao referir-se aos índios botocudos, notou que preferiam comer macacos, mas não enjeitavam onças, tamanduás e jacarés. De resto não destoou dos outros autores, pois considerou que a caça era cozinhada em espetos de pau depois de esfolada pelas mulheres. A carne era consumida mal assada, dilacerando-se os pedaços com as mãos e com os dentes. Além das carnes nobres, não desprezavam os intestinos dos animais, que assavam, e roíam as cabeças.[33] Koster referiu igualmente a carne de jacaré, utilizada pelos índios de Paratibe (Pernambuco).[34]

A preparação do peixe era, tal como a da carne, igualmente simples. Spix e Martius notaram, a respeito dos índios da Amazônia, que

> os peixes frescos eram cozidos ou assados numa grelha, mas o pirarucu seco assava-se de modo mais simples, colocando pedaços espetados sobre o fogo, ou na areia, junto da fogueira. Quanto à farinha de mandioca, cada um preparava, com água quente, o pirão na própria cuia.[35]

Spix e Martius, à semelhança de autores dos séculos XVI a XVIII, relataram ainda a preparação de bebidas pelas índias na região de Minas Gerais:

---

32 *Ibid.*, p. 239. Luís da Câmara Cascudo salientou que o moquém servia para conservar os alimentos, e não para os preparar para consumo imediato, considerando que tal prática se equiparava ao fumeiro europeu. Cf. Luís da Câmara Cascudo, *História da alimentação no Brasil*, vol. 1 (Belo Horizonte: Itatiaia, 1983), pp. 98-99.

33 Maximiliano de Wied Neuwied, *Viagem ao Brasil*, trads. Edgar Süssekind de Mendonça & Flávio Poppe de Figueiredo (São Paulo/Rio de Janeiro: Companhia Editora Nacional, 1940), pp. 290-291.

34 Henry Koster, *Viagens ao Nordeste do Brasil*, vol. 2, cit., p. 521.

35 Johann Baptist von Spix & Carl Friedrich von Martius, *Viagem pelo Brasil: 1817-1820*, vol. 3, cit., p. 118.

> umas socavam milho no pilão, outras deitavam a farinha de milho numa vasilha de barro não cozido de alguns pés de altura, estreita em baixo e mais larga em cima, onde é cozida a farinha em grande quantidade de água [...], uma índia velha e algumas outras mais moças retiraram do pote, com as mãos, a farinha graúda e cozida, mastigaram-na e puseram-na outra vez na panela. Com este preparo, consegue-se que o cozimento, no espaço de vinte e quatro horas, entre em fermentação alcoólica e se torne embriagante.[36]

Descrição não muito diferente já tinha sido dada por Freireyss:

> as mulheres mastigam o milho que depois de bem misturado é cuspido num pote grande. No milho mastigado e misturado com a saliva, põem ainda água e deixam tudo fermentar, depois do que decantam o líquido que se parece com cerveja fraca.[37]

Maximiliano de Wied Neuwied deu conta da preparação de cauim:

> é feito agora, apenas de farinha de mandioca, milho ou batatas. As raízes são raspadas, cortadas em pedaços cozidos ao fogo e depois mastigadas; tomada à boca a massa com os dedos, a massa é posta numa vasilha, onde fermenta com adição de água, convertendo-se numa beberagem algo nutritiva e enebriante, de gosto ácido e muito semelhante ao do soro de leite.[38]

Na Amazônia uma outra bebida era preparada. Com o suco adocicado da polpa que envolvia as amêndoas do cacau, os índios preparavam "uma espécie de vinho, muito refrescante".[39] Refira-se ainda, o guaraná.

Na tradicional visão eurocêntrica, os procedimentos culinários dos índios desagradavam: "o asqueroso modo de preparar as comidas em covas feitas sobre a terra afogueada com pedras quentes, e com esta mesma terra de mistura, lhe é mais agradável e saboroso do que os nossos usos a respeito".[40] A maneira de comer dos índios também não escapava às observações dos europeus de qualquer época: "quando

---

36 *Ibid.*, vol. 1, cit., p. 226.

37 G. W. Freireyss, *Viagem ao interior do Brasil*, trad. A. Löfgren (Belo Horizonte/São Paulo: Itatiaia/Edusp, 1982), p. 102.

38 Maximiliano de Wied Neuwied, *Viagem ao Brasil*, cit., p. 68.

39 Johann Baptist von Spix & Carl Friedrich von Martius, *Viagem pelo Brasil: 1817-1820*, vol.3, cit., p. 193.

40 Francisco de Paula Ribeiro, *Memórias dos sertões maranhenses*, cit., p. 98.

comem é no chão, em cócaras e todos juntos, e os principais deitados em redes",[41] ou "comem curvados sobre os pés e às vezes se firmam mais com uma mão no chão".[42]

Frugalidade alimentar, instrumentos de cozinha rudimentares, preparados simples e ausência de etiqueta, segundo os padrões europeus, eram notados por todos os que contatavam com os silvícolas e que tinham como modelo o que se passava em Portugal, sobretudo entre os grupos mais abastados. Os índios, se bem que muito diferentes uns dos outros, alimentavam-se de forma semelhante, aproveitando as possibilidades das terras, comiam em silêncio, sentados ou agachados no chão, não utilizavam nem sal nem açúcar e ficaram bastante permeáveis às novidades alimentares, quer europeias, quer africanas.[43] Porém, os seus métodos ancestrais permaneceram, principalmente no que se refere à caça. Na primeira metade do século XIX, Ferdinand Denis notou que os índios mantinham determinados processos de apanhar os animais selvagens, apesar da propagação das armas de fogo. A simplicidade dos silvícolas espantava os europeus. O autor exemplificou:

> no extremo sul, na província de São Pedro, certos índios fazem ainda uso das bolas, espécie de funda, que enlaça um animal na carreira, tolhendo-o de fugir. Na banda oriental, vizinha das antigas possessões espanholas, lança-se ainda o laço, na caça ao jaguar.[44]

Igual má vontade havia para com as práticas alimentares dos negros, as quais estavam dependentes dos brancos, donos de escravos. Provenientes de diferentes povos da África, eram oriundos especialmente das regiões do Congo e da Costa da Mina e começaram a chegar, logo no século XVI, para trabalhar nos engenhos de açúcar. Tiveram que aceitar diferentes hábitos alimentares, não só pela condição de escravos como também pela inexistência de alguns produtos das suas terras de origem. Importa lembrar que, numa primeira fase, exportava-se mandioca do Brasil para África, e que, posteriormente, man-

41 Gabriel Soares de Sousa, *Tratado descritivo do Brasil em 1587*, cit., p. 237.

42 António Bernardino Pereira do Lago, *Itinerário da província do Maranhão* (São Paulo: Siciliano, 2001), p. 45.

43 Sobre a alimentação no Brasil antes da chegada da Corte, ver Sheila de Castro Faria, "Culinária", em Ronaldo Vainfas (org.), *Dicionário do Brasil colonial (1500-1808)* (Rio de Janeiro: Objetiva, 2001), pp. 151-154.

44 Ferdinand Denis, *Brasil* (Belo Horizonte: Itatiaia, 1980), p. 83.

dioca, milho, batata-doce e algumas frutas americanas passaram a ser plantados na África.[45] Assim, no Brasil holandês, os negros, segundo Joan Nieuhof, comiam batatas, feijão, farinha, mandioca, cana-de-açúcar e peixe.[46] No Recôncavo Baiano, os negros, segundo Antonil, alimentavam-se de mandioca, raízes, caranguejos e outros mariscos dos mangues, feijão, aipim e batata. Bebiam garapa, ou seja, caldo de cana na forma de espuma, que podia ser doce ou azedo, e aguardente.[47]

Especialmente nas áreas mais próximas do litoral, os africanos setecentistas consumiam frutas como abacaxi, araçá, banana, goiaba, coco, laranja, além de dendê, independentemente de algumas dessas espécies não serem originárias do continente. Sustentavam-se igualmente de feijão cozido, milho pisado, moído e cozido, qualquer um dos quais temperado com sal de pedra, azeite de coco ou azeite de dendê e pimenta-malagueta. Do milho faziam também cuscuz, fubá, pipocas com sal e aluá, "uma espécie de cerveja quase avinagrada". Da farinha de mandioca preparavam angu e mingau. Os molhos picantes eram utilizados para temperar as carnes.[48]

A prática de conversar à volta da fogueira era recorrente entre alguns grupos de negros. Oliveira Mendes descreve essa forma de sociabilidade "à mesa", ao relatar que no meio da casa estava a cozinha, "que consiste em uma fogueira, onde se coze e se assa a comida e, ao redor dela, não obstante a ardência do clima, estão sentados os da família a tomar o calor, enquanto a fogueira dura, a qual lhes serve de luz".[49]

Durante as viagens entre as diferentes regiões africanas e o Brasil, foi prática corrente alimentar os escravos com mandioca, feijão ou milho, farinha de emba (o coco da palmeira de dendê), peixe seco e fresco, carne de vaca, de baleia, de hipopótamo ou de elefante e água. O predomínio de produtos americanos, em especial da mandioca, foi,

---

45 Luiz Felipe de Alencastro, *O trato dos viventes: formação do Brasil no Atlântico sul (séculos XVI-XVII)* (2ª ed. São Paulo: Companhia das Letras, 2000), p. 254.

46 Joan Nieuhof, *Memorável viagem marítima e terrestre ao Brasil*, trad. Moacir N. Vasconcelos (Belo Horizonte/São Paulo: Itatiaia/Edusp, 1981), p. 39.

47 André João Antonil, *Cultura e opulência do Brasil* (3ª ed. Belo Horizonte/São Paulo: Itatiaia/Edusp, 1992), liv. 1, p. 92; liv. 2, p. 121. Sobre a alimentação dos escravos da Bahia, ver Claude Guy Papavero, *Ingredientes de uma identidade colonial: os alimentos na poesia de Gregório de Matos*, cit., pp. 324-328.

48 Luís António de Oliveira Mendes, "Discurso acadêmico ao programa", em *Memórias Económicas da Academia Real das Ciências de Lisboa (1789-1815)*, tomo 4 (ed. *fac-símile* Lisboa: Banco de Portugal, 1991), p. 16.

49 *Ibid.*, p. 15.

desde cedo, na perspectiva de Alencastro, uma maneira de facilitar a adaptação do africano à nova realidade que o esperava no Brasil.[50]

Para Rugendas, ficou claro que os escravos vindos da África e vendidos nos mercados do Rio de Janeiro eram alimentados com farinha de mandioca, feijão e carne-seca, a par de frutas refrescantes. Nas fazendas, almoçavam às 8 horas e jantavam às 12 horas.[51] Enquanto pessoas pobres, estavam dependentes dos gêneros que os seus senhores lhes destinavam. A recolecção de frutas e legumes e, eventualmente, alguma caça e pesca poderiam compor a alimentação de alguns. O mesmo Rugendas não deixou de notar que os senhores lhes forneciam farinha de mandioca, feijão, carne-seca, toucinho e bananas e que "em geral, a alimentação que lhes dão é muito parcimoniosa e seria apenas suficiente se não tivessem a possibilidade de melhorá-la com frutas, legumes selvagens e mesmo caça".[52] Os escravos que conseguiam formar família e ter acesso a uma casa e a um pedaço de terra para plantar conseguiam criar animais domésticos como galinhas e porcos.[53]

O acesso às vendas e às "negras de tabuleiro" - mulheres negras ou mulatas, forras ou escravas -, que abasteciam sobretudo escravos e outros desclassificados sociais, permitia a obtenção de pastéis, bolos, doces, mel, leite, pão, banana e bebidas, uma vez que essas mulheres eram vitais no abastecimento precário das localidades mineiras[54] e até de São Paulo[55] e do Rio de Janeiro. Na Bahia, chegavam a vender pratos preparados e doces, como: abarás, acarajés, acaçás, angu, arroz de coco, canjica, caruru, feijão de coco, mingau, mocotó, pamonhas, pão de ló de arroz, pão de ló de milho, roletes de cará queimados (rebuçados) e vatapá.[56] Nesse comércio chegaram a coexistir escravas

---

50 Luiz Felipe de Alencastro, *O trato dos viventes: formação do Brasil no Atlântico Sul (séculos XVI-XVII)*, cit., p. 252.

51 Johann Moritz Rugendas, *Viagem pitoresca através do Brasil*, trad. Sérgio Milliet (São Paulo: Círculo do Livro, s/d.), p. 234.

52 *Ibid.*, p. 238.

53 Sheila de Castro Faria, "A alimentação no Brasil escravista", em *Terra e alimento: panorama dos 500 anos de agricultura no Brasil* (Brasília: Ministério da Agricultura, Pecuária e Abastecimento/Empresa Brasileira de Pesquisa Agropecuária, 2000), p. 130.

54 Luciano Figueiredo, *O avesso da memória: cotidiano e trabalho da mulher em Minas Gerais no século XVIII* (2ª ed. Rio de Janeiro: José Olympio, 1999), pp. 33-57.

55 Maria Odila Leite da Silva Dias, *Quotidiano e poder em São Paulo no século XIX* (2ª ed. São Paulo: Brasiliense, 2001), p. 68, 156.

56 Vivaldo da Costa Lima, "As dietas africanas no sistema alimentar brasileiro", em Carlos Caroso & Jeferson Bacelar (orgs.), *Faces da tradição afro-brasileira: religiosidade, sincretismo, antissincretismo, reafricanização, práticas terapêuticas, etnobotânica e comida* (Rio de Janeiro/Salvador:

de ganho com negras forras. Importa referir que, já no século XVIII, algumas libertas de Minas Gerais mencionaram utensílios de cozinha diversos nos seus testamentos, os quais se ligavam às atividades de transformação alimentar que desempenhavam. Assim, encontram-se bacias e tachos de cobre ou tachos para fazer doce, chocolateiras, pratos e talheres de estanho, copos e garrafas de vidro, balanças, entre outros utensílios imprescindíveis à manipulação e venda dos gêneros.[57]

Segundo Mawe, em Minas Gerais, os negros não beneficiavam de grande diversidade alimentar, pois almoçavam farinha de milho, misturada com água quente e pedaços de toucinho, e jantavam feijão.[58] Este inglês explicitou ainda o modo como era preparada a farinha:

> fazem a princípio molhar os grãos na água, depois quando inchados e ainda húmidos tiram-lhes a película externa e reduzem-nos a pequenos grãos. Colocam, então, a farinha em frigideiras de cobre levadas ao fogo, e agitam-na constantemente até que esteja seca e boa para ser comida, aqui a empregam como sucedâneo do pão, tão comummente como no Rio de Janeiro e em São Paulo e em outros lugares, a farinha de mandioca.[59]

Spix e Martius corroboram o testemunho anterior acerca dos alimentos consumidos, acrescentando a cachaça e dando conta de que, por todo o Brasil, os negros usavam uma espécie de pimenta-malagueta e um pequeno limão azedo para temperar.[60] Saint-Hilaire, referindo-se ao distrito diamantino, concretizou que cada negro recebia um quarto de alqueire de fubá, uma certa quantidade de feijão e um pouco de sal. Quando havia falta de feijão, este era substituído por carne. Os negros comiam três refeições, cozinhavam à noite e, por vezes, os combustíveis eram ervas.[61]

Pallas/CEAO, 1999), pp. 319-325. Segundo Maria Graham, em 1821, havia pelas ruas de Salvador vendedores de frutas, salsichas, chouriços, peixe frito, azeite e doces. Ver Maria Graham, *Diário de uma viagem ao Brasil e de uma estada nesse país durante parte dos anos de 1821, 1822 e 1823*, trad. Américo Jacobina Lacombe (São Paulo: Companhia Editora Nacional, 1956), p. 145.

57 Eduardo França Paiva, *Escravos e libertos nas Minas Gerais do século XVIII: estratégias de resistência através dos testamentos* (2ª ed. São Paulo: Annablume, 2000), p.133.

58 John Mawe, *Viagem ao interior do Brasil, principalmente aos distritos de ouro e dos diamantes*, trad. Solena Benevides Viana (Rio de Janeiro: Zélio Valverde, 1944), p. 129.

59 *Ibid.*, p. 193.

60 Johann Baptist von Spix & Carl Friedrich von Martius, *Viagem pelo Brasil: 1817-1820*, vol. 2, cit., p. 66.

61 Auguste de Saint-Hilaire, *Viagem pelo distrito dos diamantes e litoral do Brasil*, trad. Leonam de Azevedo Penna (Belo Horizonte: Itatiaia, 2004), p. 16.

Para Maria Graham, no Recife, os escravos praticamente só dispunham de farinha de mandioca.[62] No entanto, Koster observou uma dieta mais completa: carne salgada, farinha de mandioca, feijão e, às vezes, bananas. Havia preconceitos em relação ao arroz, entendido como um alimento nocivo. Tudo era cozinhado na rua, num enorme caldeirão.[63] Em Salvador, consumiam uma espécie de pirão de mandioca com pedaços de carne-seca ou frango assado. Completavam as refeições com abóboras, jacas, cocos e melões.[64] No sertão baiano, os negros e outros desclassificados alimentavam-se de vegetais, carne--seca, leite, requeijão e, durante o tempo das frutas, sobretudo com as do imbuzeiro, de cujo sumo agridoce faziam a imbuzada (espécie de batido preparado com leite e rapadura), um petisco refrigerante e saboroso segundo Spix e Martius.[65]

Pohl deu conta que, no Rio de Janeiro, o prato predileto do português pobre, e o único sustento do trabalhador e do escravo, era o feijão.[66] Por seu lado, Debret, a propósito dos alimentos consumidos pelos escravos na capital, mencionou as pipocas:

> o milho colhido nas roças das proximidades e trazido ainda verde para a cidade aí se torna um regalo para os escravos e seus filhos, que o adquirem nas praças e nas ruas, ou assado ou em pipocas. Estas feitas num fogareiro de barro ou, mais miseravelmente, num simples caco de pote, ao secar arrebenta, apresentando o aspecto de uma flor redonda, desabrochada, em forma de bola, de um branco amarelado e formada pela parte leitosa da farinha ainda verde; aprecia-se esse manjar delicado por ser estomacal e absorvente.[67]

Em algumas localidades havia plantações específicas para os negros. Em Minas Gerais, os escravos alimentavam-se das produções locais de farinha de mandioca e de milho, de angu de fubá cozido

---

62 Maria Graham, *Diário de uma viagem ao Brasil e de uma estada nesse país durante parte dos anos de 1821, 1822 e 1823*, cit., p. 116.

63 Henry Koster, *Viagens ao Nordeste do Brasil*, vol. 2, cit., pp. 573-574.

64 Maria Graham, *Diário de uma viagem ao Brasil e de uma estada nesse país durante parte dos anos de 1821, 1822 e 1823*, cit., p. 163.

65 Johann Baptist von Spix & Carl Friedrich von Martius, *Viagem pelo Brasil: 1817-1820*, vol. 2, cit., pp. 129 e 210.

66 Johan Emanuel Pohl, *Viagem no interior do Brasil empreendida nos anos de 1817 a 1821*, vol. 1 (Rio de Janeiro: Instituto Nacional do Livro, 1951), p. 95.

67 Jean Baptiste Debret, *Viagem pitoresca e histórica ao Brasil*, trad. Sérgio Milliet (São Paulo: Martins, 1940), p. 177.

em água, de feijão-preto, esporadicamente cozinhado com toucinho e outras carnes, de sal e de aguardente. Para completar a alimentação, a caça de aves, como perdizes e codornizes, de animais de pelo, como veados, e ainda frutas diversas: abacaxis, bananas, cajus, jabuticabas, limões, mangabas e melancias. Quando os escravos adoeciam, eram-lhes fornecidos outros produtos, visando manter as forças dos enfermos: açúcar, agrião, aguardente, arroz, aveia, carne, carne-seca, chá, galinhas, sal, toucinho, rapadura e vinho, sem esquecer tabaco, entendido como um bem com qualidades energizantes.[68]

Para os negros que gozavam de alguma margem de ação, havia a possibilidade de levarem a efeito um certo controle sobre a preparação das refeições e a sociabilidade à mesa. Por exemplo, entre vários grupos de origem banto, as mulheres preparavam e serviam as refeições, mas não comiam com os homens e meninos.[69] A comida podia ser servida em gamelas coletivas ou em cuias individuais. O consumo de sal era limitado, fato que deve ser ligado à crença de que ofendia o espírito.

Saliente-se também a passagem de elementos africanos ou africanizados para as mesas dos senhores, especialmente através das cozinheiras negras, muito presentes nas casa dos brancos. Referimo-nos ao azeite de dendê ou óleo de palma, à pimenta-malagueta, ao angu de farinha de mandioca e ainda ao quiabo, ao inhame e à banana. Não será por acaso que os pratos mais populares da Bahia, espaço de presença maciça de afrodescendentes, sejam o acarajé, o caruru e o vatapá.[70] No dizer de Jorge Amado, pratos "temperados, cheirosos, picantes, coloridos [...] poemas de camarão e dendê, de peixes e leite de coco, de carnes e pimenta".[71]

Em termos alimentares, rapidamente houve contatos entre índios de tribos diversificadas, habituados ao usufruto dos recursos naturais e, em alguns casos, a alguma agricultura; brancos, que só haviam conhecido a alimentação portuguesa do seu grupo social; e negros provenientes de várias regiões da África, cujas dietas alimentares eram

---

68 Julieta Scarano, *Cotidiano e solidariedade: vida diária da gente de cor nas Minas Gerais. Século XVIII* (São Paulo: Brasiliense, 1994), pp. 40-65.

69 Sheila de Castro Faria, "A alimentação no Brasil escravista", cit., p. 131.

70 Vivaldo da Costa Lima, "As dietas africanas", em *Gastronomia através do Brasil*, cit., pp. 20-23; Sheila de Castro Faria, "A alimentação no Brasil escravista", cit., p. 134.

71 Jorge Amado, *Gabriela, cravo e canela* (Lisboa: Planeta de Agostini, 2007), p. 410.

variadas, mas que no Brasil tiveram poucas oportunidades de escolha, pois estiveram dependentes dos recursos naturais do local para onde foram levados e das opções dos seus senhores. Ou seja, a articulação dessas três realidades não dependeu apenas do poder econômico, mas também teve em linha de conta a necessidade de sobrevivência e um conjunto de fatores conjunturais aos quais todos tiveram de se adaptar. Naturalmente, para os portugueses, a alimentação dos índios e dos negros era vista como algo selvagem, quer pelo que comiam, quer pela maneira como comiam. Não obstante, os alimentos que os brancos desfavorecidos consumiam no Brasil eram bem mais próximos dos que eram utilizados por índios e negros do que daqueles que integravam as dietas da metrópole, mesmo entre os mais pobres.

Agostinho José da Mota, *Natureza-morta com frutas*, 1873.

Desconfiança, rejeição e fascínio por novos sabores

A comida dos índios e, posteriormente, a dos negros era vista com grande desconfiança e até mesmo com repugnância por parte da população branca que visitava ou se fixava no Brasil. Contudo, se os mais abastados conseguiam recorrer à importação de alguns gêneros, para a maioria dos colonos só restava explorar os generosos recursos que a terra oferecia e, quando muito, adaptá-los ao paladar europeu. Ora, se uns se queixaram, outros não deixaram de se mostrar encantados com os novos sabores. De qualquer modo, recorde-se que, em 1500, os índios de Porto Seguro também não se fascinaram pelos sabores europeus. Caminha não deixou de registar:

> deram-lhes ali de comer pão e pescado cozido, confeitos, fartéis, mel e figos passados; não quiseram comer daquilo quase nada. E alguma coisa, se a provavam, lançavam-na logo fora. Trouxeram-lhes vinho por uma taça, mal lhe puseram a boca e não gostaram dele nada nem o quiseram mais.[1]

---

1 Pero Vaz de Caminha, *Carta a el-rei Dom Manuel sobre o achamento do Brasil (1 de maio de 1500)*, cit., p. 41.

Poucos dias depois, a situação dava sinais de mudança, embora nem todos bebessem vinho.[2]

Se os europeus tiveram tendência para rejeitar quase todas as plantas masticatórias e todas as que podiam ser substitutas do pão, especialmente os que não residiam no continente americano, também é verdade que a falta de trigo implicou a adoção de outros "pães", e, no Brasil, a mandioca impôs-se. Era, na perspectiva eurocêntrica, a "indianização" dos colonos. De qualquer modo, se tivermos em conta a poesia seiscentista de Gregório de Matos, isto é, se entendermos que expressa a maneira de pensar de uma parte da população branca, verificamos que a farinha de mandioca seca e os beijus constituíam motivos de algum apreço, já mingaus e caldos de carimã nem tanto, chegando a configurar um fator de rejeição social.[3] Alfredo Margarido apresentou um importante testemunho relativo à rejeição da diferença alimentar, cujo palco se situou em Ternate (arquipélago de Maluco). Em carta escrita pelo padre Francisco Vieira, então prisioneiro, pode ler-se: "vós outros que tendes para me dar? Inhames e sagu? Eu sou negro?! Dai-me pão e vinho".[4] Ou seja, a falta de dois importantes pilares da alimentação portuguesa, e a sua substituição por aquilo que o padre considerava ser "comida de preto", implicaram a rejeição e o protesto.

Os missionários do século XVI parecem ter tido grande capacidade de adaptação, até porque não tinham possibilidades de resolver o assunto de outra maneira, revelando alguma cautela e até apreço por alguns alimentos disponíveis. A inexistência de trigo em quantidade levou-os a adotar a mandioca sem grande perplexidade. Assim, em 1549, o jesuíta Manuel da Nóbrega escrevia: "o mantimento comum da terra é uma raiz de pau, que chamam mandioca, da qual fazem uma farinha de que comem todos, e dá também vinho, o qual misturado com a farinha, faz um pão que escusa o de trigo".[5] José de Anchieta, em 1554, foi, tal como muitos outros, extremamente prolixo acerca da mandioca:

---

2 *Ibid.*, pp. 70-71.

3 Claude Guy Papavero, *Ingredientes de uma identidade colonial: os alimentos na poesia de Gregório de Matos*, cit., pp. 232 e 333. A opinião do poeta é corroborada por outras fontes, ver abaixo.

4 *Apud* Alfredo Margarido, *As surpresas da flora no tempo dos descobrimentos* (s/l.: Elo, 1994), p. 80.

5 Manuel da Nóbrega, *Cartas do Brasil (1549-1560)*, cit., p. 98.

> o principal alimento nesta terra é a farinha de pau, feita de umas certas raízes que se plantam (a que chamam mandioca), as quais, se se comerem cruas, assadas ou cozidas, matam; é preciso serem deixadas na água até que apodreçam; apodrecidas porem que sejam, convertem-se em farinha, que se come, depois de torrada em vasos um tanto grandes, feitos de barro; isso substitui entre nós a farinha de trigo. Constituem a outra parte da alimentação as carnes selváticas, como sejam os macacos, as corças, certos outros alimentos que semelhantes aos lagartos, os pardais (?) e outras feras; também os peixes dos rios, mas esses raramente. A parte mais importante, porém, do sustento consiste em legumes e favas, em abóboras e outras que a terra produz, em folhas de mostarda e outras ervas cozidas. Usamos em lugar de vinho, de milho cozido em água, a que se junta mel, de que há abundância; é assim que sempre bebemos as tisanas ou remédios; e isto temos com fartura, quase que não nos parecemos a nós pobres.[6]

Anchieta continuou fazendo saber que as opções alimentares disponíveis eram salutares e diversificadas. Assim,

> como carecemos inteiramente de todos os refrescos e as coisas necessárias ao sustento sejam insipidíssimas e de pouca estimação, contudo, nos conservam perfeitamente a saúde do corpo, na verdade mais delicadamente do que a própria terra o permite; porquanto um irmão chegou de Portugal sofrendo na saúde, como tivesse em uma aldeia distante desta nossa 90 milhas, tendo por alimento diário uma galinha que, com bastante trabalho, e todavia por baixo preço, se ia procurar a diversos lugares, o seu estômago não a podia conservar, e logo vomitava; veio para junto de nós e, com as paupérrimas comidas de que usamos, se fez mais robusto.[7]

Mais tarde, Fernão Cardim ao referir-se a um dos colégios jesuítas da Bahia, afirmou que lá se poderiam sempre encontrar frutas frescas, como ananases (abacaxis) e pacobas (bananas), muitos legumes da terra e de Portugal, a saber: abóboras, alfaces, berinjelas, couves e rábanos, além de muito peixe e carne, complementado por vinho português.[8]

Gabriel Soares de Sousa ficou deslumbrado com os muitos peixes bons e saborosos existentes na Bahia, dos quais salientou, entre os

---

6 José de Anchieta, *Cartas, informações, fragmentos históricos e sermões*, cit., pp. 53-54.

7 *Ibid.*, p. 54.

8 Fernão Cardim, *Tratados da terra e gente do Brasil*, cit., pp. 216 e 220.

mais apreciados: abrótea, camurupi, cunapu, caramuru, carapitanga, cupá, curi, guarapecu, jabupirá, maracuguara, panapaná, peixe-boi, piracuca, socuri, tapisiça e ubarana.[9] Situação afim foi protagonizada por Fernão Cardim, que, contudo, realçou outras espécies, além das que havia em Portugal: bijupirá, camurupi, olho-de-boi, peixe-boi e peixe selvagem.[10] Encômios à fertilidade da terra, aos recursos venatórios e piscícolas foram proferidos por Simão Estácio da Silveira relativamente ao Maranhão. Efetivamente, para motivar a ida de colonizadores, o autor, em 1624, publicou um texto para aliciar os desfavorecidos residentes no Reino.[11] Tentava fazer face à necessidade de povoamento do território após a expulsão dos franceses que ali haviam permanecido entre 1612 e 1615, e que se receava regressassem.[12]

Joan Nieuhof, em 1682, deu conta da situação alimentar no Brasil holandês: "toda a região de Pernambuco é fértil em frutas e rica em gado. Há excelentes pastagens pelos vales e, nas zonas mais baixas, próximas aos rios, existe grande quantidade de cana-de-açúcar, que é muito cultivada nas redondezas".[13] As carnes de porco e de capivara também lhe mereceram elogios.[14] Por essas mesmas datas, a população portuguesa da Bahia recorria aos alimentos afins aos que consumia no Reino, a que acresciam as farinhas, os muito apreciados doces de frutas exóticas, como por exemplo de araçá, e as rapaduras. Os mais abastados importavam alguns gêneros da metrópole, tentando mitigar as saudades de alguns sabores.[15]

Mas a repugnância também se fazia sentir por parte de outros europeus. Durante a viagem que Yves d'Evreux realizou ao norte do Brasil, em 1613-1614, o autor observou e descreveu as práticas alimentares dos índios, bem como a aversão que certos preparados lhe causavam, o que não era uma realidade para todos os restantes franceses que o acompanhavam. Por exemplo, em relação aos jacarés, considerou:

---

9 Gabriel Soares de Sousa, *Tratado descritivo do Brasil em 1587*, cit., pp. 214-217.

10 Fernão Cardim, *Tratados da terra e gente do Brasil*, cit., pp. 128-132, 152, *passim*.

11 Simão Estácio da Silveira, *Relação sumária das cousas do Maranhão, dirigida aos pobres deste Reino de Portugal* (8ª ed. São Paulo: Siciliano, 2001).

12 Andrea Daher, *O Brasil francês: as singularidades da França equinocial (1612-1615)*, trad. Albert Stückenbruck (Rio de Janeiro: Civilização Brasileira, 2007).

13 Joan Nieuhof, *Memorável viagem marítima e terrestre ao Brasil*, cit., p. 47.

14 *Ibid.*, p. 72.

15 Claude Guy Papavero, *Ingredientes de uma identidade colonial: os alimentos na poesia de Gregório de Matos*, cit., pp. 268-274, 294-295.

> se são pequenos cozinham-nos com escamas, e assim preparados acham-nos muito bons e até delicados, porque assados com sua gordura, dizem eles, nada perdem de sua substância. Achei melhor crer do que experimentar, embora tivesse muitas ocasiões de o fazer [...] a recordação somente desses animais me fazia náuseas até o coração, à vista destes pedaços.[16]

Quando a Corte se fixou no Rio de Janeiro, os brancos, especialmente os mais abastados, mostraram igualmente alguma repugnância em adotar certas comidas brasileiras, bem como algumas técnicas culinárias. Foi sintomática a observação de Luiz Joaquim dos Santos Marrocos, em 1813:

> aqui, comparada a natureza de um e outro país, não é mais favorável o preço dos gêneros de primeira necessidade; e muito pior para os europeus, que, na frase dos cariocas, são esdrúxulos, isto é, que não podem acostumar o seu paladar e estômago à diversidade econômica de comeres que nauseia e enfastia, como é por exemplo o trivial quitute de carne-seca de Minas com feijão negro e farinha de pau, tudo cozido e amassado com os dedos, que por fim são lambidos. Entre esta gente chama-se *quitute* ao que entre nós se dá o nome de *acepipe* ou *pitéu*.[17]

Na mesma época António Bernardino Pereira do Lago elogiou as frutas, os peixes e as carnes do Maranhão.[18] Porém, enquanto o primeiro se limitou a uma opinião pessoal que ao longo da estada se foi alterando, o segundo tinha fins político-econômicos.

Como nem todos os gêneros locais agradaram aos europeus, parece ter sido frequente a importação de vários bens alimentares e de bebidas, da metrópole e de diversos outros pontos da Europa, que não se produziam na colônia. Logo em 1561, o padre Rui Pereira, que nunca poupou elogios aos produtos brasileiros, informou que por falta de farinha, os jesuítas residentes na Bahia comiam bananas assadas e milho verde.[19] Anos depois, em 1584, José de Anchieta referiu que

---

16 Yves d'Evreux, *Viagem ao norte do Brasil feita nos anos de 1613 a 1614*, cit., p. 205.

17 "Cartas de Luiz Joaquim dos Santos Marrocos", em *Anais da Biblioteca Nacional do Rio de Janeiro*, vol. 56, Rio de Janeiro, 1939, p. 153.

18 António Bernardino Pereira do Lago, *Estatistica histórico-geográfica da província do Maranhão* (São Paulo: Siciliano, 2001), pp. 41-54; António Bernardino Pereira do Lago, *Itinerário da província do Maranhão*, cit.

19 Rui Pereira, *Cartas avulsas (1550-1568)* (Belo Horizonte/São Paulo: Itatiaia/Edusp, 1988), p. 332.

os jesuítas consumiam farinha de mandioca, vinho e azeite de Portugal, mas que alguns portugueses abastados, especialmente os que residiam na Bahia e em Pernambuco, comiam pão de farinha de trigo vinda de Portugal, além de receberem do Reino azeite, vinho, vinagre, azeitonas, queijos, conservas e "outras cousas de comer".[20] Em 1587, Gabriel Soares de Sousa evidenciou o limitado consumo de trigo, mesmo entre os abastados: "usam só para fazerem hóstias e alguns mimos".[21] Porém, adaptação alimentar nem sempre significou agrado. Se, em 1560, o jesuíta Rui Pereira, residente na Bahia, se expressava de forma entusiasta: "quando olho para mim parece que não posso imaginar que sou o que era, e isto em comer tudo o que há na terra, e com continuadamente beber águas sem me fazerem mal. E quanto mais me ponho no modo de viver de cá, tanto parece que melhor me acho".[22] De tal forma, que não deixou de concluir: "não se pode viver senão no Brasil quem quiser viver no paraíso terreal".[23] Outros não podiam pensar de forma mais negativa; lembremos, por exemplo, da opinião de D. Luís de Almeida Portugal à sua chegada a Salvador, em 1768:

> as carnes que se consomem a maior parte delas são sensaboríssimas, o que por cá chamam frutas são insuportáveis e só as que são do nosso conhecimento da Europa, são aqui comíveis, porque tudo o mais são como pepinos de São Gregório, bugalhos e outras coisas desta qualidade que nascem lá nos matos.[24]

Se uns, com poucos meios, tinham que forçosamente se adaptar aos novos sabores, se outros procediam à importação, outros ainda, por necessidade e por curiosidade, não deixaram de ousar experimentar os produtos exóticos. Entre esses contam-se não só colonos, mas também missionários e viajantes mais ousados. Em alguns casos, não se arrependeram. Por exemplo, José de Anchieta elogiou os peixes e as carnes: "os peixes são mui saudáveis nesta terra e podem-se comer todo o ano sem prejudicar a saúde, e até na doença, sem receio de sar-

---

20 José de Anchieta, *Cartas, informações, fragmentos históricos e sermões*, cit., p. 436.

21 Gabriel Soares de Sousa, *Tratado descritivo do Brasil em 1587*, cit., p. 89.

22 Rui Pereira, *Cartas avulsas (1550-1556)*, cit., p. 183.

23 *Ibid.*, p. 290.

24 Marquês do Lavradio, *Cartas da Bahia (1768-1769)* (Rio de Janeiro: Arquivo Nacional, 1972), p. 34.

na que aqui não existe em parte alguma".[25] No reino da carne, referiu a abundância de animais domésticos vindos do Reino: bois, porcos, carneiros, cabras, galinhas, perus e patos.[26] Quanto à caça, muita lhe mereceu elogios. Por exemplo, a carne de tamanduá "é saborosíssima, dirias que é carne de vaca, sendo todavia mais mole e mais macia".[27] A de macaco era considerada muito saudável para os doentes, a de tatu de "delicioso sabor".[28] Outros manjares, como formigas, também não lhe causaram qualquer repugnância: "quão deleitável é esta comida e como é saudável, sabemo-lo nós, que as provámos".[29] No que se refere às raízes, além da mandioca e do aipim, explicitou que batatas, carás e mangarás comiam-se cozidos e assados e serviam de "pão a quem não tem outro".[30] No domínio das frutas, salientou não só as de espinho, vindas de Portugal e aclimatadas no Brasil, como, e sobretudo, as autóctones: abacaxis, araticus, cajus, maracujás e mangabas.[31]

Algumas extravagâncias chegaram a ser apreciadas. Por exemplo, Jean de Léry, no século XVI, degustou a carne de paca, como tantos outros, e, ao contrário de muitos, deliciou-se com lagarto:

> destripados, lavados e bem cozidos, apresentam uma carne branca, delicada, tenra e saborosa como o peito de capão, constituindo uma das boas viandas que comi na América. A princípio, em verdade, repugnava-me esse manjar, mas depois que o provei não cessei de pedir lagarto.[32]

Yves d'Evreux, no princípio do século XVII, apreciou tartarugas cozinhadas nas carapaças, às quais os índios não retiravam as entranhas.[33] Freireyss, no século XIX, gostou do sabor da carne de tatu assada e especificou que esta se preparava "dentro da própria casca córnea, que servia de panela".[34] Parece não ter ficado seduzido pelas formigas tanajuras tão ao gosto dos índios: "torram-se com gordura os grossos abdómenes das fêmeas, cheios de ovos, que segundo a opinião

---

25 José de Anchieta, *Cartas, informações, fragmentos históricos e sermões*, cit., p. 121.

26 *Ibid.*, p.436.

27 *Ibid.*, p. 128.

28 *Ibid.*, p. 130.

29 *Ibid.*, p. 132.

30 *Ibid.*, p. 435.

31 *Ibid.*, p. 438.

32 Jean de Léry, *Viagem à terra do Brasil*, trad. Sérgio Millet (Belo Horizonte/São Paulo: Itatiaia/Edusp, 1980), p. 139.

33 Yves d'Evreux, *Viagem ao Norte do Brasil feita nos anos de 1613 a 1614*, cit., p. 206.

34 G. W. Freireyss, *Viagem ao interior do Brasil*, cit., p. 56.

de todos é um verdadeiro petisco. O tórax com a cabeça e asas joga-se fora".[35] Apesar da repugnância que o consumo de insetos causava aos europeus, alguns ousavam experimentar e até apreciar o petisco. São elucidativas as palavras de Saint-Hilaire sobre essa questão. A propósito dos índios de Santa Catarina, escreveu:

> os botocudos também apreciam os bichos de taquara e alguns, que deles se alimentam abundantemente, até chegam a engordar. O meu camarada tomou de um desses bichos, tirou-lhe a cabeça e o tubo intestinal, e sugou a gordura que ficara na parte restante. A despeito da repugnância que me causava essa iguaria, quis prová-la e achei-lhe um sabor delicadíssimo que me lembrou o do creme.[36]

Houve também, e desde cedo, os fãs incondicionais dos sabores brasileiros. Um dos exemplos mais significativos foi o do padre jesuíta Rui Pereira, que escreveu da Bahia, em 1560:

> se houvesse paraíso na Terra eu diria que agora o havia no Brasil [...] saúde não há mais no mundo; ares frescos, terra alegre, não se viu outra; os mantimentos eu os tenho por melhores, ao menos para mim, que os de lá e de verdade que nenhuma lembrança tenho deles para os desejar. Se tem em Portugal galinhas, cá as há muitas e carne, que me rio muito de Portugal em essa parte. Se tem vinho, há tantas águas que a olhos vistos me acho melhor com elas que com os vinhos de lá; se tem pão, cá o tive eu por vezes e fresco, e comia antes do mantimento da terra que dele, e está claro ser mais sã a farinha da terra que o pão de lá; pois as frutas, coma quem quiser as de lá, das quais cá temos muitas, que eu com as de cá me quero. E além disto há cá coisas em tanta abundância que, além de se darem em todo o ano, dão-se tão facilmente e sem as plantarem que não há pobre que não seja farto com mui pouco trabalho.[37]

Numa linha semelhante pode colocar-se Frei Vicente do Salvador, que não deixou de procurar substitutos para os sabores europeus:

---

35 *Ibidem*.

36 Auguste de Saint-Hilaire, *Viagem à província de Santa Catarina (1820)*, trad. Carlos da Costa Pereira (São Paulo: Companhia Editora Nacional, 1936), pp. 106-107. Sobre o consumo de manjares índios pelos europeus, ver Sérgio Buarque de Holanda, *Caminhos e fronteiras* (3ª ed. São Paulo: Companhia das Letras, 2005), pp. 56-57.

37 Rui Pereira, *Cartas avulsas (1550-1568)*, cit., p. 289.

> digna é de todos os louvores a terra do Brasil, pois primeiramente pode sustentar-se com seus portos fechados sem socorro de outras terras. Senão pergunto eu: de Portugal lhe vem farinha de trigo? A da terra basta. Vinho? De açúcar se faz mui suave e, para quem o queira rijo, com o deixar ferver dois dias embebeda como de uvas. Azeite? Faz-se de coco de palmeiras [...]. Especiaria? Há muitas espécies de pimenta e gengibre. Amêndoas? Também se escusam com a castanha de caju.[38]

Para outros, o fascínio mais significativo foi provocado não pela fertilidade da terra e pela consequente diversidade de produtos, mas, em especial, pelas frutas. Por exemplo, o capuchinho francês Claude d'Abeville considerou o bacuri, do Maranhão, muito bom se preparado em doce, e se apenas cozido, melhor do que a maçã.[39] O engenheiro português António Bernardino Pereira do Lago, no início do século XIX, também enunciou as frutas do Maranhão e salientou várias: o araçá "consumido com açúcar e vinho se assemelha ao gosto dos morangos", o bacuri "principalmente serve para geleias e doces", a goiaba, cuja massa considerou muito saborosa, permitindo fazer excelentes doces e geleias; e a guabiraba, "de tal doçura que enjoa", sem esquecer outras "só comidas por negros e índios".[40] Saint-Hilaire também não ficou indiferente a várias espécies que teve oportunidade de provar numa chácara de São Paulo. Elogiou laranjas, pêssegos, pitangas, ananases e jabuticabas, "as mais saborosas entre todas as frutas indígenas do Brasil, são açucaradas sem ser enjoativas, agradavelmente mucilaginosas e de extrema frescura", referindo ainda as pitangas "excelentes para o preparo de geleias".[41]

O fascínio pelas novidades da fauna e da flora de outros continentes deu origem, logo no final do século XV, à prática de colecionar espécies diferentes das que existiam na Europa. Por exemplo, pássaros e até animais de grande porte, como leões e elefantes, foram objeto de transporte e de oferta desde o reinado de D. Manuel I.[42]

---

38 Frei Vicente do Salvador, *História do Brasil (1500-1627)*, cit., p. 76.

39 Claude d'Abeville, *História da missão dos padres capuchinhos na ilha do Maranhão e suas circunvizinhanças*, cit., p. 219.

40 António Bernardino Pereira do Lago, *Estatística historico-geográfica da província do Maranhão*, cit., pp. 45-47.

41 Auguste de Saint-Hilaire, *Viagem à província de São Paulo e resumo das viagens ao Brasil, província Cisplatina e Missões do Paraguai* (2ª ed. São Paulo: Martins, 1945), p. 203.

42 Sobre essa temática ao longo da Época Moderna, ver Isabel Maria Ribeiro Mendes, "Animais exóticos e outras novidades", em *História*, nº 127, Lisboa, 1990, pp. 20-29. O interesse pela fauna exótica e os primeiros esboços de jardins zoológicos em Portugal remontam ao século

A curiosidade por novas plantas e novos animais motivou descrições e desenhos, mas faltava um método científico que permitisse classificar e sistematizar as espécies. Descrições mesmo que exaustivas, desenhos pormenorizados, referência às qualidades e utilidades das plantas, principalmente em matéria médica, não eram suficientes para uma rápida troca de informação entre os naturalistas europeus. Tal situação só conheceu alterações com Lineu, no século XVIII, pois o sueco inventou uma classificação racional das plantas e dos animais, atribuindo-lhes um nome genérico e um nome de espécie.

Antes, já se tinham formado herbários e criado jardins botânicos, quer por gosto de colecionar espécies, quer com vista a servir médicos e boticários. Na França, o primeiro herbário nasceu em 1545, e o primeiro jardim foi fundado em Montpellier, em 1595, compreendendo 1.500 plantas diferentes.[43] Em Paris, desde 1558 se pretendia criar um jardim botânico, porém, só em 1635, o médico Guy de la Brosse (1586-1641), com o apoio de Richelieu, conseguiu o intento. Denominava-se então Jardim Real das Plantas Medicinais. Em 1718, passou a Jardim do Rei, sendo ali criado um Gabinete de História Natural. Finalmente, em 1793, as duas instituições voltaram a mudar de nome: Jardim das Plantas e Museu de História Natural, respectivamente. No ano seguinte, isto é, em 1794, o jardim passou a contar com animais vivos, que eram objeto de estudo e de deleite para o público.[44]

A realização de expedições científicas, de várias proveniências europeias, as quais entendiam a ciência como algo relacionado com os problemas econômicos concretos e com o desenvolvimento econômico e social, tornou-se uma realidade ao longo do século XVIII.[45] Essas

XVI. Tal gosto estendeu-se por toda a Europa. Cf. Cláudia Beatriz Heynemann, "O teatro da natureza", em *Nossa história*, 1 (12), Rio de Janeiro, 2004, pp. 46-51. Para a França, ver Matthew Senior, "The Ménagerie and the Labyrinthe: Animals at Versailles, 1662-1792", em Erica Fudge (org.), *Renaissance Beasts of Animals, Humans and Other Wonderful Creatures* (Urbana/Chicago: University of Illinois Press, 2004), pp. 208-232.

43 Yves-Marie Allain, "Du Jardin du Roy au Jardin des Plantes: un jardin pour la science à Paris", em *Passions botaniques: naturalistes voyageurs au temps des grandes découvertes* (Rennes: Ouest-France, 2008), p. 15.

44 Lucille Allorge & Olivier Ikor, *La fabuleuse odyssée des plantes: les botanistes voyageurs, les jardins des plantes, des herbiers* (Paris: Hachette, 2003), pp. 124-136; Yves-Marie Allain, "Du Jardin du Roy au Jardin des Plantes: un jardin pour la science à Paris", cit., p. 27.

45 Cf. Antonio Lafuente, "Las expediciones científicas del Setecientos y la nueva relación del científico con el Estado", em *Revista de Indias*, 47 (180), Madri, 1987, pp. 373-378; Fermín del Pino Díaz & Ángel Guirao de Vierna, "Las expediciones ilustradas y el Estado español", em *Revista de Indias*, 47 (180), Madri, 1987, pp. 379-429.

missões, além do contributo de Lineu, facilitaram o desenvolvimento dos estudos. Recolhiam-se, preparavam-se, descreviam-se, desenhavam-se e transportavam-se sementes, plantas e animais.[46] A história natural, que compreendia o estudo do homem, era objeto de instrução e de educação em espaços especializados. Os fundamentos epistemológicos iluministas valorizaram as coleções de antiguidades, de raridades e da história natural em toda a Europa.[47] Porém, seguiram-se duas vias, uma que visava a criação de jardins botânicos e a aclimatação de plantas, e outra cujo objetivo era a formação de museus de história natural que viabilizassem uma educação dita filosófica, isto é, uma educação que deveria promover o avanço da ciência, sem esquecer um terceiro caminho paralelo aos anteriores: o das explorações geográficas com vista à delimitação de fronteiras, durante o qual se procedia à recolha de todo o tipo de materiais e de informações.[48]

Em Portugal, são de destacar as missões de coleta de espécies, denominadas viagens filosóficas, de João da Silva Feijó, a Cabo Verde; de Manuel Galvão da Silva, a Moçambique; e de Alexandre Rodrigues Ferreira, ao Brasil. Apesar das viagens filosóficas, buscava-se mais o exotismo e menos a procura de plantas que visassem a promoção do avanço da ciência. Não obstante, foram importantes as expedições preparadas por Domingos Vandelli[49] e executadas por antigos alunos da Universidade de Coimbra por ele ensinados, entre 1776 e 1778, caso do baiano Alexandre Rodrigues Ferreira.[50] A própria Academia Real das Ciências de Lisboa não deixou de se interessar pela matéria. Tendo em conta o mau estado em que os exemplares remetidos de várias partes do Império chegavam a Portugal, impossibilitando a cria-

---

46 Sobre as viagens portuguesas com vista a recolher material e sobre o papel do desenho, ver Miguel Figueira de Faria, *A imagem útil. José Joaquim Freire (1760-1847), desenhador topográfico e de história natural: arte, ciência e razão de estado no final do antigo regime* (Lisboa: Universidade Autônoma de Lisboa, 2001).

47 Sobre o colecionismo privado e público no século XVIII, ver João Carlos Pires Brigola, *Coleções, gabinetes e museus em Portugal no século XVIII* (Lisboa: Fundação Calouste Gulbenkian/ Fundação para a Ciência e Tecnologia, 2003).

48 Ronald Raminelli, *Viagens ultramarinas: monarcas, vassalos e governo à distância* (São Paulo: Alameda, 2008), pp. 84-97.

49 Sobre a biografia de Vandelli, ver José Luís Cardoso (org.), *Domingos Vandelli: Memórias de história natural*, (Porto: Porto Editora, 2003), pp. 2-25.

50 Sobre as viagens de Alexandre Rodrigues Ferreira, ver Ângela Domingues, *Viagens de exploração geográfica na Amazônia em finais do século XVIII: política, ciência e aventura* (Funchal: Secretaria Regional do Turismo, Cultura e Emigração/Centro de Estudos de História do Atlântico, 1991); Ronald Raminelli, *Viagens ultramarinas: monarcas, vassalos e governo à distância*, cit., pp. 102-125, *passim*.

ção de um museu – "danificados e por isso indignos de se guardarem nos gabinetes, por não terem sido devidamente escolhidos, preparados e acondicionados" –,[51] a academia publicou um conjunto de normas específicas para preparar animais, vegetais, minerais e para obter dados acerca da população e do clima. Por exemplo, a respeito dos animais, considerou que todos deveriam chegar mortos, dissecados e preparados (dando instruções específicas para o efeito) de modo que apresentassem a cabeça inteira. No que se refere aos quadrúpedes, deveriam manter todas as unhas e dentes, as aves só serviam se tivessem bico, patas e penas, enquanto os peixes teriam que apresentar todas as barbatanas e a cauda.[52]

Quer antes, quer depois dessas instruções, tornou-se comum o envio de produtos naturais e minerais, além de curiosidades das diversas partes do Império, destinadas inicialmente a presentear certas individualidades. Desde o século XVII, diversos particulares – como, por exemplo, D. Francisco Xavier de Meneses (1673-1743), quarto conde da Ericeira – possuíam os chamados gabinetes de curiosidades, nos quais se guardava um pouco de tudo, pois a constituição das coleções não resultava de recolhas especializadas. Será necessário esperar pelo reinado de D. José I (1750-1777) para encontrar projetos museológicos consistentes, como o Real Gabinete de História Natural, o Jardim Botânico da Ajuda e a Casa do Risco, cujos inícios dataram de 1768. As fundações, por influência de Miguel Franzini – matemático e preceptor do príncipe D. José – e de D. Pedro José de Noronha, terceiro marquês de Angeja, visavam o ensino prático do neto do monarca e a criação de um espaço de recreação da Corte. De qualquer modo, o Gabinete deveria publicar uma história natural das colônias, enquanto na Casa do Risco proceder-se-ia ao desenho das plantas para as registar e preparar, facilitando a escrita da história natural, o que nunca se concretizou.[53]

Em Coimbra, pouco depois, em 1772, criaram-se o Gabinete de História Natural e o Jardim Botânico, ambos ligados à universidade,

---

51 *Breves instruções aos correspondentes da Academia das Sciencias de Lisboa sobre as remessas dos produtos e noticias pertencentes à historia da natureza para formar hum museo nacional* (Lisboa: Regia Oficina Tipográfica, 1781), p. 4.

52 *Ibid.*, p. 7.

53 José Luís Cardoso (org.). *Memórias de história natural: Domingos Vandelli*, cit., pp. 51-58; Cristina Castel-Branco, *Félix de Avelar Brotero. Botânico português (1744-1822)* (Coimbra/Lisboa: Imprensa da Universidade de Coimbra/Horizonte, 2005), p. 97.

devendo servir fins pedagógicos no âmbito das ciências da natureza.[54] Nessas instituições, trabalhará Félix Avelar Brotero, que, mais tarde, dirigirá o Jardim Botânico da Ajuda.[55] Refira-se ainda que, no reinado de D. Maria I (1777-1816), no real Paço de Belém, administrado de forma eficiente pelo desembargador João Rodrigues Vilar, funcionou um jardim zoológico composto por diversos felinos, zebras, macacos e inúmeros pássaros.[56] Nesse mesmo espaço, viviam anões negros e um pigarço, criaturas exóticas, que tinham sido remetidas e ofertadas à Família Real na segunda metade do século XVIII.[57]

No Brasil, foi com a chegada da Corte ao Rio de Janeiro que D. João V decidiu promover a criação do Jardim Botânico, logo em 1808, sob a responsabilidade de João Gomes da Silveira Mendonça, futuro marquês de Sabará. Em 1811, esteve em causa a escolha do local mais apropriado, que acabou por ser junto da lagoa Rodrigo de Freitas.[58] Já havia consciência da necessidade da instituição desde o século XVIII, quando, em 1796, o médico Manuel Joaquim de Sousa Ferraz, sócio correspondente da Academia Real das Ciências de Lisboa, sugeriu ao vice-rei D. José Luís de Castro, segundo conde de Resende, a criação de um jardim botânico no Rio de Janeiro, para onde se deveriam transplantar as árvores e as plantas com interesse médico originárias de todas as partes do Brasil, a fim de evitar o consumo de drogas provenientes da metrópole, que chegavam à colônia em péssimo estado.[59] Mais tarde, D. Rodrigo de Sousa Coutinho, também havia tentado que se estabelecesse um jardim botânico em cada uma das capitanias.[60] De qualquer modo, o do Rio de Janeiro não foi o primeiro, pois, em 1796,

---

54 Sobre essas instituições, ver João Carlos Pires Brigola, *Coleções, gabinetes e museus em Portugal no século XVIII* , cit. Sobre o colecionismo real na França, ver Antoine Schnapper, *Le géant, la licorne, la tulipe: collections françaises au XVIIe siècle* (Paris: Flammarion, 1988).

55 Cristina Castel-Branco, *Félix de Avelar Brotero. Botânico português (1744-1822)*, cit., pp. 104-105 e 145.

56 Essa temática está sendo trabalhada por Paulo Drumond Braga.

57 Isabel M. R. Mendes Drumond Braga, "Os 'pretos da rainha': serviçais exóticos na Corte de D. Maria I", *IV Congresso Histórico de Guimarães. Do Absolutismo ao Liberalismo*, vol. II (Guimarães: Câmara Municipal de Guimarães, 2009), pp. 35-67.

58 Maria Beatriz Nizza da Silva, *A cultura luso-brasileira: da reforma da Universidade de Coimbra à independência do Brasil* (Lisboa: Estampa, 1999), pp. 59-62; Rosa Nepomuceno, *O jardim de D. João* (2ª ed. Rio de Janeiro: Casa da Palavra, 2008); Lúcia Bastos Pereira das Neves, "Jardim Botânico", em Ronaldo Vainfas & Lúcia Bastos Pereira das Neves, *Dicionário do Brasil joanino (1808-1821)* (Rio de Janeiro: Objetiva, 2008), pp. 248-250.

59 Maria Beatriz Nizza da Silva, *A cultura luso-brasileira: da reforma da Universidade de Coimbra à independência do Brasil*, cit., pp. 59-62.

60 Maria Beatriz Nizza da Silva, *D. João, príncipe e rei no Brasil* (Lisboa: Horizonte, 2008), p. 80.

já havia sido criado um em Belém, que tivera como objetivo o cultivo de plantas exóticas e medicinais indígenas, suscetíveis de substituir as drogas europeias, e a propagação de sementes de árvores madeireiras para a construção. Em 1811, o governador de Pernambuco, Caetano Pinto de Miranda, criou um terceiro jardim botânico, em Olinda.[61]

Na Europa e, posteriormente, no Brasil as questões de história natural estavam, no início, ligadas à medicina, porém, acabaram por ter repercussões na área alimentar, com a aclimatação das mais variadas plantas, mormente especiarias e frutas, e, no caso do chá cultivado no Rio de Janeiro, a preocupação era de âmbito econômico.

[61] Maria Beatriz Nizza da Silva, *A cultura luso-brasileira: da reforma da Universidade de Coimbra à independência do Brasil*, cit., pp. 59-62.

Painel de azulejos do século XVIII, onde se pode observar uma refeição.

Os novos alimentos na mesa dos portugueses

A influência de Portugal e de Castela na introdução dos produtos dos "novos mundos dados ao mundo" no continente europeu foi uma realidade incontestada. A Europa passou a conhecer as primeiras descrições das floras e das faunas africanas, asiáticas e americanas especialmente, embora não exclusivamente, através dos oriundos da península Ibérica. As explicações e os desenhos de animais e plantas ocuparam muitos dos que viajaram ou dos que, na Europa, puderam observar os produtos que chegavam. Passo seguinte e imediato, a divulgação das informações foi avançando para diferentes pontos da Europa.[1] O conhecimento foi-se difundindo com rapidez desde o século XV, acabando por cativar muitos europeus e incentivar viagens e observações em contato com as novas realidades. Daí serem frequentes as descrições de plantas, animais, acidentes geográficos e usos e costumes africanos, asiáticos e americanos por parte de europeus de diversos países, especialmente ao longo dos séculos XVI a XIX.

---

1 Ver o importante estudo de caso sobre as imagens da África na Europa em Marília dos Santos Lopes, *Da descoberta ao saber: os conhecimentos sobre África na Europa dos séculos XVI e XVII* (Viseu: Passagem, 2001).

Parece pacífico que as especiarias, especialmente as orientais, foram dominantes em termos de interesse econômico, daí as tentativas de aclimatação de algumas no Brasil.[2] Paralelamente, as especiarias tiveram rápido impacto na culinária portuguesa desde o século XVI,[3] o mesmo não se podendo afirmar de outros produtos, especialmente os americanos. Efetivamente, entre a descoberta desses novos gêneros alimentares e a sua introdução no cotidiano das populações europeias houve um espaço de tempo considerável, embora diferente, de espécie para espécie.[4] Como é evidente, nem todos os novos produtos descobertos foram adotados, até porque o seu cultivo nem sempre era possível na Europa de então, e havia muitos casos em que o transporte não se justificava, quer pelo preço, quer pelo fato de os produtos se deteriorarem. Mesmo assim, no final do século XVIII, Portugal recebia do Brasil produtos alimentares e bebidas, como aguardente, açúcar, arroz, cacau, café, carne de porco, castanha de caju, cravinho, farinha de mandioca, feijão, legumes, mel, melaço, sésamo e tapioca.[5] Ora, nem todos esses bens eram autóctones da colônia americana. Os portugueses desempenharam um papel importante na difusão global das plantas de cultivo.[6] Assim, por exemplo, Portugal levou para o Brasil diversos cítricos cultivados na Europa e, provenientes da Índia, uma série de produtos como arroz, canela, chá, coco, inhame, jaca e manga. Entre as plantas de cultivo cuja origem foi atribuída ao Brasil, entre endêmicas e cultivadas, contam-se: amendoim, abacaxi, batata-

---

2 José Mendes Ferrão, "Transplantação de plantas de continentes para continentes no século XVI", em *História e desenvolvimento da ciência em Portugal*, vol. 2 (Lisboa: Academia das Ciências de Lisboa, 1986), pp. 1085-1139; José Mendes Ferrão, "Difusão das plantas no mundo através dos descobrimentos", em *Mare Liberum*, vol. 1, Lisboa, 1990, pp. 131-142; Alfredo Margarido, *As surpresas da flora no tempo dos descobrimentos*, cit., pp. 55-62; Luís Ferrand de Almeida, "A aclimatação de plantas do Oriente no Brasil durante os séculos XVII e XVIII", em *Páginas dispersas: estudos de história moderna de Portugal* (Coimbra: Instituto de História Econômica e Social/Faculdade de Letras da Universidade de Coimbra, 1995), pp. 59-129.

3 Sobre as especiarias, ver Luís Filipe F. R. Thomaz, "Especiarias do Velho e do Novo Mundo: notas histórico-filológicas", em *Arquivos do Centro Cultural Português*, vol. 24, Lisboa/Paris, 1995, pp. 219-345. Ver também Luís Filipe F. R. Thomaz, *A questão da pimenta em meados do século XVI: um debate político do governo de D. João de Castro* (Lisboa: Universidade Católica Portuguesa/Centro de Estudos dos Povos e Culturas de Expressão Portuguesa, 1998); Marília dos Santos Lopes, *Ao cheiro desta canela: notas para a história de uma especiaria rara* (Lisboa: Montepio Geral/Público, 2002).

4 Ver, por exemplo, Brian Cowan, "New Worlds, New Tastes: Food Fashions after the Renaissance", em Paul Freedman (org.), *Food: the History of Taste* (Londres: Thomas & Hudson, 2007), p. 213.

5 A. J. R. Russel-Wood, *Um mundo em movimento: os portugueses na África, Ásia e América (1415-1808)*, trad. Vanda Anastácio (Lisboa: Difel, 1998), p. 199.

6 *Ibid.*, pp. 227-276.

-doce, castanha de caju, castanha-do-maranhão, jabuticaba, mandioca e mate.[7] Se alargarmos o olhar ao restante do continente americano, veremos que alguns gêneros alimentícios conseguiram superar as dificuldades, embora em alguns casos tardiamente, e impuseram-se aos europeus; é o caso do abacaxi (*Ananas sativus (Lindl) Schult*), do cacau (*Theobroma cacao L.*), da batata (*Solanum tuberosum L.*), da batata-doce (*Ipomoea batatas L.*), do tomate (*Lycopersicum esculentum Mill.*), do milho maís (*Zea mays L.*) e do peru (*Meleagris gallopavo*). A grande derrotada foi a mandioca (*Manihot esculenta*).

O fascínio pela fauna e pela flora do Novo Mundo levou os autores de descrições a manifestarem espanto e deslumbramento pela quantidade e diversidade de novas plantas e novos animais dos outros continentes.[8] Ao descreverem as espécies, faziam frequentemente apelo a outras bem conhecidas dos europeus - por exemplo, os abacaxis foram comparados a pinhas, os maracujás a laranjas, ovos e cidras, e o cacau a pequenos melões -, ao mesmo tempo que não deixavam de salientar as possíveis utilizações quer na gastronomia, quer na farmacopeia. Os interesses alimentares e terapêuticos foram os mais salientados, mas, em alguns casos, outros aspectos não foram esquecidos. Por exemplo, a manteiga de cacau era utilizada como cosmético,[9] e

---

7 *Ibid.*, p. 250.

8 Ver, por exemplo, Isabel Maria Ribeiro Mendes, "Animais exóticos e outras novidades", cit., pp. 20-29, e, sobretudo, Maria Lucília Barbosa Seixas, *A natureza brasileira nas fontes portuguesas do século XVI: para uma tipologia das grandezas do Brasil* (Viseu: Passagem, 2003).

9 Não esqueçamos, contudo, que o aproveitamento da manteiga de cacau na cosmética está documentado, para a Europa, pelo menos desde o princípio do século XIX, fato que ainda se mantém na atualidade, na confecção de batons, cremes e loções solares. Por exemplo, numa obra francesa intitulada *Nouveau manuel complet du parfumeur*, publicada em 1854, mas com receitas de cosméticos anteriores, faz-se saber: "*Le parfumeur fait servir cette première amende [du cacao] à la fabrication de quelques pommades cosmétiques modernes, dans lesquelles il introduit la matière grasse, appelée beurre de cacao*" ["O perfumista utiliza essa primeira semente [do cacau] na fabricação de algumas pomadas cosméticas modernas, nas quais introduz a gordura chamada manteiga de cacau."] (N. E.) Páginas depois foram apresentadas uma *pommade mexicaine* (registada em Paris, em 1819, por M. M. Michel e Lange) e uma *pommade de beurre de cacao* (registada igualmente em Paris, em 1814, por M. Lange), além de duas preparações de sabonetes. As quatro receitas continham, além de outros ingredientes, manteiga de cacau. (Cf. Elisabeth-Félicie Bayle-Mouillard, *Nouveau manuel complet du parfumeur* (Paris: Librairie Encyclopédique de Roret, 1854), pp. 24, 99-100, 102, 246-259). Essas realidades eram, então, desconhecidas em Portugal, a avaliarmos pelas obras sobre a temática, como, por exemplo, o *Manual do destilador* (Lisboa: Imprensa de Sousa, 1857). A farmácia também irá utilizar a manteiga de cacau na produção de supositórios. Fora da Europa, a manteiga de cacau já era usada como cosmético, pelo menos durante os séculos XVII e XVIII. Em 1687, Nicolas Blegny, referindo-se ao México, escreveu: "*sur l'usage qu'on fait à Mexique de l'huile de cacao, où les médecins l'ordonnent pour remédier aux inflammations & aux brûlures, & où les dames s'en servent familièrement pour l'embellissement de la peau*". ["sobre o uso que se faz no México do

o sumo de abacaxi para tirar nódoas. A utilidade de cada espécie era sempre tida em consideração, atitude que constituiu uma herança medieval na maneira de encarar as plantas.[10]

O consumo inicial dos novos produtos pelos europeus começou no próprio Brasil. Era inevitável. Porém, a adoção de alguns gêneros superou os brancos residentes no continente americano e, ao longo da Época Moderna, foi lentamente entrando no receituário nacional português. Apesar da enorme variedade de animais existentes no Brasil, para lá foram sendo levados os animais domésticos dos europeus, mas, do continente americano, chegou às mesas da Europa apenas o peru, uma ave galiforme selvagem, presente desde o leste da América do Norte até ao México, que foi domesticada pelos astecas e encontrada pelos castelhanos. Estes levaram o peru para Castela e, daí, a ave passou a Portugal. Para José de Anchieta[11] e para Fernão Cardim, teriam sido os portugueses os responsáveis pela chegada do peru ao Brasil. O segundo testemunhou a vulgarização do consumo da ave e anotou: "as galinhas do Peru se dão nesta terra e há grande abundância e não há convite em que não entrem".[12] Por seu lado, Gabriel Soares de Sousa, também no século XVI, considerou que "os galipavos se criam e também [se] fazem tão formosos como em Espanha e da vantagem, cuja carne é muito boa e saborosa, os quais se criam sem mais cerimônias do que as galinhas".[13] No século seguinte, Simão Estácio da Silveira lembrou que, no Maranhão, os franceses tinham tido muita criação de

---

óleo de cacau, que os médicos prescrevem para curar inflamações e queimaduras, e que as senhoras usam costumeiramente para o embelezamento da pele.] (N. E.) Cf. Nicolas Blegny, *Le bon usage du thé, du caffé et du chocolat pour la preservation & pour la guérison des maladies* (Paris: Chez l'Auteur, 1687), p. 218. Em 1796, o cirugião do exército e da família real espanhola, Antonio Laveda, também notou que "*en Cayene [...] algunas mugeres hácen uso de él [aceyte de cacao] como un buen cosmético, el qual pone la cutis suave y pulida, sin dexarla nada grasienta ni lustrosa*". ["em Caiena [...] algumas mulheres fazem uso dele [óleo de cacau] como um bom cosmético, que torna a cútis suave e lisa, sem deixá-la gordurosa nem brilhante."] (N. E.) Cf. Antonio Lavedan, *Tratado de los usos, abusos, propiedades y virtudes del tabaco, café, té y chocolate extratado de los mejores autores que han tratado a esta materia, a fin de que su uso no perjudique a la salud, antes bien pueda servir de alivio y curación de muchos males* (Madri: Imprenta Real, 1796), p. 212.

10 Carlos Almaça, "Os portugueses do Brasil e a zoologia pré-lineana", em *A universidade e os descobrimentos* (Lisboa: Comissão Nacional para as Comemorações dos Descobrimentos Portugueses, 1993), pp. 175-193.

11 José de Anchieta, *Cartas, informações, fragmentos históricos e sermões*, cit. , p. 428.

12 Fernão Cardim, *Tratados da terra e gente do Brasil*, cit., p. 159.

13 Gabriel Soares de Sousa, *Notícia do Brasil*, vol. 1 (São Paulo: Martins, s/d.), p. 302.

perus.[14] No século XVIII, em 1730, Sebastião da Rocha Pitta limitou-se a relatar que no Brasil "das aves e criações domésticas há mui grandes galinhas, capões, perus, emas, gansos, patos e pastoris".[15]

O êxito do peru na Europa, incluindo a península Ibérica, foi rápido. Inicialmente, foi considerado um produto de prestígio só presente nas mesas abastadas. Em Castela, no final do século XVI, o receituário escrito já registava pratos de peru. O seu consumo foi frequente na Corte dos Áustrias.[16] Outros espaços, caso da península Itálica e da Inglaterra, também apreciaram o peru desde o século XVI.[17] Lembremos o espaço italiano, com a presença da ave no receituário de Bartolomeo Scappi de 1570.[18] Pelo menos durante o século XVIII, mas presumivelmente bem mais cedo, esteve presente na dieta conventual catalã.[19] Em Portugal, o primeiro livro de cozinha impresso, a *Arte de cozinha*, de Domingos Rodrigues, cuja primeira edição datou de 1680, registou 24 receitas de peru: almôndegas de peru, empadas de peru (duas receitas) pastéis de peru, peru armado (duas receitas) e ainda peru assado, assado sobre sopa, dourado, ensopado, estilado, estufado, mourisco, recheado, salsichado, com arroz, com salsa real, de Fernão de Sousa, de sopa branca, em gigote, em pé, em potagem à francesa, para capela e sem osso.[20] Lucas Rigaud, em 1780, no *Cozinheiro moderno ou nova arte de cozinha*, dedicou todo o capítulo oitavo à ave e apresentou 31 receitas.[21] Em qualquer dos casos citados, as preparações culiná-

---

14 Simão Estácio da Silveira, *Relação sumária das cousas do Maranhão* (Lisboa: Geraldo da Vinha, 1624), fol. 30.

15 Sebastião da Rocha Pitta, *Historia da America portuguesa desde o anno de mil e quinhentos do seu descobrimento até o de mil e setecentos e vinte e quatro* (Lisboa Ocidental: Oficina de José António da Silva, 1730), liv. I, p. 40.

16 María de los Ángeles Pérez Samper, "La integración de los productos americanos en los sistemas alimentarios mediterráneos", em *XIV Jornades d'Estudis Històrics Locals: la mediterrània àrea de convergència de sistemas alimentaris (segles V-XVIII)* (Palma de Maiorca: Institut d'Estudis Baleàrics, 1996), pp. 136-139.

17 Joan Thirsk, *Food in Early Modern England: Phases, Fads, Fashions - 1500-1760* (Londres/Hambledon: Continuum, 2007), p. 254.

18 María de los Ángeles Pérez Samper, "Lo scambio colombiano e l'Europa", em Massimo Montanari & Françoise Sabban (orgs.), *Atlante dell'alimentazione e della gastronomia*, vol. 1 (Torino: Unione Tipografico-Editrice Torinense, SpA, 2004), p. 317.

19 María José Martí García, "Productos americanos en la mesa conventual", em *XIV Jornades d'Estudis Històrics Locals: la mediterrània àrea de convergència de sistemas alimentaris (segles V-XVIII)*, cit., pp. 429-440.

20 Domingos Rodrigues, *Arte de cozinha* (Sintra: Colares, 2001). A primeira edição é de 1680.

21 Lucas Rigaud, *Cozinheiro moderno ou nova arte de cozinha* (Sintra: Colares, 1999). A primeira edição é de 1780.

rias são semelhantes às de outras aves, especialmente galinha, pato e pombo, e algumas outras a pratos de carneiro e coelho.

Citemos apenas duas receitas para dar conta das preparações a que o peru poderia ser sujeito. Por exemplo, Domingos Rodrigues, na receita de peru estilado, indicou:

> Depois que um peru estiver depenado e limpo lhe meterão dentro meio arrátel de presunto, e no mesmo presunto uma moeda de ouro portuguesa, uma pedra de açúcar, que pese uma quarta, duas gemas de ovos, duas camoesas, ou um marmelo, e não havendo estas frutas, duas maçãs azedas: logo mete-se o peru em uma panela com duas onças de manteiga de vaca, todos os adubos inteiros, vinagre, sal e água pouca. Como estiver tudo isto na panela, depois de barrada para que não saia o bafo, ponha-se a cozer devagar em lume brando. Mande-se à mesa sobre fatias com sumo de limão por cima.[22]

Lucas Rigaud inicia o capítulo dedicado ao peru com algumas considerações:

> o peru é uma ave de grande uso, e muito conhecida na nossa Europa, e dizem que viera ela das Índias, razão por que os Franceses chamam ao macho, galo da Índia, e à fêmea, galinha da Índia. A sua carne é de muito nutrimento, e é com pouca diferença da mesma natureza da galinha ou do capão e produz o mesmo suco. A fêmea tem a carne mais delicada que o macho e, para se comerem, devem-se escolher sempre os novos, gordos e bem nutridos; quando passam de ano têm a carne dura, tenaz e é de difícil digestão.[23]

Em seguida o cozinheiro apresentou as receitas. Escolhemos a de peru em fricandó:

> escanhoado e limpo um peru novo e com as pernas metidas por dentro segundo o costume, entese-se numa fornalha acesa e esfregue-se com uma prancha de toucinho; e depois de bem enxuto, lardeie-se com toucinho fino, deite-se de molho e ponha-se a cozer em caldo sem sal, com pranchas de vitela, presunto, cebola cravejada, capela de salsa e pranchas de toucinho; e depois de bem escumado e cozido, passe-se o caldo pelo peneiro, reduza-se, acabe-se o verniz, como se faz aos dos fricandós de vitela e ponha-se-lhe o peru com o lardeado para baixo; e

[22] Domingos Rodrigues, *Arte de cozinha*, cit., p. 61.

[23] Lucas Rigaud, *Cozinheiro moderno ou nova arte de cozinha*, cit., p. 83.

> estando pegado ao toucinho e de boa cor, tire-se o barbante e sirva-se com essência clara, passada pelo que fica no fundo da caçarola, e sumo de limão. Também se pode servir com ragu de pepinos ou de chicória à bechamel, ou com molho de espinafres à crema, com molho de azedas ou qualquer outro que melhor parecer.[24]

Mesmo antes de o peru ter entrado no receituário impresso português, sabemos que fez parte de refeições quinhentistas e seiscentistas. Por exemplo, na segunda metade do século XVI, as freiras do Convento de Santa Clara, de Santarém, ofereceram perus aos padres de São Francisco, em agosto, por ocasião da festa da padroeira.[25] Também entre os alimentos consumidos no auto da fé realizado em Lisboa, em 18 de novembro de 1646, foram confeccionados três perus assados no forno. O preço de cada animal ascendeu a 360 réis.[26] Como os autos da fé eram espetáculos que contavam frequentemente com a presença da Corte, em certas ocasiões eram oferecidas refeições a quem assistia. Assim aconteceu, por exemplo, em 1647, quando D. Luísa de Gusmão presenteou as suas damas, estantes no Paço, com um jantar, no dia 15 de dezembro.[27] A refeição, presumivelmente para 34 damas, importou em 33.198 réis e meio.[28] Entre as iguarias apresentadas contaram-se perus assados no forno. Nas refeições servidas no tribunal do Santo Ofício da Inquisição aos funcionários que ali permaneciam para preparar os autos da fé, a presença do peru fez sentir-se com frequência. Por exemplo, no Tribunal de Lisboa, em 1728, foram preparados três perus no valor de 1.800 réis.[29] Em outubro de 1765, foram adquiridos e preparados perus, galinhas, vitela para empadas, tudo no valor de 14.400 réis.[30] Nos outros tribunais de distrito registou-se a mesma prática. Para o de Évora, em setembro de 1757, foram adquiridos seis exemplares no valor de 4.200 réis, isto é, 700 réis cada peça. Na mes-

---

24 *Ibid.*, pp. 85-86.

25 Maria Ângela V. da Rocha Beirante, *Santarém quinhentista*, cit., p. 250.

26 António Baião, *Episódios dramáticos da Inquisição portuguesa*, vol. 3 (3ª ed. Lisboa: Seara Nova, 1973), p. 160.

27 Esse auto realizou-se a 15 de dezembro de 1647, no Terreiro do Paço, tendo o sermão ficado a cargo do franciscano frei João de São Bernardino.

28 O documento foi revelado e publicado por José da Cunha Saraiva, "Um jantar no século XVII", em *Feira da Ladra*, tomo 3, Lisboa, 1931, pp. 161-167.

29 Arquivo Nacional da Torre do Tombo (ANTT), Lisboa, *Inquisição de Lisboa*, liv. 484.

30 *Ibid.*, liv. 491.

ma ocasião, os guardas do cárcere e o pintor de sambenitos também degustaram uma perua, no valor de 360 réis, durante uma ceia.[31]

No século seguinte, encontram-se mais informações acerca do consumo de peru na mesa real. Por exemplo, em 1787, Beckford deu conta de uma merenda servida a D. Maria I e à sua família, durante a qual foram apresentados perus recheados, entre outras diversas iguarias.[32] Perus também eram consumidos frequentemente pelos nobres. Por exemplo, em 1759, quando foi preso o conde de Atouguia, D. Jerónimo de Ataíde, acusado de envolvimento na tentativa de homicídio de D. José I, a condessa D. Mariana Bernarda de Távora ficou à mercê da caridade de terceiros. Recebeu da marquesa de Tancos, D. Mécia de Rohan, "um sacco de pão, dois piruns e um presunto".[33] Em meados do século XIX, um livro de despesas de cozinha da casa do marquês de Viana, D. João Manuel de Meneses, deu conta do consumo de peru ao longo do ano de 1848. A família adquiriu oito unidades entre machos e fêmeas, no valor de 6.930 réis. Na véspera de Natal foi comido um casal de perus.[34]

No século XIX, estrangeiros como Carl Israel Ruders e Maria Ratazzi deram conta do hábito de comer peru pelo Natal. O primeiro, em carta de 29 de dezembro de 1801, escreveu:

> nas praças da cidade [Lisboa] podemos todos os dias ver grandes bandos de perus que vieram para a capital para serem vendidos. Com canas de oito a dez alnas [o mesmo que varas, isto é, cerca de 1,2 m] de comprimento, o vendedor de perus mantém as aves juntas e dirige o seu caminho. A sujidade nas ruas, por onde passam os perus, fica nesta altura do ano com o aspecto de um trabalho de filigrana. Nunca os vi comer seja o que for durante o longo tempo que permanecem na praça. Por isso, quando se come um peru assado, este é tão magro e seco que eu pela minha parte prefiro comer quase qualquer outra comida.[35]

---

31 ANTT, Lisboa, *Inquisição de Évora*, liv. 640.

32 William Beckford, *Diário de William Beckford em Portugal e Espanha*, , trad.João Gaspar Simões (3ª ed. Lisboa: Biblioteca Nacional, 1988), p. 150.

33 Condessa de Atouguia, *Memórias da última condessa de Atouguia: manuscrito autobiographico inédito* (2ª ed. Braga: P. Vilela & Irmão, 1917), pp. 77-78.

34 Biblioteca da Sociedade de Geografia de Lisboa (BSGL), Res 3-C-6. Cf. Isabel M. R. Mendes Drumond Braga & Paulo Drumond Braga, "A mesa do marquês de Viana em meados de Oitocentos", em *Lusíada. História*, 2 (3), Lisboa, 2006, pp. 105-123.

35 Carl Israel Ruders, *Viagem em Portugal (1798-1802)*, vol. 2, trad. Inga Gullander (Lisboa: Biblioteca Nacional, 2002), p. 86.

Na segunda metade do século XIX, Maria Ratazzi notou, em tom não isento de crítica, que:

> e para em tudo imitarem o *Christmas* dos seus fiéis aliados não há família portuguesa que não compre, para celebrar a solenidade, um peru. Por quê?... Naturalmente, porque sendo o animal gordo e carnudo dá bem de comer a muita gente. O fato é que oito, dez e mesmo quinze dias antes do Natal não se transita em Lisboa sem se esbarrar em rebanhos de perus, que enchem as ruas cacarejando, provocados pelos assobios dos rapazes e conduzidos por homens, mulheres e crianças, munidos de grandes canas flexíveis e compridas que servem para manter o emplumado bando dentro dos limites da disciplina.[36]

Francisco de Mello Franco, médico que escreveu no início do século XIX, considerou o peru a ave mais útil depois da galinha. Depois de referir a origem americana da ave, deteve-se em adjetivar a carne, considerando-a deliciosa e abundante em toda a Europa, mas não deixou de opinar que a domesticação do peru degenerara a ave, que, então, era mais do uso de gente abastada do que dos enfermos, pois, para esse efeito, a galinha não só era mais adequada como também era menos onerosa.[37]

Um dos produtos que mais revolucionou a dieta alimentar das populações, e que contribuiu largamente para acabar com os ciclos de fome, foi a batata, oriunda das terras altas andinas, possivelmente do Chile à Colômbia. O primeiro contato entre um europeu e o tubérculo terá ocorrido no Peru, em 1539. Na Europa, a batata começou por despertar interesse aos botânicos. Gaspar Bauhin fez a primeira descrição científica e designou-a *Solanum tuberosum*, em 1596. Foi conhecida nas Canárias em 1567, em Castela, em 1573 e na Inglaterra, em 1586. Não era panificável, logo não era particularmente digna de interesse. O fato de pertencer à mesma família da mandrágora e da beladona não lhe foi inicialmente nada favorável.[38] Por outro lado, nem todas as variedades se conseguiam cultivar na Europa.[39] Porém, a expansão da batata, também conhecida como castanha da Índia, foi

---

36 Maria Rattazzi, *Portugal de relance* (Lisboa: Antígona, 1997), p. 107.

37 Francisco de Mello Franco, *Elementos de hygiene, ou dictames para conservar a saude e prolongar a vida* (2ª ed. Lisboa: Tipografia da Academia, 1819), p. 143.

38 Madeleine Ferrières, *Histoire des peurs alimentaires: du Moyen Âge à l'aube du XX*ème *siècle* (Paris: Seuil, 2002), pp. 123-128. Ver também Madeleine Ferrières, *Nourritures canailles* (Paris: Seuil, 2007), pp. 363-414.

39 Jean-Pierre Williot & Marc de Ferrière Le Vayer, *Saga de la pomme de terre* (Paris: Cercle, 2008), pp. 14-15.

muito lenta, apesar de ter sido produzida e consumida cada vez em maior quantidade.[40] Inicialmente, era destinada aos animais, sendo também consumida pelos que tinham poucos recursos e só mais tardiamente pelos mais abastados. Começou por ser mais bem aceita nas regiões pobres em cereais, não deixando o seu consumo de aumentar desde o século XVIII, não obstante estar ausente dos menus de festa, exatamente por ser considerada um prato pobre. De qualquer modo, a batata e o milho foram responsáveis pela quebra do ciclo vicioso fome-epidemia, que durante séculos assolou a Europa.[41] Estatísticas na França apontam uma média por ano e por pessoa na ordem dos 20 quilos entre 1803 e 1812, e dos 40 quilos entre 1835 e 1844.[42] De fato, naquele país, fizeram-se significativas ações de propaganda a favor do tubérculo a partir do final do século XVIII; em 1794, a obra *La cuisine républicaine* apresentou uma vintena de receitas.[43] Na Irlanda, foi considerada base da alimentação a partir do século XVII, tendo depois passado a Inglaterra e daí, segundo alguns autores, para Portugal.[44] Outros referem a entrada do tubérculo via Galiza.[45] Até hoje o assunto não está cabalmente esclarecido. Segundo José Manuel de Campos e

---

40 Carlos Frederico Montenegro de Sousa Miguel, "Batata", em Joel Serrão (org.), *Dicionário de história de Portugal*, vol. 1 (Porto: Figueirinhas, 1981), p. 317; José Montalvão Machado, "Alimentos antigos e alimentos novos", em *Anais da Academia Portuguesa da História*, 2ª série, vol. 29, Lisboa, 1984, p. 524. Em Castela, no século XVI, era de consumo esporádico. Cf. Julio Valles Rojo, *Cocina y alimentación en los siglos XVI y XVII* (Valladolid: Junta de Castilla y Léon, 2007), pp. 276-278. Contudo, constituiu um consumo residual até ao século XVIII. Para o caso do consumo em León, ver Roberto Cubillo de la Puente, *Comer en León: un siglo de historia (1700-1800)* (León: Ediciones Universidad de León, 2000), p. 163.

41 Paolo Sorcinelli, "L'alimentation et la santé", em Jean-Louis Flandrin & Massimo Montanari (orgs.), *Histoire de l'alimentation* (Paris: Fayard, 1996), p. 814. Ver também Maguelonne Toussaint-Samat, *A History of Food*, trad. Anthea Bell (Oxford: Blackwell, 1999), pp. 711-728; e Massimo Montamari, *La fame e l'abbondanza: storia dell'alimentazione in Europa* (5ª ed. Roma: Laterza, 2005), pp. 163-166, 170-175. Sobre a situação da Inglaterra nessa questão, ver Maggie Black, *Food and Cooking in 19th Century Britain: History & Recipes* (Londres: Heritage, 1985), p. 7; e Maggie Black, "Victorian Britain", em *A Taste of History: 10 000 Years of Food in Britain* (3ª ed. Londres: Museu Britânico, 1997), p. 267.

42 Hans Jurgen Teuteberg & Jean-Louis Flandrin, "Transformations de la consommation alimentaire", em Jean-Louis Flandrin & Massimo Montanari (orgs.), *Histoire de l'alimentation*, cit., p. 729. Sobre o acolhimento da batata na Europa, ver Fernand Braudel, *Civilização material, economia e capitalismo (séculos XV-XVIII)*, tomo 1: *As estruturas do quotidiano: o possível e o impossível*, trad. Telma Costa (Lisboa: Teorema, 1992), pp. 141, *passim*; e Leo Moulin, *Les liturgies de la table: une histoire culturelle du manger et du boire* (Paris: Albin Michel, 1989), pp. 158-163.

43 Jean-Pierre Williot & Marc de Ferrière Le Vayer, *Saga de la pomme de terre*, cit., pp. 17, 135.

44 Piedade Braga Santos; Teresa Rodrigues; Margarida Sá Nogueira, *Lisboa setecentista vista pelos estrangeiros* (Lisboa: Horizonte, 1987), p. 53.

45 Alfredo Margarido, "Les relations culturelles du côté du corps: la nourriture et le vêtement", em *Les rapports culturels et littéraires entre le Portugal el la France* (Paris: Fundação Calouste Gulbenkian, 1983), pp. 449-450.

Mesquita, a cultura da batata em Portugal generalizou-se a partir de 1803, data em que, desde a guerra de 1762, isto é, desde os reflexos da Guerra dos Sete Anos (1756-1763), o preço dos cereais, e consequentemente do pão, subiu, só se invertendo essa tendência com a vulgarização do consumo do tubérculo.[46] Em Lisboa, no ano de 1837, o preço por alqueire oscilou entre 160 e 240 réis.[47]

Em 1800, apareceu uma tradução da obra de Henrique Doyle intitulada *Tractado sobre a cultura, uso e utilidade das batatas*, na qual o autor destacou a importância do tubérculo ao escrever "pelo que respeita à abundância da colheita, salubridade e utilidade levam a vantagem a todos os vegetais".[48] O mesmo texto referiu-se ainda ao modo de cozinhar as batatas e ao seu interesse na economia doméstica:

> a sua qualidade farinhosa serve a vários guisados e iguarias próprias para as mesas ordinárias mais delicadas, fazendo-se delas bom pão, galhetas, bolos, tortas, etc. com mistura de outra farinha e ainda sem ela. É agradável ao palato comida com carne, pescado, manteiga e gordura.[49]

Se pensarmos nos testemunhos dos estrangeiros que visitaram Portugal, podemos verificar que Link, entre 1797 e 1799, observou o cultivo do tubérculo em São Romão (Seia) e a sua comercialização nos mercados, onde era adquirido por pessoas de poucas posses.[50] Porém, já antes se importava. Sabe-se, por exemplo, que em Viana a batata foi despachada pela primeira vez em 1781. Foram então desalfandegados 82 sacos provenientes de Cork (Irlanda). Posteriormente, registaram-se outras entradas do tubérculo provenientes da Inglaterra, da Irlanda e da Galiza, conforme se pode verificar pelo quadro.[51]

---

46 José Manuel de Campos e Mesquita, "Extracto da memoria sobre o destroço actual das creações do gado vacum", em *Memórias económicas da Academia Real das Ciências de Lisboa para o adiantamento da agricultura, das artes e da indústria em Portugal e suas conquistas (1789-1815)*, tomo 4 (Lisboa: Banco de Portugal, 1990), pp. 316-317.

47 *O Gratis. Jornal de Annuncios e do Comercio*, nº 46, de 15-4-1837; nº 98, de 1-9-1837; e nº 116, de 12-10-1837.

48 Henrique Doyle, *Tractado sobre a cultura, uso e utilidade das batatas ou* papas solanum tuberosum *e instrução para a sua melhor propagação*, trad. José Mariano Veloso (Lisboa: Tipografia Calcográfica e Literária do Arco do Cego, 1800), p. 6.

49 *Ibid.*, pp. 11-12.

50 Carlos Veloso, *A alimentação em Portugal no século XVIII nos relatos dos viajantes estrangeiros* (Coimbra: Minerva, 1992), pp. 54-55.

51 José Viriato Eiras Capela, *Entre-Douro e Minho (1750-1830): finanças, administração e bloqueamentos estruturais no Portugal moderno*, vol. 1, tese de doutorado (Braga: Universidade do Minho, 1987), pp. 262 e 333, nota 53.

Quadro 1

Batata desalfandegada em Viana

Ano	Quantidades
1781	82 sacos
1788	100 arrobas
1803	350 arrobas
1807	100 arrobas
1809	100 arrobas
1812	100 arrobas
1815	140 arrobas
1817	508 arrobas
1819	22 arrobas

Marianne Baillie, ao visitar Portugal nos anos de 1821 a 1823, notou que se cultivavam batatas, mas em pequenas quantidades, consequentemente sem serem suficientes para a procura, o que levava à continuação da importação da Inglaterra e da Irlanda;[52] essa observação permite-nos verificar que a autora conhecia bem a realidade portuguesa nessa matéria.

No Real Colégio dos Nobres, durante o século XIX, antes de 1838, as batatas eram consumidas em quantidades muito reduzidas, uma ou duas vezes por mês.[53] Em 1824, na viagem do brigue *Jules-Julie* entre Lisboa e o Havre, D. José Trazimundo Mascarenhas Barreto, futuro marquês de Fronteira e Alorna, teve de degustar várias vezes uma "péssima salada de batatas" servida no almoço.[54] Contudo, nos livros de cozinha aparecem algumas receitas com batatas, de datas anteriores.

A preparação culinária dos diversos tipos de batata variava, uma vez que, nos livros de receitas, aparecem como salada, sobremesa, prato principal e acompanhamento, desde a compilação de receitas de

---

52 Marianne Baillie, *Lisboa nos anos de 1821, 1822 e 1823*, trad. Albano Nogueira (Lisboa: Biblioteca Nacional, 2002), p. 35.

53 Jorge Crespo & Manuela Hasse, "A alimentação no Colégio Real dos Nobres de Lisboa (1766-1831)", em *Revista de História Econômica e Social*, nº 7, Lisboa, 1981, p. 102.

54 Marquês de Fronteira, *Memórias do marquês de Fronteira e d' Alorna D. José Trazimundo Mascarenhas Barreto ditadas por êle próprio em 1861*, vol. 1 (Lisboa: Imprensa Nacional/Casa da Moeda, 1986), p. 441.

Francisco Borges Henriques (1715-1729) até à do entusiasta visconde de Vilarinho de São Romão (1841), sem prejuízo de outras obras posteriores.

No receituário manuscrito de Francisco Borges Henriques (1715-1729) o autor apresentou uma receita de batatada, um prato doce:

> Lauem as batatas bem lauadas sem que lhe tirem a casca as porão ao lume e bem cozidas as tirarão e as esburgarão e as pizarão em hum gral muito bem pizadas e a cada arratel de massa dois de asucar e o porão em ponto de bolla bem branco e o tirarão do lume e lhe desfarão a massa muito bem desfeita e emtão a ponhão outra ves no lume a corar mechendo a muito bem digo sempre pera que se não pegue e ao meio de cozer lhe poderão deitar amêndoa muito bem pizada e a porão ao lume a Comper (*sic*) como qualquer outro doce de Couilhete e não fique em ponto alto que ficara Visgenta e assim farão Nabada.[55]

Posteriormente, na obra de Lucas Rigaud, cuja primeira edição datou de 1780, *Cozinheiro moderno ou nova arte de cozinha,* a propósito das raízes, legumes e sementes, o chefe esclareceu que "as batatas depois de cozidas em água e peladas comem-se com o molho de manteiga e mostarda; mas as batatas das ilhas servem comumente para doce de diferentes qualidades".[56]

Numa obra intitulada *Collecção de verdadeiras e proveitosas receitas*, publicada em 1849, apareceram duas receitas de pudim de batatas (um de batatas do reino, outro de batatas das ilhas, isto é, batatas-doces). Segundo o autor, tal iguaria deveria ser confeccionada do seguinte modo:

> levem-se ao forno a torrar, mesmo inteiras, quantas batatas forem precisas para deitar um arrátel de farinha em elas, estando torradas tiram-se do forno, esbrugam-se [isto é, desfazem-se] muito bem e se vão ralando no ralador. Isto feito se lhe deita uma dúzia de gemas de ovos com duas claras, bate-se muito bem, deita-se-lhe três quartas de açúcar areado, que é o quanto basta por esta batata [da ilha] ser um

---

55 Biblioteca Nacional de Portugal (BN), Lisboa, cod. 7376, "Receitas de milhores doces e de alguns guizados particullares e remedios de conhecida experiencia que fes Francisco Borges Henriques para o uzo da sua caza. No anno de 1715. Tem seo alfabeto no fim. 1715-1729", f. 15. Sobre esse receituário, ver Isabel M. R. Mendes Drumond Braga, "O livro de cozinha de Francisco Borges Henriques", em *Do primeiro almoço à ceia: estudos de história da alimentação*, cit., pp. 61-99.

56 Lucas Rigaud, *Cozinheiro moderno ou nova arte de cozinha*, cit., p. 402.

> tanto adocicada, e juntar-lhe-ão mais meia quarta de boa manteiga, ficando tudo bem agiado [isto é, misturado], lhe deitarão um bocadinho de pó de canela e, querendo, deitem-lhe passas e assim preparada a massa se deita na forma, que deve estar untada por dentro com manteiga e vai ao forno a cozer. Estando cozido tira-se da forma e fica pronto.[57]

A outra receita era em tudo semelhante, exceto no que se referia à necessidade de cozer as batatas do reino e juntar mais açúcar e pinhões.[58]

Num livro de cozinha copiado em 1866, a única receita de batata é igualmente uma sobremesa intitulada pudim de batata. Segundo o texto,

> arrátel e meio de açúcar põe-se em ponto de pasta, depois tira-se do lume, e deita-se-lhe um arrátel de batata passado pela peneira, e um quarto de manteiga. Depois de tudo bem desfeito, vai outra vez ao lume e juntam-se-lhe 12 ovos, quatro com claras e oito só as gemas, e depois de tudo bem batido deita-se num tacho barrado com manteiga, para se não pegar, e vai ao forno a cozer.[59]

Exceção nesse panorama foi a *Arte do cosinheiro e do copeiro*, publicada em 1841. Nessa obra, explicitaram-se as diversas espécies do tubérculo e apresentaram-se dezesseis receitas: batatas à *la maître d' hotel*, batatas de molho branco, batatas de leite, batatas reduzidas a embamata (isto é, a purê), batatas fritas, batatas recheadas, filhós de batatas, batatas de forno de campanha, batatas de salada, pudim de batatas, farinha de batatas, batatas guisadas, batatas com ervilhas verdes, batatas com bacalhau, omelete de batatas com ovos e batatas com leite e mel, para um dia festivo.[60] O visconde de Vilarinho de São Romão não só traduziu as receitas – contidas num livro francês da autoria de Aglaé Adanson – como acrescentou notas em duas delas, nas batatas

---

57 B. A. B., *Collecção de verdadeiras e proveitosas receitas* (Lisboa: Tipografia de A. Rebelo & Irmãos, 1849), pp. 154-155.

58 *Ibid.*, pp. 155-156.

59 Maria José Azevedo Santos & Paulino Mota Tavares (orgs.), *Doces e manjares do século XIX: o livro do padre Brito* (Coimbra: Fora de Texto, 1995), p. 44. Trata-se de uma receita diferente da que é apresentada em Visconde de Vilarinho de São Romão, *Arte do cosinheiro e do copeiro compilado dos melhores autores* (Lisboa: Tipografia da Sociedade Propagadora dos Conhecimentos Úteis, 1841), pp. 185-186.

60 Visconde de Vilarinho de São Romão, *Arte do cosinheiro e do copeiro compilado dos melhores autores*, cit., pp. 131-134, 185-186, 275-278.

reduzidas a embamata e nas batatas fritas. No primeiro caso, considerou a utilidade de reforçar os temperos: "é bom deitar-lhes umas raspas de noz-moscada e canela em pó, quando levarem açúcar";[61] e na segunda, alargou-se em considerações diversas, depois de explicar como se fritavam batatas em manteiga, anotando que as

> batatas são assim muito gostosas enquanto tenras, os habitantes do campo e lavradores é que as podem comer no melhor estado. Observai os pés de batatas um pouco antes de outubro e por todo este mês, vós lhe vereis a terra levantada e mesmo aberta em fendas às vezes, então esgravatai de um lado, descobri as novas batatas e tirai-as sem ofender o pé, elas devem ser do tamanho de maçãs reinetas para serem boas. Tiradas as batatas tornai a chegar-lhes a terra e calcai-a porque outras ainda mui pequenas, e que assim ficariam ou pouco mais cresceriam, suprirão o roubo inocente que lhes fizestes e não haverá diminuição da colheita. Estas batatas novas são a vitela da sua espécie e depois de fritas, como diz a receita, ficam mui tenras e delicadas. Deitai-lhes sim umas areias de sal para lhes dar gosto, mas ajuntai-lhes depois de estarem fritas alguns ovos amassados e deixai-os cozer um pouco na mesma caçarola ou sertã, vós fareis um prato de muito bom sabor".[62]

Menos entusiasmo pela batata demonstrou o autor de *O cozinheiro, confeiteiro e licorista moderno*. Nessa obra, publicada em 1849, aparecem receitas de batatas estonadas, de forno e fritas para chá ou café com leite. As últimas eram apresentadas como substitutas das fatias douradas.[63] Por seu lado, *O cozinheiro completo ou nova arte do cozinheiro e do copeiro* limitou-se a apresentar batatas com manteiga à inglesa e batatas fritas.[64] Ao longo da segunda metade do século XIX, a batata conheceu uma maior divulgação em termos de consumo e de receitas, quer de prato principal, quer, sobretudo, de acompanhamento e de recheio. Desse tubérculo podem ver-se dezoito receitas em *O cozinheiro dos cozinheiros* (1870) e ler-se em *O cozinheiro indispensavel* (1894):

> é um excelente alimento [...] não obstante ser pouco nutritiva, é evidentemente uma substância preciosa, ligando-se perfeitamente

61 *Ibid.*, p. 132.

62 *Ibid.*, pp. 132-133.

63 *O cozinheiro, confeiteiro e licorista moderno* (Lisboa: Tipografia de Matias José da Silva, 1849), pp. 236-238.

64 *O cozinheiro completo ou nova arte do cozinheiro e do copeiro* (Lisboa: Tipografia de Luís Correia da Cunha, 1849), pp. 114-115.

> com a carne e com o peixe [...] será bom que as pessoas flatulentas ou condenadas a digestões laboriosas façam uso moderado deste tubérculo, se se não quiserem predispor ao mal estar proveniente da ingestão demasiada de um alimento que deve ser aproveitado com toda a sobriedade.[65]

Ao apreço pela batata, demonstrado pelo visconde de Vilarinho de São Romão, não estava alheio o interesse pela agricultura e, em concreto, pelo cultivo do tubérculo. Segundo o próprio Visconde, autor de um texto sobre a cultura da batata, publicado em 1845, fora a sua mãe a introdutora daquele cultivo em Trás-os-Montes:

> todas as qualidades de batatas, à excepção das vermelhas longas, erão desconhecidas no districto de Villa Real antes do ano de 1790: por esse tempo, um trabalhador, natural de Galliza, trouxe da sua terra um presente dellas a uma viúva, minha visinha, chamada Theodosia Pereira, a qual as cultivou no seu quintal, segundo as instruções que lhe deu o Gallego; e depois de fazer a colheita, presenteou meus Pais com uma quantidade que não excederia a uma quarta d'alqueire. Desta pequena porção de tubérculos, denominados castanholas, he que se principiarão as suas plantações, vulgarmente chamadas sementeiras [...]. Tanto propagarão as ditas castanholas, e tanto produzirão que no ano de 1797, ou 98, já minha Mãi pôde concorrer ao premio proposto por esta Real Academia [das Ciências de Lisboa], a qual lhe fez a distincta honra de conferir-lhe um premio extraordinário n'uma medalha de ouro do peso de 50$000, que lhe enviou acompanhada de um Diploma muito digno de estimação.[66]

Apesar de ter sido conhecida por alguns portugueses no século XVI, a batata só no século XIX assistiu à sua expansão enquanto consumo entre os abastados. A sua presença residual no receituário setecentista – tal como aconteceu em Castela –,[67] principalmente em

65 *O cozinheiro indispensavel: repositorio dos melhores processos de preparar as mais saborosas iguarias* (Porto: Ernest Chardron, 1894), pp. 76-77.

66 Visconde de Vilarinho de São Romão, *Manual pratico da cultura das batatas e do seu uso na economia domestica colligido dos melhores agrônomos franceses e inglezes, e seguido de algumas observações praticas do auctor, para melhor conhecimento dos nossos agricultores* (Lisboa: Tipografia da Academia Real das Ciências de Lisboa, 1845), p. 19. Esse prêmio foi mencionado por Francisco de Mello Franco, que salientou o incentivo que a Academia Real das Ciências dava, mas, apesar de tudo, a lentidão dos progressos alcançados: "[o cultivo] não se tem generalizado tanto quanto é para desejar, mas pouco e pouco é que coisas novas se introduzem, por mais vantajosas que sejam". Cf. Francisco de Mello Franco, *Elementos de hygiene ou dictames para conservar a saude e prolongar a vida*, cit., pp. 109-110.

67 María de los Ángeles Pérez Samper, "La integración de los productos americanos en los sistemas alimentarios mediterráneos", cit., p. 134.

doces, permite verificar que, não obstante as dúvidas acerca da cronologia desse tubérculo e sobre a sua porta de entrada no Reino, já no século XVIII havia algum consumo, quer de batata, quer de batata-doce, esta bem mais popular.

Batatas e batatas-doces tiveram, contudo, percursos diferentes. Enquanto a primeira demorou a impor-se, a segunda espécie cativou imediatamente os europeus. Em Castela, no século XVI, Nicolás Monardes, médico e colecionador de espécies do Novo Mundo, referiu a batata-doce como uma planta comum naquelas partes, chegando ao ponto de afirmar que "*son medias entre carnes y frutas*", ao mesmo tempo que esclareceu que delas se fazia conserva do tipo marmelada e que a batata-doce se cultivava em diversas partes da Andaluzia.[68]

No Brasil, a batata-doce, chamada pelos indígenas *jetica,* era usada para confeccionar pão e vários preparados doces, segundo Fernão Cardim.[69] Gabriel Soares de Sousa também não lhe ficou indiferente, indicando as diferentes castas e considerando que as batatas-doces eram naturais da terra "e se dão nela de maneira que onde se plantam uma vez nunca mais se desinçam (*sic*) as quais tornam a nascer das pontas das raízes na terra, quando se colheu as novidades delas".[70] José de Anchieta, em texto de 1585, elogiou as batatas-doces e acrescentou que serviam de pão a quem não tinha outro.[71] Ambrósio Fernandes Brandão, em 1618, anotou algo mais completo, ao entender que no Brasil havia "muitas excelentes batatas, muito melhores das que se levam a Portugal, de que se fazem bocados, doces maravilhosos é batatada em panelas, como marmelada e também se comem assadas e cozidas".[72] Poucos anos depois, em 1624, Simão Estácio da Silveira lembrou que no Maranhão havia "muitas batatas de cores por dentro e por fora amarelas, roxas, alaranjadas, brancas e vermelhas e todas melhores que as das Ilhas Terceiras".[73] No século XVIII, o padre jesuíta João Daniel referiu as diferentes espécies de batatas mas nada esclareceu sobre a sua utilização na confecção de doces:

---

68 Nicolás Monardes, *Primera y segunda y tercera partes de la historia medicinal* (Sevilha: Fernando Díaz, 1580), parte III, p. 95.

69 Fernão Cardim, *Tratados da terra e gente do Brasil*, cit., p. 118.

70 Gabriel Soares de Sousa, *Notícia do Brasil*, cit., p. 329.

71 José de Anchieta, *Cartas, informações, fragmentos históricos e sermões*, cit., p. 427.

72 Ambrósio Fernandes Brandão, *Diálogo das grandezas do Brasil*, cit., pp. 144-145.

73 Simão Estácio da Silveira, *Relação sumaria das cousas do Maranhão, dirigida aos pobres deste reino de Portugal*, cit., p. 32.

> a batata a que os naturais chamam *jetica* é diversa da da Europa, e há diferentes espécies, roxa, vermelha, branca e amarela e crescem a bom tamanho; e ou sejam cozidas, ou assadas, têm muito bom gosto, e ainda sem molho algum, e muito melhores serão com ele. Umas são mais pequenas e outras maiores e algumas do tamanho e semelhança de grandes paios.[74]

A batata-doce rapidamente passou para a Europa. Em 1538, já se cultivava nos Açores, concretamente na ilha Terceira.[75] Atualmente, no arquipélago, integra várias sopas, acompanha pratos de peixe e de carne, sendo corrente também o seu consumo nas modalidades frita e assada.[76]

Parcas informações se possuem acerca do tomate (do náuatle *tomatl*), isto é, fruta redonda. Oriundo da América Central, tinha um lugar destacado na alimentação dos mexicanos, que o consumiam verde e maduro. Estava presente, de forma habitual, em molhos, guisados e entre os condimentos utilizados na alimentação pré-columbina.[77] Terá chegado à Europa, com os castelhanos, no século XVI. Para alguns era entendido como uma planta ornamental e até imprópria para a alimentação. José de Acosta descreveu os frutos como "*frescos y sanos, y es un género de granos gruesos rugosos y hacen gustosa salsa, y por sí son buenos de comer*".*[78] Em Castela, já se cultivava tomate no final do século XVI, mas as referências são escassas até ao século XVIII. Contudo, o seu consumo está documentado, por exemplo, para a casa de Aguillar e marquesado de Priego, senhorio de Montilla (Andaluzia), onde se comia frango com tomate e ovos com tomate, e para o convento de Santo Agustín de Córdova, na segunda metade do século

---

74 João Daniel, *Tesouro descoberto no máximo rio Amazonas*, cit., pp. 431-432. O autor reporta-se aos anos de 1741 a 1757, quando viveu na Amazônia.

75 José Mendes Ferrão, "Transplantação de plantas de continentes para continentes no século XVI", cit., p. 1106.

76 Raquel Costa e Silva, "Batata-doce", em *Enciclopédia Açoriana*. Disponível em http://pgazores.gov.pt/drac/cca/enciclopedia.

77 Montserrat Gispert Cruells, "Las plantas americanas que revolucionaron los guisos, aderezos y repostería de la comida occidental", em *Los sabores de España y America: cultura y alimentación* (Huesca: La Val de Onsera, 1999), p. 218; María de los Ángeles Pérez Samper, "Lo scambio colombiano e l'Europa", cit., p. 308.

* "frescos e saudáveis, e é um gênero de frutos graúdos rugosos e fazem um molho gostoso, e mesmo puros são bons de comer". (N. E.)

78 José de Acosta, *Historia natural y moral de las indias, en que se tratan las cosas notables del cielo, y elementos, metales, plantas y animales dellas: y los ritos y ceremonias, leys y gouierno y guerras de los indios*, liv. 4 (Madri: Alonso Martín, 1608), p. 247. A primeira edição é de 1590.

XVII.[79] Pensa-se que, depois dos castelhanos, tenham sido os italianos a fazerem uso desse fruto. A primeira receita de molho de tomate encontra-se num livro de cozinha italiano, publicado em Nápoles, em 1694, concretamente na obra de Antonio Latini, *Lo scalco alla moderna*.[80] Na península Itálica, o tomate ganhou reputação de afrodisíaco e teve um grande impacto no século XVIII, dando origem à "revolução encarnada", quando as cores vivas predominaram nas cozinhas do Sul.[81] Na França, por essa mesma época, o tomate chegou ao Languedoc, a partir da Espanha, mas, até cerca de 1790, era desconhecido em Paris.[82] A partir do século XVIII, o tomate passou a ser produzido e consumido um pouco por quase toda a Europa, onde se apurou a planta, embora se desconheça o processo de difusão.[83] Esse fato terá, eventualmente, sido responsável pela afirmação de Sebastião da Rocha Pitta, que incluiu o tomate entre as hortaliças europeias que se aclimataram no Brasil.[84]

Em Portugal, poucas são as referências ao tomate anteriores ao século XIX. Pelo menos, a partir de 1767, passou a integrar a dieta alimentar dos doentes do Hospital da Misericórdia de Évora durante os meses de agosto, setembro, outubro e, pontualmente, até ao início de novembro.[85] Embora não saibamos em que ano o tomate ali foi introduzido, o que podemos afirmar é que até 1744 esteve omisso, e que a partir de 1767 marcou presença. No final do século XVIII, Link testemunhou o uso do tomate em saladas e como tempero de vários pratos durante o verão.[86] O receituário manuscrito de Francisco Bor-

---

79 Antonio Garrido Aranda, "La revolución alimentaria del siglo XVI en América y Europa", em *Los sabores de España y América: cultura y alimentación*, cit., pp.207-208. Ver também Julio Valles Rojo, *Cocina y alimentación en los siglos XVI y XVII*, cit., pp. 274-276.

80 Maurizio Sentieri & Guido N. Zazzu, *I semi dell'Eldorado: l'alimentazione in Europa dopo la scoperta dell'America* (Bari: Dedalo, 1992), pp. 121-122; Liliane Plouvier, *L'Europe à table: histoire et recettes*, tomo 2 (Bruxelas: Labor, 2003), p. 57; María de los Ángeles Pérez Samper, "La integración de los productos americanos en los sistemas alimentarios mediterráneos", cit., p. 108; María de los Ángeles Pérez Samper, "Lo scambio colombiano e l'Europa", cit., p. 308.

81 Kenneth F. Kiple, *A Movable Feast: Ten Millennia of Food Globalization* (Cambridge: Cambridge University Press, 2007), pp. 140-141.

82 Hélène d'Almeida-Topor, *Le goût de l'étranger: les saveurs venues d'ailleurs depuis la fin du XVIIIe siècle* (Paris: Armand Colin, 2006), p. 13.

83 José Mendes Ferrão, *A aventura das plantas e os descobrimentos portugueses* (3ª ed. Lisboa: Chaves Ferreira/Instituto de Investigação Científica Tropical/Comissão Nacional para as Comemorações dos Descobrimentos Portugueses, 1999), pp. 42-43.

84 Sebastião da Rocha Pitta, *Historia da America portugueza desde o anno de mil e quinhentos do seu descobrimento até o de mil e setecentos e vinte e quatro*, cit., p. 27.

85 Arquivo da Santa Casa da Misericórdia de Évora, Évora, cod. 275.

86 Carlos Veloso, *A alimentação em Portugal no século XVIII nos relatos dos viajantes estrangeiros*, cit., p. 111.

ges Henriques (1715-1729) conta com diversas receitas de tomate, as quais estão quase totalmente ausentes dos livros nacionais impressos até a segunda metade do século XIX, ao contrário do que acontecia em Castela, onde já havia receitas de conserva de tomate, pelo menos, desde 1745.[87] Para Francisco Borges Henriques, as considerações tecidas acerca do tomate foram elogiosas:

> Os tomates em todo o comer ou seja em carnes nas olhas ou seja em emsopados ou nos molhos do assado em tudo poem particullar gosto e da mesma maneira no peiche tanto seco como fresco e nos legumes e se não botarão senão despoes que a carne ou peiche esteuer a meio cozer e se querem se lhe botão em quartos.

Posteriormente, o cozinheiro apresentou diversas receitas em que o tomate aparece como o alimento principal: ovos com presunto e tomate, ovos com tomate, salada de tomate e sopa de tomate.

Vejamos as receitas de Francisco Borges Henriques:

> Tomarão huas talhadas de Prezunto e as porão a fregir e em meio fregir lhe deitarão os tomates em quatro quartos e hua migalha de sabolla picada e o mecherão em forma que se não pegue e estando cozidos lhe deitarão vinagre e seo bocadinho de pimentão e hum par de ouos batidos. Os Tomates bem EmCarnados e feitos em fatias como de limão e hua migalha de Sabolla muida e Seo azeite bastante não muito sal se hirão mechendo que não pegue e cozidos lhe deitarão alho e pimentão [...] Com vinagre e Suas especes (?) E Se quizerem ser ouos e se mandem a meza. Os Tomates Vermelhos e mais tezos os farão em sallada em talhadinhas com sua sabolla e coentro e se tempera com azeite alho e pimentão e vinagre e oregãos mal pizados. Feitos em quartos e emfarinhados se frijão em Azeite e metão com ouos batidos alho e pimentão sal e vinagre e seo tempero se comão. Cozidos em agoa e sal escorridos da agoa se lhe deitem ouos batidos e mechidos com molho de alho e pimentão e vinagre se mandem a mesa. Postos ao ar do lume que se lhe toste a pelle e mohidos no gral com seo pao e vinagre alho e pimentão he boa mostarda tambem leuão oregãos mal pizados. Os tomates Verdes que não se fazem Vermelhos deitados em vinagre

[87] Cf. Juan Altamiras, *Nueva arte de cocina* (Huesca: La Val de Onsera, 1994), p. 121. Essa edição tem por base a de 1758. A primeira edição é de 1745. Sobre essa temática, ver María de los Ángeles Pérez Samper, "La integración de los productos americanos en los sistemas alimentarios mediterráneos", cit., p. 109.

> de concerva se faz delles sallada deitando lhe sabolla e azeite que não nececitão de vinagre.[88]

Francisco Borges Henriques apresentou ainda uma receita de sopa de tomate:

> Partão ce os tomates em bocadinhos e se lhe deite Sabolla bastante em Rodas e os adubos que são asafrão pimenta crauo e hua migalha de gengibre que se porão todos yuntos e azeite bastante e hua gota de agoa e uinagre e dois ou tres dentes de alhos machucados e sal e se afogam e afogado se lhe lanca mais agoa e se lhe escalfão os ouos e se arredão.[89]

Para encontrarmos mais receitas com tomate, é necessário esperar pela segunda metade do século XIX.[90] Por exemplo, na *Arte de cozinha* (1876), de João da Mata, apareceram diversos pratos nos quais o tomate era um dos componentes da receita: caldeirada de príncipes, mãos de vitela *à minut*, dobrada guisada à portuguesa, ovos escalfados com cebola, bacalhau de cebolada à diplomata, sopa de camarão à portuguesa, ovos fritos à espanhola, língua e mãos de carneiro com molho de tomates, arroz à polonesa, tomatada e pimentos catalães recheados com tomatada.[91] Na *Novissima arte de cozinha* (1889) apresentou-se uma receita de purê de tomate.[92] No *Manual da conserveira* (1890) publicou-se uma receita de doce de tomate.[93] Em *O cozinheiro indispensavel* (1894) foram apresentadas diversas receitas em que esse produto esteve presente: língua com molho de tomate, molho de tomate, sopa de arroz com tomates, frango de tomatada e mãos de carneiro com molho de tomates.[94] Finalmente, o *Almanach das cosinhas*

---

88 Biblioteca Nacional de Portugal, Cod. 7376, Lisboa, "Receitas de milhores doces e de alguns guizados particullares e remedios de conhecida experiencia que fes Francisco Borges Henriques para o uzo da sua caza. No anno de 1715. Tem seo alfabeto no fim. 1715-1729", fol. 92.

89 *Ibid.*, fol. 93.

90 Isabel M. R. Mendes Drumond Braga, "Alimentação e códigos comportamentais na segunda metade do século XIX", *Do primeiro almoço à ceia: estudos de história da alimentação*, cit., pp. 119-156.

91 João da Mata, *Arte de cozinha* (5ª ed. Lisboa: Vega, 1993). A primeira edição é de 1876.

92 *Novissima arte de cozinha* (3ª ed. Lisboa: Santos e Vieira/Empresa Literária Fluminense, 1909), p. 357. A primeira edição é de 1889.

93 *Manual da conserveira: collecção de 300 receitas de doces, compotas e licores dedicada às boas donas de casa* (Lisboa: Henrique Zeferino, 1890).

94 *O cozinheiro indispensavel: repositorio dos melhores processos de preparar as mais saborosas iguarias*, cit.

para 1899 divulgou como preparar calda de tomate,[95] o que permitia a sua utilização mesmo no período em que não o havia fresco, ou seja, o tomate era já consumido durante todo o ano. Num menu de um jantar servido pela Casa Ferrari (Lisboa), em 23 de agosto de 1885, verifica-se que um dos pratos continha alusão expressa ao tomate: "*poisson au gratin sauce tomate*".[96]

Atualmente, alguns autores têm defendido a possibilidade de o milho maís ter tido mais do que um foco de difusão. Isto é, se tradicionalmente sempre se acreditou que o cereal tinha sido encontrado na América pelas expedições de Cristóvão Colombo, onde constituía a base da agricultura dos povos indígenas em vastas regiões, e daí tinha passado a Castela e, por essa via a Portugal, outros afirmam que a esse foco de difusão do milho se poderiam juntar outros: a África tropical e a alta Birmânia.[97] Dúvidas de outra natureza, acerca dos diferentes tipos de milho e das suas designações nas fontes dos séculos XVI a XVIII, também levantam problemas difíceis de esclarecer.[98]

Na América, a planta foi observada por castelhanos, que não deixaram de tecer comentários elucidativos. O médico Nicolás Monardes, residente em Sevilha, considerou-o tão nutritivo quanto o trigo e deu conta da sua utilização na preparação de bolos na América espanhola.[99] José de Acosta não destoou e defendeu que o papel do trigo na alimentação dos europeus era comparável ao do milho entre as populações americanas. Em seguida, o autor considerou que

> el grano del maíz en fuerza y sustento pienso que no es inferior al trigo, es más grueso y calido y engendra sangre por donde los que de nuevo lo comen, si es con demasía, suelen padecer hinchazones y sarna. Nace en cañas y cada una lleva una o dos mazorcas donde está pegado el grano y con ser granos gruesos tienen muchos y en alguna contamos setecientos granos [...]. Las hojas del maíz y la caña verde es escogida comida para cabalgaduras y aun

---

95 *Almanach das cosinhas para 1899* (Lisboa: Minerva, 1898), pp. 71-73.

96 Isabel M. R. Mendes Drumond Braga, *Os menus em Portugal: para uma história das artes de servir à mesa* (Lisboa: Chaves Ferreira, 2006).

97 Vitorino Magalhães Godinho, *Os descobrimentos e a economia mundial*, vol. 4 (2ª ed. Lisboa: Presença, 1983), p.23.

98 Ver, entre outros, António Carreira & Avelino Teixeira da Mota, "O milho zaburro e o milho de maçaroca na Guiné e nas ilhas de Cabo Verde", em *Revista de História Económica e Social*, vol. 17, Lisboa, 1986, pp. 5-20. O mesmo problema de identificação das diferentes espécies também se verifica para as fontes castelhanas. Cf. María de los Ángeles Pérez Samper, "Lo scambio colombiano e l'Europa", cit., p. 314.

99 Nicolás Monardes, *Primera y segunda y tercera partes de la historia medicinal*, cit., p. 95.

> seca también sirve como de paja. El mismo grano es de mas sustento para los caballos y mulas que la cebada, y así es ordinario en aquellas partes teniendo aviso de dar de beber a las bestias primero que coman el maíz, porque bebiendo sobre el hinchan, y les da torzón como también lo hace el trigo. El pan de los indios es el maíz, comen lo comúnmente cosido así en grano y caliente que llaman elles *mote*, como comen los Chinas y Japones el arroz también cosido con su agua caliente. Algunas veces lo comen tostado [...]. Otro modo de comerle, mas regalado, es moliendo el maíz y haciendo de su harina masa y déla unas tortillas y se comen. En algunas partes las llaman *arepas*. Hacen también de la propia masa unos bollos redondos y hacen los de cierto modo que duran y se comen por regalo. Y porque no falte la curiosidad también en comida de indios, han inventado hacer cierto modo de pasteles de esta masa y de la flor de su harina con azúcar bizcochuelos y melindres que llaman. No les sirve a los indios el maíz solo de pan, sino también de vino, porque del hazen sus bebidas con que se embriagan harto mas presto que con vino de uvas.*[100]

No século XVI, Gabriel Soares de Sousa, cerca de 1587, referiu que os nativos chamavam ao milho *abati* ou *ubatim*, e que ele era cultivado entre a mandioca e as canas-de-açúcar. Era consumido por índios, escravos, brancos e até por animais alimentados pelos portugueses: galinhas, porcos, cabras, ovelhas e cavalos. O milho era preparado de diferentes maneiras:

> este milho come o gentio assado por fruta e fazem seus vinhos com ele cozido com o qual se embebedam e os portugueses que comunicam

* "o grão de milho em força e sustento penso que não é inferior ao trigo, é maior e cálido e gera sangue, por isso os que novamente o comem, se é em demasia, podem sofrer inchaços e sarna. Nasce em canas e cada uma dá uma ou duas espigas nas quais está preso o grão, e mesmo sendo grandes os grãos há muitos e em algumas contamos setecentos grãos [...] As folhas do milho e a cana verde é comida escolhida para cavalgaduras e também seca serve de palha. O próprio grão é de mais sustento para os cavalos e mulas que a cevada, e assim é comum naquelas partes o aviso de dar de beber aos animais antes que comam o milho, porque bebendo sobre ele incham, e lhes dá inflamação intestinal, como também o faz o trigo. O pão dos índios é o milho, comem-no comumente cozido assim em grão e quente que chamam *mote*, como comem os chineses e japoneses o arroz também cozido em água quente. Algumas vezes o comem torrado [...] Outro modo de comê-lo, mais gostoso, é moendo o milho e fazendo de sua farinha massa e dela *tortillas* que se comem. Em alguns lugares as chamam *arepas*. Fazem também da própria massa uns bolos redondos e os fazem de certo modo que duram e se comem por prazer. E como não falta curiosidade também em comida de índios, inventaram de fazer certo tipo de pastéis dessa massa e da flor de sua farinha com açúcar que se chamam *bizcochuelos* e *melindres*. O milho não serve aos índios apenas de pão, mas também de vinho, porque dele fazem suas bebidas com as quais se embriagam mais depressa que com vinho de uvas." (N. E.)

100 José de Acosta, *Historia natural y moral de las indias, en que se tratan las cosas notables del cielo, y elementos, metales, plantas y animales dellas: y los ritos y ceremonias, leys y gouierno y guerras de los indios*, liv. 4, cit., pp. 236-237.

> com o gentio e os mestiços não se desprezam dele e bebem-no mui valentemente [...]. Fazem os portugueses muito bom pão e bolos com ovos e açúcar. O mesmo milho quebrado e pisado no pilão é bom para se cozer com caldo de carne ou pescado e de galinha, o qual é mais saboroso que o arroz e de uma casta e outra se curam ao fumo, onde se conserva para se não danar e dura de um ano para outro.[101]

Por seu lado, Ambrósio Fernandes Brandão, demonstrando alguma confusão de conceitos, escreveu em 1618:

> o milho de maçaroca, que em nosso Portugal chamam zaburro e nas Índias Ocidentais *maïz*, e entre os índios naturais da terra abati; é mantimento mui proveitoso para sustentação dos escravos da Guiné e índios, porque se come assado e cozido e também em bolos, os quais são muito gostosos, enquanto estão quentes, que se fazem dele, depois de feito em farinha; e para sustento dos cavalos é mantimento de grande importância, e para criação de aves.[102]

Independentemente do ou dos locais de origem do milho maís, sabe-se que, em Portugal, a partir de 1515, começou a alterar a paisagem rural do país, especialmente no Noroeste, numa cronologia que nem sempre é totalmente precisa. O cereal também foi para a Madeira, para os Açores, Cabo Verde e outras terras do continente africano. Com o cultivo do milho, as condições alimentares das populações mais desfavorecidas foram beneficiadas. No Norte do país foi-se dando a substituição do pão de centeio pelo de milho, a chamada broa, e por papas de milho, desde finais do século XVI. Na primeira metade do século seguinte, a broa já imperava na alimentação dos populares do Minho e da maior parte da Beira.[103] Em 1650, saiu no auto da fé da Inquisição de Coimbra um homem que no ano anterior, ao andar a debulhar milho, em Alva, bispado de Viseu, blasfemara contra Deus após uma chuva inesperada que molhou o cereal.[104] A expansão da

---

101 Gabriel Soares de Sousa, *Notícia do Brasil,* vol. 1, cit., p. 331.

102 Ambrósio Fernandes Brandão, *Diálogos das grandezas do Brasil*, cit., p. 137.

103 José Mendes Ferrão, "Transplantação de plantas de continentes para continentes no século XVI", cit., pp. 1126-1128; Luís Ferrand de Almeida, "Sobre a introdução e a difusão do milho maís em Portugal", em *Páginas dispersas: estudos de história moderna de Portugal* (Coimbra: Instituto de História Económica e Social/Faculdade de Letras da Universidade de Coimbra, 1995), pp. 229-259.

104 Elisabete Picão Tomé, *Blasfêmias no Tribunal da Inquisição de Coimbra (1541-1750),* dissertação de mestrado (Coimbra: Faculdade de Letras da Universidade de Coimbra, 2006), p. 50.

cultura do milho teve continuidade nos séculos seguintes.[105] Dados mais precisos também se conhecem. Na segunda metade do século XVIII, o triunfo da cultura do milho na província do Minho, a par de algum centeio, marcou a paisagem rural, pois representou 75% das colheitas cerealíferas no ano de 1792. A expansão do cereal ficou a dever-se às elevadas taxas de produtividade, à enorme capacidade de se adaptar a todo o terreno, às grandes possibilidades de convívio com outras culturas e ao fato de permitir uma maior capacidade de utilização do solo pela alternância com os cereais de inverno, sobretudo com o centeio.[106]

Não foi por acaso que, no século XVIII, o padre jesuíta João Daniel escreveu:

> É a broa o mais ordinário sustento em todo o nosso Portugal (excepto na província de Alentejo), o pão mais usual no comum do povo, e ainda nos mesmos lavradores ricos, porque o trigo não abrange a todos. Além de que em algumas partes se beneficia também a broa, que à sua vista, cheiro e gosto se deixa o mais mimoso pão de trigo, como sucede no nosso mesmo reino em muitas partes, especialmente na província da Beira, onde se beneficia com tanta perfeição, que muitos criados só com o pão de trigo, depois de a gostarem, têm claramente dito que de boa vontade trocariam por ela o seu pão de trigo. Mas não obstante não se fazer tão perfeita nas mais províncias de Portugal, é nelas a comum broa o ordinário pão dos povos; e sendo no reino tão estimada, e o milho grosso de que ela se faz, no estado do Pará, tem esta semente tão pouca aceitação e tão vil estimação, que só das galinhas é bem recebida, e só para elas se beneficiam, dizendo os mesmos moradores que milho é para pintos.[107]

---

105 António Henriques da Silveira considerou que o milho grosso era "o ordinário alimento das províncias da Beira e Minho". Cf. "Racional discurso sobre a agricultura e população da província do Alentejo", em *Memórias económicas da Academia Real das Ciências de Lisboa para o adiantamento da agricultura, das artes e da industria em Portugal e suas conquistas (1789-1815)*, tomo 1, cit., p. 53. Por seu lado, José Joaquim Soares de Barros notou que "os habitantes das províncias de Entre-Douro e Minho, Beira e Trás-os-Montes e ainda um grande número dos da província da Estremadura, que todos fazem mais de duas terças partes da população deste reino, se sustentam de milho". Cf. "Memória sobre as causas da diferente população de Portugal em diversos tempos da monarquia", em *Memórias econômicas da Academia Real das Ciências de Lisboa para o adiantamento da agricultura, das artes e da industria em Portugal e suas conquistas (1789-1815)*, cit., p. 111.

106 José Viriato Eiras Capela, *Entre-Douro e Minho (1750-1830): finanças, administração e bloqueamentos estruturais no Portugal moderno*, cit., p. 8.

107 João Daniel, *Tesouro descoberto no máximo rio Amazonas*, cit., p. 422.

Nos Açores, o cultivo do milho terá começado no século XVII e, com a entrada em declínio da produção de trigo no século seguinte, ter-se-á expandido. De tal forma que o milho transformou-se no principal componente da alimentação popular no arquipélago.[108]

Estrangeiros que visitaram Portugal também não deixaram de verificar o hábito de consumir broa. Link, no final do século XVIII, considerou que a maior parte dos portugueses só comia pão de milho, o qual considerou pesado, adocicado e indigesto.[109] Na segunda metade do século XIX, Maria Rattazzi notou que o milho era muito abundante em Portugal, especialmente no Norte do país, ao mesmo tempo que relatou as festas populares aliadas à colheita da gramínea.[110]

No receituário nacional, as preparações com milho são inexistentes até ao final do século XIX, com exceção da obra *Novíssima arte de cozinha,* publicada pela primeira vez em 1889. Nesse livro de cozinha foram apresentadas duas receitas de doces contendo milho: bolos de milho e canjica, de consumo corrente no Brasil.

Vejamos as duas receitas, na primeira, bolos de milho:

> deitam-se em meio quilo de farinha de milho, 375 gramas de manteiga derretida e quente, bata-se tudo bem, para ligar e misturem-se cinco ovos, dos quais apenas dois com claras, e 250 gramas de açúcar. Bata-se novamente a mistura, façam-se os bolos e levem-se ao forno razoavelmente quente.[111]

A canjica, uma receita brasileira, era mais complexa:

> tira-se todo o milho, ainda em leite, a algumas maçarocas, e pisa-se muito bem num almofariz, passando-o em seguida por uma peneira. Pesa-se este polme e põe-se igual peso de açúcar em ponto de cabelo, adicionando-se-lhe então o polme que fizemos e deixando cozer tudo até que a calda esteja em ponto alto. Retire-se do lume, deixe-se esfriar e juntem-se três gemas de ovos batidas, por cada meio quilo de polme.

---

108 Avelino de Freitas de Meneses, *Os Açores nas encruzilhadas de Setecentos (1740-1770): economia*, vol. 2 (Ponta Delgada: Universidade dos Açores, 1995), pp. 31-32; Margarida Vaz do Rêgo, "Milho", em *Enciclopédia açoriana*. Disponível em http://pgazores.gov.pt/drac/cca/enciclopedia.

109 Carlos Veloso, *A alimentação em Portugal no século XVIII nos relatos dos viajantes estrangeiros*, cit., p. 58.

110 Maria Rattazzi, *Portugal de relance*, cit., p. 263.

111 *Novissima arte de cozinha*, cit., p. 312.

> Deite-se tudo em seguida, numa tigela ou em pratinhos, polvilhe-se de canela e leve-se a um forno moderadamente quente.[112]

Uma obra brasileira anterior, um livro de doçaria de Constança Oliva de Lima, é mais rica em receitas com milho, uma vez que apresentou cinco. A saber: biscoitos de farinha de milho, broinhas de milho, filhós de farinha de milho, pudim de farinha de milho e rosquinhas de farinha de milho.[113]

Entre as plantas do Novo Mundo, os europeus ficaram especialmente fascinados pela mandioca e pelos cajus, ananases e maracujás. A primeira devido ao fato de fazer parte da dieta das diferentes tribos e de ser consumida de diferentes maneiras; os cajus, ananases e maracujás pelas flores da planta, e ainda pelo aspecto e sabor dos frutos. Contudo, só o ananás se implantou em território português. Pensa-se que terá sido encontrado pela primeira vez por Colombo na ilha de Guadalupe. A primeira descrição da planta deve-se a Gonzalo Fernández de Oviedo y Valdez. Outros se seguiram. Por exemplo, Monardes considerou o ananás uma fruta apreciada por índios e castelhanos e, antes de 1580, vivendo em Sevilha, já experimentara ananás em conserva, a qual foi apreciada como tendo "buen gusto, aunque algo áspera, que se devio de conservar verde".*[114] José de Acosta, em 1590, descreveu o fruto do seguinte modo:

> las piñas son del tamaño y figura exterior de las piñas de Castilla en lo de dentro totalmente difieren porque ni tienen piñones ni apartamientos de cáscaras sino todo es de comer quitada la corteza de fuera y es fruto de excelente olor y de mucho apetito para comer el sabor tiene un agrillo dulce y jugoso, comen las haciendo tajadas de ellas y echando las un rato en agua y sal.**[115]

---

112 *Ibid.*, p. 305.

113 Constanza Oliva de Lima, *Doceira brasileira ou nova guia manual para se fazerem todas as qualidades de doces* (3ª ed. Rio de Janeiro: Eduardo & Henrique Laemmert, 1862), pp. 35, 62, 82, 128 e 138.

* "gosto bom, apesar de um tanto áspero, devido a conserva ser feita do fruto verde." (N. E.)

114 Nicolás Monardes, *Primera y segunda y tercera partes de la historia medicinal*, parte III, cit., p. 83.

** "os ananases têm o tamanho e a aparência exterior das pinhas de Castela, mas dentro diferem totalmente porque não têm sementes nem separações com cascas mas tudo é de comer tirada a casca de fora e é fruto de excelente perfume e de muito apetite para comer, o sabor tem uma acidez doce e suculenta, comem-nos fazendo deles fatias e deixando-as um momento em água e sal." (N. E.)

115 José de Acosta, *Historia natural y moral de las indias, en que se tratan las cosas notables del cielo, y elementos, metales, plantas y animales dellas: y los ritos y ceremonias, leys y gouierno y guerras de los indios*, liv. 4, cit., p. 243.

Quer para castelhanos quer para portugueses, o ananás foi o mais considerado e celebrado dos frutos do Novo Mundo.

No Brasil, também havia ananases, que os portugueses levaram, posteriormente, para a Índia. Uma das primeiras descrições portuguesas do ananás – *nana*, em tupi – deve-se a Pêro de Magalhães Gândavo, em obra publicada em 1576. Para o autor, os ananases

> nascem como alcachofras, os quais parecem naturalmente pinhas e são do mesmo tamanho e alguns maiores. Depois que são maduros têm um cheiro muito suava e comem-se aparados feitos em talhadas. São tão saborosos, que a juízo de todos, não há fruta neste reino que no gosto lhes faça vantagem. E assim fazem os moradores por eles mais e os têm em maior estima, que outro nenhum pomo que haja na terra.[116]

Poucos anos mais tarde, Fernão Cardim descreveu também o ananás e considerou a planta como uma erva muito comum e

> parece-se com erva-babosa, e assim tem as folhas mas não tão grossas e todas em redondo estão cheias de uns bicos muito cruéis; no meio desta erva uma fruta como pinha, toda cheia de flores de várias cores muito Formosas, e ao pé desta quatro, ou cinco olhos que se plantam; a fruta é muito cheirosa, gostosa, e uma das boas do mundo, muito cheia de sumo e gostoso, e tem sabor de melão ainda que melhor, e mais cheiroso; é boa para doentes de pedra, e para febres muito prejudicial. Desta fruta fazem vinho os índios muito forte, e de bom gosto. A casca gasta muito o ferro ao aparar, e o sumo tira as nódoas da roupa. Há tanta abundância desta fruta que se cevam os porcos com ela, e não se faz tanto caso pela muita abundância: e também se fazem em conserva, e cruas desenjoam muito no mar, e pelas manhãs com vinho são medicinais.[117]

Ainda no século XVI, outros autores pronunciaram-se a favor do ananás. José de Anchieta disse-o

> fruto de muito preço e real, sabem e cheiram a melões, mas são melhores e muito mais odoríferos e têm muito sumo, são bons para quem tem dor de pedra, o vinho que os Índios fazem dele é muito forte

---

116 Pêro de Magalhães Gândavo, *História da província de Santa Cruz a que vulgarmente chamamos Brasil*, cit., p. 18. A obra foi publicada pela primeira vez em 1576.

117 Fernão Cardim, *Tratados da terra e gente do Brasil*, cit., pp. 113-114.

> e se toma amiúde dele, com as cascas se limpam as manchas de azeite e quando se os cortam fica a faca limpa e asseada.[118]

Gabriel Soares de Sousa também descreveu a planta, afirmou que era comum se fazer conserva de ananás, e opinou que

> o sabor dos ananases é muito doce e tão suave que nenhuma fruta de Espanha lhe chega na formosura, no sabor e no cheiro, porque uns cheiram a melão muito fino, outros a camoesas, mas no cheiro e no sabor não há quem se saiba afirmar em nada, porque ora sabe e cheira a uma coisa ora a outra.[119]

Em 1590, Francisco Soares também descreveu o ananaseiro e o ananás:

> tem semelhança de erva-babosa e assim lança as folhas; é muito boa fruta, é ao modo de pinha grande e assim nas Antilhas lhe chamam pinha. Gasta ferro e as facas, é boa para pedra; a água destilada faz urinar bem; é boa para feridas velhas pondo o sumo, posto que comido agrava a ferida; é bom para as cobras e faz botar a peçonha pelo mesmo lugar.[120]

Os louvores ao ananás continuam por parte de outros autores. Por exemplo, Ambrósio Fernandes Brandão descreveu o fruto como "semelhante a pinhas, lançando de si suave cheiro, com se lhe comunicar os sabores de todas as cousas que melhor o têm";[121] frei Cristóvão de Lisboa, em texto produzido entre 1625 e 1631, considerou que

> o ananás é a melhor fruta desta terra, quando está maduro, e cheira de muito longe; e é amarelo como cera e tem um olho em riba dele, que em o botando no chão logo pega [...] e se pode tirar do sumo dele um jarro cheio; esta água é muito soberana para a dor de pedra e corta muito e limpa o corpo, e também serve para matar lombrigas; e tem tanta força que se uma mulher prenhe o comer verde logo há-de morrer.[122]

---

118 José de Anchieta, *Cartas, informações, fragmentos históricos e sermões*, cit., p. 430.

119 Gabriel Soares de Sousa, *Notícia do Brasil*, cit., p. 33.

120 Francisco Soares, "Coisas notáveis do Brasil", em Maria da Graça Pericão & Maria Luísa Black (orgs.), *O reconhecimento do Brasil* (Lisboa: Alfa, 1989), p. 168. O original é de 1590.

121 Ambrósio Fernandes Brandão, *Diálogos das grandezas do Brasil*, cit., p. 164.

122 Frei Cristóvão de Lisboa, *História dos animais e árvores do Maranhão* (Lisboa: Arquivo Histórico Ultramarino/Centro de Estudos Históricos Ultramarinos, 1967), p. 105.

O jesuíta Simão de Vasconcelos (1596-1671), ao escrever sobre as diversas plantas, árvores e frutas do Brasil, não deixou de salientar o ananás, em moldes afins aos de outros autores. A descrição do fruto e a utilização que dele faziam os brancos e os silvícolas, tanto para comer em fresco como em conserva, como ainda enquanto mezinha, interessou-o particularmente:

> Uma espécie mui galante, e causa de louvar o Autor da natureza, é a que chamamos ananás; seu fruto é a modo de pinha de Portugal; o gosto e cheiro a modo de maracotão o mais fino; suas folhas são semelhantes à erva babosa. A cabeça do fruto galanteou a natureza com um penhacho, ou grinalda de cores aprazíveis; esta separada, e entregue à terra é princípio de outro ananás semelhante; além de que dentro do mesmo fruto nasce semente dele em quantidade. Suas bondades servem para o gosto e para medicina, come-se em fruta, e faz-se em conserva durável. Do sumo deste fruto misturado com água fazem os índios medicina, da mesma maneira que nós do hidromel: seu licor espremido de fresco e bebido é eficaz remédio para supressão de urina, e dor de rins, e juntamente contra veneno, especialmente contra o sumo da mandioca, ou raiz dela.[123]

No século XVIII, o panorama não se alterou. Frei António do Rosário escreveu um texto que poderíamos classificar de teoria política, em 1702, no qual apresentou as qualidades e os defeitos de quem exerce o poder servindo-se do exemplo dos frutos do Brasil. Comparando qualidades da flora com qualidades humanas, Frei António do Rosário vai fazendo desfilar uma enorme variedade de produtos. Começa pelo ananás, o "rei dos pomos":

> Nasce o ananás com coroa como rei, na casca um bocado em pinhas, tem a opa real, nos espinhos como archeiros a sua guarda, pelas insígnias reais com que a natureza o produziu tão singular, de grande e formosa estatura, tem a forma digna de império, entre as mais frutas do universo; mas pelas partes e qualidades que tem para o bom governo, é príncipe perfeito, porque é severo e suave, sendo para o gosto a maior delícia, sendo tão gostoso, suave e deleitável é muito severo, áspero e cruel para com os criminosos, para os que têm chagas e feridas: rigor e brandura a seu tempo é o axioma do melhor governo [...].[124]

123 Simão de Vasconcelos, *Notícias curiosas e necessárias das cousas do Brasil*, cit., p. 139

124 António do Rosário, *Frutas do Brasil numa nova e ascética monarchia consagrada à Santissima Senhora do Rosário*, fac-símile da edição de Lisboa, António Pedro Galrão, 1702 (Lisboa: Bi-

Sebastião da Rocha Pita, em 1730, não fugiu ao coro dos apreciadores. Mais lacônico do que outros, mesmo assim não deixou de notar o uso medicinal do fruto e de afirmar que, das frutas autóctones, a primeira era o ananás, "que como a rei de todas, a coroou a natureza com diadema das suas mesmas folhas, as quais em círculo lhe cingem a cabeça e o rodeou de espinhos, que como archeiros o guardam".[125] Mas um dos mais completos louvores ao ananás partiu do padre João Daniel. O jesuíta considerou-o merecedor de ser colocado em primeiro lugar entre as frutas "assim pela sua grandeza, como pela sua majestosa figura e delicioso gosto", especificou que havia diferenças entre ananases e abacaxis, descreveu as plantas, indicou como se agricultavam e quais os usos medicinais. Um excerto da longa descrição faz a destrinça entre ananases e abacaxis. Os segundos eram

> de cor amarela por fora, quando maduro, e por dentro branco como algodão. A sua grandeza ordinária é como uma melancia, com feitio piramidal, mas todo constipado e sólido. Parte-se em talhadas, depois de descascado e dá bem de comer a dois ou três amigos, se nenhum deles for alarve: verdade seja que há alguns mais pequenos, mas ou é por razão do terreno menos apto, ou por incúria dos agricultores. Diferençam-se estas duas espécies em dois predicados: primeiro nas folhas. São as folhas do ananás do feitio de uma faca de ponta larga e adelgaçando para a ponta; ou como a folha de espadana, posto que não tão comprida como a espadana, e mais aguda do que esta para a ponta, e todas as suas folhas são do mesmo feitio, excepto que as do ananás ordinário são lisas pelas bordas, as dos ananases e abacaxis têm pelas bordas uma serrinha, que serra muito os dedos de quem não lhe pega com jeito e cautela, porque sempre está amolada de sua natureza ou pela natureza. O comprimento das folhas será um palmo ou mais, menos as do seu penacho, ou coroa, que tem algumas mais curtas, nascem do tronco, como as da pita. A segunda diferença está no gosto, porque os ananases ordinários são muito doces e por isso enfastiam mais depressa, não assim os abacaxis, que têm um ácido ou agridoce muito desenfastiado, e por isso são os mais estimados e apetecidos.[126]

---

blioteca Nacional, 2002), pp. 1-2. Não foi a primeira vez que um autor enunciou as frutas e as qualidades e os defeitos humanos. Ver por exemplo, Isidoro de Barreira, *Tratado das significações das plantas, flores e fructos que se referem na Sagrada Escritura* (Lisboa: Oficina de Manuel Lopes Ferreira, 1698).

125 Sebastião da Rocha Pitta, *Historia da America portugueza desde o anno de mil e quinhentos do seu descobrimento até o de mil e setecentos e vinte e quatro*, cit., p. 31.

126 João Daniel, *Tesouro descoberto no máximo rio Amazonas*, cit., pp. 435-436.

Na Europa, as tentativas de aclimatação do ananás não tiveram êxito, por causa do frio. Assim aconteceu em Castela[127] e na França durante o século XVIII, quando se plantaram perto de Paris, dando origem a uma fraca produção. No final do século XVIII, na Inglaterra, era utilizado em compotas e durante o século XIX, em diversos países, durante algumas refeições de luxo.[128] Ora, em Portugal, o ananás foi introduzido apenas nos Açores, concretamente em São Miguel, em meados do século XIX. Naquele arquipélago, tal como no da Madeira, as produções foram orientadas para o mercado externo, o que provocou crises com o fim da procura e deu origem a novos ciclos. Assim, após o ciclo do milho do século XVIII, seguiu-se o da laranja no século seguinte e o do ananás, embora confinado a São Miguel, após o decréscimo da exportação da laranja açoriana. A aclimatação do ananás implicou a utilização de terra específica, muita água e construção de estufas. Fátima Sequeira Dias deu conta de três períodos no ciclo do ananás açoriano: 1864-1913, *c.*1913-1914-*c.*1973 e *c.*1973 até a atualidade. O primeiro, a partir de 1864, data da construção da primeira estufa de dimensão industrial, com capacidade para albergar cerca de oitocentas frutas. Exportava-se primeiro para Inglaterra e, depois, também para a Alemanha. O segundo ciclo, marcado inicialmente pela conjuntura inerente à Primeira Guerra Mundial, assistiu à perda dos mercados estrangeiros, facilitada pela introdução do ananás tropical criado a céu aberto e, consequentemente, de mais baixo preço. Foi um período que também conheceu o agravamento dos custos de produção, a emigração açoriana, desde os anos cinquenta, e o movimento de arroteias para obter campos de pastagens, fazendo diminuir o espaço agricultável. Finalmente, o terceiro período compreendeu duas fases. A primeira até aos anos oitenta, durante os quais os indicadores apontavam para o desaparecimento da produção do ananás açoriano, e daí até a atualidade, fase que contou com apoios comunitários, que permitiram a preservação da cultura, vocacionada, sobretudo, para os mercados regional e nacional.[129]

---

127 Maurizio Sentieri & Guido N. Zazzu, *I semi dell'Eldorado: l'alimentazione in Europa dopo la scoperta dell'America*, cit., p. 76.

128 Hélène d'Almeida-Topor, *Le goût de l'étranger: les saveurs venues d'ailleurs depuis la fin du XVIIIe siècle*, cit., p. 76.

129 J. E. Mendes Ferrão & Mário Fortuna, "Ananás", em *Enciclopédia açoriana*. Disponível em http://pgazores.gov.pt/drac/cca/enciclopedia; Fátima Sequeira Dias, "O ananás dos Açores: ascensão e declínio de uma 'cultura forçada' que, de crise em crise, forçadamente tem sobre-

A presença de ananás no receituário português foi escassa até ao século XIX. Tanto quanto sabemos, apenas João da Mata, em 1876, apresentou uma sobremesa gelada em que além do ananás apareciam outras frutas brasileiras. A receita, intitulada "bomba de neve à brasileira", foi dedicada à família imperial da antiga colônia portuguesa.[130] Antes, no Brasil, as receitas com ananás eram comuns, sobretudo as de conservas. Constança Oliva de Lima apresentou seis, nomeadamente doce de ananás, ananás inteiro em calda, ananás em rodelas em calda, ananás ralado em calda, doce de abacaxi de Pernambuco e sorvete de ananás.[131]

Nos menus relativos a diversas refeições festivas, nomeadamente por ocasião de casamentos, do final do século XIX, em concreto a partir de 1895, diversas vezes o ananás apareceu entre os entremeios e entre as sobremesas, sempre em duas modalidades: mousse de ananás e ananás ao natural. Em algumas refeições, caso de uma que foi servida a 28 de maio de 1898, o ananás esteve presente nas duas fases do repasto.[132]

O cacau é originário das bacias dos rios Orenoco e Amazonas. Era consumido pelas populações indígenas - sobretudo a polpa que envolve as favas do cacau, e o óleo, que, além de fins terapêuticos, também era utilizado como combustível ritual - e tinha como principais inimigos os macacos, os ratos e diversos insetos[133] que, decerto, terão sido os primeiros consumidores. Aos animais terá também ficado a dever-se a dispersão para o norte, até às atuais Costa Rica e Nicarágua, e para o sul, até ao Equador.[134] O cacaueiro é, nessa conformidade, uma planta das regiões quentes e tropicais por excelência.

O nome científico do cacauzeiro é, na classificação setecentista de Lineu, *Theobroma cacao L.*,[135] que significa exatamente bebida dos

---

vivido", em *Os Açores na história de Portugal (séculos XIX-XX)* (Lisboa: Horizonte, 2008), pp. 75-87.

130 João da Mata, *Arte de cozinha*, cit., pp. 255-257.

131 Constanza Oliva de Lima, *Doceira brasileira ou nova guia manual para se fazerem todas as qualidades de doces*, cit., pp. 71, 171, 172, 197 e 248.

132 Isabel M. R. Mendes Drumond Braga, *Os menus em Portugal: para uma história das artes de servir à mesa*, cit.

133 Paul Le Cointe, *A cultura do cacau na Amazônia* (2ª ed. Rio de Janeiro: Ministério da Agricultura, 1934), pp. 1 e 20.

134 Nikita Harwich, *Histoire du chocolat* (Paris: Desjonquères, 1992), p. 12.

135 Sobre as plantas alimentícias provenientes do Novo Mundo, ver José María López Piñero & María da Luz López Terrada, *La influencia española en la introducción en Europa de las plantas*

deuses. Os maias do período clássico (séculos III-X) foram os primeiros a cultivar cacau de forma sistemática. Nesse período, o cacau servia como moeda e era também consumido como bebida, uma vez que aquele povo descobriu que secando, moendo e misturando as favas de cacau com água se obtinha uma bebida: o *xocolatl.*[136] O cultivo do cacau passou ao povo tolteca (séculos X-XII) e, posteriormente, para os astecas (séculos XII-XVI), que não só o utilizavam como moeda e como bebida consumida quente ou morna, à qual juntavam baunilha, especiarias e farinha de milho, como também usavam a flor do cacau para curar determinados males.[137] No sul da América Central, o cacau era utilizado desde há muito como alimento e como bebida pelos índios, desde as atuais Honduras até ao Panamá e fronteiras com a Colômbia. No Brasil, algumas tribos utilizavam a polpa desfeita em licor suave, o que na expressão de Sebastião da Rocha Pitta servia de "regalado vinho aos naturais".[138] No início do século XVI, os castelhanos contataram com os astecas e viram que o cacau era apreciado como bebida nutritiva, fortificante e afrodisíaca.[139] As primeiras descrições da planta do cacau e da bebida começaram a despertar a atenção dos europeus.

Rapidamente, os castelhanos deram início à exploração do cacau. A primeira carga chegou a Sevilha em 1585, mas só no século XVII passou a haver uma "paixão obsessiva" pelo chocolate, depois de a bebida ter sofrido diversas transformações. A mais importante, atribuída aos carmelitas de Oaxaca (México), constituiu em acrescentar açúcar de cana ao cacau e à baunilha, ao mesmo tempo que suprimiram as especiarias.[140] De Castela, o hábito de beber chocolate passou para di-

---

americanas (1493-1623) (Valência: Universitat de València/Consejo Superior de Investigaciones Científicas/Instituto de Estudios Documentales e Históricos sobre la Ciencia, 1997).

136 Sobre as mais diversas ideias acerca da etimologia da palavra "chocolate", ver Ignacio H. de la Mota, *El libro del chocolate* (Madri: Pirâmide, 1992), pp. 100-106.

137 Gregorio Bondar, *A cultura de cacao na Bahia* (São Paulo: Empresa Gráfica da Revista dos Tribunais, 1938), pp. 7-9; Élise Gaspard-David, *L'homme et le chocolat* (Lyon: Le Léopard d'Or, 1991), pp. 23-40; Nikita Harwich, *Histoire du chocolat*, cit., p. 23.

138 Sebastião da Rocha Pitta, *Historia da America portugueza desde o anno de mil e quinhentos do seu descobrimento até o de mil e setecentos e vinte e quatro*, cit., pp. 33-34.

139 Sobre o uso do cacau na época pré-colombina, ver Annie Perrier-Robert, *Le chocolat: les carnets gourmands* (Paris: Chêne, 1998), pp. 7-15; Maguelonne Toussaint-Samat, *A History of Food*, cit., pp. 574-576; Katherine Khodorowsky & Hervié Robert, *100% Chocolat: la sage du chocolat enrobée de 40 recettes gourmandes* (Paris: Solar, 2001), pp. 7-10; Joanne Harris, *Chocolate*, trad. Ana Maria Chaves (Porto: Asa, 2003), pp. 6-7.

140 Gregorio Bondar, *A cultura de cacao na Bahia*, cit., p. 14 ; Nikita Harwich, *Histoire du chocolat*, cit., pp. 59-65; Alain Huetz de Lemps, "Boissons coloniales et essor du sucre", em Massimo Montanari & Jean-Louis Flandrin (orgs.), *Histoire de l'alimentation*, cit., p. 632.

versos conventos da península Itálica, no final do século XVI, e para os grupos abastados que apreciavam o seu consumo, especialmente nos dias de jejum.[141] Paralelamente, não deve ser esquecido o florentino Francesco Carletti, que residiu algum tempo na Nova Espanha, e que clandestinamente levou cacau para Itália no início do século XVII.[142] De Castela, o consumo também se difundiu para os Países Baixos, por volta de 1606, e para França, um pouco depois. Para alguns autores terá sido o cardeal de Richelieu (1585-1642) que o introduziu em Paris. Contudo, o grande impulso deveu-se a Ana de Áustria, que se casou com Luís XIII em 1615. Em 1659, Luís XIV passou uma carta patente a David Chaillou (ou Challiou) concedendo-lhe o privilégio exclusivo, por 29 anos, para fabricar e vender chocolate sólido e líquido, por todo o reino. Posteriormente, o privilégio foi reduzido para quinze anos. Ao que parece, alguns cristãos-novos de origem portuguesa e castelhana, refugiados no Faubourg du Saint-Esprit, em Bayonne, importaram as técnicas de fabrico peninsular, ainda no século XVII.[143]

À Inglaterra, o chocolate chegou via França ou via Holanda, sendo frequente por volta de 1650. A primeira casa de chocolate instalou-se, em 1657, na King's Head Alley, Bishopsgate Street, em Londres. Outras se seguiram, tais como as famosas White's Chocolate House, próxima do palácio de Saint James, e a Cocoa Tree Club of Picadilly. Essas casas, algumas das quais convertidas em clubes famosos, eram espaços de discussão e conspiração políticas: Cocoa Tree e Ozinda's dos conservadores (*high Tories*) e Saint James dos liberais (*Whigs*). Carlos II tentou refrear alguns abusos ordenando o encerramento de casas de café e chocolate, por decreto de 29 de dezembro de 1675, que acabou por não ter efeito.[144] Quando o monarca morreu, chegou a suspeitar-se que fora envenenado com certo produto diluído numa chávena de chocolate oferecida pela sua amante, a duquesa de Ports-

141 Raffaella Sarti, *Casa e família: habitar, comer e vestir na Europa moderna*, cit., p. 307. Ver também Alain Huetz de Lemps, "Boissons coloniales et essor du sucre", cit., p. 633; Annie Perrier-Robert, *Le chocolat: les carnets gourmands*, cit., p. 18. A autora afirma que o introdutor do chocolate na Itália foi Antonio Carletti, depois de uma visita às Antilhas, em 1606.

142 Ignacio H. de la Mota, *El libro del chocolate*, cit., pp. 90-92; Manuel Martínez Llopis, *La dulcería española: recetarios histórico y popular* (Madri: Alianza, 1999), p. 63.

143 Françoise Kergreis-Valls, "Le chocolat, plaisir de cours, bonheurs d'enfants", em *Historia*, nº 542, Paris, 1992, pp. 110-114.

144 Cf. Markman Ellis, *The Coffee House: a Cultural History* (Londres: Weidenfeld & Nicolson, 2004), pp. 86-105.

mouth.[145] Apesar de o chocolate ser mais caro e mais difícil de preparar que o chá ou o café, ainda no século XVII, a Inglaterra começou a produzir chocolateiras de prata[146] e chávenas de chocolate com tampa igualmente de prata.[147] No século XVIII, a produção desses utensílios passou também para a porcelana.[148] Nos livros de cozinha ingleses, o chocolate apareceu como bebida no século XVII. A confecção de gelados e recheios de tartes teve início no princípio do século seguinte, constituindo então um luxo.[149]

A consciência do percurso do chocolate pela Europa já era uma realidade durante o século XVII. Philippe Sylvestre Dufor, em 1685, escreveu:

> L'usage du chocolat est devenue si comum en Europe, principalement en Espagne & un suite en Angleterre, en France & en Italie, que nous ne le devons plus considerer comme un breuvage particulier à l'Amerique où il y a pris naissance, mais comme une boisson qui s'est naturalisé parmy nous.*[150]

No Brasil, era espontâneo e só começou a ser cultivado no século XVII, na Amazônia. Inicialmente, era colhido nos matos pelos índios, mas, dado o seu valor econômico, a Coroa mandou-o cultivar, por ordem régia de 1 de novembro de 1677. Antes, foram pouco eficazes, se

---

145 Gregorio Bondar, *A cultura de cacao na Bahia*, cit., p. 16; Fernand Braudel, *Civilização material, economia e capitalismo (séculos XV-XVIII)*, cit., p. 213; Hervé Robert, *Les vertus thérapeutiques du chocolat ou comment en finir avec les idées reçus* (Paris: Artulen, 1990), pp. 27-29; Jacques Mercier, *Le chocolat belge* (Benelux: Casterman, 1989), pp. 13-25; Nikita Harwich, *Histoire du chocolat*, cit., pp. 70-76; Néstor Luján, *Historia de la gastronomía* (Barcelona: Folio, 1997), pp. 122-123; Katherine Khodorowsky *et al.*, *A maior enciclopédia do chocolate, com mais de 200 receitas*, trad. Renato de Aviz (s/l.: Edelbra, s/d.), p. 22; Hervié Robert, *100% chocolat: la sage du chocolat enrobée de 40 recettes gourmandes*, cit., pp. 11-15.

146 Ver o exemplar de prata existente no Victoria and Albert Museum de Londres, produzido em Londres em 1704-1705, com marca de John Fawdery I. Essa chocolateira tem, na tampa, o orifício para o pau de bater o chocolate. Cf. M 1819-1944, do inventário.

147 Ver o exemplar de prata dourada existente no Victoria and Albert Museum de Londres, produzido *c.* 1680. M 6 1-3-1992.

148 No Museu Britânico (Londres) podem ser admiradas duas chávenas para chocolate com tampa e com pires, produzidas em Derby e Bristol, cerca de 1780, para as "Ladies of Llangollen". MLA1923, 12-18,12.

149 Gilly Lehmann, *The British Housewife. Cookery Books, Cooking and Society in Eighteenth-Century Britain* (Blackawaton: Prospect, 2003), p. 203.

* "O uso do chocolate tornou-se tão comum na Europa, principalmente na Espanha, e em seguida na Inglaterra, na França e na Itália, que não o devemos considerar mais como uma bebida peculiar da América, onde se originou, mas como uma bebida que se naturalizou entre nós." (N. E.)

150 Philippe Sylvestre Dufor, *Traitez nouveaux & curieux du café du thé et du chocolat. Ouvrage également necessaire aux medecins & a tous ceux qui aiment leur santé* (Lyon: Chez Jean Girin & B. Riviere, 1685), p. 305.

não mesmo infrutíferas, as tentativas para levar os colonos a plantarem a variedade mais doce, o chamado cacau manso. Mesmo assim, houve algumas hipóteses de experiências:[151] pensemos que, em 1665, D. Vasco de Mascarenhas, vice-rei do Brasil, pediu a Paulo Martins, capitão-mor da capitania do Pará, "garfos nascidos ou sementes de cacao, para que se podessem plantar ou semear na Bahia". Desconhece-se se o pedido foi satisfeito.[152] Refira-se ainda o bem documentado interesse econômico internacional do produto, antes daquela ordem régia.

Duarte Ribeiro de Macedo, enviado extraordinário à França (1668-1676), extremamente preocupado em defender os interesses econômicos portugueses, não perdia oportunidade para dar conhecimento do estado do comércio internacional e das medidas protecionistas francesas, ao mesmo tempo que fazia sugestões no sentido das ações que Portugal deveria desenvolver. O enviado, ao ter conhecimento – por meio da carta datada de 22 de outubro de 1674, de João Furtado de Mendonça, governador do Brasil (1671-1675) – de que no Pará havia grande quantidade de cacau, imediatamente se informou da possibilidade de ele ser comercializado na França, e escreveu:

> Disse a V. M. que o cacau valia aqui a cruzado, enganei-me; e fazendo diligências acho que vale a cinco libras, que são mais do que dez tostões no nosso dinheiro. O certo é que se se cuidar no Brasil será Portugal o mais rico reino da Europa.[153]

Em outra carta, de 14 de dezembro de 1675, Duarte Ribeiro de Macedo aconselhava que se remetesse uma amostra de cacau aos agentes de Portugal em La Rochelle e Rouen.[154]

O cacau constituiu a principal exportação do Pará nas primeiras décadas do século XVIII.[155] Um relato anônimo de um estrangeiro, datado de 1730, fez saber que

---

151 Pedro Calmon, *História do Brasil*, vol. 3 (Rio de Janeiro: José Olímpio, 1959), pp. 737-738.

152 Gregório Bondar, *A cultura de cacao na Bahia*, cit., p. 23.

153 *Apud* Virgínia Rau, "Política econômica e mercantilismo na correspondência de Duarte Ribeiro de Macedo (1668-1676)", em *Estudos sobre história econômica e social do Antigo Regime* (Lisboa: Presença, 1984), p. 251. Ver também Ana Maria Homem Leal de Faria, *Duarte Ribeiro de Macedo: um diplomata moderno (1618-1680)* (Lisboa: Ministério dos Negócios Estrangeiros, 2005), p. 365.

154 Virgínia Rau, "Política econômica e mercantilismo na correspondência de Duarte Ribeiro de Macedo (1668-1676)", cit., p. 252.

155 A título de exemplo, diga-se que, em 1754, veio do Pará para Lisboa uma carga de 4.731 arrobas e 7 arráteis, além de outros produtos. Na viagem de ida tinham sido levados escravos.

a província do Grão-Pará e Maranhão, no rio Amazonas, dá açúcar e tabaco, muito cacau e tecidos de algodão, geralmente utilizados no vestuário dos negros e na feitura de tendas, alguns atanados, anil, madeira e uma espécie de canela, descoberta ali recentemente e que tem a particularidade de possuir além do gosto próprio também o da noz-moscada.[156]

Anos antes, em 1713, uma carta de Pietro Francesco Viganego dirigida ao marquês de Torcy aludiu à chegada a Lisboa de um navio português proveniente do Maranhão, carregado de cacau.[157] Charles Marie de La Condamine viajou pela Amazônia entre 1735 e 1745. Não deixou de referenciar o valor econômico do cacau entre os produtos da região:

o comércio direto do Pará com Lisboa, de onde chega todo ano uma frota mercante, dá às pessoas abastadas a facilidade de prover a todas as suas comodidades. Recebem mercadorias da Europa em troca de gêneros da região, que são, além de algum ouro em pó, trazido do interior das terras do Brasil, todas as diferentes produções úteis, tanto dos rios que vêm desaguar no Amazonas, quanto das próprias margens desse rio, como a casca da madeira de cravo, a salsaparrilha, a baunilha, o açúcar, o café e sobretudo o cacau, que é a moeda corrente na região e faz a riqueza dos habitantes.[158]

Também as declarações do padre João Daniel (1722-1776) acerca do cacau foram relevantes. Referindo-se à Amazônia, escreveu que já se cultivava cacau manso, mas que as matas estavam cheias de cacau, que era

dos principais gêneros do Amazonas, já bem conhecido no mundo com tratamento de senhoria, e com ampla entrada nos palácios e gabinetes dos príncipes pela sua estimadíssima bebida chocolate [...] há matas de léguas e léguas em que não há outras árvores mais do que plantas de cacau [...] toda esta quantidade de cacau não chega a ser a milésima

---

Cf. José Manuel Azevedo e Silva, "Aspectos da política pombalina na Amazônia", em *Revista Portuguesa de História*, tomo 33, Coimbra, 1999, p. 357.

156 *O Portugal de D. João V visto por três forasteiros*, trad. Castelo Branco Chaves (Lisboa: Biblioteca Nacional, 1983), p. 82.

157 Pietro Francesco Viganego, *Ao serviço secreto da França na Corte de D. João V*, trad. Fernando de Morais do Rosário (Lisboa: Lisóptima, 1994), p. 119.

158 Charles-Marie de La Condamine, *Viagem pelo Amazonas: 1735-1745*, trad. Maria Helena Franco Martins (Rio de Janeiro/São Paulo: Nova Fronteira/Edusp, 1992), pp. 107-108.

> parte do que se perde pelas matas, boia com as enchentes e comem os macacos e outras feras.

O mesmo padre mencionou ainda as dificuldades inerentes ao não carregamento das colheitas abundantes e a solução já encontrada para o efeito.[159]

Na década de 80 do século XVIII, o bispo do Pará, D. frei Caetano Brandão, ao visitar a sua diocese, deu conta de inúmeras plantações de cacau. Em vários momentos notou que só não eram mais produtivas devido à falta de gente e à preguiça da população existente. Por outro lado, em mais de uma ocasião verificou o enriquecimento de determinados grupos em resultado daquela produção. Por exemplo, sobre a situação em Cametá, escreveu: "o principal ramo de negocio desta villa he o cacáo, que produz aqui admiravelmente, e em poucos annos tem enriquecido varias pessoas que estão opulentas". Sobre Óbidos, entendeu que "a terra he própria para cacáo, nem ha negligencia em cultivalla, vai aqui fazendo este ramo de negocio hum vulto mui considerável". O consumo de chocolate enquanto bebida também foi documentado pelo prelado, embora de forma indireta. Em Breves, reparou que as mulheres pardas e índias faziam peças de barro sem recurso à roda, entre as quais chocolateiras.[160]

Na segunda metade do século, o cultivo estendeu-se, com êxito, ao Maranhão e à Bahia, onde se aclimatou muito bem. Por volta de 1750, o cacau chegou a representar 90% da carga da frota proveniente do Maranhão.[161] A partir de 1760, com a Companhia Geral do Grão-Pará e Maranhão (1755-1778) – que tinha o monopólio do comércio da região –, o cacau exportado via Belém, representou 82% do volume global das exportações.[162] Essa situação permitiu, na expressão de Manuel

---

159 João Daniel, *Tesouro descoberto no máximo do rio Amazonas*, cit., vol. 1, pp. 507, 541-542; vol. 2, pp. 413-414.

160 *Diário das visitas pastorais no Pará de D. frei Caetano Brandão* (Porto: Instituto Nacional de Investigação Científica/Centro de História da Universidade do Porto, 1991), pp. 35-38, 40, 43, 50, 54, 58, 67, 97-98, 113, 128, 131, 141-142.

161 Jacques Marcadé, "O quadro internacional e imperial", em Joel Serrão & A. H. Oliveira Marques (orgs.), *Nova história da expansão portuguesa. O Império Luso-Brasileiro: 1620-1750*, vol. 7, cit., p. 66. A título de exemplo, ver os mapas das exportações dos produtos do Maranhão em 1776 e 1778 publicados em *As gavetas da Torre do Tombo*, vol. 6 (Lisboa: Centro de Estudos Históricos Ultramarinos, 1967), pp. 431-433.

162 Manuel Nunes Dias, "Cacau", em Joel Serrão (org.), *Dicionário de história de Portugal*, cit., pp. 419-423; José Jobson de Andrade Arruda, "A produção econômica", em Joel Serrão & A. H. Oliveira Marques (orgs.), *Nova história da expansão portuguesa. O Império Luso-Brasileiro: 1750-*

Nunes Dias, que a Amazônia se libertasse de uma espécie de servidão geográfica, pois a região ficou aberta ao comércio do Atlântico, do mar do Norte, do Báltico e do Mediterrâneo.[163]

Na primeira metade do século XVIII, Francisco Borges Henriques, autor de uma compilação de receitas manuscritas, ao mencionar o cacau do Maranhão, entendeu: "o ponto he que o cacau seja bom sendo o milhor o das Indias de Castella e no caso que o facam do nosso do maranhão procurem o melhor e que seja manco e o podem misturar com o de Caracão [Curaçau] que he milhor ou com o de Martenica".[164] O cacau era uma das "drogas do sertão", isto é, um dos produtos, inicialmente selvagens, que entrava na dieta alimentar dos escalões mais elevados dos exploradores geográficos da Amazônia[165] e bem como na dieta alimentar indígena, embora as situações fossem diferenciadas consoante as tribos.[166] Maurício de Heriarte, em 1662, observou que a 70 léguas da boca do rio Negro "ha muito cacão, de que fazem as naturaes vinho para suas borracheiras"; na provínicia dos Cambebas o cacau era "infinito, e não usão delle em bebidas mas comem-o".[167]

Na Bahia, o cacau também começará a marcar presença de forma cada vez mais assídua. A capital, Salvador, era um ponto de embarque de muita importância de produtos não só baianos como de outras

---

1822, vol. 8, cit., pp. 100-108; Maria Beatriz Nizza da Silva, "Cacau", em Maria Beatriz Nizza da Silva (org.), *Dicionário da história da colonização portuguesa no Brasil* (Lisboa: Verbo, 1994), p. 119; Lucinda Saragoça, *Da "Feliz Lusitânia" aos confins da Amazónia (1615-62)* (Lisboa: Cosmos/Câmara Municipal de Santarém, 2000), pp. 96 e 170.

163 Manuel Nunes Dias, *As frotas de cacau da Amazónia (1756-1777): subsídios para o estudo do fomento ultramarino português no século XVIII* (Lisboa: s/ed., 1961), p. 2.

164 Biblioteca Nacional de Portugal, Cod. 7376, Lisboa, *Receitas de milhores doces e de alguns guizados particullares e remedios de conhecida experiencia que fes Francisco Borges Henriques para o uzo da sua caza. No anno de 1715. Tem seo alfabeto no fim. 1715-1729*, fol. 62.

165 Ângela Domingues, *Viagens de exploração geográfica na Amazónia em finais do século XVIII: política, ciência e aventura* (Funchal: Secretaria Regional do Turismo, Cultura e Emigração/ Centro de Estudos de História do Atlântico, 1991), p. 75.

166 Sobre a alimentação dos índios do Brasil, ver A. J. de Sampaio, em *A alimentação sertaneja e do interior da Amazônia: onomástica da alimentação rural* (São Paulo/Rio de Janeiro/Bahia/ Recife/Pará/Porto Alegre: Companhia Editora Nacional, 1944), p. 168.

167 Maurício de Heriarte, "Descrição do estado do Maranhão, Pará, Corupá e rio das Amazonas", em Francisco Adolfo de Varnhagen, *História geral do Brasil*, vol. 2, tomos 3 e 4 (10ª ed. Belo Horizonte/São Paulo: Itatiaia/Edusp, 1981), pp. 183 e 186, respectivamente. Sobre as diferentes tribos dessa região, ver Antônio Porro, "História indígena do alto e médio Amazonas: séculos XVI a XVIII", em Manuela Carneiro da Cunha (org.), *História dos índios no Brasil* (2ª ed. São Paulo: Companhia das Letras/Secretaria Municipal de Cultura/Fundação de Amparo à Pesquisa do Estado de São Paulo, 1998), pp. 175-196. Sobre o consumo de cacau pelos índios brasileiros, ver José Mendes Ferrão, "Transplantação de plantas de continentes para continentes no século XVI", cit., pp. 1085-1139.

regiões do Brasil. Em 1756, o sueco Johan Brelin, em visita àquele território, anotou:

> a cidade é considerada a mais rica entre as que estão sob a coroa portuguesa. Uma armada de trinta a quarenta navios grandes segue daqui todos os anos para Lisboa, com uma carga que se avalia em muitos milhões, constituída principalmente por ouro, prata, diamantes, jaspe, cristal, âmbar, bálsamo, cacau, algodão, tabaco, açúcar, pau-brasil, pau de Pernambuco, macacos, papagaios, peles de animais e muito mais, que depois é vendido para outras partes da Europa.[168]

A cultura do cacau foi introduzida na Bahia com sementes oriundas do Pará em meados do século XVIII.[169] Consta que terá sido o colono francês Luís Frederico Varneaux que, em 1746, as trouxe e as deu a António Dias Ribeiro. Este terá mandado fazer a primeira plantação na margem direita do rio Pardo, então capitania de São Jorge de Ilhéus.[170]

Em Portugal, havia, pelo menos por parte de alguns, a consciência de que o Brasil poderia e deveria produzir muito mais cacau. Manuel Ferreira da Câmara, em memória apresentada à Academia Real das Ciências, na sessão de 13 de maio de 1789, deu conta disso mesmo, referindo-se à Bahia, e em concreto à comarca de Ilhéus, analisando a rentabilidade da produção do cacau, em cálculos a cinco anos, e comparando-a com a do açúcar. Além disso, o autor lembrou que

> o cacau é um gênero assaz conhecido: a preferência dada sobre as outras bebidas ao chocolate, em que ele entra como parte principal; o seu gosto particular, e predileção, que têm algumas nações para esta bebida, e ainda mais a utilidade que dela resulta, contrapesada com o dano, que a Europa tem sofrido depois da introdução do chá e do café afiançam o seu consumo. A cultura fácil deste gênero e a sua duração independente de outro trabalho que não seja o de colher, e enviar ao comércio as amêndoas secas, convencerão a qualquer da utilidade, que dele pode resultar.[171]

---

168 Johan Brelin, *De passagem pelo Brasil e Portugal em 1756*, trad. Carlos Pericão de Almeida (Lisboa: Casa Portuguesa, 1955), p. 106.

169 Angelina Nobre Rolim Garcez & António Fernandes Guerreiro de Freitas, *Bahia cacaueira: um estudo de história recente* (Salvador: Centro Editorial e Didático da Universidade Federal da Bahia, 1979), p. 20.

170 Gregório Bondar, *A cultura de cacao na Bahia*, cit., p. 24.

171 Manuel Ferreira da Câmara, "Ensaio de descrição física e econômica da comarca de Ilhéus na América", em *Memórias econômicas da Academia Real das Ciências de Lisboa, para o adianta-*

Em termos globais, sabe-se que, entre 1796 e 1811, o cacau representou 2,7% dos treze principais produtos de exportação colonial, ocupando o sétimo lugar nessa lista. O cacau brasileiro abastecia o mercado português e era objeto de exportação, tendo atingido um ponto alto em 1806, com a venda de 215.775 arrobas para o exterior. O produto destinava-se especialmente à Itália, Espanha, França e à cidade de Hamburgo, sem esquecer a Holanda e a Dinamarca.[172]

Entre os grupos abastados, a moda de beber chocolate tornou-se uma realidade no Portugal setecentista, contando com antecedentes documentados para a segunda metade do século XVII. O mesmo aconteceu um pouco por toda a Europa.[173] O cacau revolucionou a confecção de bebidas frias e quentes, de bolos, biscoitos, cremes, pudins e gelados, se bem que de forma bem mais moderada em Portugal que, por exemplo, na Espanha, onde o impacto do cacau foi francamente maior.[174] A moda de beber chocolate não passou em claro aos estrangeiros que, frequentemente, aludiram ao fato nos seus relatos sobre Portugal.[175] Mas, enquanto em Portugal beber uma chávena de choco-

---

mento da agricultura, das artes e da indústria em Portugal e suas conquistas (1789-1815), tomo 1, cit., pp. 236-237.

172 José Jobson de Andrade Arruda, "A produção econômica", cit., p. 108; Stuart Schwartz, "De ouro a algodão: a economia brasileira no século XVIII", em Francisco Bethencourt & Kirti Chaudhuri (orgs.), *História da expansão portuguesa*, vol. 3, cit., p. 94. Em 1764, também foram detectadas exportações de cacau, desta feita provenientes do Rio de Janeiro, para a Holanda e para a Dinamarca. Cf. Jorge Borges de Macedo, *A situação económica no tempo de Pombal: alguns aspectos* (3ª ed. Lisboa: Gradiva, 1989), p. 90.

173 Sobre o percurso desses gêneros na Europa, ver Fernand Braudel, *Civilização material, economia e capitalismo (séculos XV-XVIII)*, cit., pp. 213-223; Carson I. A. Richie, *Comida e civilização: de como a história foi influenciada pelos gostos humanos*, trad. José Labaredas (Lisboa: Assírio & Alvim, 1995), pp. 156-158, 169-173; Maguelonne Toussaint-Samat, *A History of Food*, cit., pp. 574-606; María de los Ángeles Pérez Samper, "La alimentación en tiempos del emperador: un modelo europeo de dimensión universal", em Juan Luis Castellano & Francisco Sánchez-Montes González (orgs.), *Carlos V: europeísmo y universalidad*, vol. 5 (Madri: Sociedad Estatal para la Commemoración de los Centenarios de Felipe II y Carlos V, 2001), pp. 515-516 ; Caroline Le Mao, "À la table du Parlement de Bordeaux: alimentation et auto-alimentation chez les parlamentaires bordelais au début du XVIIIe siècle", em *Du bien manger et du bien vivre à travers les âges et les terroirs*, cit., p.158. Sobre a sua difusão no Brasil, ver Luís da Câmara Cascudo, *História da alimentação no Brasil*, cit., vol. 1, p. 300; vol. 2, pp. 423-425; José Newton Coelho Meneses, *O continente rústico: abastecimento alimentar nas Minas Gerais setecentistas* (Diamantina: Maria Fumaça, 2000), p. 117.

174 Montserrat Gispert Cruells, "Las plantas americanas que revolucionaron los guisos, aderezos y repostería de la comida occidental", em *Los sabores de España y América: cultura y alimentación* (Huesca: La Val de Onsera, 1999), pp. 227-228; María de los Ángeles Pérez Samper, "Comer, beber y divertirse", em Ángel Vaca Lorenzo (org.), *Fiesta, juego y ocio en la historia* (Salamanca: Universidad de Salamanca, 2003), pp. 210-215.

175 Carlos Veloso, *A alimentação em Portugal no século XVIII nos relatos dos viajantes estrangeiros*, cit., p. 128.

late, pelo menos de chocolate de qualidade, era algo quase sempre próprio para as ocasiões de festa, na Espanha, a democratização do consumo era, na mesma época, uma realidade, pelo menos mais significativa do que em Portugal, onde, como veremos, também houve chocolateiros espalhados por Lisboa e pelo Porto.

Durante o século XVIII, alguns estrangeiros que visitaram Portugal não deixaram de notar o consumo de chocolate. Por exemplo, Arthur William Costigan, em 1778, pouco depois de ter entrado em Portugal, contou numa carta que, em Tavira, no café da manhã, tinha tomado uma chávena de chocolate.[176] Não foi esta a única vez que o estrangeiro mencionou o consumo da bebida. Numa outra carta, datada de Lisboa, no ano seguinte, ao comentar certa reunião noturna, notou que fora servido chá e chocolate.[177] Ainda em 1779, ao referir-se à Quaresma, não deixou de escrever que após as procissões eram servidas bebidas, nomeadamente chá e chocolate,[178] e que, entre a nobreza, era comum beber chocolate pela manhã, após a missa.[179] William Beckford, em junho de 1787, ao descrever um café da manhã na casa do marquês de Penalva, D. Fernando Teles da Silva Caminha e Meneses, escreveu:

> A refeição, que consistia em chocolate, doces, chá e excelente café, era servida em porcelana de Dresden, admiravelmente pintada. Nunca assisti a um tão agradável almoço em Inglaterra. As toalhas e guardanapos eram lindíssimos e curiosamente bordados com armas e flores, em vermelho sobre fundo branco. Muitas salvas com enormes morangos perfumavam a casa, de cujas janelas se via uma grande extensão do Tejo.[180]

Beber chocolate implicou a criação de novos objetos. Referimo-nos às chocolateiras, uma vez que as chávenas já eram utilizadas para beber chá, embora se tenham fabricado algumas especificamente para o chocolate, de formato maior, umas vezes com asa, outras vezes sem ela e, em alguns casos, com tampa. Acredita-se que foi nos conventos da Nova Espanha que as chocolateiras apareceram.[181] Parecidas com

---

176 Arthur William Costigan, *Cartas sobre a sociedade e os costumes de Portugal (1778-1779)*, vol. 1, trad. Augusto Reis Machado (Lisboa: Lisóptica, 1989), p. 54.

177 *Ibid.*, vol. 2, p. 43.

178 *Ibid.*, vol. 2, p. 79.

179 *Ibid.*, vol. 2, p. 167.

180 William Beckford, *Diário de William Beckford em Portugal e Espanha*, cit., p. 52.

181 Nikita Harwich, *Histoire du chocolat*, cit., p. 66.

cafeteiras, possuíam asa e tampa com buraco, no qual era introduzido um pau, um batedor ou molinete - de origem indígena -, para bater a bebida. Inicialmente, foram produzidas de forma grosseira, em argila e em cobre, e posteriormente foram fabricadas em materiais nobres, como a prata e a porcelana. Nessa conformidade se entende que as chocolateiras estivessem presentes nas casas dos abastados, como se pode verificar pelos inventários de bens. Por exemplo, D. Catarina de Bragança, rainha viúva de Carlos II da Grã-Bretanha (1638-1705), e D. Pedro II (1648-1706) possuíam exemplares de prata, cuja origem nos é desconhecida.[182] Mais tarde, D. Maria I (1734-1816) também foi dona de uma de prata e de outra de folha de Flandres. Em maio de 1778, uma parte da baixela de prata foi mandada limpar na França; entre as peças contam-se cinco "chicolateiras", além de cinco cafeteiras grandes lavradas e um bule grande.[183] Antes, já tinham sido adquiridas duas chocolateiras de folha de Flandres, no valor de $160.[184] Em 1780, a Casa Real registou diversos pagamentos de peças de prata, entre os quais se contou uma chocolateira criada por António Rodrigues de Leão e outras de folha de Flandres, cujo artífice desconhecemos: uma grande avaliada em $550, uma mais pequena, no valor de $450, e uma terceira com o bico de prata, que custou $360.[185] Por seu lado, os paus de bater o chocolate custavam $400 cada, de acordo com um pagamento efetuado em maio de 1785.[186]

A princesa D. Maria Francisca Benedita (1746-1829) era igualmente detentora de um serviço de chocolate, de porcelana de Sèvres, que legou ao Asilo dos Inválidos Militares de Runa.[187] Outras fábricas de porcelana, ao longo do século XIX, também produziram exemplares magníficos, que acompanhavam chávenas, pires e tabuleiros.[188] Entre

---

182 Virgínia Rau, *Inventário de bens da rainha da Grã-Bretanha D. Catarina de Bragança* (Coimbra: Imprensa da Universidade, 1947), p. 57; Virgínia Rau & Eduardo Borges Nunes (orgs.), *Inventário* post mortem *del-Rei D. Pedro II* (Lisboa: Instituto de Alta Cultura/Centro de Estudos Históricos anexo à Faculdade de Letras da Universidade de Lisboa, 1969), pp. 46-47.

183 Arquivo Nacional da Torre do Tombo (ANTT), Lisboa, *Casa Real*, caixa 3594.

184 *Ibidem.*

185 *Ibid.*, caixa 3598.

186 *Ibid.*, caixa 3607.

187 *Bi-centenário do nascimento da princesa D. Maria Francisca Benedita: catálogo da exposição biblio-iconográfica na Biblioteca Nacional de Torres Vedras* (Torres Vedras: Biblioteca Municipal, 1947), p. 17.

188 Na França, a primeira chocolateira de prata foi um presente do embaixador do Sião a Luís XIV, em 1686. Por seu lado, Madame de Pompadour foi a primeira a encomendar um serviço de chocolate à fábrica de Sèvres, a qual acelerou a produção de chocolateiras a partir de 1756. As

os nobres, refira-se, por exemplo, o quarto marquês de Minas, D. António Caetano Luís de Sousa, cujo inventário de bens, datado de 1768, regista duas chocolateiras, de tamanhos diferentes, uma das quais armoreada.[189]

No Brasil colonial, as chocolateiras também eram produzidas por mulheres índias, no Pará, conforme informou o bispo D. frei Caetano Brandão.[190] Integraram igualmente, junto com outros instrumentos de preparação e venda de alimentos, o patrimônio das negras libertas de Minas Gerais, o que está bem documentado nos testamentos.[191] Entre os grupos privilegiados residentes no Brasil, as chávenas de chocolate faziam parte do patrimônio das famílias. Por exemplo, em 1752, Francisco Xavier de Mendonça Furtado, capitão general do Estado do Grão Pará e Maranhão, em carta dirigida a frei Luís Pereira, deu conta de certo pedido de diversos bens, entre os quais se contavam chávenas e pires da Índia, azuis e brancos, para chocolate.[192]

Embora o chocolate fosse inicialmente conotado com o luxo, o seu consumo foi-se democratizando, ao mesmo tempo que apareceram também as primeiras notícias sobre falsificações. Na primeira metade do século XVIII, os próprios chocolateiros tinham consciência das irregularidades e chegaram a queixar-se.[193] Além de se beber chocolate, também se comia chocolate. Isto é, se o consumo de cacau começou por ser feito pela ingestão de uma bebida, à medida que o tempo foi passando os cozinheiros foram aproveitando as potencialidades do cacau na culinária para bolos, pudins, biscoitos, cremes, mousses, gelados e licores. Mesmo assim, a maneira como se procedia ao tratamento do cacau antes de ele ser transformado em bebida e a confecção da própria bebida foram sendo explicados pelos autores desde o seiscentista Domingos Rodrigues aos setecentistas Bluteau,

---

peças eram decoradas com flores ou com cenas chinesas policromadas. Cf. Gilles Brochard & Matthieu Prier, *La boîte à chocolat* (s/l.: Tana, 2001), pp. 13-16.

189 Gonçalo de Vasconcelos e Sousa, *A ourivesaria da prata em Portugal e os mestres portuenses: história e sociabilidade (1750-1810)* (Porto: Edição do Autor, 2004), p. 141.

190 *Diário das visitas pastorais no Pará de D. Frei Caetano Brandão*, cit., p. 40.

191 Eduardo França Paiva, *Escravos e libertos nas Minas Gerais do século XVIII: estratégias de resistência através dos testamentos*, cit., p. 133.

192 Marcos Carneiro de Mendonça, *A Amazônia na era pombalina: correspondência do governador e capitão-general do estado do Grão Pará e Maranhão, Francisco Xavier de Mendonça Furtado (1751-1759)*, tomo 1 (2ª ed. Brasília: Senado Federal, 2005), p. 411.

193 Cf. Isabel M. R. Mendes Drumond Braga, "O chocolate à mesa: sociabilidade, luxo e exotismo", em *Colóquio Formas e Espaços de Sociabilidade: contributos para uma história da cultura em Portugal*. Lisboa: Universidade Aberta, 2008. CD.

Francisco Borges Henriques, João Daniel e outros. Até ao século XIX, raramente se encontram receitas de doces confeccionados com cacau - entre as exceções contam-se conservas de café e de chocolate e um creme de baunilha, chocolate e café apresentados por Lucas Rigaud, sucessivamente plagiado. No século XVIII, aparece ainda uma calda de chocolate para nevar, no primeiro livro de doçaria portuguesa, *Arte nova e curiosa*. A partir do século XIX, a situação altera-se. Às receitas de chocolate para beber, juntam-se algumas pretensamente dietéticas, os chamados chocolates de saúde, também para beber, e começam a aparecer outras diversificadas. Além dos cremes de chocolate, porventura os mais populares, dado que foram objeto de receitas em mais de uma dúzia de títulos diferentes, encontramos também receitas de molhos, gelados e sorvetes, pudins, biscoitos, bolinhos, bolos, bombons, rebuçados, pastilhas e licores. Autores mais sofisticados, como João da Mata e Olleboma apresentaram, respectivamente, *profiterolles* e mousses e *soufflés* de chocolate.

A utilização de chocolate no receituário português merece alguma atenção. Se algumas receitas emblemáticas europeias apareceram no século XIX, caso do austríaco bolo de chocolate, *Sachertorte*, referenciado desde 1832, criado em Viena por Franz Sacher (1816-1907),[194] e do tronco de Natal francês, criado por volta de 1870, em Portugal, a realidade foi bem diferente. Se bem que a primeira receita portuguesa de bolo de chocolate que conhecemos date exatamente de 1870, denominada "fofos de chocolate", apresentada n'*O cosinheiro dos cosinheiros*,[195] a qual foi repetida, em 1904, por Sofia de Sousa, que a denominou no singular: "fofo de chocolate",[196] só no século XX os bolos com esse ingrediente se generalizaram. Pensemos em Olleboma, por exemplo, que em 1928 deu a conhecer duas receitas: bolo de chocolate Marius e bolo de amêndoa com chocolate.[197] Na Espanha, essa realidade foi muito anterior, uma vez que Juan de la Mata, em 1747, já apresentara, além de várias re-

---

194 Ignacio H. de la Mota, *El libro del chocolate*, cit., p. 71.

195 *O cozinheiro dos cozinheiros: colecção de mais de 1000 receitas* (Lisboa: Luso-Britanica, 1870), pp. 540-541.

196 Sofia de Sousa, *Real confeiteiro português e brasileiro* (Lisboa: A. M. Teixeira, 1904), pp. 195-196.

197 António Maria de Oliveira Bello [Olleboma], *Culinária* (Lisboa: Tipografia da Empresa do Diário de Notícias, 1928), p. 694.

ceitas contendo chocolate – como pastilhas de chocolate, massapães de chocolate, espuma de chocolate –, uma de bolo de chocolate.[198]

Na Corte portuguesa, o chocolate era um produto bastante apreciado, tal como acontecia na sua congênere espanhola.[199] Assim se compreende que D. Mariana Vitória, quando se dirigiu a Portugal para contrair matrimônio com o príncipe herdeiro D. José, em 1729, tenha feito transportar, entre os seus pertences de enxoval, "un caxon con Chicolate y Café".[200] D. João V foi retratado a beber a famosa bebida. Na corte de D. Maria I, foram frequentes as referências à compra do produto e à sua utilização em diversas refeições. Por exemplo, para um jantar servido em Queluz, a 14 de janeiro de 1778, foram adquiridos 8 arráteis de "xicolate ordinario" e quatro de chocolate fino. Para um outro jantar, a 8 de dezembro de 1778, compraram-se 4 arráteis de chocolate, cuja qualidade se ignora.[201] Igualmente no Palácio de Queluz e também em dezembro, mas de 1781, num jantar servido aos músicos e num outro, foram gastos 4 arráteis de cada vez.[202] Em 1785, para um jantar servido na Bemposta, foram destinados oito arráteis.[203] Mais tarde, em novembro de 1789, por ocasião da sagração da igreja da Estrela, foram utilizadas 4 arrobas de chocolate, as quais importaram em 15$360.[204] No mesmo ano, por ocasião da vinda do infante D. Pedro Carlos para a Corte portuguesa, a pedido de D. Carlota

---

198 Juan de la Mata, *Arte de repostaría* (Madri: Oficina de Ramón Ruiz, 1791), pp. 86-87, 105, 122, 144-145 e 158. Na receita intitulada "Vizcochos de Chocolate otra manera" pode ler-se: "tomarense seis huevos frescos, y haviendo separado las claras, se batiràn fuertemente hasta que se haya hecho mucha espuma, añadiendolas seis hiemas, y volviendolo todo junto à batir interin estè desleìdo, aumentando entonces doce onzas de azucar en polvo, siete de harina y una y media de chocolate, todo passado por el tambor, batiendolo bien por espacio de un quarto de hora para que se mezcle: y ultimamente se distribuirà, como las demas, sobre las hojas de papel, secando el yà formado vizcocho del proprio modo que se dixo en los de Saboya". ["tomar-se-ão seis ovos frescos, e tendo separado as claras, bater-se-ão fortemente até que se tenha feito muita espuma, acrescentando-lhes seis gemas, e tornando a bater tudo junto até que esteja desfeito, acrescentando então doze onças de açúcar em pó, sete de farinha e uma e meia de chocolate, tudo passado pela peneira, batendo-o bem pelo espaço de um quarto de hora para que se mescle, e por fim se distribuirá, como as demais, sobre as folhas de papel, secando o já formado biscoito do mesmo modo que se disse dos de Sabóia". (N. E.)]

199 Sobre o consumo de chocolate na corte da Espanha, ver María de los Ángeles Pérez Samper, "La integración de los produtos americanos en los sistemas alimentarios mediterráneos", cit., pp. 118-121.

200 Caetano Beirão (org.), *Cartas da rainha D. Mariana Vitória para a sua família de Espanha*, vol. 1 (Lisboa: Empresa Nacional de Publicidade, 1936), p. 333.

201 Arquivo Nacional da Torre do Tombo (ANTT), Lisboa, *Casa Real*, caixa 3593.

202 *Ibid.*, caixa 3599.

203 *Ibid.*, caixa 3608.

204 *Ibid.*, caixa 3612.

Joaquina, após o falecimento dos pais daquele, os infantes Gabriel de Bourbon e Mariana Vitória de Bragança, foram dispendidas 7 arrobas de chocolate, no valor de 76$480, durante a jornada pelo Alentejo.[205] Outras jornadas de membros da Corte portuguesa implicaram gastos com chocolate. Numa, a Vila Viçosa, em janeiro de 1796, foram compradas 4 arrobas, as quais importaram em 74$880. Contudo, o valor por arrátel variou conforme a qualidade, já que temos uns adquiridos por $800, outros por $600 e outros por $240.[206] Finalmente, em 1796, D. Maria I, ao decidir patrocinar a mesa do duque de Lafões, D. João Carlos de Bragança, na qualidade de marechal-general e governador das armas da Corte, mandou destinar-lhe diversos produtos, entre os quais chocolate no valor de 26$040, o qual era de diversas qualidades, pois os preços por arrátel foram diversificados: $400, $300, $200 e $160.[207] Isto é, chocolate obtido a preços mais baixos do que os antes referidos. Ainda mais baratos foram os 24 arráteis gastos numa jornada a Mafra, no ano seguinte, os quais importaram em 4$320, isto é, $180 cada arrátel.[208]

205 *Ibidem.*

206 *Ibid.*, caixa 3623.

207 *Ibid.*, caixa 3624.

208 *Ibidem.*

Frei Christovão de Lisboa. *Mandioqua*, 1624. Desenho de pena e lápis.

mandioca

mandioca

Recepção e transformação alimentares

Os primeiros colonizadores, ao viajarem, levaram um conjunto de práticas culturais alimentares, que foram adaptando tendo em conta os elementos locais. Isso deu origem a um novo sistema alimentar e a uma nova cozinha, num processo dinâmico, que foi conhecendo alterações temporais e espaciais.[1] Não obstante, como vimos, as resistências às modificações e às alterações também foram uma realidade, especialmente, entre os mais abastados, que valorizavam os produtos da metrópole face aos da colônia.

Na área da doçaria, o intercâmbio foi particularmente proveitoso, pois o gosto e os conhecimentos técnicos para conservar os frutos europeus foram igualmente aplicados aos frutos tropicais. O registo de tais práticas pelos primeiros cronistas data do século XVI.[2] A abundância de açúcar combinada com variadas e abundantes frutas permitia que estas fossem conservadas, dando origem a preparados nos quais o açúcar esteve sempre presente: compotas e geleias, as denominadas

---

1 Sobre essa realidade relativa à doçaria, ver Leila Mezan Algranti, "Alimentação, saúde e sociabilidade: a arte de conservar e confeitar os frutos (séculos XV-XVIII)", em *História. Questões e Debates*, nº 42, Curitiba, 2005, pp. 33-52.

2 *Ibidem*.

conservas; pastas, caso da marmelada, perada e goiabada; e frutas cobertas, ou seja, cristalizadas.

Vejamos alguns exemplos. Segundo Gabriel Soares de Sousa, a utilização de pacobas e curuanhas na doçaria permitia a obtenção de preparados tão bons quanto os que se faziam com frutos europeus. No caso das pacobas assadas, que se davam aos doentes, também podiam ser objeto de outro tipo de manipulação, como em pasta de fruta "muito sofrível", como berinjelas "muito gostosas" ou ainda "cozidas no açúcar com canela são estremadas e passadas ao sol sabem a pêssegos passados".[3] Já as curuanhas tinham

> extremado sabor comendo-se esta fruta crua, sabe e cheira a camoesas e assada tem o mesmo sabor delas assadas; faz-se desta fruta marmelada muito boa, a qual por sua natureza envolta no açúcar cheira a almíscar e tem o sabor da perada almiscarada, e quem a não conhece entende e afirma que é perada.[4]

Ambrósio Fernandes Brandão não só se referiu às frutas como deu conta da utilização do açúcar nos preparados com abóboras, jerimum e banana, as quais não só serviam de mantimento mas, com açúcar, eram "muito estimadas".[5] O mesmo acontecia com a batata, muito antes de ser de uso corrente na Europa. De fato, com ela se faziam "bocados, doces maravilhosos e batatadas em panelas como marmelada e também se comem assadas e cozidas".[6] Rocha Pitta salientou as pastas de fruta, nomeadamente as "marmeladas" de ananás e de maracujá e a goiabada, não esquecendo os doces feitos com frutas silvestres, como as mangabas, que "em conserva, nenhuma a iguala", e os cajás e jenipapos, dos quais se faziam excelentes doces.[7]

A inexistência, no Brasil, de pinhões[8] (*Pinus pinea L.*), amêndoas (*Pruns dulcis*) e nozes (*Juglans regia L.*) não impediu as doceiras de fazerem substitutos da pinhoada e de outros doces, alguns de influência muçulmana. Os amendoins (*Arachis hypogaea L.*) e as castanhas de caju (*Anacardium ocidentale*) revelaram-se alternativas aos frutos

---

3 Gabriel Soares de Sousa, *Tratado descritivo do Brasil em 1587*, cit., p. 145.

4 *Ibid.*, p. 149.

5 Ambrósio Fernandes Brandão, *Diálogos das grandezas do Brasil*, cit., p. 144.

6 *Ibid.*, p. 145.

7 Rocha Pitta, *História da América portuguesa*, cit., p. 30.

8 Referimo-nos aos pinhões europeus (*Pinus pinea L.*) e não aos pinhões de araucária (*Araucaria angustifolia*), também conhecidos como pinhão do Paraná ou pinhão brasileiro.

secos europeus à altura das circunstâncias e até com vantagem, no entendimento de Gabriel Soares de Sousa. Segundo este,

> fazem as mulheres todas as coisas doces, que fazem de amêndoas, e cortados [os amendoins] os fazem cobertos de açúcar, de mistura com os confeitos. E também os curam em peças delgadas e compridas, de que fazem pinhoadas.[9]

No caso das castanhas de caju:

> tem esta castanha o miolo branco, tamanho como o de uma amêndoa grande, a qual é muito saborosa, e quer arremedar no sabor aos pinhões, mas é de muita vantagem. Destas castanhas fazem as mulheres todas as conservas doces que costumam fazer com as amêndoas, o que tem graça na suavidade do sabor.[10]

Fernão Cardim não destoou ao considerar a castanha de caju tão boa e melhor do que as castanhas que se comiam em Portugal, lembrando que delas se fazia maçapão e bocados doces semelhantes aos que se preparavam com amêndoas.[11] No mesmo sentido, é o depoimento de frei Vicente do Salvador. Este autor deu conta da utilização das castanhas de caju pelas mulheres brancas e escreveu: "as guardam todo o ano em casa para fazerem maçapães e outros doces como de amêndoas".[12]

Naturalmente, a abundância de açúcar combinada com a imensa variedade de frutas e com o conhecimento da doçaria portuguesa foi responsável pela proliferação de muitos doces, quer de ovos, quer de frutas. Mesmo nas regiões em que não se produzia açúcar, caso do Sul do Brasil, a tradição doceira foi e é importante. A exportação do charque do Rio Grande do Sul permitia a importação do açúcar nordestino, dando origem a uma doçaria variada e abundante. Veja-se o caso da cidade de Pelotas.[13]

Nem toda a doçaria agradava aos estrangeiros. Se Koster a elogiou,[14] Maria Graham notou que no Rio de Janeiro havia doces de todas as

---

9 Gabriel Soares de Sousa, *Tratado descritivo do Brasil em 1587*, cit., p. 142.

10 *Ibid.*, p. 144.

11 Fernão Cardim, *Tratado da terra e gente do Brasil*, cit., p. 94.

12 Frei Vicente do Salvador, *História do Brasil (1500-1627)*, cit., p. 66.

13 Artur Bosisio Júnior (org.), *A doçaria tradicional de Pelotas* (2ª ed. Rio de Janeiro: Editora Senac Nacional, 2004).

14 Henry Koster, *Viagens ao Nordeste do Brasil*, vol. 1, cit., p. 146.

espécies, desde "as mais delicadas conservas e confeitos" até às "mais grosseiras preparações de melaço".[15] Por seu lado, Saint-Hilaire relatou que em Vila Rica (Minas Gerais) todos têm quintais com marmeleiros e macieiras, o que lhes permite fazer

> um doce muito afamado que é posto em caixas quadradas feitas com uma madeira branca e leve chamada caixeta e não somente vendem essas caixas em Vila Rica e seus arredores, mas ainda fazem remessas para o Rio de Janeiro.[16]

A mandioca acabou por ser adotada pelos portugueses residentes no Brasil como recurso alternativo à falta de trigo. Enquanto, no século XVII, Luís Mendes de Vasconcelos, face à carência de cereais europeus, defendeu o recurso à mandioca para alimentar as tropas portuguesas no Brasil durante a ocupação holandesa, e Matias de Albuquerque ordenou o plantio para esse efeito,[17] quando, anos antes, em 1594, o colono Gaspar Coelho propôs a preparação de hóstias com mandioca em substituição do trigo, que escasseava, o Santo Ofício entendeu a proposta como uma forma de ridicularizar o pão sagrado.[18] Mesmo tendo em conta a hierarquização dos diferentes tipos de mandioca, com a consciência clara da existência de diferentes farinhas (seca, carimã, puba, de guerra e tapioca, todas designadas genericamente como farinhas de pau, da terra ou de raiz), tal não obstou ao preconceito que identificava o consumo da mandioca com uma prática alimentar dos índios.

Mesmo assim, no final do século XVIII e início do XIX, houve alguns esforços no sentido de mandar incrementar a produção de mandioca no Brasil com vista a exportar farinha para o Reino. Assim, um ofício, datado de 1793, do vice-rei do Brasil, D. José Luís de Castro, segundo conde de Resende, dirigido a D. Rodrigo de Sousa Coutinho, secretário de Estado da Marinha e Conquistas, expunha as causas do desinteresse pela cultura da mandioca e da escassa exportação para

---

15 Maria Graham, *Diário de uma viagem ao Brasil de uma estada nesse país durante parte dos anos de 1821, 1822 e 1823*, cit., p. 177.

16 Auguste de Saint-Hilaire, *Viagem pelo distrito dos diamantes e litoral do Brasil*, cit., p. 83.

17 Evaldo Cabral de Melo, *Olinda restaurada: guerra e açúcar no Nordeste (1630-1654)* (3ª ed. São Paulo: Editora 34, 2007), pp. 221-256.

18 Patrícia Cardoso Correia, *A mandioca: do Brasil para a costa ocidental africana (c. 1550-c.1650)*, dissertação de mestrado (Lisboa: Faculdade de Letras da Universidade de Lisboa, 2006), pp. 182-186.

Portugal.[19] No início de 1800, Pina Manique fez uma representação a D. Rodrigo de Sousa Coutinho no sentido de este mandar incentivar a lavoura da mandioca, com vista à chegada ao Reino de farinha.[20] Por seu lado, Sousa Coutinho, no final do ano, mandou Francisco da Cunha e Meneses auxiliar a cultura da mandioca e a fabricação da farinha de pau.[21]

A mandioca rejeitada em Portugal, mas de consumo corrente no Brasil mesmo entre os brancos, foi igualmente suscetível de transformação, em especial com o uso do açúcar. É significativo o longo testemunho de Gabriel Soares de Sousa. O autor começou por informar que a mandioca servia para alimentar animais e pessoas, passou para a utilização dada pelos silvícolas à raiz e, em seguida, salientou as melhorias que as mulheres portuguesas tinham conseguido introduzir na preparação dos pratos, dando conta que as pessoas "de primor", isto é, de qualidade, consumiam beijus. Realisticamente, as portuguesas trataram a farinha de mandioca como se farinha de trigo fosse e prepararam bolos, "domesticando" ou europeizando o produto usado pelos índios. Vejamos:

> para se aproveitarem os índios e mais gente destas raízes, depois de arrancadas rapam-nas muito bem até ficarem alvíssimas, o que fazem com cascas de ostras, e depois de lavadas ralam-nas em uma pedra ou ralo, que para isso têm, e, depois de bem raladas, espremem esta massa em um engenho de palma, a que chamam tapeti, que lhes faz lançar a água que tem toda fora, e fica essa massa toda muito enxuta, da qual se faz a farinha que se come, que cozem em um alguidar para isso feito, no qual deitam esta massa e enxugam sobre fogo, onde uma índia a mexe com um meio cabaço, como quem faz confeitos, até que fica enxuta e sem nenhuma humidade, e fica como cuscuz, mas mais branca, e desta maneira se come, é muito doce e saborosa. Fazem mais desta massa, depois de espremida, umas filhós, a que chamam beijus, estendendo-a no alguidar sobre o fogo, de maneira que ficam tão delgadas como filhós mouriscas, que se fazem de massa de trigo, mas ficam tão iguais como obreias, as quais se cozem neste alguidar até que ficam muito secas e torradas. Estes beijus são mui saborosos, sadios e de boa digestão que é o mantimento que se usa entre gente de

19 Biblioteca Nacional, Rio de Janeiro, Ms 05, 03, 009.

20 *Ibid.*, Ms. II, 30, 34, 16, nº 3.

21 *Ibid.*, Ms. 512 (94), doc. 29.

primor, o que foi inventado pelas mulheres portuguesas, que o gentio não usava deles. Fazem mais desta mesma massa tapiocas, as quais são grossas como as filhós de polme e moles, e fazem-se no mesmo alguidar como os beijus, mas não são de tão boa digestão, nem tão sadios, e querem-se comidas quentes, com leite têm muita graça e com açúcar clarificado também.[22]

Anos antes, em texto de 1578, Jean de Léry apenas conseguiu verificar a não apropriação da farinha de mandioca para a panificação. Reconheceu, contudo, algumas qualidades, desde que fosse sujeita a aplicação diversa:

embora essas farinhas, principalmente quando frescas, constituam um bom alimento, saboroso e facilmente digestível não se prestam em absoluto ao fabrico de pão, como pude verificar. A massa incha como a de trigo levedade e, como este, é branca e macia; ao assar, porém, a crosta superior queima e a parte interna resseca, permanecendo farinhosa [...]. Todavia, essas farinhas prestam-se para papas a que os selvagens dão o nome de mingau e quando dissolvidas em caldo grosso tornam-se granuladas como o arroz e são de óptimo paladar.[23]

Até algumas das preparações indígenas da mandioca, Fernão Cardim elogiou:

curada ao fumo se fazem muitas maneiras de caldos que chamam mingaus tão sadios e delicados que se dão aos doentes de febres em lugar de amido e tisanas, e da mesma se fazem muitas maneiras de bolos, coscorões, tartes, empanadilhas, queijadinhas de açúcar, etc., e misturada com farinha de milho ou de arroz, se faz pão com fermento e lêvedo que parece trigo.[24]

No século XVII, frei Vicente do Salvador referiu um pão de mandioca específico, aquele que era feito com farinha de carimã. Para ser mais claro, deu conta do modo como se preparava:

deitam primeiro as raízes de molho, até que amoleçam e se façam brandas, e então as espremem, *et cetera*... E, se estas raízes, assim moles, as põem a secar ao sol, chama-se carimã, e as guardam no fundo em caniços muito tempo, as quais pisadas se fazem em pó tão

22 Gabriel Soares de Sousa, *Tratado descritivo do Brasil em 1587*, cit., p. 134.

23 Jean de Léry, *Viagem à terra do Brasil*, cit., p. 124.

24 Fernão Cardim, *Tratados da terra e da gente do Brasil*, cit., p. 112.

> alvo como o da farinha de trigo, e dele amassado fazem pão, que se é de leite ou misturado com farinha de milho e de arroz, é muito bom, mas extreme é algum tanto corriento.[25]

O milho foi igualmente objeto de transformação e adequação ao paladar português entre os residentes no Brasil. Por exemplo, Gabriel Soares de Sousa, em 1587, notou que os índios o consumiam assado e dele faziam vinho, também consumido por negros e brancos. Servia igualmente para alimentar galinhas, cabras, ovelhas e porcos. Porém, mais relevante era a panificação do cereal, "de que fazem os portugueses muito bom pão e bolos com ovos e açúcar. O mesmo milho quebrado e pisado no pilão é bom para se cozer com caldo de carne, ou pescado e de galinha, o qual é mais saboroso que o arroz".[26] Ambrósio Fernandes Brandão também relatou a utilização do milho para alimentar índios, escravos e animais e elogiou a sua utilização em bolos: "os quais são muito gostosos enquanto estão quentes".[27]

Outros produtos foram suscetíveis de recepção e transformação com a consequente adaptação dos sabores. Assim, peixe e carne autóctones foram igualmente objeto de apropriação segundo as técnicas culinárias europeias. Por exemplo, entre as muitas espécies piscícolas, uma das que mais impressionou os portugueses foi o peixe-boi. O seu aspecto e tamanho causavam alguma perplexidade, mas, mais importante que isso eram as opções de cocção que se apresentavam, e os diferentes resultados que se obtinham. Logo em 1557, o jesuíta José de Anchieta notou que era

> excelente para comer-se, não saberias porém discernir se deve ser considerado como carne ou antes como peixe, da sua gordura, que está inerente à pele, e mormente em torno da cauda, levada ao fogo faz-se um molho, que pode bem comparar-se à manteiga e não sei se a excederá; o seu óleo serve para temperar todas as comidas.[28]

Anos depois, em 1584, foi mais longe: "a carne [do peixe-boi] é de preço cozinha-se com couves e sabe a carne de vaca, se com especiarias, sabe a carneiro e também a porco e faz-se chacina muito boa".[29]

---

25 Frei Vicente do Salvador, *História do Brasil 1500-1627*, cit., p. 69.

26 Gabriel Soares de Sousa, *Tratado descritivo do Brasil em 1587*, cit., p. 140.

27 Ambrósio Fernandes Brandão, *Diálogos das grandezas do Brasil*, cit., p. 137.

28 José de Anchieta, *Cartas, informações, fragmentos históricos e sermões*, cit., p. 117.

29 *Ibid.*, p. 437.

Fernão Cardim referiu não só a semelhança com carnes de animais domésticos, como também o fato de se ter chegado a discutir se era possível comer peixe-boi nos dias de jejum e abstinência. Sobre o primeiro aspecto, considerou:

> a carne é toda de febras, como a de vaca, e assim se faz em taçalhos e chacina; e cura-se ao fumeiro como porco ou vaca e no gosto se se coze com couves ou outras ervas sabe à vaca, e concertada com adubos sabe a carneiro, e assada parece no cheiro, a gordura de porco, e também tem toucinho.[30]

Adotaram-se os alimentos que eram semelhantes aos que se consumiam na Europa (algumas carnes, peixes e legumes), os que eram apreciados pelas suas próprias qualidades (caso de frutas como o ananás, a castanha de caju e tantas outras), e transformaram-se alguns dos que eram diferentes mas, na óptica dos portugueses de então, suscetíveis de se europeizar (veja-se a utilização da farinha de mandioca para confeccionar beiju). Pode afirmar-se que os portugueses introduziram determinadas técnicas culinárias – pontos de açúcar, salga de peixe e de carne, etc. – para melhorar a eficácia da preparação e da conservação dos alimentos. Porém, mais do que isso, aportuguesaram os ingredientes brasileiros, isto é, prepararam-nos e comeram-nos à maneira portuguesa. Assim, a junção de sal nos pratos de carne e peixe, a utilização de açúcar para conservar frutas e o acréscimo de manteiga, leite e ovos à farinha de mandioca são alterações relevantes e exemplos significativos da apropriação e "domesticação" dos novos sabores.

---

30 Fernão Cardim, *Tratados da terra e da gente do Brasil*, cit., pp. 128-129.

Albert Eckhout, *Abacaxi, melancia, etc.*, século XVII. Óleo sobre tela, 91 x 91 cm.

A redescoberta de velhos sabores (séculos XIX-XXI)

Um rei na América

Ao contrário do que aconteceu no reinado de D. José I – quando Portugal foi indubitavelmente aliado da Inglaterra –, D. Maria I e o príncipe regente D. João, futuro D. João VI, praticaram uma diplomacia pouco clara, procurando estabelecer compromissos com a Inglaterra, com a França e com a Espanha. Essa tentativa de conseguir uma tríplice aliança, ou de manter uma posição neutra, de nada serviu, pois a Revolução Francesa e a guerra entre a França e a maior parte da Europa tornaram difícil a política externa portuguesa. Em 1795-1797, as negociações e acordos entre a França e a Espanha previram a invasão e a conquista de Portugal. A guerra luso-espanhola, conhecida como Guerra das Laranjas, seria declarada em 1801.[1] Ao longo de três meses de campanha, o exército português foi sistematicamente derrotado no Alentejo, se bem que tenha contido o invasor no Algarve e no Norte do reino. A paz implicou a entrega de Olivença,

1 António Ventura, "Portugal e a Revolução Francesa: da Guerra do Rossilhão à Guerra das Laranjas", em Manuel Themudo Barata & Nuno Severiano Teixeira, (orgs.), *Nova história militar de Portugal*, vol. 3 (Lisboa: Círculo de Leitores, 2004), pp. 14-26; António Ventura, *A Guerra das Laranjas: a perda de Olivença (1796-1801)* (Lisboa: Prefácio, 2004).

Nicolas Luis Albert Delerive, *Embarque da Família Real para o Brasil.*

pesada indenização e o comprometimento de fechar os portos portugueses aos navios de guerra ingleses.

No final de 1806, Napoleão decretou o Bloqueio Continental.[2] Isso significou que nenhuma nação europeia poderia comerciar ou manter qualquer tipo de relações com as ilhas Britânicas. Após a derrota de Trafalgar, a França tentou arruinar economicamente a Inglaterra e, assim, forçá-la a render-se. Portugal, sem pressa de acatar a ordem, foi notificado em julho de 1807, no sentido de cerrar os portos aos ingleses, confiscar-lhes os navios e quebrar as relações diplomáticas. Tornou-se claro, para o príncipe regente D. João, que duas opções se colocavam a Portugal: ou aceitava o Bloqueio Continental e perdia o império português para a Inglaterra, que não hesitaria em dele se apropriar, ou mantinha a aliança com os ingleses, o que significaria a conquista de Portugal pela França e a necessária saída da Corte para o Brasil, ideia que estava presente desde a Guerra dos Sete Anos e que se clarificara quando o perigo napoleônico começou a tornar-se cada vez mais significativo.[3]

O regente tentou, sem êxito, ganhar tempo. As hesitações diplomáticas revelaram as dificuldades de uma pequena potência.[4] Algumas vozes fizeram-se ouvir, como, por exemplo, a de D. Pedro de Almeida Portugal, terceiro marquês de Alorna, que, por diversas vezes, expressou as suas preocupações acerca da necessidade de apetrechar o exército, de escolher criteriosamente os representantes diplomáticos, e advertiu para os perigos que a Espanha e a França representavam para Portugal.[5] Em 1807, D. João tomou todas as providências para

---

2 Jorge Pedreira & Fernando Dores Costa, *D. João VI, o Clemente* (Lisboa: Círculo de Leitores, 2006), pp. 120-142. Sobre a conjuntura política desse período, ver Ana Cristina Bartolomeu de Araújo, "As invasões francesas e a afirmação das ideias liberais", em Luís Reis Torgal & João Lourenço Roque, (orgs.), *História de Portugal: o liberalismo*, vol. 5 (Lisboa: Estampa, 1998), pp. 21-40. Sobre essa matéria, ver ainda Sérgio Buarque de Holanda & Pedro Moacyr de Campos (orgs.), *História geral da civilização brasileira: o Brasil monárquico*, tomo 1, vol. 2 (9ª ed. Rio de Janeiro: Bertrand Brasil, 2003), pp. 76-80; Jurandir Malerba, *A Corte no exílio: civilização e poder no Brasil às vésperas da independência (1808-1821)* (São Paulo: Companhia das Letras, 2000), pp. 197-203.

3 A ideia de tornar o Brasil o centro do Império português apareceu várias vezes ao longo da Época Moderna. Cf., por exemplo, Jorge Pedreira & Fernando Dores Costa, *D. João VI, o Clemente*, cit., p. 143. Entre os opositores da ideia, contaram-se pessoas como a rainha D. Carlota Joaquina. Cf. Francisca L. Nogueira de Azevedo, *Carlota Joaquina na Corte do Brasil* (Rio de Janeiro: Civilização Brasileira, 2003).

4 Jorge Pedreira & Fernando Dores Costa, *D. João VI, o Clemente*, cit., pp. 74-75.

5 Ver a correspondência dos anos de 1804 e 1806 publicada por Ângelo Pereira, *D. João VI. Príncipe e rei: a retirada da família real para o Brasil (1807)*, vol. 1 (Lisboa: Empresa Nacional de Publicidade), 1953, pp. 138-142, 152-153.

se opor às invasões francesas, mas sem efeito. Napoleão não cedeu. A 12 de agosto de 1807, os enviados diplomáticos francês e espanhol em Lisboa, Rayneval e o conde de Campo Alange respectivamente, apresentaram um ultimato: ou Portugal declarava guerra à Inglaterra até ao dia 1 de setembro, ou os exércitos franco-espanhóis invadiriam o Reino. Em Londres, o embaixador, D. Domingos António de Sousa Coutinho, garantia que os ingleses não molestariam Portugal se os portos fossem fechados à Inglaterra, desde que não se confiscassem as propriedades inglesas; além disso, informou o oferecimento de uma esquadra inglesa para se reunir à portuguesa, caso o príncipe regente tivesse que se ausentar do Reino. A 22 de outubro, D. João publicou o decreto em virtude do qual se fechavam os portos aos ingleses. A esmagadora maioria dos súditos britânicos e seus bens já tinham saído de Portugal, sem lhes terem sido cobrados direitos. Dias antes, a 18 de outubro, o exército francês entrara na Espanha.

A 27 de outubro de 1807, pelo tratado de Fontainebleau, a França e a Espanha dividiam Portugal em três partes. A província de Entre Douro e Minho, com capital no Porto, seria para o rei da Etrúria, com o título de reino da Lusitânia Setentrional; o Alentejo e o Algarve ficariam para Godoy, favorito da Corte espanhola e primeiro-ministro durante algum tempo, formando o principado dos Algarves; o destino da terceira parte seria resolvido após o estabelecimento da paz.

Em meados de novembro, Junot atravessou a fronteira portuguesa. Tinha tido início a primeira invasão. Foi devido à ação do marquês de Alorna que a Corte ficou a saber onde estavam os franceses, apressando, em seguida, a partida para o Brasil:

> Vendo que na Corte nada se sabia da marcha do exército francês, do qual ele [Alorna] também ignorava os movimentos, e parecendo-lhe que ele devia ter entrado em Portugal ou, pelo menos, estar na fronteira, ordenou aos seus três ajudantes de campo [...] que marchassem em diferentes direções ao encontro daquele exército e que verificassem onde ele estava, que entrada tomava e quantos dias de marcha lhe seriam precisos para ocupar a capital.[6]

6 Marquês de Fronteira, *Memórias de marquês de Fronteira e d'Alorna D. José Trazimundo Mascarenhas Barreto ditadas por ele próprio em 1861*, revistas e coordenadas por Ernesto Campos de Andrada, edição em fac-símile da edição de Coimbra, vol. 1 (Coimbra: Imprensa da Universidade, 1926-1932); (Lisboa: Imprensa Nacional Casa da Moeda, 1986), p. 29. Também na *Memória justificativa do marquez d'Alorna* (Hamburgo: Tipografia de F. H. Nestler, 1823), p. 6, se alude a essa realidade.

As ordens do governo foram no sentido de não haver qualquer resistência aos invasores. Entretanto, apressadamente, a família real preparava o embarque rumo ao Brasil, mandando carregar tudo o que de mais valioso possuía. A partida deu-se a 29 de novembro.

Em Portugal reinou a desordem. Junot tomou o poder em Lisboa, e a regência, presidida pelo marquês de Abrantes, foi dissolvida. Soldados franceses e espanhóis roubaram, pilharam e mataram. O exército foi parcialmente dissolvido e transformado na Legião Portuguesa, que seguiu para diversas partes da Europa, a serviço de Napoleão. A resistência popular organizou-se em guerrilhas contra o invasor. As tropas espanholas retiraram e, na Espanha, ocorreram rebeliões contra os franceses. Os ingleses, comandados por Sir Arthur Wellesley (futuro duque de Wellington), entraram em Portugal, em julho de 1808. Tropas inglesas e portuguesas derrotaram Junot, que pediu um armistício e retirou em setembro. A regência retomou as suas funções sob a presidência do marquês das Minas. William Beresford, general britânico, foi eleito marechal de campo no exército português com plenos poderes, que iria manter até 1820. Começou a ser preparada a resistência para uma esperada segunda invasão, que aconteceu em fevereiro de 1809, sob o comando de Soult. Este entrou por Trás-os-Montes, conquistou o Norte até ao rio Douro, mas acabou por retirar em maio do mesmo ano, vencido pelas tropas anglo-portuguesas. Prevendo nova invasão, Arthur Wellesley organizou a defesa de Lisboa, fazendo cercar a capital por três linhas fortificadas, a mais distante conhecida como linhas de Torres. Essas linhas de defesa detiveram o exército de Massena, em julho de 1810, após uma primeira derrota no Buçaco. Em março de 1811, o exército francês retirou-se. Em 1814-1815, o Congresso de Viena restaurou a plena independência e integridade de Portugal, restituindo-lhe, inclusive, Olivença, fato nunca aceito pela Espanha.[7]

De 1808 a 1821, Portugal foi como um protetorado inglês e uma colônia brasileira, e a vida continuou para os portugueses que permaneceram. Após o caos inicial, lentamente, sobretudo depois da retirada do exército francês, em 1811, as práticas cotidianas foram restabelecidas. Com a chegada dos franceses, as grandes diferenças

[7] Cf. os diferentes capítulos de António Pires Nunes, "Portugal e o novo conflito armado emergente"; "A primeira invasão francesa"; "A segunda invasão francesa"; "A terceira invasão francesa", em Manuel Themudo Barata & Nuno Severiano Teixeira, *Nova história militar de Portugal*, vol. 3, cit., pp. 27-42, 43-72; 73-89 e 90-148.

radicaram nas providências para abastecer os soldados,[8] na devastação dos recursos particulares em diversas localidades por parte dos invasores[9] e no aumento da conflituosidade entre portugueses e soldados franceses um pouco por todo o lado, em especial nas tabernas e casas de bebidas. Alguns bairros lisboetas, como o do Mocambo, foram palcos frequentes de arruaças. Efetivamente, era um espaço problemático habitado e frequentado por vadios, marujos, embarcadiços e meretrizes, no qual havia muitas tabernas, lojas de bebidas e casas de pasto, nomeadamente no beco da Amoreira e nas ruas da Esperança, do Mastro, do Merca-tudo, Nova do Marquês de Abrantes e do Silva.[10] As desordens eram comuns, envolvendo ou não os soldados. Assim, por exemplo, uns frequentavam tabernas e cafés, comiam e bebiam e não queriam pagar,[11] outros, ao entrar em estabelecimentos com prostitutas, desafiavam quem estava presente,[12] outros ainda pretendiam forçar as mulheres dos taberneiros.[13] Assim, desordens e roubos eram frequentes, tendo conhecido novos protagonistas no tempo das Invasões Francesas.[14]

Após o Congresso de Viena, a família real permaneceu no Brasil. D. João VI, rei desde 1816, não mostrou interesse em regressar. Se em Portugal se desejava voltar à normalidade, no Brasil, a Corte abrasileirou-se ou, talvez mais corretamente, acariocou-se. O descontentamento popular, aliado à má situação econômica do Reino, começou a ser canalizado contra o rei, os ingleses e a regência, fazendo fermentar ideias revolucionárias. A Revolução de 1820 ditaria o regresso de D. João VI.

Voltando a 1807, a Corte e seus acompanhantes, num número desconhecido, estimado por alguns em cerca de 12 a 15 mil pessoas, partiram de Lisboa a 29 de novembro de 1807, depois de o regente assim o ter decidido a 24. Antes, desde agosto, em várias reuniões do Conselho de Estado, foi proposta a viagem exclusiva do príncipe da Beira, D. Pedro (que então contava 9 anos), acompanhado pela sua

---

8 António Ferrão, *A 1ª Invasão Francesa. A invasão de Junot vista através dos documentos da Intendência Geral da Polícia (1807-1808): estudo político e social* (Coimbra: Imprensa da Universidade, 1925), pp. 8, 11, 202, *passim*.

9 *Ibid.*, pp. 9, 45, *passim*.

10 *Ibid.*, pp. 63-64.

11 *Ibid.*, pp. 37 e 112.

12 *Ibid.*, p. 105.

13 *Ibid.*, p. 237.

14 *Ibid.*, pp. 121-122, 127, 133-134, 141-142, 156, 164, 171-172, 180, 184, 209, 228.

tia, D. Maria Francisca Benedita.[15] Mas o futuro D. João VI optou pela ida de toda a família.[16]

A partida, forçada mas não imprevista,[17] implicou o carregamento de 36 navios com pessoas de diversas condições sociais, sem esquecer os mais variados bens,[18] não obstante nem todos terem cuidado de se fazerem acompanhar de alimentos.[19] A 9 de dezembro, separou-se a esquadra. O príncipe regente aportou em Salvador, na Bahia, a 21 de janeiro, enquanto as irmãs de D. Maria I chegaram ao Rio de Janeiro a 17 do mesmo mês. O vice-rei, conde de Arcos, D. Marcos de Noronha e Brito, só fora informado da partida da família real rumo ao Brasil no dia 14 janeiro. Até 19 de fevereiro, ignorou-se o paradeiro da rainha e do regente. Em Salvador, o governador da capitania era então D. João de Saldanha da Gama, conde da Ponte, que desconhecia em absoluto que a cidade seria o primeiro destino americano do regente. Da Bahia, as embarcações zarparam a 26 de fevereiro, chegando ao Rio de Janeiro a 7 de março de 1808. O desembarque deu-se no dia seguinte.[20]

Quando a família real aportou no Brasil, o conde de Arcos já mandara realizar algumas obras no seu palácio para abrigar a Corte e servir de sede do governo. Como o espaço era insuficiente, foram requisitados dois edifícios próximos, o da Câmara e cadeia e o do Convento do Carmo.[21] O espaço do agora paço real era, mesmo assim, medíocre. De qualquer modo, o príncipe regente D. João preferiu fixar-se na Quinta da Boa Vista, que lhe fora oferecida por Elias António Lopes,[22] um negociante de escravos.

---

15 Paulo Drumond Braga, *A princesa na sombra: D. Maria Francisca Benedita (1746-1829)* (Lisboa/Torres Vedras: Colibri/Câmara Municipal, 2007).

16 Enéas Martins Filho, *O Conselho de Estado português e a transmigração da família real em 1807* (Rio de Janeiro: Arquivo Nacional, 1968), p. 21.

17 Sobre a partida da Corte, ver Luís Norton, *A Corte de Portugal no Brasil* (2ª ed. São Paulo/ Brasília: Companhia Editora Nacional/Instituto Nacional do Livro, 1979), pp. 1-17; Jorge Pedreira, Fernando Dores Costa, *D. João VI, o Clemente*, cit., p. 148.

18 Kenneth Light, "A viagem da família real para o Brasil (1807-1808)", em *D. João VI: um rei aclamado na América* (Rio de Janeiro: Museu Histórico Nacional, 2000), pp. 108-113.

19 Andrée Mansuy-Diniz Silva, *Portrait d'un homme d'etat: D. Rodrigo de Souza Coutinho, Comte de Linhares (1755-1812)*, vol. 2 (Paris: Centro Cultural Calouste Gulbenkian), 2006, p. 578.

20 Luís Gonçalves dos Santos (Padre Perereca), *Memórias para servir à história do reino do Brasil*, tomo 1 (Belo Horizonte/São Paulo: Itatiaia/Edusp, 1981), pp. 167-177. Para uma síntese desses acontecimentos, ver Maria Beatriz Nizza da Silva, *D. João, príncipe e rei no Brasil*, cit., pp. 11-16.

21 Lúcia Maria Bastos Pereira das Neves & Humberto Fernandes Machado, *O Império do Brasil* (4ª ed. Rio de Janeiro: Nova Fronteira, 1999), p. 28.

22 Luís Gonçalves dos Santos (Padre Perereca), *Memórias para servir à história do reino do Brasil*, cit., p.196.

A nova capital do reino foi estabelecida no Rio de Janeiro, que foi sede provisória do governo português durante 13 anos, os quais se revelaram fulcrais para o futuro do Brasil, pois implicou a formação definitiva de um novo Estado e a unidade da nação. Ao longo do tempo em que a Corte se manteve na América, vários momentos foram fundamentais na definição e institucionalização do poder monárquico nos trópicos: a entrada da Corte no Rio de Janeiro (1808); a elevação do Brasil a Reino e a consequente criação do Reino Unido de Portugal, Brasil e Algarves (1815), ditando o fim da condição colonial do Brasil; os funerais de D. Maria I (1816); o casamento de D. Pedro (1817); e a aclamação de D. João VI (1818). Todos esses acontecimentos exigiram a construção de cenários adequados às novas funções da cidade, agora local que abrigava a Corte e que era a sede do Império.[23]

As relações com a Inglaterra, nomeadamente a abertura dos portos brasileiros aos ingleses, em 1808, e os tratados de paz e amizade de 1810[24] fortaleceram a influência inglesa no Brasil, que se traduziu na chegada de mercadorias como louças, porcelanas, cristais, vidros, carruagens, mobiliário e peças de vestuário, entre outras; além da fixação de mercadores e da abertura de casas comerciais, cujas sedes estavam do outro lado do Atlântico. Ao acabar com o exclusivo colonial, Portugal pagou à Inglaterra o auxílio recebido. Não era possível manter a prosperidade comercial que havia beneficiado da fracassada neutralidade política. O algodão, o açúcar, os couros e o tabaco, entre outros produtos, ficavam ao alcance de todos os que estivessem em paz com Portugal.

As principais alterações que o Brasil conheceu foram visíveis na cidade que albergava a Corte e, secundariamente, nas cidades do litoral, em especial Salvador. Com a transferência da Corte para o Rio de Janeiro foram adotados hábitos e políticas públicas a fim de assemelhar a nova capital a Lisboa. Assim, foram tomadas medidas para regularizar

---

23 Afonso Carlos Marques dos Santos, "A fundação de uma Europa possível", em *D. João VI: um rei aclamado na América*, cit., pp. 9-17; Emílio Carlos Rodriguez Lopez, *Festas públicas, memória e representação: um estudo sobre manifestações políticas na Corte do Rio de Janeiro (1808-1822)* (São Paulo: Universidade de São Paulo/Humanitas, 2004); Paulo de Assunção, *Ritmos da vida: momentos efusivos da família real nos trópicos* (Rio de Janeiro: Arquivo Nacional, 2008).

24 Andrée Mansuy-Diniz Silva, *Portrait d'un homme d'etat: D. Rodrigo de Souza Coutinho, Comte de Linhares (1755-1812)*, vol. 2, cit., pp. 277-301; Jorge Pedreira & Fernando Dores Costa, *D. João VI, o Clemente*, cit., pp. 179-185, Maria Beatriz Nizza da Silva, *D. João, príncipe e rei no Brasil*, cit., p. 42. Sobre a abertura dos portos brasileiros, ver Luís Valente de Oliveira & Rubens Ricupero (orgs.), *A abertura dos portos* (São Paulo: Editora Senac São Paulo, 2008); e a interpretação de José Jobson de Andrade Arruda, *Uma colônia entre dois impérios: a abertura dos portos brasileiros (1800-1808)* (São Paulo/Bauru: Edusc, 2008).

o abastecimento e o saneamento, patrocinadas por D. Rodrigo de Sousa Coutinho, conde de Linhares,[25] e, consequentemente, fizeram-se obras nas ruas, construíram-se casas com dois e três pavimentos e substituíram-se as rótulas e as gelosias das janelas por grades de ferro e vidros. Na saúde pública, destaquem-se medidas como a melhoria das condições higiênicas nos matadouros e no transporte da carne para abastecimento da cidade e as campanhas de vacinação contra a varíola, pensadas sobretudo para os mais desfavorecidos. O saneamento e o policiamento ficaram sob a tutela da Intendência Geral da Polícia, criada em 1808. Mais luxo, novas civilidades e sociabilidades foram marcando lugar.

Luccock sistematizou as novidades, das quais apresentamos apenas dois excertos:

> acrescentaram-se ruas novas à cidade e fundaram-se novos mercados, enquanto os antigos melhoraram muito em asseio. As casas fizeram-se mais generalizada e simetricamente caiadas e pintadas; aboliram-se as feias gelosias e alguns dos balcões que ficaram viam-se ornamentados com plantas e flores. Inúmeras pequenas vivendas e jardins enfeitavam as cercanias, tratos de terra eram cuidadosamente cultivados com grama, verduras e flores. As estradas foram alargadas em várias direções ao mesmo tempo que limpadas de mato e outros quejandos estorvos [...]. [Na Corte] exigia-se o antigo traje de Corte, a nobreza local fez-se mais atenta ao bom gosto e propriedade das suas maneiras de vestir, introduzindo-se librés de gala semelhantes às de Lisboa. As casas, com seu mobiliário, realizaram equivalente progresso em conveniência e vistosidade, as carruagens começaram a fazer-se mais numerosas, algumas delas magníficas e, quando a caminho da Corte, faziam-se puxar por cavalos em vez de mulas e servir por lacaios brancos em vez de escravos.[26]

A máquina burocrática foi afinada. Foram criados tribunais, como o Tribunal da Mesa do Desembargo do Paço e da Consciência e Ordens, a Casa da Suplicação e duas novas Relações: a do Maranhão (1812) e a de Pernambuco (1821); introduziu-se um novo sistema de impostos – a sisa entrou em vigor em 1809; estabeleceu-se o Conselho Supre-

---

25 Andrée Mansuy-Diniz Silva, *Portrait d'un homme d'etat: D. Rodrigo de Souza Coutinho, Comte de Linhares (1755-1812)*, vol. 2, cit., pp. 249-251.

26 John Luccock, *Notas sobre o Rio de Janeiro e partes meridionais do Brasil tomadas durante uma estada de dez anos nesse país, de 1808 a 1818*, trad. Milton da Silva Rodrigues (2ª ed. São Paulo: Martins, 1951), pp. 162-163.

mo Militar e a Junta da Fazenda, foi criado o Banco do Brasil (1808), o primeiro banco de todo o Império Português.[27] Dos pontos de vista educacional e cultural, cabe destacar a criação das três academias: de Marinha, de Artilharia e Fortificações e de Belas-Artes. Foram criados estudos de economia política, agricultura, química e ciências no Rio de Janeiro e na Bahia. Abriu-se uma Biblioteca Nacional, com os fundos idos de Portugal,[28] plantou-se um Jardim Botânico,[29] criou-se um Teatro Nacional, fundou-se uma Imprensa Régia, sob a tutela de D. Rodrigo de Sousa Coutinho - que publicava documentos oficiais, jornais, nomeadamente a *Gazeta do Rio de Janeiro* e obras de caráter literário e científico, ao contrário do que acontecia anteriormente, em que todos os impressos vinham de Portugal -, e um Arquivo Militar, dependente do Conselho Supremo Militar, destinado a guardar documentação diversa com destaque para cartas e mapas.[30]

Em 1815, o Brasil deixou a condição de colônia e passou a reino, dotado de instituições próprias. Criou-se o Reino Unido de Portugal, Brasil e Algarves, com igualdade recíproca de direitos e deveres. As capitanias passaram a ser designadas por províncias. O Brasil não ficou imune a agitações revolucionárias, provocadas pela difusão dos ideais liberais. Assim se explica a revolta de 1817 em Pernambuco, que se tentou tornar independente, mas não resistiu às forças enviadas do Rio de Janeiro.

---

27 Andrée Mansuy-Diniz Silva, *Portrait d'un homme d'etat: D. Rodrigo de Souza Coutinho, Comte de Linhares (1755-1812)*, vol. 2, cit., pp. 239-240.

28 Decidiu-se embarcar os fundos da Real Biblioteca. Porém, estes não seguiram com a família real, tendo ficado abandonados no porto de Lisboa durante algum tempo. Regressaram ao Palácio da Ajuda e só no início de janeiro de 1810, após a Segunda Invasão Francesa, comandada pelo general Soult, começaram a ser embarcados. A primeira leva de caixotes seguiu acompanhada pelo servente da Real Biblioteca, Joaquim José de Oliveira, o qual também fez transportar os manuscritos da Coroa e uma coleção de 6 mil códices que se encontravam na Livraria do Paço das Necessidades. A segunda remessa partiu de Lisboa em março de 1811, sob o cuidado do ajudante de bibliotecário Luís Joaquim dos Santos Marrocos. A terceira e última foi levada a efeito em setembro do mesmo ano, sob a guarda do servente José Lopes Saraiva. Cf. Lília Moritz Schwarcz; Paulo César de Azevedo; Ângela Marques da Costa, *A longa viagem da biblioteca dos reis: do terremoto de Lisboa à independência do Brasil* (São Paulo: Companhia das Letras, 2002), pp. 262-269; Lília Moritz Schwarcz & Paulo César de Azevedo, *O livro dos livros da Real Biblioteca. The Royal Library's Book of Books* (São Paulo: Fundação Odebrecht, 2003), pp. 46-47.

29 Sobre o Jardim Botânico, ver Rosa Nepomuceno, *O jardim de D. João* (2ª ed. Rio de Janeiro: Casa da Palavra, 2008); Lúcia Basto Pereira das Neves, "Jardim Botânico", em Ronaldo Vainfas & Lúcia Bastos Pereira das Neves, *Dicionário do Brasil joanino (1808-1821)*, cit., pp. 248-250.

30 A. H. de Oliveira Marques, *História de Portugal*, vol. 2, cit., p. 429; Lúcia Maria Bastos Pereira das Neves & Humberto Fernandes Machado, *O Império do Brasil*, cit., p. 32; Ana Canas Delgado Martins, *Governação e arquivos: D. João VI no Brasil* (Lisboa: Arquivos Nacionais Torre do Tombo, 2007), pp. 115-156; Maria Beatriz Nizza da Silva, *D. João, príncipe e rei no Brasil*, cit., pp. 26-27, 80, *passim*.

A passagem da Corte pelo Rio de Janeiro trouxe alterações à mesa?

Sabendo-se que, à medida que os portugueses se foram fixando no Brasil, levaram os seus hábitos e costumes alimentares, mas que estes tiveram que ser adaptados à realidade do novo espaço, não é de estranhar que a trilogia alimentar no Brasil colonial tenha sido diferente. Isto é, à metropolitana carne, pão e vinho contrapõe-se a colonial carne (seca), feijão e mandioca. Se, por regra, se pode destacar abundância de carne (verde ou seca), de peixe (fresco ou seco) e, sobretudo, de frutas, não é menos verdade que tais alimentos não chegavam a todos e que o Rio de Janeiro era um espaço bastante bem abastecido.[1]

À capital, antes e durante a estada da Corte, chegavam regularmente aves – galinhas, frangos e capões – de São Paulo e Minas Gerais, bem como dos arrabaldes da cidade, sem esquecer as que eram

1 Sobre o abastecimento do Rio de Janeiro, ver Sheila de Castro Faria, "Abastecimento", em Ronaldo Vainfas & Lúcia Bastos Pereira, *Dicionário do Brasil joanino (1808-1821)*, cit., pp. 14-18.

Jean-Baptiste Debret, *Negros vendedores de aves*, século XIX.

criadas no interior da própria cidade. Essas aves eram vendidas num mercado da praia de D. Manuel, onde também se podiam adquirir perus, papagaios, macacos e outros animais.[2] O abastecimento de carne de vaca era igualmente feito a partir de São Paulo e do Rio Grande do Sul, nesse caso, carne-seca ou charque. Os porcos vinham também do Sul, com destaque para Curitiba.[3]

Maria Graham não deixou de notar a diversidade dos produtos, embora nem todos lhe tenham agradado, pois a inglesa escreveu:

> As verduras e as aves são muito boas, mas não baratas. As frutas são muito boas e baratas. A carne verde é barata e má. O carneiro é raro e mau, o porco muito bom. O peixe é pouco, mas muito bom. Ostras, caranguejos e camarões são bons. O pão de trigo é bom. A mandioca serve para comer seca, em pão e em bolo. Os pobres comem-na em sopa, em papa e em pão.[4]

Por seu lado, Maximiliano de Wied Neuwied referiu-se às frutas vendidas no Rio de Janeiro, destacando o coco, concretamente a água de coco, a jaca, "dum doce desagradável", as melancias, as amêndoas de sapucaia e os pinhões de araucária.[5]

Nas zonas rurais, a caça era abundante. Por exemplo, no Maranhão, António Bernardino Pereira do Lago referiu a existência de 38 espécies de aves de caça, "posto que nem todas de sabor agradável": araquã, arara, araúna, canindé, carão, caraúna, codorniz, curica, curicaca, ganso, garça, guará, jaçanã, jaburu, jacu, japessora, juriti, maçarico, maracanã, marreca, mergulhão, mutum-de-bico-amarelo, mutum-de-bico-vermelho, pato, papagaio (de muitas qualidades), pecoapá, perdiz, periquito, pomba-asa-branca, pomba-do-ar, pomba-trocaz, rola, sericoria, seriema, socó, sururina, taquiri e tejuju. A par de várias espécies de outros animais: anta, capijuba, capivara, catitu, coelho, cutia, guariba, jurupari, paca, porco-espinho, quati, queixada-branca, tatu e veado.[6]

---

2 Jean Baptiste Debret, *Viagem pitoresca e histórica ao Brasil*, cit., pp. 161-162.

3 *Ibid.*, p. 269.

4 Maria Graham, *Diário de uma viagem ao Brasil e de uma estada nesse país durante parte dos anos de 1821, 1822 e 1823*, cit., p. 176.

5 Maximiliano de Wied Neuwied, *Viagem ao Brasil*, cit., p. 33.

6 António Bernardino Pereira do Lago, *Estatística historico-geográfica da província do Maranhão*, cit., pp. 53-54.

Os peixes e mariscos, muitos deles diferentes dos que eram consumidos na Europa, apresentavam enorme diversidade. Só na província do Maranhão podiam encontrar-se as seguintes espécies: agulha, acari, aracu, alvacora, bagre, bandeira, bico-de-pato, boi, branquinho, cação, cachorro, camaropim, cascudo, cavala, charco, chiri, chopete, coromatá, curubim, dourado, enchova, fidalgo, galo, guarapiranga, lagostim, maçambé, mandi, mandubi, miro, moreia, nojé, pacamão, pedra, pescada, pirapema, pitinga, poraquê, raia, robalo, sardinha, serapó, solho, tubarão, tainha, tintureiro, traíra e tubi.[7]

O uso da farinha de mandioca, em lugar da farinha de trigo, deu origem ao pouco consumo de pão de trigo, considerado um produto de luxo. No Rio de Janeiro, apenas alguns portugueses e alguns estrangeiros podiam adquirir tais pães. Assim se compreende que, em 1816, apenas existissem seis padarias na cidade, situadas nas praias de D. Manuel e dos Mineiros. Após a aclamação de D. João VI, com o crescimento do número de estrangeiros na cidade, foram-se estabelecendo padarias francesas, alemãs e italianas. O trigo chegava à capital proveniente do Rio Grande do Sul e da América do Norte. Os padeiros fabricavam também biscoitos salgados, roscas e bolachas, uma espécie de pão torrado açucarado e com erva-doce.[8]

O arroz era de consumo corrente entre os grupos populares, tendo a sua divulgação sido impulsionada na segunda metade do século XVIII.[9] Porém, em geral, era de consumo mais reduzido do que a farinha de mandioca, o feijão ou o fubá.[10] No dizer de Câmara Cascudo, o arroz era popular mas não indispensável,[11] se bem que se tenha tornado importante, em especial, na Amazônia, no Maranhão e no Rio de Janeiro.[12] Na realidade, o arroz parece ter tido um consumo muito variável, de acordo com as zonas, matéria que necessita ainda de um estudo aprofundado.

---

7 *Ibid.*, p. 54.

8 Jean Baptiste Debret, *Viagem pitoresca e histórica ao Brasil*, cit., p. 260.

9 Luís da Câmara Cascudo, *História da alimentação no Brasil*, vol. 2, cit., p. 510; Leila Mezan Algranti, "Famílias e vida doméstica", em Laura de Mello e Souza (org.), *Cotidiano e vida privada na América portuguesa*, Coleção História da Vida Privada no Brasil, vol.1 (São Paulo: Companhia das Letras, 1997), p. 124.

10 Sônia Maria de Magalhães, *A mesa de Mariana: produção e consumo de alimentos em Minas Gerais (1750-1850)* (São Paulo: Annablume, 2004), p. 91.

11 Luís da Câmara Cascudo, *História da alimentação no Brasil*, vol. 2, cit., p. 510.

12 Maria Yedda Leite Linhares & Francisco Carlos Teixeira da Silva, "Os alimentos que fizeram o Brasil", em *Terra e alimento: panorama dos 500 anos de agricultura no Brasil*, cit., p. 54.

O uso de molhos picantes foi notado frequentemente. Malagueta com vinagre servia para apimentar carne e peixe. Outra possibilidade, comum nas cozinhas particulares e nas das casas de pasto, era o uso de "linguiça, espécie de salsicha muito seca, sem gordura e fortemente apimentada, que se combina com diferentes legumes e com carne de vaca, para fazer o caldo gordo".[13] Entre os temperos portugueses mais comuns, também utilizados no Brasil, contam-se: cebola, alho, coentro, poejo, agrião, mostarda, salsa, hortelã e pimenta. As cebolas graúdas chegavam ao Rio de Janeiro via Lisboa ou via Buenos Aires. Entretanto, alguns estrangeiros introduziram a sua cultura na capital. Os alhos eram provenientes do interior. Cebolas e alhos eram disponibilizados em vendas do mercado de peixe, apresentados em tranças de palha.[14]

Entre as gorduras, destaque para o toucinho, pois, se acreditarmos nos viajantes estrangeiros, a manteiga brasileira era pouca e de má qualidade ou importada. Pohl afirmou que era desconhecida no interior e apenas existente no Rio de Janeiro, vinda da Holanda e da Irlanda.[15] Debret deu conta do início da fabricação da manteiga fresca desde a fundação da colônia suíça – Nova Friburgo – no distrito de Canta Galo.[16]

Muito poucas referências se encontram acerca do consumo de leite. Sabemos que, no Rio de Janeiro, era vendido de forma ambulante por escravos. Debret referiu o aumento do seu consumo desde a presença da Corte, facilitado pelo crescente número de estrangeiros. Mas acrescentou que o leite era consumido, principalmente, em combinação com o café e com o chá, e estava presente em quase todas as casas particulares.[17]

O uso do café era generalizado. O pó torrado era vendido, diariamente, pelas ruas do Rio de Janeiro, entre as 6 e as 10 horas.[18] O hábito de consumir café entre as refeições pôde ser observado por Maria Graham, que anotou:

---

13 Jean Baptiste Debret, *Viagem pitoresca e histórica ao Brasil*, cit., pp. 138 e 209.

14 *Ibid*, p. 209.

15 Johan Emanuel Pohl, *Viagem no interior do Brasil empreendida nos anos de 1817 a 1821*, vol. 1, cit., p. 87.

16 Jean Baptiste Debret, *Viagem pitoresca e histórica ao Brasil*, cit., p. 183.

17 *Ibid.*, p. 182.

18 *Ibid.*, p. 235.

> em algumas casas, quando se oferece café, como um refresco entre as refeições, servem-se juntamente pequenas fatias de queijo branco, com finas fatias de pão, feito de farinha de mandioca, muito parecido com bolo de aveia. Às vezes em vez destes refrescos nacionais oferecem-se licores franceses ou holandeses, com doces de várias qualidades.[19]

O chocolate era igualmente consumido. Chegava à cidade vindo do Pará e podia adquirir-se, por exemplo, na rua Direita, no estabelecimento de Joaquim José da Rocha.[20] O chocolate de origem espanhola, isto é, das colônias americanas da Espanha, era vendido num botequim na rua da Quitanda.[21] Ou seja, quer nas casas particulares, quer nos estabelecimentos comerciais, estava disponível.

Em matéria de bebidas alcoólicas, em Portugal continental, o vinho - de qualidades díspares - era de consumo corrente entre abastados e populares. No Brasil, era um produto de importação, consumido quase apenas pelos abastados e, mesmo assim, em particular durante os momentos de sociabilidade. De consumo popular, saliente-se a aguardente de cana ou cachaça, abundante em todo o território em consequência dos engenhos de açúcar. De qualquer modo, parece ter-se verificado uma significativa heterogeneidade étnica, etária, profissional e residencial dos consumidores dessa bebida e de algum vinho de qualidade inferior.[22] Por exemplo, Pohl, em relação aos cariocas, afirmou que os portugueses acompanhavam as refeições com Porto ou Madeira misturados com água, e que o povo comum bebia vinho da Figueira ou cachaça.[23] A água era a mais corriqueira das bebidas.

---

19 Maria Graham, "Esboço biográfico de D. Pedro I com uma notícia do Brasil e do Rio de Janeiro", em R. Garcia (org.), *Anais da Biblioteca Nacional do Rio de Janeiro,* tradução de A. J. Lacombe, vol. 60 (Rio de Janeiro: Ministério da Educação e Saude, 1938, p. 156.

20 *Gazeta do Rio de Janeiro,* nº 49, 17 de junho de 1820.

21 *Ibid.*, nº 80, 9 de julho de 1810.

22 Luís da Câmara Cascudo, *História da alimentação no Brasil*, vol. 2, cit., pp. 808-810; Luís da Câmara Cascudo, *Prelúdio da cachaça: etnologia, história e sociologia da aguardente no Brasil* (Belo Horizonte: Itatiaia, 1986); Ricardo Luiz de Souza, "Cachaça, vinho, cerveja: da colônia ao século XX", em *Estudos históricos,* vol. 33, Rio de Janeiro, 2004, p. 6 (consultado na versão on-line, disponível em http://www.cpdoc.fgv.br/revista/asp/dsp); Luiz Mott, "In vino veritas: vinho e aguardente no cotidiano dos sodomitas luso-brasileiros à época da Inquisição", em Renato Pinto Venâncio & Henrique Cardoso (orgs.), *Álcool e drogas na história do Brasil* (São Paulo/ Belo Horizonte: Alameda/Editora PUC-MG, 2005), pp. 47-70; Leila Mezan Algranti, "Aguardente de canas e outras aguardentes: por uma história da produção e do consumo de licores na América portuguesa", em Renato Pinto Venâncio & Henrique Cardoso (orgs.), *Álcool e drogas na história do Brasil*, cit., pp. 71-92.

23 Johan Emanuel Pohl, *Viagem no interior do Brasil empreendida nos anos de 1817 a 1821*, vol. 1, cit., p. 88.

O Rio de Janeiro era abastecido por diversos aquedutos, em especial o do morro perto do Convento de Santa Teresa. A água vinha do pico do Corcovado.[24]

O recurso às importações foi uma constante[25] que se acentuou com a abertura dos portos brasileiros ao comércio estrangeiro, em 1808, beneficiando não só o Rio de Janeiro como também as outras cidades do litoral.[26] Durante a estada da Corte importaram-se produtos, em especial do porto de Liverpool, tão diversificados como aguardente de anis, aguardente de conhaque, ameixas secas, amêndoa amarga, atum branco, atum preto, avelãs, azeite, azeitonas, batatas, bolachas, caramelos, cavala salgada, cerveja, cidra, chás, conservas de ameixas, damascos, peras e ginjas em aguardente e doces de frutos europeus, farinha de trigo, genebra holandesa, licores da França, da Martinica e de Trieste, linguiça, marmelos em quartos, marrasquino de Zara, mexilhões de Aveiro, moscatel da França, mostarda, nozes, paio, passas, pescadas, pevide de estrelinha, presunto de Portugal e de Yorkshire, queijo parmesão, salmão de escabeche, salame da Itália, salame de cabeça de porco, salsicha, talharim branco, vinagre, vinhos brancos, tintos e moscatéis, sem esquecer os que eram de proveniência bem determinada: Borgonha, Carcavelos, Champagne, Chamusca, Chipre, Constança, Cornace, Grave, l'Hermitage, Porto, Provença e S. Serey.[27]

O estudo dos regimes alimentares de presos, recolhidas, doentes internados em hospitais, comunidades religiosas e outros, permite uma ideia mais clara das diferenças entre os vários grupos no mesmo período cronológico e no mesmo espaço. Atentemos num exemplo. Pelos dados trabalhados relativos ao Seminário de Nossa Senhora da

---

24 Jean Baptiste Debret, *Viagem pitoresca e histórica ao Brasil*, cit., p. 91.

25 Beatriz Ricardina de Magalhães, "A demanda do trivial: vestuário, alimentação e habitação", em *Revista Brasileira de Estudos Políticos*, nº 65, Belo Horizonte, 1987, pp. 153-199, especialmente pp. 160-166.

26 Para o caso de Salvador, ver Maria Beatriz Nizza da Silva, *A primeira Gazeta da Bahia: idade d'ouro do Brazil* (2ª ed., Salvador: Edufba, 2005), pp. 182-184.

27 Maria Beatriz Nizza da Silva, "A vida quotidiana", cit., pp. 515-516; Maria Beatriz Nizza da Silva, *A Gazeta do Rio de Janeiro (1808-1822): cultura e sociedade* (Rio de Janeiro, Eduerj, 2007), pp. 33-39. Para o caso de Salvador, ver Maria Beatriz Nizza da Silva, *A primeira Gazeta da Bahia: idade d'ouro do Brazil*, cit., p. 182. Apesar da importação dos vinhos europeus, o seu consumo parece ter sido limitado. Luccock afirmou que: "os vinhos comummente usados eram das piores espécies que os vinhedos de Portugal e Espanha produziam; os tipos melhores, provindos da mãe pátria, raramente se viam, mesmo nas casas daqueles que mais aptos se achavam para os pagar". Cf. John Luccock, *Notas sobre o Rio de Janeiro e partes meridionais do Brasil tomadas durante uma estada de dez anos nesse país, de 1808 a 1818*, cit., p. 33.

Boa Morte, de Mariana, pode verificar-se que os consumos cotidianos eram em grande parte provenientes das terras da instituição contando-se: carne de porco e, secundariamente, de vaca, arroz, feijão, fubá, farinha de milho, pois a farinha de trigo era apenas para as hóstias; batata, batata-doce, cará, mandioca, mangarito, repolho, alface, abóbora, couve e frutos como laranja, tangerina e banana. Marmelada, goiabada e queijo já então constituíam sobremesa. Ficam por apurar ementas diárias e quantidades para cada um dos seminaristas.[28]

A presença da Corte no Rio de Janeiro favoreceu a circulação e a adaptação de novas plantas no Brasil. Em represália pela invasão de Portugal, o príncipe regente, a 1 de maio de 1808, declarou guerra a Napoleão, anulando todos os acordos e tratados entre Portugal e a França. Foi mais longe, pois, a pretexto do restabelecimento dos limites fronteiriços do Norte do Brasil, ordenou a conquista da Guiana Francesa.[29] Antes, porém, mandou que fossem transportadas para o Brasil mudas de noz-moscada. Daquela região chegaram também fruta-pão, bilimbi, mangostão, groselha do Taiti, araticum, anona, sapoti e jalapa, espécies trazidas da Malásia e aclimatadas na América pelos franceses.[30]. No Jardim Botânico de Olinda, em 1810, Koster observou a fruta-pão, a pimenteira negra, a cana-de-açúcar grande do Taiti e muitas outras espécies.[31]

Com a presença da família real na América, deu-se também a introdução do hábito de tomar chá. A prática, comentada por estrangeiros, documentada pelos anúncios de venda de aparelhos para servir a bebida e confirmada por peças resgatadas através de escavações arqueológicas, tornou-se uma moda e um momento de sociabilidade entre os privilegiados residentes na cidade.[32] Porém, foi-se mais longe, tendo-se dado início ao plantio. Há versões diferentes sobre essa questão. Uma que defende o início do cultivo em 1812, graças à ação de

---

28 Sônia Maria de Magalhães, *A mesa de Mariana: produção e consumo de alimentos em Minas Gerais (1750-1850)*, cit., pp. 91-97.

29 Kenneth Maxwell, "Condicionalismos da Independência do Brasil", em Joel Serrão e A. H. Oliveira (orgs.), *Nova história da expansão portuguesa. O Império Luso-Brasileiro (1750-1820)*, vol. 8 cit., pp. 390-391; Andrée Mansuy-Diniz Silva, *Portrait d'un homme d'etat: D. Rodrigo de Souza Coutinho, Comte de Linhares (1755-1812)*, cit., vol. 2, pp. 268-271.

30 Mary del Priore & Renato Venâncio, *Uma história da vida rural no Brasil* (Rio de Janeiro: Ediouro, 2006), p. 120.

31 Henry Koster, *Viagens ao Nordeste do Brasil*, vol. 1, cit., p. 111.

32 Tania Andrade Lima, "Chá e simpatia: uma estratégia de gênero no Rio de Janeiro oitocentista", em *Anais do Museu Paulista*, nova série, vol. 5, São Paulo, 1997, pp. 93-127.

Luís de Abreu, outra que indica idêntica ação, mas anterior, por parte de Domingos Vandelli.[33] O chá começou por ser plantado no Jardim Botânico e na Fazenda Real de Santa Cruz. D. Pedro interessava-se quer pelo cultivo do chá, quer pelo da fruta-pão, "que parece adaptar-se ao clima admiravelmente", nas palavras de Maria Graham.[34]

Desde 1815, fixou-se uma colônia de chineses, provenientes de Macau e de Cantão, que foram os responsáveis pelas primeiras experiências. Na expressão dos germânicos Spix e Martius: "gente escolhida do interior, perfeitamente a par do cultivo do chá".[35] Em 1819, os chineses fizeram uma petição ao rei, solicitando um cônsul. Em 1855, nova vaga de chineses, num total de trezentas pessoas, chegou ao Brasil, contratadas pelo negociante Manuel de Almeida Cardoso.[36] Os objetivos de produzir chá no Brasil não podem ser desligados da tentativa de alterar o sistema comercial de então, com a saída de metais preciosos da Europa rumo ao Oriente.

Em 1824, quando frei Leandro do Sacramento tomou posse da direção do Jardim Botânico, pôde verificar que havia chá plantado em três áreas. Numa, a plantação estava sofrível; nas restantes, em estado de abandono. Porém, o entusiasmo ainda era grande. Frei Leandro descreveu a planta, os momentos em que poderia ser plantada, o modo de proceder à colheita e à preparação das folhas, além de ter refletido sobre o terreno, que, no seu entender, deveria ser argiloso ou barrento, como o do Rio de Janeiro. Defendeu uma cultura extensiva e entendeu que, na China, se procedia a quatro colheitas anuais de chá, e que no Rio de Janeiro a produtividade era mais significativa, pois poderiam ser feitas seis colheitas anuais. Em dado momento, escreveu:

> sendo a planta do chá um arbusto que mantém uma perenidade de vegetação, a qual é modificada em diferentes graus de energia nas

---

33 Carlos Francisco Moura, "Colonos chineses no Brasil no reinado de D. João VI", em *Boletim do Instituto Luís de Camões*, 7 (2), Macau, 1973, pp. 185-191; e 7 (3), pp. 261-269; José Eduardo Mendes Ferrão, *A aventura das plantas e os descobrimentos portugueses* (3ª ed. Lisboa: Chaves Ferreira/Instituto de Investigação Científica e Tropical/Fundação Berardo, 2005), p. 192.

34 "Maria Graham no Brasil. II – Esboço biográfico de D. Pedro I com uma notícia do Brasil e do Rio de Janeiro" , cit., p. 105.

35 Johann Baptist von Spix & Carl Friedrich von Martius, *Viagem pelo Brasil (1817-1820)*, vol. 2, cit., p. 87. Cf. também Johann Moritz Rugendas, *Viagem pitoresca através do Brasil*, cit., pp. 199-200.

36 Carlos Francisco Moura, "Os chineses do Rio de Janeiro requerem a D. João VI um cônsul e intérprete", em *Boletim do Instituto Luís de Camões*, 8 (1), Macau, 1974, pp. 75-81.

> diferentes estações, do que resulta o conservar-se sempre verde e florescer ainda mesmo no inverno (no clima do Rio de Janeiro), deve convir-lhe bem todo o clima quente, que for convenientemente húmido, e por consequência quase todo o território do Brasil é favorável à cultura desta planta.[37]

A ideia de produzir chá para deixar de se importar não foi coroada de êxito, mas o hábito do consumo entre os privilegiados manteve--se.[38] Aos chás locais, juntavam-se os de importação, tão apreciados quanto caros.

No início do século XIX, comer bem ainda significava comer em abundância. Um grande banquete continuava a ser aquele em que eram servidos inúmeros pratos e cada um em grande quantidade. A tendência geral da alimentação portuguesa dos grupos privilegiados, na primeira metade do século XIX, parece apontar para um predomínio de cereais e carnes, consequentemente, rica em hidratos de carbono, proteínas e lípidos, começando a sentir-se cada vez mais a presença de laticínios, frutas e legumes, ou seja, produtos ricos em cálcio, vitaminas e fibras.

No Brasil, durante a estada da Corte, a realidade parece ter sido semelhante à que se vivia no continente, com as devidas adaptações. Para os brancos, a dieta alimentar variava de acordo com o local onde viviam e com o poder de compra que auferiam. No Rio de Janeiro, abundavam as carnes de vaca e de porco. Na perspectiva de Pizarro e Araújo, a primeira

> tem igual sabor e gosto ao boi da Beira em Portugal, mas a das reses conduzidas das capitanias de São Paulo e Minas Gerais, nem sempre mostram a sua bondade, porque sem descanso da longa marcha por caminhos péssimos e assaz trabalhosos, passagem de rios (algumas vezes caudais) e pouca ou nenhuma demora nos pastos intermédios, se aproximam ao talho, tendo demais passado no matadouro dias inteiros sem comer, nem beber [...]. Auxiliam o anual e considerável consumo

---

37 Frei Leandro do Sacramento, *Memória econômica sobre a plantação do chá* (Rio de Janeiro: Tipografia Nacional, 1825), p. 33.

38 Geraldo Moreira Prado & Rael Fiszon Eugênio dos Santos, "Especiarias da China", em *Nossa História*, nº 36, Rio de Janeiro, 2006, p. 69.

> da carne verde na capital, as de charque ou secas beneficiadas no dilatado continente do Rio Grande do Sul.[39]

O mesmo autor salientou a abundância de ovelhas e porcos. A respeito dos últimos, alimentados geralmente a milho, afirmou fazerem-se das suas carnes:

> lombos, entrecostos, pernis, toucinhos, banhas para reforçar os provimentos trazidos de São Paulo e das Gerais, cujos efeitos sustentam o povo da cidade e seus contornos e conservam sempre abundantes as casas dos negociantes desses gêneros.[40]

Muitos comerciantes publicitavam a venda de carne de porco transformada, quer de importação – caso dos presuntos e paios de Melgaço,[41] dos salames e salsichas da Itália[42] e dos presuntos da Vestfália –[43], quer brasileira, independentemente de ter sido tratada, por exemplo, à moda italiana. Atente-se num anúncio do italiano João Borbon, com estabelecimento na rua dos Latoeiros: "faz para vender, com todo o asseio e propriedade, ao uso de Itália, paios a 320 réis o arrátel, linguiça a 240 réis dito, e salsichas a 280 dito, como também outra qualidade de linguiça a 160".[44]

John Luccock também salientou o mau estado em que o gado chegava ao Rio de Janeiro, bem como o posterior tratamento: "logo que esfolado, o corpo é retalhado em quartos, atirado a carroças desajeitadas, salpicado de sangue fresco e coalhado".[45] Também não deixou de perceber que o processo havia melhorado após a instalação da Corte na cidade. Especificou ainda que era costume comer a carne de vaca em sopa, mas que, entretanto, como consequência da presença da Corte, "começou a aparecer à mesa em postas e sob a forma de bifes, mas neste estado seu uso se limita às classes mais altas".[46] Carne de vitela, conhecida como de novilho até um ano, era para uso exclusivo

---

39 José de Souza Azevedo Pizarro e Araújo, *Memórias históricas do Rio de Janeiro*, vol. 7 (Rio de Janeiro: Imprensa Nacional, 1948), p. 97.

40 *Ibidem*.

41 *Gazeta do Rio de Janeiro*, nº 91, 14-11-1810.

42 *Ibid.*, nº 87, 30-10-1813.

43 *Ibid.*, nº 54, 7-7-1819.

44 *Ibid.*, nº 47, 12-6-1811.

45 John Luccock, *Notas sobre o Rio de Janeiro e partes meridionais do Brasil tomadas durante uma estada de dez anos nesse país, de 1808 a 1818*, cit., p. 30.

46 *Ibidem*.

do Paço. O carneiro era de muito baixo consumo, mas as aves eram abundantes, enquanto o porco era utilizado avidamente "como [se ao povo] o encantassem todas as oportunidades de demonstrar que não são nem judeus nem maometanos".[47] Debret forneceu informações que corroboram as opiniões do inglês:

> antes da chegada da Corte de Portugal consumia-se no Rio de Janeiro muito pouca carne de bovinos e os membros, os miúdos e mesmo as cabeças, eram distribuídos gratuitamente aos cidadãos que se apresentavam ao matadouro. Mas, atualmente, os tripeiros estabelecidos perto do matadouro encarregam-se deste comércio já bastante lucrativo. As cabeças, das quais se retira o miolo, são especialmente destinadas aos hospitais; os pés, chamados mocotós, substituem à mesa os pés de vitela e de carneiros, que se consomem [...]. O brasileiro não faz uso da carne de vitela e os refrescantes são feitos com frango. O carneiro, naturalmente delicado, não suporta as fadigas de uma longa viagem para chegar dos campos do interior onde é criado; por isso os poucos que se encontram no Rio são muito magros.[48]

Pohl, referindo-se ao Rio de Janeiro, salientou a simplicidade da mesa mesmo em casas de distinção. Referiu o consumo de frango assado ou cozido com arroz e acrescentou que o prato preferido dos brasileiros era

> o pouco digerível arroz. A água em que ele é cozido, não é coada. Nela se derrete uma grande concha de ferro de toucinho e mistura-se quente, com o feijão e depois come-se com farinha de milho ou de mandioca, servindo-se dela cada um à sua vontade. Acrescenta-se às vezes paçoca. As frutas em conserva também pertencem aos alimentos favoritos.[49]

Luccock não deixou de notar diferenças à medida que se viajava:

> no interior [do Rio de Janeiro], as maneiras de viver diferem materialmente das da cidade. Os gêneros alimentícios mais comuns são a carne seca ou charque, importada do Rio Grande, a farinha de mandioca preparada e o feijão; aves, ovos e sopas constituem pitéus. A água é quase que a única bebida; uma espécie de rum brasileiro

---

47 *Ibid.*, p. 31.

48 Jean Baptiste Debret, *Viagem pitoresca e histórica ao Brasil*, cit., p. 203.

49 Johan Emanuel Pohl, *Viagem no interior do Brasil empreendida nos anos de 1817 a 1821*, vol. 1, cit., p. 88.

> às vezes faz a sua aparição, mas vinho nenhum, exceto nas casas de primeira ordem. Por vezes, servem-se à mesa do patrão animais de caça, tais como tatu, paca, veado e outros; o lagarto grande malhado fornece prato favorito, não se recusa espécie nenhuma de macaco e já vi comerem sem nojo o próprio gambá.[50]

Pior foi o quadro traçado por Pohl, que, numa casa particular do interior do Rio de Janeiro, em São João Marcos, lamentou só poder ter comido peixe seco "meio decomposto", legumes lenhosos com cebola, arroz, ervilhas duras, milho cozido em água sem sal, queijo e bananas.[51]

A Bahia também se apresentava bem abastecida. Segundo Mawe,

> a carne de vaca e a de porco existem em grande quantidade. A primeira evidentemente má, a última tolerável. Os peixes aparecem em grandes porções e variedades constituindo à mesa o prato principal. Peixe frio com salada serve-se ao jantar de quase todas as classes; mesmo os ricos não desejam nada melhor para sua refeição em família [...] aves domésticas não escasseiam mas são caras, verduras e legumes de todas as qualidades encontram-se em abundância. Os mercados estão bem abastecidos de todas as frutas tropicais, muitas das quais bastante apreciadas, principalmente a fruta do conde, a manga e a banana, sendo esta última considerada a melhor da América. Fabricam-se muitas frutas cristalizadas [...] mesmo as classes menos favorecidas terminam o seu modesto jantar com esta delicada e deliciosa sobremesa.[52]

Sobre a mesma região Spix e Martius informaram:

> em vez do fubá de milho, o alimento mais comum em São Paulo e numa parte de Minas Gerais, aqui [Salvador] aumenta cada vez mais o consumo de farinha de mandioca; fora disso, consiste a alimentação do povo em feijão, banana, toucinho e charque, que também é o principal sustento dos escravos. Carne de vitela e legumes são raros e de elevado preço, mas de frutas de toda a espécie não há falta, especialmente são

50 John Luccock, *Notas sobre o Rio de Janeiro e partes meridionais do Brasil tomadas durante uma estada de dez anos nesse país, de 1808 a 1818*, cit., p. 197.

51 Johan Emanuel Pohl, *Viagem no interior do Brasil empreendida nos anos de 1817 a 1821*, cit., p. 156.

52 John Mawe, *Viagem ao interior do Brasil, principalmente aos distritos de ouro e dos diamantes*, cit., pp. 266-267.

excelentes aqui as laranjas-da-baía, que se conhecem com os nomes de seleta e de umbigo; as jacas, as mangas e as atas.[53]

Em São Paulo e em Minas Gerais, pontificava o milho em vez da mandioca. Freireyss notou que em todo o Brasil se consumia farinha de mandioca, exceto no planalto e em Minas Gerais, onde se preferia o milho.[54] Spix e Martius foram igualmente claros:

em vez de farinha de mandioca, quase exclusivamente se come a farinha de milho grosseira. Vem à mesa, em cestinhas, como o pão na Europa e, somente a pedido do hóspede, é substituída pela farinha de pau (mandioca). Raras vezes se fazem pães ou bolos com ela. No mais, é canjica, igualmente preparada com milho, e nunca falta na sobremesa essa comida nacional dos paulistas.[55]

Porém, em alguns anos, a falta de alimentos constituía um problema. Saint-Hilaire notou, acerca da Fazenda de Paranapitanga (São Paulo), que o feitor da propriedade e sua família comiam apenas leite e feijão cozido, pois não havia farinha nem toucinho. A falta de milho implicou que não se criassem porcos nem galinhas. Restavam palmitos e frutas silvestres, para os mais necessitados.[56]

O costume de comer a farinha de milho com as mãos também impressionou Pohl. Após ter passado por São João d'el Rei, na fazenda de Matias Vieira, pôde deliciar-se com uma boa refeição

à moda do país que consistia em legumes, feijão, uma galinha com arroz, queijo, farinha de milho e bananas. Muito esquisito para o estrangeiro parece o costume de derramar farinha de milho sobre a mesa para servir, por assim dizer, de base a outros alimentos contidos numa travessa. A gente serve-se logo dessa farinha, em vez de pão, tirando-a do monte com uma colher e levando-a assim à boca. Os naturais têm a habilidade de tirar essa farinha do monte às colheradas e enviá-la ou melhor arremessá-la à boca.[57]

---

53 Johann Baptist von Spix & Carl Friedrich von Martius, *Viagem pelo Brasil (1817-1820)*, vol. 2, cit., p. 157.

54 G. W. Freireyss, *Viagem ao interior do Brasil*, cit., p. 20.

55 Johann Baptist von Spix & Carl Friedrich von Martius, *Viagem pelo Brasil (1817-1820)*, vol. 1, cit., p. 163.

56 Auguste de Saint-Hilaire, *Viagem à província de São Paulo e resumo das viagens ao Brasil, província Cisplatina e Missões do Paraguai*, cit., p. 291.

57 Johan Emanuel Pohl, *Viagem no interior do Brasil empreendida nos anos de 1817 a 1821*, vol. 1, cit., p. 229.

Em Goiás, havia feijão, toucinho, legumes lenhosos, carne-seca, galinha, arroz, açúcar de cana, frutas em conserva, mandioca e milho, levando o viajante a concluir estar perante os elementos da mesa brasileira. Mais à frente, a caminho do Rio Grande, faltavam toucinho, feijão e farinha de milho aos habitantes locais, que se alimentavam de abóboras, bananas e carne-seca, os únicos alimentos disponíveis também aos que iam de passagem.[58]

Debret insistiu na referida onipresença do milho em Minas Gerais, Mato Grosso e Goiás:

> viajando-se numa estrada frequentada dessas regiões pode ter-se a certeza de encontrar sempre milho seco para os animais e canjica para restauração do viajante. Chama-se canjica a uma sopa feita com uma espécie de milho branco, fervido no leite ou simplesmente na água com açúcar, à qual, por requinte, se acrescentam algumas gemas. Os mineiros comem habitualmente broa de farinha de milho em lugar de pão. Também consomem uma espécie de massa da mesma farinha preparada da mesma maneira. Vivendo de farináceos, cultivam, além do milho, o feijão preto moído e dois tipos de arroz barbudo, um branco e outro vermelho.[59]

No Rio Grande do Sul, o gado era abundante. A carne, vendida a preços módicos, usava-se quer para consumo local, quer para exportação para outras capitanias.[60] Porém, na província de Santa Catarina, concretamente no distrito de São Francisco, Auguste de Saint-Hilaire notou uma alimentação pouco nutritiva, salientando que tinham poucas vacas, criavam alguns porcos e plantavam cará, aipim e batata. Assim, a população local consumia especialmente farinha de mandioca, peixe cozido e marisco.[61] Na ilha de Santa Catarina, a situação não era diferente, e, aos referidos ingredientes, juntavam-se frutas, especialmente bananas e laranjas.[62]

No Sul do Brasil havia ainda o consumo de algo diferente: o mate, comparável ao chá. Langsdorf referiu-se à planta, à sua preparação e ao modo de servir a bebida:

---

58 *Ibid.*, vol. 2, pp. 335, 383.

59 Jean Baptiste Debret, *Viagem pitoresca e histórica ao Brasil*, cit., p. 177.

60 Paulo Berger (org.), *Ilha de Santa Catarina: relatos de viajantes estrangeiros nos séculos XVIII e XIX* (4ª ed. Florianópolis: Editora da UFSC/Lunardelli, 1996), p. 164.

61 Auguste de Saint-Hilaire, *Viagem à província de Santa Catarina (1820)*, cit., pp. 64, 96-97.

62 *Ibid.*, pp. 163, 168.

> as folhas são recolhidas em cestos alongados, com dois ou três quilos de peso, e enviadas para cá [Santa Catarina]. Na confecção do chá estas folhas são fervidas e depois adoçadas e oferecidas aos hóspedes; para que as pequenas folhas não venham à boca, usa-se um pequeno canudo, da espessura de um cabo de cachimbo e de ½ pé de comprimento, que se abre na parte inferior como um regador, com várias aberturas pequenas e que é tecido com fibras de madeira e possibilita que se sugue o líquido do chá. Em casas mais pobres o objeto usado é chamado de "cuia", é bem simples e consiste de uma casca de coco ou uma espécie de abóbora ou ainda de um objeto feito de barro cozido, que é oferecido aos hóspedes com um pequeno guardanapo, como na Inglaterra se faz com a sobremesa. Isto para que se possa segurar comodamente na mão a louça aquecida pelo chá. Em casa de cidadãos mais abastados veem-se cascas de coco entalhadas, pintadas ou cuidadosamente laqueadas e também encontrei lugares onde usavam a bomba e a chávena delicadamente trabalhadas em prata e, ao invés de guardanapos, havia um pratinho de mesmo metal.[63]

Apesar de a Igreja ter proibido o mate no século XVII, este acabou por se impor devido ao baixo preço[64] e às suas qualidades estimulantes e tônicas, aparecendo como uma bebida de hospitalidade, tal como o café.[65] Não ficou circunscrito ao extremo sul; era também de uso corrente em São Paulo, servido com açúcar e em chávenas, acompanhando pão de ló e outros doces de forno ou pão com manteiga. O mate era também chamado congonha.[66]

Entre os brancos mais desfavorecidos, as refeições podiam não incluir carne. John Luccock referiu, em relação aos do Rio de Janeiro, que "um prato de farinha [de mandioca] com caldo de laranja por cima constitui uma refeição frequente entre os vendedores pobres e operá-

---

63 Paulo Berger (org.), *Ilha de Santa Catarina.*, cit., p. 167.

64 Carlos Roberto Antunes dos Santos, *História da alimentação no Paraná* (2ª ed. Curitiba: Juruá, 2007), pp. 145-146.

65 Maria Eunice Maciel, "Chimarrão: identidade, ritual e sociabilidade", em Maria Eunice Maciel & Estélio Gomberg (orgs.), *Temas em cultura e alimentação* (São Cristóvão/Aracaju: Editora da UFS/Fundação Oviedo Teixeira, 2007), pp. 42-43.

66 Aloísio de Almeida, "Vida cotidiana da capitania de São Paulo (1722-1822): excertos de uma obra completa", em Carlos Eugênio Marcondes de Moura (org.), *Vida cotidiana em São Paulo no século XIX: memórias, depoimentos, evocações* (São Paulo: Ateliê/Ednesp/Imprensa Oficial do Estado/Secretaria do Estado da Cultura, 1998), p. 25.

rios; outros a comem com molho e os negros fazem-na passar por uma ligeira fervura".[67] Spix e Martius forneceram mais detalhes:

> a mandioca, o fubá e o feijão preto, em geral cozidos com toucinho e carne-seca ao sol e salgada, formam a principal parte do embora pesado e grosseiro alimento, mas saudável para quem faz muito exercício e toma vinho português ou cachaça [...].[68]

Spix e Martius lembraram que, na Amazônia, o pirarucu salgado constituía o principal alimento dos trabalhadores.[69] Em Santa Catarina, Langsdorf citou a mandioca grosseira, conhecida por farinha de pau, como o alimento mais usado pelos mais modestos.[70] O mesmo viajante pôde verificar que havia choupanas que nem cozinha à moda europeia tinham. A alimentação dos seus habitantes era constituída por mandioca e frutas.[71]

A existência de muita caça em todo o território constituía uma facilidade que beneficiava, sobretudo, os mais desfavorecidos. Freireyss salientou veados, antas, porcos de mato e outros, sem esquecer as carnes de papagaios, tucanos e pica-paus, que, contudo, não igualavam a do jacu.[72] Referindo-se ao Maranhão, Francisco de Paula Ribeiro considerou a caça um dos "principais recursos lícitos dos seus habitantes pobres, porque se eles não fossem, muito menos fora a população do distrito, uma vez que as carnes verdes ou secas lhe não são facilitadas por miúdo como nos açougues e mercados públicos".[73] Porém, nem todos os recursos eram devidamente explorados, a aceitarmos a opinião de Auguste de Saint-Hilaire, que, escrevendo acerca do Espírito Santo, entendeu: "Os ricos, aí, são os únicos que comem carne. Vivem os outros de farinha de mandioca, peixe fresco ou seco, mariscos, feijão que juntam ao peixe, sem sequer incluir toucinho, que não usem, pois a preguiça não deixa que criem porcos".[74] Bem diferente foi a opinião,

---

67 John Luccock, *Notas sobre o Rio de Janeiro e partes meridionais do Brasil tomadas durante uma estada de dez anos nesse país, de 1808 a 1818*, cit., p. 32.

68 Johann Baptist von Spix & Carl Friedrich von Martius, *Viagem pelo Brasil (1817-1820)*, vol. 1, cit., p. 60.

69 *Ibid.*, vol. 3, cit., p. 150.

70 Paulo Berger (org.), *Ilha de Santa Catarina*, cit., p. 164.

71 *Ibid.*, p. 173.

72 G. W. Freireyss, *Viagem ao interior do Brasil*, cit., p. 20.

73 Francisco de Paula Ribeiro, *Memórias dos sertões maranhenses*, cit., p. 117.

74 Auguste de Saint-Hilaire, *Viagem ao Espírito Santo e Rio Doce*, trad. Milton Amado (Belo Horizonte: Itatiaia, 1974), p. 17.

pouco credível, de Jacques Arago, que, referindo-se aos colonos residentes nas principais cidades do Brasil durante a primeira metade do século XIX, entendeu:

> pensará estar participando, quase, de refeições europeias. São bifes, rosbifes, galinhas, peixes preparados de forma mais ou menos adaptada: uma mesa redonda, oval ou quadrada, toalhas, pratos, cadeiras, garfo, colher, faca e quase sempre... tédio.[75]

Ao Brasil colonial chegaram todas essas técnicas culinárias praticadas em espaços um pouco diversos, pois as cozinhas começaram por ser exteriores à casa e, posteriormente, passaram a estar incluídas no interior. Como a transformação foi lenta, casas houve em que havia duas cozinhas: uma dita limpa, no interior, e outra, suja, no exterior. Nesta última, preparavam-se os doces por várias horas, as refeições cotidianas e procediam-se aos trabalhos mais sujos, incluindo a lavagem da louça.[76] A impressão causada pelo aspecto das cozinhas nos estrangeiros foi verdadeiramente preocupante. Se Luccock observou em especial as toscas estruturas, Mawe evidenciou a falta de higiene. Para o primeiro:

> as cozinhas em geral possuem uma vasta chaminé aberta e um forno; o fogão tem cerca de dez pés de comprimento, cinco de largo e três de alto; o seu corpo consiste de uma sucessão de divisões de tijolo. Essas divisões têm cerca de dois pés de comprimento, podendo-se fazer fogo isoladamente em cada uma delas; por cima das que estão sendo usadas colocam-se tijolos ou pedras, deixando abertos ou vazios de modo a que o calor possa atingir a panela, que em geral é de barro, de fabricação local. Não se usam grelhas nem trempes, nem guarda-fogos; tais utensílios seriam tidos por supérfluos e incômodos. Para atiçar o fogo, usa-se uma espécie de leque, feito de folha de palmeira, que supre perfeitamente o efeito de um fole. A mesa de cozinha consta de um sólido bloco de madeira, fixado numa das extremidades da cozinha, tendo por cima umas poucas prateleiras. Sobre uma banqueta adrede construída, acham-se potes contendo água, sempre pronta para beber ou fazer outro uso qualquer; e por cima deles há uma concha, feita de

---

75 Jacques Arago, *Jantares em diferentes países: esboço anedótico e fisiológico*, trad. Marisa Motta (Rio de Janeiro: José Olympio, 2006), p. 91.

76 Carlos A. C. Lemos, *Cozinha, etc: um estudo sobre as zonas de serviço da casa paulista* (São Paulo: Perspectiva, s/d.), pp. 28-43, *passim*; Leila Mezan Algranti, "Famílias e vida doméstica", cit., p. 102; Paula Pinto e Silva, *Farinha, feijão e carne-seca: um tripé culinário no Brasil colonial* (São Paulo: Editora Senac São Paulo, 2005), p. 40.

> um coco vazio, que serve para tirar água dos potes e de copo para os escravos.[77]

Mawe foi mais contundente. A respeito das cozinhas dos lavradores paulistas, considerou serem constituídas por

> um compartimento imundo, com o chão lamacento, desnivelado, cheio de poças de água, onde em lugares diversos, armam fogões armados por três pedras redondas, onde pousam as panelas de barro, em que cozinham a carne. Como a madeira verde é o principal combustível, o lugar fica cheio de fumaça, que por falta de chaminé atravessa as portas e se espalha pelos outros compartimentos, deixando tudo enegrecido pela fuligem. Lamento ter de afirmar que as cozinhas das pessoas abastadas em nada diferem destas.[78]

O mesmo autor descreveu uma outra cozinha de uma casa abastada em Bandeira Coelho (Minas Gerais):

> mero buraco sujo, enegrecido pela fuligem e pela fumaça, que impregnavam o ambiente, com o chão lamacento; os utensílios de cozinha reduziam-se à panela de barro, colocada sobre três pedras e aquecida por um fogo de lenha verde.[79]

Cozinhas pouco limpas e bateria de cozinha precária, constituída por louça grosseira de barro de fabrico local, por vezes da autoria de índias, cabaças feitas com os frutos de cuité, denominadas cocos, eventualmente adornados com prata na borda, demonstrando a adoção de um hábito nativo, a par de colheres de pau, talheres e, como veremos à frente, porcelanas orientais e inglesas e alguma prataria, para as mesas dos mais abastados, eram típicas do Brasil de D. João VI.[80] Dados muito concretos, obtidos a partir da análise dos inventários *post mortem*, revelam, para Minas Gerais, utensílios de cozinha

---

77 John Luccock, *Notas sobre o Rio de Janeiro e partes meridionais do Brasil tomadas durante uma estada de dez anos nesse país, de 1808 a 1818*, cit., p. 82.

78 John Mawe, *Viagem ao interior do Brasil, principalmente aos distritos de ouro e dos diamantes*, cit., p. 84.

79 *Ibid.*, p. 161.

80 John Luccock, *Notas sobre o Rio de Janeiro e partes meridionais do Brasil tomadas durante uma estada de dez anos nesse país, de 1808 a 1818*, cit., p. 126; Leila Mezan Algranti, "Famílias e vida doméstica", cit., p. 122; Paula Pinto e Silva, *Farinha, feijão e carne-seca: um tripé culinário no Brasil colonial*, cit., p. 30.

como bules, caçarolas, chocolateiras, panelas e tachos de cobre, além de talheres de prata e de latão, nesse caso, para os menos abastados.[81]

As técnicas culinárias praticadas pelos brancos no Brasil nem sempre refletiam apenas os usos da metrópole. Por exemplo, Luccock observou, sem grande precisão conceitual, que os gaúchos utilizavam um método semelhante ao dos índios para grelhar a carne, que consistia em envolver a carne a ser assada num pedaço de couro cru, sendo o resultado um sabor delicioso.[82] Spix e Martius referiram-se ao hábito baiano de abrir os peixes longitudinalmente, retirar-lhes as tripas, salgá-los e secá-los ao fogo sobre um jirau. A prática conhecida por *moquém* era própria dos silvícolas.[83] A fabricação das farinhas de mandioca e de milho foi levada a efeito com técnicas aprendidas com os índios. A introdução de utensílios mais adequados, pelos portugueses, tornou o trabalho mais eficiente.[84]

Pohl observou a preparação da farinha de milho em diversos locais, como em Goiás: "molha-se e descasca-se o grão, pila-se, com adição de água, mexe-se a fogo lento numa frigideira de cobre ou (como é costume em Goiás) sobre uma chapa de xisto quartzífero e passa-se pela peneira". Esta farinha substituía o pão. A farinha mais fina, moída em moinho, dava origem ao fubá, que, escaldado em água quente, permitia a preparação do angu. A mistura de farinha de trigo com fubá originava uma espécie de pão quebradiço e indigesto, na perspectiva do viajante.[85]

Na área da doçaria o intercâmbio foi, como vimos, particularmente proveitoso, pois o gosto e os conhecimentos técnicos para conservar as frutas europeias foram igualmente aplicados às frutas tropicais. Mesmo assim, no início do século XIX, algumas confeitarias do Rio de Janeiro vendiam doces europeus, além dos brasileiros. Uma, na rua do Ouvidor, publicitava doces em calda, em boiões pequenos, de abacaxi, laranja, cidra, caju, limão, tangerina, gruximana e orumbe-

---

81 Sônia Maria de Magalhães, *A mesa de Mariana: produção e consumo de alimentos em Minas Gerais (1750-1850)*, cit., pp. 115-116.

82 John Luccock, *Notas sobre o Rio de Janeiro e partes meridionais do Brasil tomadas durante uma estada de dez anos nesse país, de 1808 a 1818*, cit., p. 235.

83 Johann Baptist von Spix & Carl Friedrich von Martius, *Viagem pelo Brasil (1817-1820)*, vol. 2, cit., p. 181.

84 Leila Mezan Algranti, "Famílias e vida doméstica", cit., pp. 144-145.

85 Johan Emanuel Pohl, *Viagem no interior do Brasil empreendida nos anos de 1817 a 1821*, vol. 1, cit., p. 259.

ba, além de quartos de marmelo e açúcar rosado em copos. Os doces europeus podiam ser adquiridos em frascos de 5 a 6 libras (cada libra equivalia a 0,489 quilo ou 0,326 quilo), e eram de damasco, figo, ginja, pera e pêssego.[86] Um outro anúncio do mesmo estabelecimento dava conta de "doce de pera seca em caixinhas e também em calda e de ginja, frascos grandes e pequenos".[87] Os lotes eram provenientes do Porto. Pouco depois, novo anúncio da mesma confeitaria referia-se a "barrizinhos de doces de frutas secas e em calda vindos de fora, cidrão, laranja, caju, abacaxi, pitanga, tamarindo, limão e mangaba".[88]

Na doçaria brasileira, especialmente realizada nos espaços doméstico e conventual, assiste-se a uma permanência das técnicas culinárias portuguesas com a produção de compotas, pastas de frutas e frutas cristalizadas, paralelamente à utilização de frutas nativas e à introdução de novos ingredientes nas receitas antigas, enriquecidas – caso do leite de coco no arroz doce –, sem esquecer a produção de novos doces, que passaram a ser exportados para a Europa, como a cocada, a rapadura e a canjica. Como bem notou Leila Algranti, a cocada, feita com um fruto asiático a partir de uma técnica portuguesa, deu origem a uma especialidade brasileira.[89]

Ao nível do ritual e do serviço à mesa registaram-se igualmente alterações. Na primeira metade do século XIX, em Portugal continental, tal como em outros pontos da Europa, parece ter havido alguma tendência para aproximar o horário das refeições das horas a que atualmente são servidas. Essa atitude, ditada pelos meios urbanos, foi motivada pelas novas exigências das atividades laborais. Assim, o primeiro almoço, ou almoço de chávena, tomava-se ao levantar; o segundo almoço, ou almoço de garfo, era servido entre as 10 e as 12 horas. O jantar, com tendência a ser servido cada vez mais tarde, ocorria entre as 16 e as 19h30. A passagem dessa refeição para horário cada vez mais tardio implicou a criação do chá das 5.[90] No Brasil colonial, o almoço dos abastados era servido pelas 10 horas, o jantar entre as 12 e as

---

86 *Gazeta do Rio de Janeiro,* nº 20, 29-3-1820.

87 *Ibid.*, nº 101, 16-12-1820.

88 *Ibid.*, nº 4, 13-1-1821.

89 Leila Mezan Algranti, "Os doces na culinária luso-brasileira: da cozinha dos conventos à cozinha da 'casa brasileira', séculos XVII a XIX", em *Anais de História de Além-Mar*, nº 6, Lisboa, 2005, p. 151.

90 Isabel M. R. Mendes Drumond Braga, *Portugal à mesa: alimentação, etiqueta e sociabilidade (1800-1850)* (Lisboa: Hugin, 2000), pp. 129-133.

15 horas, de acordo com as diferentes profissões, e o chá em família, pelas 20 horas. Este era entendido como uma refeição ligeira na qual pautavam os doces.[91] Algumas ocasiões também propiciavam ceias.

Não raro, a publicidade inserida na *Gazeta do Rio de Janeiro* dava conta das bandejas de doces para chá. Por exemplo, numa em que se pretendia alugar uma negra com várias apetências, fica a saber-se que ela sabia coser, engomar, lavar, cozinhar, fazer doce, servir à mesa e compor uma bandeja de chá.[92] Na loja de Luís Zoveti e companhia, na rua do Ouvidor, vendiam-se diversos gêneros alimentares, como azeite, cerveja, cidra, conservas, doces, licores, mostarda, molhos para peixe, vinagre, vinhos e outros, além de se prepararem bandejas de doces e águas de cheiro.[93] Numa confeitaria da rua da Quitanda, podiam encomendar-se jantares e adquirir-se doces em calda, empadas, presuntos e bandejas de doces.[94] Serafim Pistachino e Paulo Barberi, com confeitaria na rua do Lavradio, informavam que "continuam a aprontar bandejas de doces para chá, refrescos nevados, todos os mais artigos pertencentes à arte de confeitaria", além de jantares e ceias a preços "cômodos".[95]

Jean Baptiste Debret pôde verificar que os horários das refeições eram variáveis, mesmo no Rio de Janeiro, de acordo com as atividades profissionais:

> o empregado jantava às duas horas, depois da saída do escritório; o negociante inglês deixava a sua loja na cidade ali pelas cinco da tarde, para não mais voltar; montava a cavalo e, chegando à sua residência, num dos arrabaldes mais arejados da cidade, jantava às seis horas da tarde. O brasileiro de outrora sempre jantou ao meio-dia e o negociante de hoje à uma hora.[96]

Câmara Cascudo, sem identificar a fonte, informou que D. João VI jantava às 16 horas;[97] o mesmo faziam os condes de Linhares, D. Gabriela e D. Rodrigo de Sousa Coutinho, que não dispensavam

---

91 Maria Beatriz Nizza da Silva, "A vida quotidiana", , cit., pp. 518-519.

92 *Gazeta do Rio de Janeiro,* nº 4, 30-1-1813.

93 *Ibid.*, nº 101, 18-12-1813.

94 *Ibid.*, nº 22, 17-3-1816.

95 *Ibid.*, nº 22, 15-3-1820.

96 Jean Baptiste Debret, *Viagem pitoresca e histórica ao Brasil,* cit., p. 137.

97 Luís da Câmara Cascudo, *História da alimentação no Brasil,* vol. 2, cit., p. 699.

uma ceia ligeira, pelas 23 horas, após a chegada do conde, vindo do Paço.[98]

Fora de casa, o horário das refeições não era muito diferente. Por exemplo, um anúncio publicado na *Gazeta do Rio de Janeiro* informava que na hospedaria Reino do Brasil, situada na rua da Alfândega, cuja abertura estava marcada para 22 de dezembro de 1816, haveria "duas mesas de hóspedes, uma às duas horas precisas e a outra às quatro precisas".[99] Um outro, do ano seguinte, relativo à casa de pasto Hotel du Royaume du Brésil, localizada na travessa da Alfândega, dava conta que teria mesa redonda (isto é, cardápio fixo, servido aos comensais numa mesa coletiva) às 2h30, para jantar, ao preço de 800 réis por pessoa.[100] Os clientes tinham direito a meia garrafa de Porto ou uma de bordéus em qualquer dos estabelecimentos referidos, os quais também serviam em mesas particulares.

A descrição de algumas refeições permite ter ideia do que efetivamente se comia cotidianamente e em dias de festa. Lamentavelmente, não chegaram até nós descrições de banquetes dados pela Corte ou em honra dela. Nos aniversários dos membros da família real, ofereciam-se recepções, porém não se descreveram as iguarias. Expressões lacônicas como "foi servida lauta ceia" caracterizaram esses momentos. Assim aconteceu, por exemplo, quando, em 1819, o conde de Palma se esmerou na celebração do aniversário de D. João VI.[101]

No que diz respeito às refeições cotidianas, Maria Graham notou as do primeiro imperador e sua família, após a Corte portuguesa ter deixado o Brasil. Assim, D. Pedro estava habituado a degustar rápido almoço, após os trabalhos da manhã, constituído por galinha frita com ovos. Quando visitava o Jardim Botânico, frei Leandro do Sacramento disponibilizava-lhe uma galinha fria ou guisada, arroz, ovos ou, pelo menos, café e queijo. D. Leopoldina jantava sozinha numa divisão de passagem atulhada de malas fechadas. Após o repasto assistia ao jantar do marido, que gostava de comer toucinho com arroz, batata ou batata-doce, pepinos cozidos e carne assada, além de sopa, consti-

---

98 Andrée Mansuy-Diniz Silva, *Portrait d'un homme d'etat: D. Rodrigo de Souza Coutinho, Comte de Linhares (1755-1812)*, vol. 2, cit., pp. 599-600.

99 *Gazeta do Rio de Janeiro*, nº 102, 21-12-1816. Note-se que, em 1815, assinada a paz, chegaram os primeiros franceses ao Brasil.

100 *Ibid.*, nº 28, 5-4-1817.

101 Maria Beatriz Nizza da Silva, *A primeira Gazeta da Bahia: idade d'ouro do Brazil*, cit., p. 189.

tuída pelo líquido onde os citados gêneros tinham sido cozidos, a que se juntara alho, pimenta e verduras. A filha do casal, futura D. Maria II, rainha de Portugal, comia pratos muito condimentados e era pouco cuidadosa à mesa. Certo dia, nutriu-se com "uma coxa de galinha cozida em óleo com alho [...] tomou o alho do prato com os dedos e comeu-o. Um copo de vinho forte e água seguiram-se, e depois, com surpresa minha, café, torradas e doces".[102]

Mawe deu conta de algumas refeições festivas praticadas em São Paulo:

> o pão é muito bom e a manteiga tolerável, mas usada raras vezes; exceto no café da manhã e no chá à noite. Prato bastante comum, no almoço, é uma variedade de ervilhas, muito gostosa, denominadas feijão, cozida ou misturada com farinha de mandioca. O jantar servido usualmente ao meio-dia, ou mais cedo, consiste em geral, numa quantidade de verduras fervidas com carne de porco gorda, ou bife, uma raiz da espécie da batata e uma galinha recheada, com excelente salada, seguida por grande variedade de deliciosas conservas e doces. Tomam muito pouco vinho às refeições. A bebida usual é a água. Em ocasiões públicas ou quando se oferece uma festa a muitos convidados, ornamenta-se a mesa suntuosamente; servem-se de uma só vez, de trinta a cinquenta pratos; arranjo pelo qual se evita uma série de mudanças de pratos. O vinho circula copiosamente, repetindo-se os brindes durante o banquete, que dura, em geral, de duas a três horas, seguido de doces, o orgulho da mesa; depois do café, os convidados passam a noite dançando, ouvindo música ou jogando cartas.[103]

Outras refeições mereceram ao inglês algumas notas. Numa, em Sepetiba, foi contemplado com farto jantar de peixe, galinha, café e ótimos doces.[104] Em Cantagalo, o jantar foi constituído por feijão cozido com carne de porco gorda, algumas folhas de repolho, uma espécie de pirão feito com caldo de carne de porco e colocado num prato de farinha.[105] Na zona do Rio de Janeiro, às ceias eram servidas hortaliças com carne de porco. As galinhas eram ensopadas e as laranjas e ba-

---

102 "Maria Graham no Brasil. II – Esboço biográfico de D. Pedro I com uma notícia do Brasil e do Rio de Janeiro", cit., p. 102.

103 John Mawe, *Viagem ao interior do Brasil principalmente aos distritos de ouro e dos diamantes*, cit., p. 92.

104 *Ibid.*, p. 101.

105 *Ibid.*, p. 129.

nanas eram de consumo corrente.[106] Numa fazenda mineira, o almoço era constituído por feijão-preto misturado com farinha de milho e um pouco de torresmo de toucinho frito ou carne cozida. Ao jantar havia porco assado, farinha de milho amassada com água e feijão cozido e couve.[107]

Muito longas e completas foram as descrições dos jantares dadas por Debret:

> para um homem abastado, uma sopa de pão e caldo gordo, chamado caldo de substância, porque é feito com um enorme pedaço de carne de vaca, salsichas, tomates, toucinho, couves, imensos rabanetes brancos com suas folhas, chamados impropriamente nabos, etc. tudo bem cozido. No momento de pôr a sopa à mesa, acrescentam-se algumas folhas de hortelã e mais comumente outras de uma erva, cujo cheiro muito forte dá-lhe um gosto marcado bastante desagradável para quem não está acostumado. Serve-se ao mesmo tempo o cozido, ou melhor, um monte de diversas espécies de carnes e legumes de gostos muito variados embora cozidos juntos; ao lado coloca-se sempre o indispensável *escaldado* (flor de farinha de mandioca), que se mistura com caldo de carne ou de tomates ou ainda com camarões; uma colher dessa substância farinhosa semi-liquida, colocada no prato cada vez que se come um novo alimento, substitui o pão, que nessa época não era usado ao jantar. Ao lado do escaldado, e no centro da mesa, vê-se a insossa galinha com arroz, escoltada porém por um prato de verduras cozidas extremamente apimentado. Perto dela brilha uma resplandecente pirâmide de laranjas perfumadas, logo cortadas em quartos e distribuídas a todos os convivas para acalmar a irritação da boca já cauterizada pela pimenta [...]. Finalmente, o jantar se completa com uma salada inteiramente recoberta de enormes fatias de cebola crua e de azeitonas escuras e rançosas [...]. A esses pratos sucedem, como sobremesa, o doce de arroz frio, excessivamente salpicado de canela, o queijo de Minas e, mais recentemente, diversas espécies de queijos holandeses e ingleses; as laranjas tornam a aparecer com as outras frutas do país: ananases, maracujás, pitangas, melancias, jambos, jaboticabas, mangas, cajás, frutas do conde, etc. Os vinhos da Madeira e do Porto são servidos em cálices, com os quais se saúdam cada vez que bebem; além disso um enorme copo, que os criados têm o

106 *Ibidem*.

107 *Ibid.*, p. 192.

> cuidado de manter sempre cheio de água pura e fresca, serve a todos os convivas para beberem à vontade. A refeição termina com o café.[108]

Em 1821, um jantar em casa do governador do Recife, servido às 16h15, foi descrito por Maria Graham:

> a cozinha era um misto de comida francesa e portuguesa. Após a sopa, passou à roda uma travessa de carne magra cozida, fatias de carne de porco gorda e salgada e linguiças. Com este prato, arroz feito em azeite e verduras frescas. Serviu-se um *roast beef,* em atenção aos ingleses, muito pouco assado. Saladas e peixes de várias qualidades foram servidos de maneira singular. As aves e as demais coisas, à maneira francesa. A sobremesa foi servida em outra mesa. Além de nossas sobremesas europeias de frutas, bolos e vinho, havia todos os pudins, pastelões e tortas. Estava arreada de flores e havia uma profusão de confeitos de açúcar de todas as qualidades.[109]

Outras refeições festivas foram objeto de descrição. Por exemplo, Koster, em 1810, afirmou ter participado numa lauta ceia servida no Recife, na qual "uma longa mesa foi posta e carregada de vitualhas [...] bebeu-se quantidades enormes de vinho".[110] Um jantar, na Igreja de São Pedro dos Clérigos, foi igualmente rico: "foram servidas grandes quantidades de frutos, bolos, doces e vinhos [...] [havendo] grande mesa cheia de refrescos".[111]

Deixando os abastados e passando aos remediados, Debret descreveu os jantares dos negociantes como refeições compostas por

> um miserável pedaço de carne seca, de três a quatro polegadas quadradas e somente meio dedo de espessura; cozinham-no a grande água com um punhado de feijões pretos, cuja farinha cinzenta, muito substancial, tem a vantagem de não fermentar no estômago. Cheio o prato com esse caldo, no qual nadam alguns feijões, joga-se nele uma grande pitada de farinha de mandioca, a qual, misturada com os feijões esmagados forma uma pasta consistente que se come com a ponta da faca arredondada, de lâmina larga [...]. Mais abastado, o negociante acrescenta à refeição o lombo de porco assado ou o peixe cozido na

[108] Jean Baptiste Debret, *Viagem pitoresca e histórica ao Brasil*, cit., p. 138.

[109] Maria Graham, *Diário de uma viagem ao Brasil e de uma estada nesse país durante parte dos anos de 1821, 1822 e 1823*, cit., p. 123.

[110] Henry Koster, *Viagens ao Nordeste do Brasil*, vol. 1, cit., p. 89.

[111] *Ibid.*, vol. 1, pp. 92-93.

> água com um raminho de salsa, um quarto de cebola e três ou quatro tomates. Completam a refeição bananas e laranjas. Bebe-se unicamente água. As mulheres e crianças não usam colheres nem garfos; comem todos com os dedos.[112]

Debret termina referindo que os mais indigentes e os escravos se alimentam de farinha seca com sumo de laranja e bananas.

Em Porto Seguro, Lindley verificou que a alimentação da população comum era composta por peixe salgado, farinha, laranjas, bananas e coco. Esses gêneros eram tão abundantes quanto desvalorizados. Notou, ainda, que havia muito peixe fresco na costa da Bahia e também carne de vaca. Porém, o consumo de leite era escasso. As carnes de carneiro, cordeiro e vitela eram praticamente desconhecidas. Entre os produtos de importação contavam-se vinhos franceses e cervejas inglesas.[113] Koster, referindo-se à alimentação cotidiana do sertanejo, não deixou de evidenciar a carne, a farinha de mandioca, o feijão, o queijo, a melancia e a banana, além da ausência de legumes e de milho.[114]

Outros estrangeiros referiram-se igualmente às refeições dos remediados. Por exemplo, Rugendas notou, em relação aos habitantes do Rio de Janeiro, que eram

> em geral, sóbrios no seu modo de viver e os da classe média ou abastada são os que mais se distinguem por essa qualidade. Sua alimentação é simples e se compõe principalmente de frutas, legumes e queijo. Sua sobriedade é igualmente notável em relação às bebidas alcoólicas, embora isso se aplique menos às classes inferiores, para as quais em verdade, os vinhos generosos e a aguardente de cana são necessários até certo ponto, pois, de outro modo, os alimentos pesados, que constituem sua alimentação principal, mandioca, milho, feijão e carne seca salgada, lhe seriam nocivos. Raramente se encontram bêbados, mesmo entre os brasileiros da mais baixa condição [brancos]; tais excessos são mais frequentes entre negros e índios.[115]

---

112 Jean Baptiste Debret, *Viagem pitoresca e histórica ao Brasil*, cit., p. 139.

113 Thomas Lindley, *Narrativa de uma viagem ao Brasil*, trad. Thomaz Newlands Neto (São Paulo: Companhia Editora Nacional, 1969), pp. 150, 169, 174.

114 Henry Koster, *Viagens ao Nordeste do Brasil*, vol. 1, cit., p. 274.

115 Johann Moritz Rugendas, *Viagem pitoresca através do Brasil*, cit., p. 187.

O mesmo autor deu conta das refeições dos colonos, considerando-as simples, compostas por farinha de mandioca e laranjas, a que se seguiam feijões pretos com toucinho e carne salgada. Por vezes, o cardápio era enriquecido com galinha e arroz. À sobremesa, queijo e fruta. Bebia-se água.[116]

Em São Paulo, os almoços servidos entre as 8 e as 9 horas da manhã eram compostos por milho (farinha ou canjica), feijão (caldo com torresmo, ou tutu, também denominado virado), couve picada, arroz e carne de porco (enchidos e carne conservada em banha). Ovos estrelados podiam acompanhar almoços e jantares. Laranjas acompanhavam o virado, bananas escoltavam o feijão ou, em alternativa, podiam ser cozidas ou fritas e polvilhadas com açúcar e canela. Nesse caso, constituíam uma sobremesa. Os jantares, servidos entre as 13 e as 14 horas, poderiam compreender feijão, arroz, carne assada no forno, cuscuz, canjica dura e doces de ovos. Aboborinhas, agriões, almeirões, batatas-doces, carás, mingau de milho verde e palmito, plausivelmente, estariam também presentes. Em dias festivos, cuscuz de carne, peixe fresco, arroz com frango, frango assado e recheado e leitoa pautavam em mesas não populares. Entre as sobremesas, canjica com leite e açúcar ou com melado, melado com farinha ou melado de cará. À noite, nas merendas, apresentavam-se iguarias como amendoim torrado, batata-doce, paçoca de amendoim, pinhão e pipoca.[117]

O naturalista Auguste de Saint-Hilaire, em 1819, descreveu os hábitos alimentares dos habitantes do Rio Grande do Norte: "até mesmo as pessoas relativamente abastadas só usam na sua mesa feijão, carne de porco, arroz, leite, queijo e canjica", apesar de possuírem gado. A produção de queijo seria relevante. Era feito com coalho de capivara e com recurso a fôrmas de madeira de forma circular, semelhantes às que eram utilizadas para o queijo de Minas. A "consistência é compacta, sua cor se aproxima da dos queijos Gruyères, mas o tom amarelo é mais pronunciado ao que me parece. Seu sabor é suave e agradável".[118]

Quem viajava podia conhecer dificuldades de abastecimento ao longo dos percursos. Se a maioria dos estrangeiros que percorreram o Brasil durante a estada da Corte foi unânime em salientar a generosa

---

116 *Ibid.*, p. 191.

117 Aloísio de Almeida, "Vida cotidiana da capitania de São Paulo (1722-1822): excertos de uma obra completa", cit., pp. 25-29.

118 Auguste de Saint-Hilaire, *Viagem pelo distrito dos diamantes e litoral do Brasil*, cit., p. 52.

hospitalidade dos brasileiros,[119] também é verdade que nem todos os locais eram bem abastecidos e, consequentemente, nem sempre se podia oferecer ou adquirir o que se desejava. Por outro lado, a infraestrutura de acolhimento aos viajantes era bastante rudimentar. Isto é, as pessoas de qualidade pernoitavam e comiam em casas particulares, os outros em locais mais ou menos improvisados.

Eduardo Frieiro sintetizou as modalidades de alojamento e abastecimento de então: pousos, ranchos, vendas e estalagens ou hospedarias. O pouso seria um terreno onde os tropeiros e viajantes acampavam para preparar o almoço ou passar a noite ao relento. O rancho não seria mais do que um telheiro erguido sobre esteiros de madeira ou pilastras de tijolo e coberto de sapé. Tinha algumas vezes paredes externas e mais raramente compartimentos interiores. Num tripé preparava-se feijão, carne-seca e café. Dormia-se no chão. A venda era uma casa de moradia e alpendre, onde se abrigavam as cargas e as montadas. Ali podia encontrar-se açúcar, carne-seca, sal e cachaça, além de armas de fogo, ferraduras, fumo em corda e livros de missa. As vendas disponibilizavam maus quartos, mobilados com catres e gamelas para abluções parciais. Por fim, as estalagens ou hospedarias, aparentemente melhores que as vendas, ficavam longe de qualquer conforto ou sofisticação. Os quartos eram de terra batida, o teto não tinha forro, os jiraus tinham colchões e travesseiros de palha de milho, ou havia apenas esteiras no chão. Para completar, penicos e lamparinas de azeite. Entre os alimentos fornecidos contava-se café adoçado com rapadura e almoço composto por feijão com angu, torresmo e chuchu ou aboborinha. Eventualmente alguma carne e, por vezes, ovos e galinhas.[120]

Apesar da falta de infraestrutura e da pouca qualidade das que havia, também se notavam exceções. Saint-Hilaire, acerca de uma venda nos arredores do Rio de Janeiro, comentou que era muito limpa e

---

119 A prática é anterior à presença da Corte. Sobre essa temática, ver Eddy Stols, "Auberges espagnoles e hóspedes flamengos: por uma história das pousadas, das vendas e da hospitalidade luso-brasileira", em Eduardo França Paiva (org.), *Brasil-Portugal: sociedades, culturas e formas de governar no mundo português (séculos XVI-XVIII)* (São Paulo: Annablume, 2006), pp. 149-180. Auguste de Saint-Hilaire notou que, no Rio de Janeiro, após a chegada da família real, devido aos abusos dos recém-chegados de Portugal, a população do Rio de Janeiro se tornou menos hospitaleira. Cf. Auguste de Saint-Hilaire, *Viagem pelo distrito dos diamantes e litoral do Brasil*, cit., p. 27.

120 Eduardo Frieiro, *Feijão, angu e couve: ensaio sobre a comida dos mineiros* (Belo Horizonte: Centro de Estudos Mineiros/Universidade Federal de Minas Gerais, 1966), pp. 114-118.

regularmente sortida, o que era comum às que ficavam perto da cidade.[121] A propósito de outras, igualmente nas imediações da cidade, referiu que diferiam pouco

> das tabernas de Minas; entretanto mais limpas e mais cuidadas. Contudo, as lojas não têm teto, garrafas de aguardente de cana (cachaça) são arrumadas em prateleiras ao redor do salão; grandes caixas contêm farinha de milho; aqui e ali são colocados, desordenadamente o toucinho e outros comestíveis; enfim um grande balcão paralelo à porta se estende de uma parede a outra e serve de mesa aos bebedores de cachaça, que ficam sempre em pé.[122]

O mesmo naturalista descreveu uma estalagem mineira situada em Santa Maria de Baependi:

> hospedei-me numa estalagem que, semelhante às de várias cidades do interior, compõe-se de muitos quartinhos quadrados, uns ao lado dos outros. Não se comunicam e têm entrada pela rua. Não possuem geralmente mais que uma ou duas camas de madeira, ali se faz fogo como nos ranchos. O dono do hotel nada cobra pelo aluguel do quarto, mas tira lucro do que vende aos viajantes e pela retribuição do pasto fechado, onde se soltam os animais.[123]

Maria Graham, em 1821, deu conta da oferta de uma venda no Recife: roupa, velas, frutas, toucinho, vinho e pimenta. A venda era frequentada por viajantes que comiam pão, alho e sal, e por negros, que bebiam.[124] Rugendas notou não apenas a hospitalidade, como também a existência de ranchos nas proximidades das fazendas. Observou que neles se podiam encontrar forragens para os animais e milho, farinha de mandioca, feijão, toucinho, carne-seca e aguardente para os viajantes.[125]

Naturalmente que para o viajante de qualidade, sendo a hospitalidade franca, generosa e gratuita, só quando esta não existia, aquele tinha que recorrer aos estabelecimentos cuja qualidade e diversidade

---

[121] Auguste de Saint-Hilaire, *Segunda viagem do Rio de Janeiro a Minas Gerais e a São Paulo (1822)*, trad. Afonso de E. Taunay (São Paulo: Companhia Editora Nacional, 1932), p. 19.

[122] Auguste de Saint-Hilaire, *Viagem pelo distrito dos diamantes e litoral do Brasil*, cit., p. 133.

[123] Auguste de Saint-Hilaire, *Segunda viagem do Rio de Janeiro a Minas Gerais e a São Paulo*, cit., pp. 121-122.

[124] Maria Graham, *Diário de uma viagem ao Brasil e de uma estada nesse país durante parte dos anos de 1821, 1822 e 1823*, cit., p. 141.

[125] Johann Moritz Rugendas, *Viagem pitoresca através do Brasil*, cit., p. 28.

de serviços era inexistente. Mas havia ainda de contar com a possibilidade de levar ou adquirir mantimentos e consumi-los onde não houvesse casas particulares ou locais de comer e pernoitar. Surgiram, assim, os estojos de viagem para serviços de alimentos, higiene e alimentação. Um, de prata, que integrou certa herança de Gaspar Álvares da Silva, filho de D. Águeda Maria do Sacramento, residente na Bahia, contava com salvas, cafeteira, bule, leiteira, açucareiro, tigela de lavar xícaras, talheres, saleiros, castiçais, espevitadeira, travessa e caixa para sabonete. Outros eram mais modestos.[126]

Ostentosas refeições implicavam a existência de muitos serviçais, cujo número e natureza dependia do estatuto social e do nível de vida de quem os mantinha, dos quais eram, simultaneamente, um dos símbolos. Assim, se na França os grupos médios tinham, nesse período, geralmente três criados - cocheiro, cozinheira e criada de quarto -,[127] nas grandes casas o número e a diversificação de serviçais era bastante maior, incluindo, por exemplo, amas, preceptores, professores e compradores. Os menos abastados, que, ainda assim, podiam afirmar as suas pretensões, recorriam à chamada criada para todo o serviço, o que, em alguns casos, não deixava de implicar a colaboração da dona da casa em diversas atividades. Em Lisboa, eram comuns os anúncios solicitando diversos tipos de criados, mesmo por parte de quem não tinha muitas posses.

À medida que se descia na pirâmide social, era visível uma diminuição, até à ausência, da maioria dos objetos que estavam presentes na mesa dos grupos privilegiados. Se esse era o quadro vigente no Reino, não muito diferente era no Brasil colonial. Em qualquer espaço, a etiqueta à mesa variava com os grupos sociais. No Brasil, as populações do litoral, mais habituadas aos contatos com o exterior e aos estrangeiros, estavam mais próximas dos hábitos europeus; o mesmo não se passava no interior, onde o desconhecimento dos mais comuns utensílios de mesa era comum. No Rio de Janeiro, podiam adquirir-se baixelas de prata, cristais e louças francesa em segunda mão, vendidas

---

126 Gonçalo de Vasconcelos e Sousa, "Ouro, prata e outras riquezas setecentistas numa herança da Bahia (Brasil)", em *Revista da Faculdade de Letras. Ciências e Técnicas do Património*, 1ª série, vol. 3, Porto, 2004, pp. 293-316.

127 Anne Martin-Fugier, "Os ritos da vida privada burguesa", em Michelle Perrot (org.), *História da vida privada*, vol. 4: *Da revolução à Grande Guerra*, trad. Armando Luís de Carvalho Homem, Coleção História da Vida Privada (Porto: Afrontamento, 1990), p. 201. Ver também Michelle Perrot, "Personagens e papéis", em Michelle Perrot (org.), *Da revolução à Grande Guerra*, vol. 4, cit., pp. 179-184.

por particulares,[128] em simultâneo com as ofertas dos estabelecimentos especializados, como a de um armazém da rua da Alfândega, que vendia "grande porção de cristais para serviço de mesa e *dessert*, assim como aparelhos para mesa e chá, ingleses e da China, dos melhores gostos [...], louça branca e pintada em gigas e grande sortimento de louça preta de novos padrões",[129] ou, em novo anúncio, "louça da China para chá e mesa tanto esmaltada como de porcelana e ouro, toda a qualidade de cristais, vidros, painéis espelhos e louça de Chinchen a preços cômodos".[130] Outros estabelecimentos também vendiam produtos afins. Carlos Durand, negociante francês, estabelecido na rua do Ouvidor, tinha à disposição dos clientes vinhos franceses, roupa de mesa adamascada[131] e pratas de mesa,[132] especificando-as em 1819: açucareiros, bules, cafeteiras, galhetas, saleiros e talheres.[133] Joaquim José Pereira de Faro, com estabelecimento na rua dos Pescadores, disponibilizava aparelhos de chá, xícaras finas, toalhas de mesa e guardanapos, segundo um anúncio,[134] e porcelanas de mesa, francesas e chinesas, segundo outro.[135]

Quando a Corte portuguesa chegou ao Brasil, vigorava em toda a Europa o serviço à francesa. Isto é, a refeição estava dividida em três, quatro ou mais sequências, os chamados serviços ou cobertas, cada um dos quais compreendia numerosos pratos frios e quentes, doces e salgados. As iguarias não eram apresentadas a cada convidado, já que eram colocadas na mesa de forma simétrica, para que cada um se servisse do que lhe ficava próximo. Desse modo, o serviço à francesa implicava que cada comensal compusesse o seu cardápio a partir dos diversos pratos que estivessem na mesa, funcionando um pouco como os *buffets* da atualidade, embora os convidados se mantivessem sentados. Quando terminava a primeira coberta, era esta substituída pela segunda e assim sucessivamente, saindo uns pratos e entrando outros de modo que a mesa nunca ficasse descomposta. O número de cobertas e de pratos em cada uma delas dependia do número de

128 *Gazeta do Rio de Janeiro*, nº 87, 31-10-1810; nº 81, 9-10-1811.
129 *Ibid.*, nº 69, 27-8-1814.
130 *Ibid.*, nº 6, 20-1-1816.
131 *Ibid.*, nº 63, 7-8-1816.
132 *Ibid.*, nº 7, 22-1-1817.
133 *Ibid.*, nº 27, 3-4-1819.
134 *Ibid.*, nº 81, 8-10-1817.
135 *Ibid.*, nº 11, 6-2-1819.

comensais e da suntuosidade da refeição. As realidades do serviço à mesa no Brasil nem sempre se assemelhavam ao padrão europeu.[136]

Os estrangeiros que viajaram pelo Brasil não deixaram de salientar as suas experiências à mesa. No que se refere ao ritual e ao serviço, o inglês John Luccock foi bastante preciso. Acerca de um jantar servido ao meio-dia, escreveu:

> cobria-se a mesa com uma toalha de algodão limpa, porém grosseira, com alguns bordados abertos e franjas nas extremidades. Nunca jantei em casa brasileira que parte dos objetos de mesa não fossem ingleses, especialmente a louça e a cristaleira. Antes de tais luxos terem sido introduzidos, usavam de pratos de estanho ou de uma espécie de cerâmica holandesa, com uns pequeninos copos portugueses sem pé, estreitos no fundo e com a boca larga; cabaças e cocos, em lugar de terrinas e xícaras eram comuns, mesmo quando tinham convidados. As colheres e os garfos eram de prata, ambos pequenos e frequentemente de modelo antigo. Cada convidado comparecia com a sua própria faca, em geral larga, pontiaguda e com cabo de prata.[137]

Luccock salientou ainda que

> os pratos são trazidos um por um, serve-se uma porção a cada qual sucessivamente, ninguém recusa nem principia a comer antes do último estar servido; põem-se, então, todos juntos, a devorar vorazmente o conteúdo de seus pratos. Comem muito e com grande avidez e, apesar de embebidos em sua tarefa, ainda acham tempo para fazer grande bulha. A altura da mesa faz com que o prato chegue ao nível do queixo; cada qual espalha seus cotovelos ao redor e, colocando o pulso junto à beirada do prato, faz com que por meio de pequeno movimento hábil, o conteúdo todo se lhe despeje na boca. Por outros motivos além destes, não há grande limpeza nem boas maneiras, durante a refeição; os pratos não são trocados, sendo entregues ao copeiro segurando-se o garfo e a faca numa mesma mão; por outro lado, os dedos são usados com tanta frequência quanto o próprio garfo. Considera-se como prova incontestável de amizade alguém comer do prato do seu vizinho; e, assim, não é raro que os dedos de ambos se vejam simultaneamente mergulhados num só prato.[138]

---

136 Sobre os diferentes tipos de serviço à mesa, ver Isabel M. R. Mendes Drumond Braga, *Os menus em Portugal: para uma história das artes de servir à mesa*, cit.

137 John Luccock, *Notas sobre o Rio de Janeiro e partes meridionais do Brasil tomadas durante uma estada de dez anos nesse país, de 1808 a 1818*, cit., p. 83.

138 *Ibid.*, p. 84.

Finalmente, Luccock notou a maneira como os comensais se sentavam:

> ou bem as damas ficavam todas juntas de um lado só e os cavalheiros do outro, ou bem a dona da casa sentava-se ao lado do marido, tendo junto dela uma outra senhora e, então, o marido desta, de tal maneira que duas esposas ficam sempre no meio dos seus respectivos cônjuges; moda indicativa de uma precaução zelosa, mas não de todo desarrazoada entre um povo de cabeça quente.[139]

Pohl, ao referir-se a uma refeição mineira servida na fazenda de Matias Vieira, notou que tinha "um luxo raro no interior do Brasil, isto é, pratos de louça inglesa, guardanapos, talheres de prata, um copo de prata em que era servida a água de beber e enfim uma grande bacia de metal em que depois da refeição se lavava a boca e as mãos".[140] Em Paracatu do Príncipe, o mesmo autor observou:

> os alimentos aqui não são seletos, nem sequer digeríveis. Arroz, toucinho, legumes lenhosos, carne de vaca fresca ou seca ao ar, chouriços defumados, bacalhau e frutas em conserva doces são as comidas dos abastados. Os pobres matam a fome com feijão preto, peixe seco e farinha de milho, raramente com carne seca.[141]

O inglês John Mawe, ao salientar uma refeição servida numa fazenda de Minas Gerais, não teve tanta sorte: "há apenas uma faca, da qual não fazem uso, um prato ou dois de couve completam o repasto; servem ordinariamente estas comidas nas panelas de barro em que forem cozidas; algumas vezes as colocam em pratos de estanho".[142] Em Porto Seguro, Thomas Lindley teve de jantar no chão, sentado numa esteira, sobre a qual havia uma toalha limpa. A louça era suficiente e os talheres de prata.[143]

A maneira de servir os pratos não raro causava estranheza. Koster, em 1810, pôde verificar que, no Recife, o jantar do domingo de Páscoa, em casa de um médico que festejava o batizado de dois netos, tinha sido apresentado de forma que lhe pareceu peculiar: "os pratos eram

---

139 *Ibid.*, p. 83.

140 Johan Emanuel Pohl, *Viagem no interior do Brasil empreendida nos anos de 1817 a 1821*, vol. 1, cit., p. 229.

141 *Ibid.*, vol. 1, p. 240.

142 John Mawe, *Viagem ao interior do Brasil, principalmente aos distritos de ouro e dos diamantes*, cit., p. 192.

143 Thomas Lindley, *Narrativa de uma viagem ao Brasil*, cit., p. 42.

servidos de dois em dois, em número de dez ou doze, e de todos fui obrigado a servir-me".[144] Num outro jantar, às 14 horas, houve

> grande número de pratos, postos à mesa sem a menor simetria e cuidado quanto à regularidade do serviço [...] somente duas ou três facas estavam na mesa, obrigando cada pessoa a cortar o alimento em pedacinhos e passar a faca ao vizinho. Havia, entretanto, abundância de garfos de prata e grande quantidade de pratos.[145]

O mesmo viajante anotou as impressões que lhe causou um jantar servido num engenho em Cunhaú, entre Goiânia e Rio Grande do Norte: "quando eu havia saboreado bastante para estar perfeitamente saciado, surpreendeu-me a vinda de outro serviço, igualmente profuso, de galinhas, pastéis, etc. e ainda apareceu um terceiro, tendo pelo menos dez espécies de doces",[146] No Rio Grande do Norte, em Papari, Koster jantou "à moda brasileira". Isto é,

> numa mesa colocada a seis polegadas do solo, ao redor da qual nos sentamos ou melhor, nos deitamos, sobre as esteiras. Não havia garfos e as facas, em número de duas ou três, eram destinadas a cortar unicamente os maiores pedaços de carne. Os dedos deviam fazer o resto.[147]

Bem diferente era o modo de receber dos fazendeiros do Sul. No testemunho de Luccock:

> a mesa frequentemente realçada com grande exibição de prataria, o dono da casa coloca-se à cabeceira, onde se põe em pé e serve a todos os convivas abundantemente, valendo-se indistintamente de seu garfo, faca e dedos. O vinho, quando aparece, é tomado como parte integrante da refeição e nunca depois dela [...], pelas onze horas, surge um escravo, munido de água e toalha para o rosto e as mãos, seguindo-se-lhe um outro, que traz água quente e fria para lavar os pés.[148]

Nas casas da roça, o serviço era rústico. Segundo Freireyss,

> despejam-se simplesmente alguns pratos de farinha sobre a mesa ou num balainho, donde cada um se serve com os dedos, arremessando,

---

144 Henry Koster, *Viagens ao Nordeste do Brasil*, vol. 1, cit., p. 89.

145 *Ibid.*, p. 94.

146 *Ibid.*, p. 151.

147 *Ibid.*, p. 154.

148 John Luccock, *Notas sobre o Rio de Janeiro e partes meridionais do Brasil tomadas durante uma estada de dez anos nesse país, de 1808 a 1818*, cit., p. 145.

> com um movimento rápido, a farinha na boca, sem que a mínima parcela caia fora.[149]

O mesmo viajante, ainda a propósito de Minas Gerais, não deixou de reparar que mesmo os pobres tinham garfos e colheres de prata, mas que era habitual comer com as mãos e cada um andar com faca. Assim, apenas em casas abastadas as havia à mesa.[150]

Outros espaços conheciam pouco requinte. No sul, no interior de Santa Catarina: "não se conhece o uso de cadeiras e de mesa. Em lugar de cadeira usam uma espécie de banqueta, cujo assento não é horizontal e consiste de duas tabuinhas coincidentes em ângulo para baixo", segundo o testemunho de Langsdorf.[151] O mesmo viajante pôde verificar que os modos à mesa também não eram particularmente requintados:

> trazem para a mesa uma casca de melão sequida [cuia], cheia desta farinha [de mandioca] e uma colher de pau e come-se junto com o que há na mesa ou seca mesmo. Chamou-me a atenção na Vila de Nossa Senhora do Desterro que uma senhora da sociedade misturava em seu prato a farinha com outros alimentos e, segundo o costume da terra, levava-a à boca com a ponta dos dedos. A habilidade com que as pessoas comem a mandioca seca, no lugar de pão, é de se admirar, pois sabem leva-la com tanto jeito à boca sem que se esparrame um grãozinho sequer. Este costume de comer com os dedos tem como consequência um outro: é que sempre no final das refeições vem água para se lavar a boca e as mãos. Este hábito eu pude presenciar em toda a parte, mesmo nas choupanas mais humildes, ou também quando se comia com a faca e garfo, ao invés das mãos.[152]

Maximiliano de Wied Neuwied anotou igualmente o desagrado que sentia pelo hábito índio de comer a farinha com as mãos:

> durante as refeições colocavam [os portugueses] ao lado uma porção de farinha de mandioca seca e iam-na jogando com tal agilidade, que

149 G. W. Freireyss, *Viagem ao interior do Brasil*, vol. 1, cit., p. 20.

150 *Ibid.*, p. 54.

151 Paulo Berger (org.), *Ilha de Santa Catarina: relatos de viajantes estrangeiros nos séculos XVIII e XIX*, cit., p. 176.

152 *Ibidem.*

> não perdiam o mínimo grão. Esse costume ainda se observa entre os descendentes, bem como entre os lavradores portugueses.[153]

Auguste de Saint-Hilaire não destoou acerca dessa realidade. Ao referir-se ao mobiliário dos habitantes do distrito de São Francisco, considerou-o ainda mais rudimentar do que o dos mineiros pobres e interrogou-se: "Para que mesa e bancos? Basta estender uma toalha no chão, para os convivas, agrupados em redor, servirem-se de peixe e de farinha de mandioca".[154]

Com base em documentação de uma casa nobre, a dos barões de Arruda, Gonçalo de Vasconcelos e Sousa pôde estudar certa herança do Brasil, concretamente de engenhos do Recôncavo da Bahia, recebida no início do século XIX, por D. Ana Rosa da Silva, casada com o desembargador Domingos de Gamboa e Liz, sogros do primeiro barão de Arruda. Entre os bens móveis que integraram a herança, que ficou por morte de José Álvares da Silva e de D. Águeda Maria do Sacramento, contam-se diversos objetos de mesa de prata, de porcelana e de louça inglesa, os quais demonstram certos requintes à mesa. Assim, pelos inventários, tomamos conhecimento de: um fruteiro, três salvas e diversos talheres de prata, além de serpentinas e castiçais para iluminação; porcelanas orientais, denominadas "louça da Índia": terrinas, pratos, saladeiras, mostardeiras, saleiros, xícaras de chá, de chocolate e de café, bules, leiteiras e açucareiros, além de diversas peças de louça inglesa e de louça de pó de pedra.[155]

Inventários de bens de outras localidades merecem igual atenção. Por exemplo, o do negociante mineiro Antônio Francisco Rego Arantes, falecido em 1821, contou com nove pratos de guardanapo, seis pratos menores e cinco maiores, todos de pó de pedra; seis xícaras com pires, três meias tigelas, uma caneca de louça do Porto e outra de louça inglesa e alguns talheres de prata: sete facas, sete colheres, sete garfos, uma colher grande e quatro de chá.[156] Sônia Maria de Magalhães estudou cerca de trezentos inventários, datados de 1750 a 1850, 87,5% de homens e 12,5% de mulheres, podendo comprovar que ape-

---

153 Maximiliano de Wied Neuwied, *Viagem ao Brasil*, cit., p. 68.

154 Auguste de Saint-Hilaire, *Viagem à província de Santa Catarina (1820)*, cit., p. 98.

155 Gonçalo de Vasconcelos e Sousa, "Ouro, prata e outras riquezas setecentistas numa herança da Bahia (Brasil)", cit., pp. 293-316.

156 Sônia Maria de Magalhães, *A mesa de Mariana: produção e consumo de alimentos em Minas Gerais (1750-1850)*, cit., p. 117.

nas 24 do século XVIII e dezesseis do século XIX revelaram a posse de objetos nobres de mesa. Em seis há referência a louça do Porto (todos do século XIX), em desesseis, a louça das Índias (seis do século XIX), e em 26, a talheres de prata e outros utensílios de mesa (10 do século XIX).[157] Entre os objetos da casa da baronesa de Goitacases, situada na Glória (Rio de Janeiro), encontravam-se porcelanas chinesas, colchas da Índia, espelhos e caixas de charão da China, joias e escravos.[158] Em São Paulo, a realidade não era diferente. Os inventários de bens dão conta de prataria, louça do Porto, da Índia, de Macau, de Veneza, da terra e de estanho; serviços ingleses e peças para a cozinha, como boiões e panelas de louça vidrada da Bahia, copos e cálices de vidro, panelas e tachos de ferro e de cobre.[159]

De produção local, como já mencionamos, eram os objetos de barro. A manufactura, em alguns casos a cargo de índias, não deixava de ser notada. Por exemplo, Auguste de Saint-Hilaire, ao referir-se à cidade do Desterro (Santa Catarina), notou o fabrico de vasilhas de barro

> em que a água se conserva fresca, e que se exportam para o Rio de Janeiro e outras cidades do Brasil [...]. Elas são de cor vermelho escuro, lisas, reluzentes e de argila finíssima, sendo as mais comuns uma espécie de bilhas (moringues) de forma arredondada, com asa e dois gargalos, um maior para enchê-las de água e outro menor pelo qual se bebe o precioso líquido.[160]

Entre os abastados, a existência de serviçais era uma constante. Recorria-se com frequência aos negros e negras que cozinhavam e serviam à mesa. Entre os anúncios da *Gazeta do Rio de Janeiro*, foram comuns os que pediam ou ofereciam cozinheiros, frequentemente escravos negros, e negras aptas para os diferentes serviços da casa, incluindo a cozinha. Por exemplo, em 1808, alguém precisava de "um

---

157 *Ibid.*, pp. 118-119. Sobre objetos de mesa nos inventários, ver também Jurandir Malerba, *A Corte no exílio: civilização e poder no Brasil às vésperas da Independência (1808-1821)*, cit., pp. 160-162.

158 Rui Vieira da Cunha, "A vida do Rio de Janeiro através dos testamentos: 1815-1822", em *Revista do Instituto Histórico e Geográfico Brasileiro*, vol. 282, Rio de Janeiro, 1969, p. 60. Sobre o Rio de Janeiro, ver também Tania Andrade Lima, "Pratos e mais pratos: louças domésticas, divisões culturais e limites sociais no Rio de Janeiro, século XIX", em *Anais do Museu Paulista*, nova série, nº 3, São Paulo, 1995, pp. 129-191.

159 Maria Lucília Viveiros Araújo, "Os interiores domésticos após a expansão da economia exportadora paulista", *Anais do Museu Paulista*, nova série, vol. 12, São Paulo, 2004, pp. 129-160.

160 Auguste de Saint-Hilaire, *Viagem à província de Santa Catarina (1820)*, cit., p. 187.

cozinheiro que saiba trabalhar de caçarola e massa".[161] Mais frequentes eram os anúncios em que se afirmavam vender ou arrendar um "preto cozinheiro".[162] Alguns acrescentavam serem eles "sem vícios alguns".[163] Um especificava que o escravo era "muito próprio para casa de pasto".[164] Esses serviços eram, regra geral, bem remunerados.[165] Poucos anos depois, no período do Império, o mesmo tipo de anúncios continuará, sendo visíveis as exigências dos empregadores face aos empregados em relação à qualidade profissional e à higiene.[166]

Com abundância de serviçais, as senhoras brancas não queriam que se pensasse que a culinária era feita por elas ou sob a sua orientação, segundo estrangeiros que visitaram o Brasil, tais como Mawe.[167] Porém, Luccock afirmou que

> poucas [mulheres] são as que se reputam tão nobres que não valorizem e cultivem a arte de fazer doces, e sem essa prenda parece não haver meios de serem consideradas como boas donas de casa. Gabam-se da excelência dos seus doces, fazendo deles presentes muito bonitos, geralmente embrulhados em papel caprichosamente recortado.[168]

Quem teria razão? Quais as variáveis a ter em linha de conta perante esses testemunhos contraditórios?

No Brasil joanino, tal como na Europa, comia-se em casa, em estalagens, hotéis, restaurantes, cafés, casas de pasto, botequins, armazéns, lojas de bebidas, tabernas e até pela rua.[169] O vocabulário utilizado para designar alguns destes estabelecimentos, em particular os

---

161 *Gazeta do Rio de Janeiro*, nº 31, 28-12-1808; nº 2, 6-1-1813; nº 104, 29-12-1813; nº 22, 17-3-1816.

162 *Ibid.*, nº 83, 14-10-1812.

163 *Ibid.*, nº 11, 6-2-1813; nº 101, 16-12-1820.

164 *Ibid.*, nº 19, 7-3-1818.

165 Maria Beatriz Nizza da Silva, *A Gazeta do Rio de Janeiro (1808-1822): cultura e sociedade*, cit., p. 35.

166 Almir Chaiban El-Kareh, Héctor Hernán Bruit, "Cozinhar e comer, em casa e na rua: culinária e gastronomia na Corte do Império do Brasil", em *Estudos Históricos*, nº 33, Rio de Janeiro, 2004, pp. 1-23. Disponível em http://www.cpdoc.fgv.br/revista/asp/dsp.

167 John Mawe, *Viagem ao interior do Brasil, principalmente aos distritos de ouro e dos diamantes*, cit., p. 156.

168 John Luccock, *Notas sobre o Rio de Janeiro e partes meridionais do Brasil tomadas durante uma estada de dez anos nesse país, de 1808 a 1818*, cit., p. 79.

169 Sobre a sociabilidade de alguns locais onde se comia, ver Maria Alexandre Lousada, "A rua, a taberna e o salão: elementos para uma geografia histórica das sociabilidades lisboetas nos finais do Antigo Regime", em Maria da Graça Mateus Ventura (org.), *Os espaços de sociabilidade na Ibero-América (séculos XVI-XIX)* (Lisboa/Portimão: Colibri/Instituto de Cultura Ibero-Atlântica, 2004), pp, 95-120.

mais modestos, era flutuante[170] Com a presença da Corte no Rio de Janeiro e com a abertura dos portos ao estrangeiro, aumentaram os estabelecimentos comerciais, principalmente os do setor alimentar. Sabe-se, por exemplo, que, em 1808, havia no Rio de Janeiro 126 casas de comércio por atacado e varejo e que, em 1822, o número ascendera a 1627: 1.032 tabernas, 39 botequins, 38 casas de pasto, 9 estalagens e 501 armazéns (estes incluíam as casas de molhados, carne-seca, toucinho, queijo, fumo e louça), segundo os licenciamentos da Intendência Geral da Polícia.[171]

Pelos relatos dos estrangeiros e pelos anúncios publicados na *Gazeta do Rio de Janeiro* podemos ter alguma ideia do tipo de estabelecimentos e da oferta de bens e serviços. Alguns dos que visitaram o Rio de Janeiro nessa época não deixaram de expressar as suas opiniões acerca das casas comerciais e dos serviços prestados. Por exemplo, John Mawe considerou que "as estalagens e tabernas são quase destituídas de acomodações e tão inconformáveis que um estrangeiro nelas só residirá se não for encontrar amigo que o hospede".[172] Pohl notou a existência de restaurantes de cozinha inglesa ou francesa a preços módicos, para os estrangeiros que não apreciassem as iguarias brasileiras.[173] Maria Graham opinou que as tabernas inglesas do Rio de Janeiro competiam com as de Greenwich ou Deptford.[174]

A publicidade forneceu pormenores acerca das iguarias que eram servidas ou que poderiam ser enviadas a casa dos consumidores. Por exemplo, em 1809, o mestre cozinheiro José Narciso informava que, no Catete, tinha aberto uma casa de pasto

> na qual dá mesa redonda a 800 réis cada pessoa e a quem a quiser separada, para jantar, tem quarto fechado, havendo na dita casa boas massas, salsichas e tudo o mais com muito asseio. Também dará

---

170 Maria Alexandre Lousada, *Espaços de sociabilidade em Lisboa: finais do século XVIII a 1834*, vol. 1, tese de doutorado (Lisboa: Faculdade de Letras da Universidade de Lisboa, 1995), pp. 160-169.

171 José de Souza Azevedo Pizarro e Araújo, *Memórias históricas do Rio de Janeiro*, vol. 7, cit., p. 63.

172 John Mawe, *Viagem ao interior do Brasil, principalmente aos distritos de ouro e dos diamantes*, cit., p. 106.

173 Johan Emanuel Pohl, *Viagem no interior do Brasil empreendida nos anos de 1817 a 1821*, vol. 1, cit., p. 88.

174 Maria Graham, *Diário de uma viagem ao Brasil e de uma estada nesse país durante parte dos anos de 1821, 1822 e 1823*, cit., p. 210.

> jantares para fora a quem lhos encomendar, pois é muito hábil em caçarola e massas.[175]

Na rua da Vala abriu estabelecimento congênere, em 1812, e nele se faziam "todas as qualidades de massas e mais comidas, com todo o asseio possível e melhor perfeição".[176] Em 1816, uma nova casa de pasto começou a prestar serviços. Situada na rua Direita de São José, servia "todos os jantares que forem necessários para fora e com muita comodidade".[177] Menos pormenores deu o anunciante de uma outra casa de pasto, na rua da Mãe dos Homens, que abriu em 1816. Limitou-se a informar que era à italiana e à portuguesa.[178]

Em setembro de 1810, fazia saber-se da abertura de uma "decente loja de bebidas, bilhar e hospedaria", na rua da Alfândega.[179] Os botequins ofereciam diversas possibilidades. Nuns vendia-se chocolate às libras e arrobas; tal era o caso do que se situava na rua da Quitanda;[180] noutros havia jogo de gamão e chá de salsa, como o que ficava na rua da Alfândega.[181] Outros estavam mais vocacionados para doces e salgados, sem esquecer alguns petiscos:

> quem quiser pastéis de carne e de nata, empadas a toda a hora, mande ao botequim de fronte do Parto e também se fazem massas de toda a qualidade e bons petiscos, até agora tem havido suas faltas pois até aqui se achava o mestre doente.[182]

Nas confeitarias não só se vendiam diversos gêneros para consumir em casa – como por exemplo na Confeitaria Galli, na rua da Quitanda, que disponibilizava passas, uvas,[183] vinhos generosos, massas para sopa, conservas e doces – como se preparavam jantares e refrescos para fora e empadas durante a Quaresma.[184] A Gafurio e Companhia, na rua do Ouvidor, vendia vinhos superiores engarrafados, cervejas, licores, conservas e frutas secas e possuía, no seu interior,

175 *Gazeta do Rio de Janeiro*, nº 99, 23-8-1809.
176 *Ibid.*, nº 24, 21-3-1812.
177 *Ibid.*, nº 6, 20-1-1816.
178 *Ibid.*, nº 96, 30-11-1816.
179 *Ibid.*, nº 71, 5-9-1810.
180 *Ibid.*, nº 80, 9-7-1810.
181 *Ibid.*, nº 58, 20-7-1811.
182 *Ibid.*, nº 8, 28-1-1815.
183 *Ibid.*, nº 11, 6-2-1813.
184 *Ibid.*, nº 25, 26-3-1814.

uma sala "decente e cômoda para tomar bebidas".[185] Na mesma rua, outra confeitaria, de José Angelliny, publicitava diferentes qualidades de massas italianas: aletria, estrelinha, lasanha, macarrão e pevide, além de vinhos estrangeiros.[186] Em 1820, um anúncio da confeitaria de Horácio Messeri, na rua Direita, fazia saber que o estabelecimento havia deixado de servir almoços e jantares por ter tido obras na cozinha. A partir de 1 de fevereiro, iria reabrir oferecendo "bons almoços, jantares e ceias com as costumadas empadas de galinha, lombo de porco e de peixe".[187]

Outros estabelecimentos eram polivalentes, agregando vários serviços. Por exemplo, um anúncio, de 1813 informava que:

> o dono da casa de bebidas, pasto e hospedaria, no princípio da rua da Alfândega, faz saber ao público que no dia 1 de março continuará a mesma na forma do estabelecimento antigo, que vem a ser loja de bebidas com diversos comestíveis e no primeiro sobrado bilhar e conservando-se a casa de pasto nas salas interiores. Deixa de ser *Casa do Raposo* e passa a *Fama do Rio*.[188]

Lindley, em 1805, também referiu as casas de pasto, afirmando que se distinguiam

> por uma bandeira tricolor no alto das portas, mas são de uma tão inconcebível sujeira e a cozinha é tão horrorosa que uma cela de St. Giles [prisão de Londres] é muito preferível. São inúmeros os cafés. Existem em todas as ruas, desde que se possa confirmar a dignidade desse nome a uma casa suja, em cuja parte da frente se alinham algumas mesas e bancos, havendo, nos fundos, uma espécie de bar. E nelas se distribui um líquido nojento, denominado café, que se torna ainda mais repelente à vista pelo fato de ser servido em copos.

Afirmou ainda que os cafés eram frequentados por todos e que neles havia "uma primeira refeição por quatro vinténs: consiste num copo de café e um pãozinho com manteiga irlandesa rançosa, refugo do mercado de Lisboa".[189]

---

185 *Ibid.*, nº 67, 21-8-1816.

186 *Ibid.*, nº 13, 12-2-1817.

187 *Ibid.*, nº 5, 15-1-1820.

188 *Ibid.*, nº 17, 27-2-1813; nº 87, 29-10-1817.

189 Thomas Lindley, *Narrativa de uma viagem ao Brasil*, cit., p. 175.

Nos armazéns, vendiam-se diferentes gêneros alimentícios, além de louças e outros bens, a varejo. Por exemplo, num situado na rua da Alfândega havia chás,[190] num outro na rua do Rosário, propriedade de Joaquim Fausto de Sousa, vendiam-se doce de ginja, conservas de ameixa, damasco, ginjas, peras, pêssegos em aguardente,[191] presuntos e vinhos.[192]

Para os menos abastados, comer pela rua era comum. Uma profusão de mulheres, com destaque para as negras, escravas e livres, oferecia os mais díspares alimentos, alguns dos quais confeccionados: angu[193] (farinha de mandioca misturada com água, coração, bofe, fígado, língua, banha, azeite de dendê, quiabo, folha de nabo, pimentão, salsa, cebola, louro, salva e tomate); feijão cozido com toucinho; manuês (folhados recheados de carne, um petisco feito com sobras); doces, entre os quais pão de ló, que acompanhava o café e o chocolate; sonhos (fatias de pão passadas em melaço com pevides por cima); milho assado; e pipocas. Sem necessidade de preparos específicos, podiam adquirir-se frutas. Entre as bebidas frescas que se vendiam na rua, havia aluá (com arroz macerado fermentado e açucarado, consumido por pobres); lima (limão doce com açúcar); cana-de-açúcar em rolos; e água. Nas casas e nos cafés, limonadas (de limão ou de caju) e xarope de orchata também estavam disponíveis.

Se aceitarmos o testemunho de Auguste de Saint-Hilaire, a prática de vender alimentos pela rua não era comum em todo o Brasil. O naturalista notou que

> em São Paulo não são encontrados negros a percorrer as ruas, como no Rio de Janeiro, transportando mercadorias sobre a cabeça. Os legumes e as mercadorias de consumo imediato são vendidos por negras, que se mantêm acocoradas na rua, que, por motivo de tal comércio, tomou o nome de rua da Quitanda. Quanto aos comestíveis indispensáveis, tais como farinha, toucinho, arroz, milho, carne seca, os mercadores que vendem estão, em sua maior parte, estabelecidos numa única rua

[190] *Gazeta do Rio de Janeiro*, nº 6, 20-1-1816.

[191] *Ibid.*, nº 41, 23-3-1818.

[192] *Ibid.*, nº 68, 25-8-1819.

[193] Sobre as populares casas de angu, locais de encontro, alimentação, sociabilidade, refúgio e culto de candomblé, ver Zélia Maria Bora, "Culinária e religião: resistência cultural afro-brasileira no século XIX", em Clara Sarmento (org.), *Condição feminina no império colonial português* (Porto: Centro de Estudos Interculturais/Instituto Superior de Contabilidade e Administração do Instituto Politécnico do Porto, 2008), pp. 141-154.

> denominada rua das Casinhas, porque, efetivamente, cada venda forma uma pequena casa isolada. Não é, evidentemente, nessas vendas, que se podem encontrar a limpeza e a ordem: são obscuras e enfumaçadas. O toucinho, os cereais, a carne estão atirados em promiscuidade.[194]

Do conhecimento das obras de culinária impressas em Portugal no Brasil só podemos aferir de forma indireta. Durante o período em que a Corte viveu no Rio de Janeiro, nenhuma obra de culinária foi ali publicada. O primeiro livro de cozinha apareceu em 1840, intitulou-se *Cozinheiro imperial ou nova arte do cozinheiro e do copeiro*[195] e ficou a dever-se a um autor que assinou com as iniciais R. C. M. A obra terá tido sucesso, pois teve diversas reedições ao longo do século XIX, a primeira das quais logo em 1843.[196] Porém, não se trata de uma obra muito inovadora, já que boa parte das receitas que apresentou são as que se podem encontrar nos já citados livros portugueses e, eventualmente, em outros receituários manuscritos. De qualquer modo, entre as novidades conta-se a receita de beef steak, as denominações dos pedaços da vaca e indicações acerca do corte das peças de carne em cru.[197]

Leila Mezan Algranti estudou pormenorizadamente a presença das receitas seis e setecentistas no *Cozinheiro imperial,* relativamente aos doces. Depois de ter verificado que Domingos Rodrigues apresentou 53 receitas de doces, isto é, 20,3% do total das receitas, e que Lucas Rigaud deu a conhecer 124, que representaram apenas 15,2%, pôde apurar que R. C. M. publicou 171, ou seja, 19,7%. Assim, a primeira obra de cozinha publicada no Brasil estava mais próxima do texto português setecentista, pois 97, isto é, 56,7% das 171 receitas foram copiadas das seguintes fontes: 71 de Lucas Rigaud e 26 de Domingos Rodrigues, havendo ainda a considerar mais 17 receitas de massas de tortas (perfazendo-se, assim, 66,6%) que foram transcritas de ambos os livros. Outras fontes terão sido, segundo hipótese da autora,

---

194 Auguste de Saint-Hilaire, *Viagem à província de São Paulo e resumo das viagens ao Brasil, província Cisplatina e Missões do Paraguai*, cit., pp. 180-181.

195 R. C. M., *Cozinheiro imperial ou nova arte do cozinheiro e do copeiro em todos os seus ramos* (Rio de Janeiro: Eduardo & Henrique Laemmert, 1843). A primeira edição é de 1840.

196 Sucederam-se as edições dessa obra. Por exemplo, em 1881 já a mesma ia na oitava, desconhecendo-se as datas de todas as intermédias.

197 Sobre essas novidades, ver Paula Pinto e Silva, *Papagaio cozido com arroz: livros de cozinha e receitas culinárias no Rio de Janeiro do século XIX*, tese de doutorado (São Paulo: Faculdade de Filosofia, Letras e Ciências Humanas da Universidade de São Paulo, 2007).

os receituários conventuais.[198] O *Cozinheiro imperial* apresentou ainda duas receitas de doces com milho: doce do Brasil e broa de fubá. A apresentação das medidas foi alterada, passando ao sistema métrico decimal.[199]

Aceitando que, entre os abastados, os textos de Domingos Rodrigues e de Lucas Rigaud eram conhecidos, tanto mais que foram parcialmente aproveitados por R. C. M. e objeto de venda em Pernambuco no final do século XVIII,[200] chame-se a atenção para algumas constantes dessas obras. Qualquer um dos livros de cozinha era composto por receitas que vinham do período anterior, isto é, dos séculos XVII e XVIII, respectivamente, sendo pouco patentes as inovações. Ao contrário das receitas atuais, em que, salvo indicação em contrário, as quantidades são indicadas para quatro pessoas, as obras que corriam na primeira metade do século XIX não se preocupavam com esse pormenor, mas é fácil apercebermo-nos de que se tratava de receitas com quantidades destinadas a um grupo mais numeroso de pessoas. Em suma, eram textos destinados à formação de cozinheiros.

Esses livros de receitas não se preocupavam com o ensino elementar de técnicas de preparação dos alimentos antes de se confeccionarem, nem de truques culinários, o que se explica tendo em conta que não se destinavam a principiantes, mas sim a cozinheiros de grandes casas.[201] Uma boa parte das receitas que circulavam nesse período não primavam pelo rigor. Quer-se com isto salientar o uso e abuso do atual "q. b." (quanto baste), embora sem essa designação e estando longe de se referir apenas aos temperos. A título de exemplo, tendo em conta as obras de Domingos Rodrigues e de Lucas Rigaud, aparecem-nos de

198 Sobre a doçaria conventual brasileira, ver Leila Mezan Algranti, "A hierarquia social e a doçaria luso-brasileira (séculos XVII a XIX)", em *Revista da Sociedade Brasileira de Pesquisa Histórica*, nº 22, Curitiba, 2002, pp. 27-37.

199 Leila Mezan Algranti, "Os livros de receitas e a transmissão da arte luso-brasileira de fazer doces (séculos XVII-XIX)", em Alberto Vieira (org.), *O açúcar e o quotidiano: atas do III Seminário Internacional sobre o Açúcar* (Funchal: Centro de Estudos de História do Atlântico, 2004), pp. 127-143.

200 Pelos pedidos de livros feitos a Lisboa, ficamos sabendo que, em 1799, de Pernambuco, João António da Silva adquiriu um exemplar da obra de Lucas Rigaud. Foi uma das 290 solicitações de livros verificadas naquele ano. Cf. Gilda Maria Whitaker Verri, *Tinta sobre papel: livros e leituras em Pernambuco no século XVIII (1759-1807)* (Recife: Editora da Universidade Federal de Pernambuco/Secretaria de Educação e Cultura, 2006), vol. 1, p. 470; e vol. 2, p. 189.

201 A propósito do peixe, Domingos Rodrigues escreveu: "como ninguém tem necessidade dos preceitos da arte para o modo de cozinhar peixes ordinários e conhecidos, suponho que todos sabem por uso cozer, fritar ou assar um peixe, não nos dilatamos nesta matéria tão vulgar". Cf. Domingos Rodrigues, *Arte de cozinha*, cit., p. 125.

forma sistemática quantidades como duas ou três dúzias de pássaros, duas ou três frangas, uns poucos de camarões ou amêijoas, oito ou dez gemas, doze ou quinze gemas, um ou dois arráteis de arroz, a quantidade de arroz que precisarem, duas ou três dúzias de azeitonas, duas ou três cebolas, três ou quatro pés de aipo, um golpe de azeite ou de vinho, uma pouca de manteiga, uma pequena de manteiga. E os exemplos poderiam continuar.

Apesar de a primeira edição de *O cozinheiro imperial* ser posterior à estada da Corte no Rio de Janeiro, vale a pena salientar que as receitas seis e setecentistas portuguesas, algumas com influências de receitas de outras cozinhas europeias, chegaram ao Brasil e perpetuaram-se ao longo do século XIX. Não obstante, as sucessivas edições dessa obra foram conhecendo acrescentos de produtos brasileiros. Na de 1875, já se encontram pratos com amendoim, cará, dendê, mandioca e quiabos, como galinha com quingombôs, sopa de cará, tutu de feijão-preto à mineira e vatapá de porco. Nas palavras de Cristiana Couto, a obra "é mais um exemplo da convivência, durante um certo tempo, de modos diferentes de pensar a alimentação".[202]

Em suma, o expansionismo napoleônico e a consequente retirada da Corte de Portugal para o Brasil favoreceram a circulação e a adaptação de novas modas e hábitos à mesa e estimularam a adoção de novos consumos. No Rio de Janeiro, deu-se uma melhoria das condições sanitárias de abate e transporte de rezes, introduziu-se a prática de consumir a carne de vaca às postas e em bife – o consumo de novilho parece ter ficado confinado à Corte –, introduziu-se o plantio do chá, favorecendo o consumo da bebida entre a aristocracia, aumentaram os estabelecimentos em que se vendiam gêneros alimentares e os que serviam refeições, desenvolveram-se as importações de baixelas de mesa e expandiu-se o consumo de diversos produtos, alguns dos quais ligados à presença de estrangeiros, nomeadamente cerveja, manteiga, pão francês, massas italianas e enchidos alemães, denunciando a introdução de hábitos não só de portugueses como também de diferentes comunidades estrangeiras, em especial da inglesa.

Com a presença da Corte no Rio de Janeiro, aumentou a população e, consequentemente, a procura de bens culturais devido à presença

---

[202] Cristiana Couto, *Arte de cozinha: alimentação e dietética em Portugal e no Brasil (séulos XVII-XIX)*, (São Paulo: Editora Senac São Paulo, 2007), p. 151.

de nobres, membros do corpo diplomático e estrangeiros dedicados ao alto comércio. Tudo isso repercutiu-se igualmente nas boas maneiras e na sociabilidade à mesa. A maneira europeia de servir as refeições foi-se impondo, e, ao mesmo tempo, alguns produtos do continente europeu foram substituídos por outros do continente americano. O enriquecimento, a diversificação e o investimento nas baixelas, facilitado pela abertura dos portos e, nomeadamente, através do comércio com a Inglaterra, completou o quadro das alterações legadas pelos europeus e transformadas pelos brasileiros.

Porém, a repercussão das alterações foi limitada ao Rio de Janeiro e às cidades do litoral. Só lentamente as novidades se estenderam a outras regiões geográficas, e, mesmo assim, as modificações atingiram apenas os brancos e não os índios nem os negros. Se é certo que as práticas alimentares estão diretamente relacionadas com os alimentos disponíveis, também é verdade que, entre os gêneros de consumo que estavam à disposição, os brancos abastados puderam optar. A gama de possibilidades era vasta, mas nem todos os alimentos agradavam. A escolha de uns alimentos em detrimento de outros, entre os grupos abastados, evidenciou valores socioeconômicos e culturais que fizeram rejeitar alguns alimentos brasileiros, conotados com índios e negros, povos que eram vistos como inferiores ou selvagens. A importação permitia suprir necessidades e alimentar luxos.

Se a presença da Corte no Rio de Janeiro provocou alterações na alimentação e na sociabilidade à mesa, em especial entre os mais abastados da cidade, cabe interrogar se a passagem da família real pelo Brasil teve consequências em Portugal a partir do regresso da Corte a Lisboa. Ora, os regimes alimentares de Portugal no início do século XIX continuaram a variar de acordo com a época e os preços, os interditos alimentares de certas comunidades e o poder de compra dos diferentes grupos consumidores. Porém, em comum, basearam-se nos cereais, na carne e no vinho. A culinária proposta pelos livros de cozinha – reveladores do que se poderia comer, mas não necessariamente do que se comia – era a mesma dos séculos XVII e XVIII, pois os livros de receitas desses séculos – o de Domingos Rodrigues e o de Lucas Rigaud – conheceram sucessivas edições, e não se publicaram obras novas.[203]

---

203 Sobre a alimentação em Portugal durante o século XIX, ver Isabel M. R. Mendes Drumond Braga, *Portugal à mesa: alimentação, etiqueta e sociabilidade (1800-1815)*, cit.; e Isabel M. R. Men-

No Reino, a carne, não obstante ser a base da alimentação dos grupos médio e superior, continuou a ser vista como um produto de luxo, sendo o seu consumo socialmente prestigiante e um critério essencial da aferição do nível de vida. Consumia-se carne de vaca, vitela, carneiro, cordeiro, cabrito, porco, javali, coelho, láparo, lebre, veado, gamo, bico-vareiro e tartaruga, além de aves de capoeira e de caça, dentre as quais se contam galinha, frango, frangão, peru, ganso, perdiz, galinhola, narceja, capão, pato, adém, pombo, rola, tordo, codorniz e tarambola. A carne era servida albardada, em almôndegas, assada, cozida, desfeita, em ensopado, estufada, frita, defumada, picada e em torresmos e enchidos diversos, integrando inclusive doces como o manjar-branco. Os pratos eram acompanhados por outras carnes, como toucinho, presunto e chouriço, e por molhos, havendo ainda guarnições de legumes.[204] A carne era temperada com diversas especiarias, como cravo e pimenta, e, em alguns casos, com canela e até com açúcar, como nas sopas italianas, sopas de qualquer gênero de assado e língua de vaca assada à polonesa.[205] Um ou outro prato de carne era confeccionado com amêndoas - caso de coelho real, frangas de manjar-branco, frangões doces, pão de vitela e torta de peitos de perdizes ou de capões e perdiz doce[206] - e, mais raramente, com nozes.[207]

Apesar da diversidade de espécies consumidas, havia uma hierarquia traduzida na qualidade e no preço. As carnes mais caras e mais apreciadas eram a vitela e a vaca, havendo ainda as peças de caça, obtidas através da compra e, sobretudo, dos passatempos da aristocracia. Segundo José Manuel de Campos e Mesquita, mesmo em tempo de paz, na maioria das casas dos lavradores não se consumia carne de vaca. As vitelas eram utilizadas não só para os doentes, supostamente abastados, como também pelos que podiam desfrutar de tal "regalo", pois implicava o decréscimo do número de reses.[208] Acompanhando as

des Drumond Braga, "Alimentação e códigos comportamentais na segunda metade do século XIX", em *Do primeiro almoço à ceia: estudos de história da alimentação*, cit., pp. 119-156.

204 Lucas Rigaud, *Cozinheiro moderno ou nova arte de cozinha*, cit., pp. 2, 5, 43, 97, 130, 152, *passim*.

205 Domingos Rodrigues, *Arte de cozinha*, cit., pp. 45, 47; Lucas Rigaud, *Cozinheiro moderno ou nova arte de cozinha*, cit., pp. 15-16.

206 Domingos Rodrigues, *Arte de cozinha* , cit., pp. 72-73, 80, 82; Lucas Rigaud, *Cozinheiro moderno ou nova arte de cozinha*, cit., pp. 40-41, 130, 194-195.

207 Lucas Rigaud, *Cozinheiro moderno ou nova arte de cozinha*, cit., p. 124.

208 José Manuel de Campos e Mesquita, "Extracto da memoria sobre o destroço actual das creações do gado vaccum, apresentada à academia", cit., pp. 417, 419.

tendências alemã e francesa, a carne de carneiro tornou-se rara nas mesas privilegiadas do século XIX.[209] Para Lucas Rigaud, já no século XVIII, o carneiro era de pouco apreço, sendo menos mau o proveniente do Alentejo.[210] Já a carne de cabrito, em 1812, era considerada "muito nutritiva, sucosa e de boa digestão".[211]

A carne era consumida verde e salgada, encontrando-se anúncios de venda em armazéns e lojas diversas. Por exemplo, no de Pedro Cuquiza, no largo de São Paulo, Lisboa, fez-se leilão de uma partida de barricas de carne de vaca e de carne de porco salgadas,[212] e na loja de António de Faria Salgado, no largo do Corpo Santo, Lisboa, se vendia presunto e toucinho a 125 réis o arrátel.[213] Na rua do Arco da Bandeira havia presunto de Trás-os-Montes a 150 réis o arrátel em 1820.[214]

Em Portugal continental, fazer pão podia ser uma tarefa caseira para muitas famílias. Lucas Rigaud distinguiu várias espécies de massas para pão, hierarquizando os cereais e dando conta da relação entre o uso de determinadas farinhas e os grupos sociais consumidores. O cereal nobre continuava a ser o trigo, o responsável pelo pão branco, não obstante se confeccionar pão meado, terçado e quartado, designações que se referem ao número de cereais que se misturavam. Segundo Rigaud,

> faz-se pão de muitas castas com a farinha de trigo, como é pão de rainha, pão à Montoron, pão de Segóvia, pão mole, pão fidalgo e pão da moda. O pão da rainha amassa-se com um pouco de sal e fermento de cerveja, os outros todos amassam-se uns com leite outros com manteiga, com a advertência de deixar fermentar mais a massa e que fique mais leve e mais branda. As gentes do campo e a pobre fazem pão de centeio, de trigo misturado com cevada, de milho, de arroz, de castanhas e outros frutos e raízes para se remediarem em tempos de fome e carestia.[215]

---

209 Jean-Paul Aron, *Le manger du XIXe siècle*, prefácio Marc Ferro (Paris: Payot, 1989), p. 126; Hans Jurgen Teuteberg & Jean-Louis Flandrin, "Transformations de la consommation alimentaire", *Histoire de l'alimentation*, cit., p. 735.

210 Lucas Rigaud, *Cozinheiro moderno ou nova arte de cozinha*, cit., p. 22.

211 Joaquim Pedro Fragoso de Siqueira, "Memoria sobre a creação e vantagens do gado cabrum em Portugal", em *Memorias economicas da Academia Real das Sciencias de Lisboa para o adiantamento da agricultura, das artes e da industria em Portugal e nas conquistas* tomo 4, cit., p. 150.

212 *Gazeta de Lisboa*, nº 26, 31-1-1820.

213 *Ibid.*, nº 98, 26-4-1820.

214 *Ibid.*, nº 108, 8-5-1820.

215 Lucas Rigaud, *Cozinheiro moderno ou nova arte de cozinha*, cit., p. 286.

Segundo Henry l'Évêque, uma parte da cidade de Lisboa era abastecida com pão confeccionado nos arredores, que era transportado para a cidade em carros de madeira e aí vendido a peso.[216] Além do que se fabricava em casa, havia o de produção industrial. O preço do pão era fixado pela municipalidade, variando de acordo com o preço dos cereais. O pão francês, de qualidade superior, era um produto de luxo não taxado.[217]

Em matéria de bebidas alcoólicas, em Portugal continental, o vinho, de qualidades e proveniências diferentes, era de uso corrente entre abastados e populares. Abundaram os anúncios, quer aos locais de venda, quer aos preços na Lisboa de então. Por exemplo, em 1811, leiloaram-se pipas de vinho tinto de Bordéus[218] e uma partida de vinho tinto das margens do Lima.[219] Em 1820, um armazém da rua da Atalaia dava conta da venda de vinho engarrafado da Chamusca e do Cartaxo a 140 réis cada garrafa e de Carcavelos branco, de dois anos, a 180 réis. Também se vendiam vinhos dos lavradores a granel.[220] Um outro armazém, no largo do Conde Barão, anunciava a venda de vinhos do Cartaxo, no atacado e no varejo.[221] Na travessa de Santa Justa, o vinho, dito de muito boa qualidade, custava 200 réis a canada.*[222] Em 1820, António Marrare fez saber que havia transferido a sua loja de vinhos engarrafados, situada na rua das Portas de Santa Catarina, 33, para o número 25 da mesma rua. O estabelecimento vendia todas as qualidades de vinhos engarrafados, além de licores e cervejas.[223] Menos divulgação tinham os licores. Porém, um anúncio de 1814 informava que na loja de bebidas de António de Oliveira e Sá, junto à Sé, havia uma fábrica de licores finos de muitas qualidades, vendidos a preços cômodos. Também se vendia marrasquino.[224]

As técnicas culinárias portuguesas das primeiras décadas do século XIX não apresentaram inovações específicas. A carne podia ser pi-

216 Henry l' Évêque, *Costume of Portugal* (Londres: Colnaghi, 1814), página não numerada.

217 *Ibidem.*

218 *Gazeta de Lisboa*, nº 25, 29-1-1811.

219 *Ibid.*, nº 70, 22-3-1811.

220 *Ibid.*, nº 31, 5-2-1820.

221 *Ibid.*, nº 34, 9-2-1820.

* A canada de Lisboa era equivalente a 1,4 litro. (N. E.)

222 *Ibid.*, nº 69, 21-3-1820.

223 *Ibid.*, nº 7, 8-1-1820.

224 *Ibid.*, nº 5, 5-1-1814.

cada, trinchada e lardeada antes de sofrer a ação do calor. Os alimentos eram cozidos, assados, estufados, fritos e afogados, isto é, guisados e, em alguns casos, como técnicas de acabamento de alguns pratos, aparecem expressões como corar, enxugar e tostar. No que se refere aos molhos, por vezes, eram coalhados com ovos, isto é, ligados e engrossados. Uma obra sobre higiene, publicada pela primeira vez em 1814, explicava exatamente o significado de termos técnicos diversos, como, por exemplo, cozer, estufar e escumar.[225]

O manancial de utensílios era já bastante vasto, recorrendo-se, entre outros, a tigelas, panelas, tachos, caços ou caçarolas, formas ou latas e tabuleiros para levar os ingredientes ao lume; a viradouros e frigideiras para os gêneros que eram fritos, podendo esses utensílios servirem também para ir ao forno e à mesa. Para mexer e misturar alimentos usavam-se bacias, que também iam ao lume, alguidares e vasos. Colheres, garfos, facas, escumadeiras, escalfadeiras, estendedores, peneiras, rapadouras, funis, covilhetes, almoxarifes, graais, salseiros, chocolateiras, açucareiros, molheiras, pratos, pires, sopeiras, travessas, terrinas, copos, chávenas, canecas, fruteiros, cestos e jarros completavam o quadro dos utensílios que serviam para preparar e apresentar os alimentos.[226]

Na primeira metade do século XIX, em Portugal como em outros pontos da Europa, parece ter havido alguma tendência para aproximar o horário das refeições das horas a que atualmente são servidas. Mas o processo foi lento e complexo, e, no princípio do século XIX, os horários eram mais vespertinos.

Durante a ausência da Corte, os anúncios publicados na *Gazeta de Lisboa* informam acerca de alguns horários de refeições. Por exemplo, na casa de pasto de Francisco Ramos, antigo copeiro da Casa de Abrantes, situada no Rossio, em 1811, dava-se "mesa redonda às duas

---

225 Francisco de Mello Franco, *Elementos de hygiene ou dictames theoreticos e praticos para conservar a saude e prolongar a vida*, cit., pp. 158-160.

226 João Pedro Ferro, *Arqueologia dos hábitos alimentares* (Lisboa: Dom Quixote, 1996), p. 25; e Paulino Mota Tavares (org.), *Doces e manjares do século XIX: o livro do Padre Brito* (Coimbra: Fora de Texto, 1995), p. 16. Sobre as preocupações acerca dos materiais com que eram confeccionados os utensílios de cozinha, no sentido de não prejudicarem a saúde das populações, ver Francisco de Mello Franco, *Elementos de hygiene ou dictames theoreticos e praticos para conservar a saude e prolongar a vida*, cit., p. 164; e José Pinheiro de Freitas Soares, *Tratado de policia medica, no qual se comprehendem todas as materias que podem servir para organizar hum regimento de policia de saude para o interior do reino de Portugal* (Lisboa: Academia das Ciências de Lisboa, 1818), pp. 183-196.

horas servida com toda a prontidão e asseio, igualmente haverão listas para as pessoas que quiserem servir-se, do meio-dia por diante, a qualquer hora".[227] No mesmo ano, outro estabelecimento lisboeta, sito na rua do Alecrim, a Casa de Pasto Leão de Ouro, dava mesa redonda das 14 às 16 horas, ao preço de 800 réis por pessoa. Na quantia estava incluída meia garrafa de vinho.[228] Em 1814, o mesmo estabelecimento, agora na rua do Corpo Santo, oferecia mesa redonda às 15 horas, pelo mesmo preço, servindo igualmente jantares particulares.[229]

Se bem que o termo *restaurante* tenha começado por designar os preparados que eram utilizados para *restaurar* as forças, foi-se evoluindo para a acepção de local, no âmbito deste e no quadro da sociabilidade urbana, onde se serviam substâncias *restaurativas* e, mais tarde, comidas e bebidas. Paralelamente, estalagens e tabernas já tinham tais funções um pouco por toda a Europa. O incremento das viagens motivou o desenvolvimento de diversas formas de restauração coletiva, o que acabou por ter consequências na espetacular expansão do restaurante, não alheia ao crescimento do turismo internacional.[230]

Em Portugal, como na restante Europa, comia-se em casa, pela rua, nas estalagens, nos hotéis, restaurantes, cafés, botequins, lojas de bebidas, tabernas, baiucas, casas de pasto, casas do povo e armazéns de bebidas.[231] O vocabulário utilizado para designar algumas desses estabelecimentos - particularmente os mais modestos - era flutuante, havendo casos em que o próprio dono se referia indistintamente à casa como armazém de vinhos, taberna, casa do povo e baiuca.[232] De qualquer modo, a taberna vendia vinho a varejo, azeite, alguma comida, fruta e legumes, velas e carvão, enquanto a loja de bebidas servia chá, café, chocolate, licores, ponche, limonada, torradas, doces

---

227 *Gazeta de Lisboa*, nº 106, 4-5-1811.

228 *Ibid.*, nº 119, 20-5-1811.

229 *Ibid.*, nº 269, 14-11-1814.

230 Paul Gerbot, *La restauration hors foyer en Europe (du Moyen Âge à nos jours)* (Paris: Honoré Champion, 2000); Rebecca L. Spang, *A invenção do restaurante. Paris e a moderna cultura gastronômica*, trad. Jaime Araújo (Lisboa: Temas & Debates, 2003).

231 Sobre os diferentes estabelecimentos na Inglaterra e na França e sobre o tipo de refeições que serviam, ver Stephen Mennell, *All Manners of Food: Eating and Taste in England and France from the Middle Ages to the Present* (2ª ed. Urbana/Chicago: University of Illinois Press, 1996), pp. 135-144. Sobre a sociabilidade de alguns locais onde se comia, ver Maria Alexandre Lousada, "A rua, a taberna e o salão: elementos para uma geografia histórica das sociabilidades lisboetas nos finais do Antigo Regime", cit., pp. 95-120.

232 Maria Alexandre Lousada, *Espaços de sociabilidade em Lisboa: finais do século XVIII a 1834*, vol. 1, cit., pp. 160-169.

e sorvetes. A comida servida nas tabernas era, regra geral, de baixa qualidade, tal como nas tascas e baiucas, enquanto nas casas de pasto a qualidade seria superior. Os armazéns de vinho eram espaços polivalentes, que funcionavam como tabernas e vendiam vinho por atacado, e algumas mercearias serviam vinho e comida, além de terem jogo.[233] Para alguns estrangeiros, os estabelecimentos destinados a servir refeições suscitavam críticas diversificadas. Marianne Baillie, ao referir-se a uma casa de pasto, situada na estrada entre Lisboa e Sintra, considerou que ela era repugnante, com uma cozinha escura e suja, e pessoal menos do que sofrível: malvestido, malcheiroso, sujo e negligente.[234]

Especialmente em Lisboa, alguns estabelecimentos do ramo da hotelaria foram marcantes. Segundo as *Memórias* do marquês de Fronteira e de Alorna, em 1818, antes de ir ao São Carlos, "a sociedade elegante reúne-se no Terreiro do Paço, no café que ali havia, chamado Casa da Neve. Eram numerosas as equipagens e cavaleiros que ali se viam no fim da tarde".[235] Esse estabelecimento, onde se vendiam bebidas e sorvetes, fora fundado em 1778. Em 1829, era seu proprietário Martinho Bartolomeu Rodrigues, que mandou fazer obras transformando o espaço num dos cafés-restaurantes de Lisboa. Surgiu, então, a designação popular de Martinho da Arcada para o distinguir de um outro café do mesmo dono, denominado O Martinho, este situado no largo de D. João da Câmara, chamado então largo de Camões.[236] Outros locais de sociabilidade, especialmente masculina, e até de conspiração, foram aparecendo pela cidade. Por volta de 1787, abriu o botequim do Nicola, no Rossio, que encerrou as atividades em 1850.[237] O botequim das Parras, propriedade de José Pedro da Silva, antigo empregado do Nicola, que era conhecido por José Pedro das Luminárias, também estava situado no Rossio. Esse botequim, cuja fachada era iluminada com lanternas coloridas em ocasiões festivas – daí a alcunha do seu

---

233 *Ibidem*.

234 Marianne Baillie, *Lisbon in the years 1821, 1822 and 1823*, vol. 1 (Londres: s/ed., 1824), pp. 38-39.

235 Ernesto de Campos de Andrada (org.), *Memórias de marquês de Fronteira e d'Alorna D. José Trazimundo Mascarenhas Barreto ditadas por ele próprio em 1861*, cit., vol. 1, p. 191.

236 Ferreira de Andrade, "Os cafés da Lisboa romântica", em *Revista Municipal*, nº 56, Lisboa, 1953, pp. 29-34; Eduardo Sucena, "Cafés", em Fancisco Santana & Eduardo Sucena, *Dicionário de História de Lisboa* (Lisboa: Carlos Quintas & Associados, 1994), p. 192; e, sobretudo, os estudos de Marina Tavares Dias, *Lisboa desaparecida* (6ª ed. Lisboa: Quimera, 1991), pp. 70, 81-87; e *Cafés de Lisboa* (Lisboa: Quimera, 1999).

237 Júlio Dantas, *Lisboa dos nossos avós* (2ª ed. Lisboa: Câmara Municipal de Lisboa, 1969) p. 139.

proprietário –, festejou a retirada das tropas francesas em 1808 e a Revolução de 1820. Entre a sua clientela, havia numerosos adeptos da maçonaria.[238] Essa situação foi responsável por frases como "está este país sendo governado pelos cafés".[239] Na Inglaterra, os cafés eram igualmente centros de intriga política, e na França e na Espanha eram palco de tertúlias literárias.[240] Outros estabelecimentos tiveram impacto na capital. O Marrare de São Carlos foi fundado por António Marrare em 1800. Em 1820, passou a ser conhecido como Marrare do Polimento, assim denominado por ser revestido de madeira polida. Situava-se no Chiado, na rua das Portas de Santa Catarina (atual rua Garrett). Entre os pratos que servia, celebrizou-se o famoso bife à Marrare, preparado numa frigideira de ferro com molho de natas.[241] António Marrare foi ainda possuidor de botequins no Cais do Sodré e na esquina da rua de Santa Justa.[242]

Diversas lojas de bebidas publicitaram a venda de neve e sorvetes durante a época quente. Por exemplo, em 1814, a 8 de junho, um anúncio dava conta que no Bosque do Duque, no Rossio, "se manufatura sorvete de todas as qualidades".[243] Poucos dias depois, a loja de bebidas das "quatro portas", junto de Alcântara, fazia saber que vendia neve, a partir de 16 de junho.[244] Já o Café Toscano, no largo do Calhariz, vendia neve e sorvetes a partir de 24 do mesmo mês.[245] Dava-se, assim, continuidade a uma prática secular de venda de bebidas frescas e de neve durante o verão.[246]

---

238 António Coimbra Martins, "Cafés", em Joel Serrão, *Dicionário de história de Portugal*, cit., p. 428; Marina Tavares Rodrigues, *Lisboa desaparecida*, cit., pp. 73-74, e *Cafés de Lisboa*, cit.

239 Ernesto de Campos de Andrada (org.), *Memórias do conde de Lavradio D. Francisco de Almeida Portugal comentadas pelo marquês do Lavradio D. José de Almeida Correia de Sá*, vol. 3 (Coimbra: Imprensa da Universidade, 1934), p. 343.

240 Stephen Mennell, *All Manners of Food: Eating and Taste in England and France from the Middle Ages to the Present*, cit., p. 137. Para o caso espanhol, ver Antonio Bonet Correa, "Les cafés littéraires en Espagne du XVIIIe au XXe siècle", em Françoise Thelamon (org.), *La sociabilité à table: commensalité et convivialité à travers les âges*, atas do Colóquio de Rouen, Rouen, Université de Rouen, 1993, pp. 293-300.

241 Ferreira de Andrade, "Os cafés da Lisboa romântica", cit., pp. 30-31; António Coimbra Martins, "Cafés", cit., p. 428; Eduardo Sucena, "Cafés", cit., p. 192.

242 Marina Tavares Dias, *Lisboa desaparecida*, cit., p. 78.

243 *Gazeta de Lisboa*, nº 134, 8-6-1814.

244 *Ibid.*, nº 139, 15-6-1814.

245 *Ibid.*, nº 147, 24-6-1814.

246 Sobre este assunto, ver Isabel M. R. Mendes Drumond Braga, *Gelados: história de uma doce e fresca tentação* (Sintra: Colares, 2003).

Havia ainda as confeitarias. A primeira apareceu em Lisboa em 1812. Ficava situada no largo de Santa Justa e tinha como proprietário um italiano de apelido Baltresqui.[247] Por toda a capital proliferaram esse tipo de lojas. Destaquem-se, contudo, alguns pontos de concentração como a rua de Cima da Misericórdia, a rua dos Confeiteiros, a rua do Ouro e o Rossio.[248] Apesar da profusão de locais destinados à comercialização de doces – importa lembrar que os confeiteiros formaram a Irmandade de Nossa Senhora da Oliveira, em 1753 –,[249] há que ter em conta a continuação da concorrência da doçaria conventual. Nesse período, recordem-se, por exemplo, a abóbora coberta das freiras de Santa Marta, as castelhanas, os esquecidos, as ferraduras, as lampreias de ovos e as trouxas de ovos das freiras de Santa Ana, bem como as batatas de covilhete e as lampreias de ovos das freiras da Esperança.[250]

Um levantamento relativo a 1807 dava conta da existência de chocolateiros, confeiteiros e pasteleiros na capital, num total de 399, divididos pelas categorias de mestres, oficiais e aprendizes, com predomínio dos primeiros nas três profissões.[251] Sabe-se, igualmente, que era comum solicitar, através dos jornais, cozinheiros para casas particulares ou para casas de pasto.[252]

Quadro 2

Chocolateiros, confeiteiros e pasteleiros existentes em Lisboa (1807)

Profissões	Mestres	Oficiais	Aprendizes	Total
Chocolateiros	49	36	10	95
Confeiteiros	137	45	71	253
Pasteleiros	28	16	7	51
Total	214	97	88	399

A publicidade dos estabelecimentos do ramo da hotelaria, alguns com salas de jogo, começava a dar os primeiros passos. Foram apare-

[247] Marina Tavares Dias, *Lisboa desaparecida*, cit., p. 69.

[248] Luís Pastor de Macedo, *Lisboa de lés a lés. Subsídios para a história das vias públicas da cidade*, vol. 2 (2.ª ed. Lisboa: Câmara Municipal de Lisboa,1960), pp. 36-38.

[249] *Ibid.*, pp. 97-116.

[250] *Ibid.*, p. 67.

[251] António Ferrão, *A 1ª Invasão Francesa. A invasão de Junot vista através dos documentos da Intendência Geral da Polícia (1807-1808): estudo político e social*, cit., p. 74.

[252] Cf., por exemplo, *Gazeta de Lisboa,* nº 58, 8-3-1811; nº 106, 6-5-1814; nº 154, 14-7-1814; nº 245, 17-10-1814; nº 270, 14-11-1814.

cendo anúncios, sobretudo de locais populares, alguns dos quais evidenciaram a sua polivalência e o tipo de alimentação que neles se podia consumir. Não esqueçamos, contudo, que se podia ainda recorrer a mulheres que se espalhavam pelas ruas de Lisboa, vendendo doces, melancias, castanhas, sardinhas e outros gêneros a pessoas com menores recursos econômicos.[253]

Vejamos alguns anúncios como exemplo. Em outubro de 1808, fazia saber-se da abertura da Casa de Pasto Três Nações, que era também hospedaria, ao Corpo Santo. Não se particularizou a comida oferecida, nem o preço, nem tão pouco o asseio, mas salientou-se, de acordo com a conjuntura política vivida, que "nela se acha quem saiba falar as línguas inglesa, espanhola e portuguesa".[254] Em maio de 1811, abriu uma casa de pasto na rua Nova dos Mártires, denominada Estrela de Oiro.[255] Anos depois, em janeiro de 1814, era a vez de um estabelecimento congênere no Cais do Sodré, que "servia com lista e mesa redonda sem vinho a 800 réis cada pessoa e com vinho a 960 réis (e almoço) tudo bem servido e com muito asseio".[256] A hospedaria do Carrilho, na rua Augusta, servia almoços, jantares e ceias e dava quartos por mil réis diários, ou apenas jantar e ceia por 480 réis, acrescentando ainda que "por mais ou menos, conforme cada um quer, também se alugam quartos sem comer".[257] Anos depois, em 1820, a mesma hospedaria, agora na rua da Palha, publicitou a venda de vinho tinto e branco por 200 e 240 réis a canada respectivamente, almoço por 100 réis, ceia por 140 réis e jantar e ceia por 300 réis, acrescentando que servia geleia de mão de vaca e ostras.[258] Em 1814, o dono da Casa de Pasto Coroa de Ouro avisou que havia baixado os preços. Assim, passava a servir mesa redonda a 800 réis "com a mesma decência e abundância que até agora era por 960 réis".[259] A mesma casa, da rua Nova dos Mártires, informou, mais tarde, que, a partir de 1 de setembro, iria dispor de um hábil cozinheiro e, consequentemente, "servirá com todo o asseio e comodidade tanto de mesa redonda como de lista e haverá almoços de

253 Ver as observações e as estampas publicadas em Henry l'Évêque, *Costume of Portugal*, cit., página não numerada.

254 *Gazeta de Lisboa*, nº 42, 29-10-1808.

255 *Ibid.*, nº 119, 20-5-1811.

256 *Ibid.*, nº 8, 10-1-1814.

257 *Ibid.*, nº 61, 12-3-1814.

258 *Ibid.*, nº 6, 7-1-1820.

259 *Ibid.*, nº 126, 30-5-1814.

várias qualidades e bom gosto".[260] No Campo Grande, outro estabelecimento abria em dias de feira. Fornecia comida "por lista e com todo o asseio e comodidade".[261] Por cima do Arco da Bandeira, uma casa de pasto servia almoços de várias qualidades de carne e peixe a 100 réis, fornecendo jantares e ceias para fora.[262]

Em Portugal, as refeições dos abastados desenvolviam-se num quadro com um ritual próprio, no qual contavam as tradições familiares e o acesso às novidades estrangeiras, nomeadamente francesas e inglesas. Nada ficava ao acaso, desde o modo de dispor a baixela, decorar a mesa, distribuir os lugares, dispor as iguarias e desenvolver o serviço à mesa, trabalho realizado pelos criados. A mesa era posta com serviços de porcelana, cristais e vidros moldados, lapidados e gravados[263] e peças diversas de prata, incluindo os talheres.[264]

Salientem-se as porcelanas brasonadas de produção europeia e asiática, com destaque para a da Companhia das Índias. Além da porcelana, havia a faiança, de menor beleza e de desgaste mais rápido, que podia também ser de produção inglesa[265] e da Companhia das Índias, bem como nacional, sendo a de melhor qualidade a que era produzida na fábrica da Vista Alegre a partir de 1835 – não obstante os esforços anteriores, levados a cabo a partir de 1824.[266] De notar ainda

---

260 *Ibid.*, nº 204, 30-8-1814.

261 *Ibid.*, nº 232, 1-10-1814.

262 *IIbid.*, nº 77, 1-4-1820.

263 Ver exemplos de vidros lapidados e gravados (copos e jarros) em Vasco Valente, *O vidro em Portugal* (Porto: Portucalense, 1950), pp. 76-77; Ana Maria Rodrigues (coord.), *D. João VI e o seu tempo: exposição* (Lisboa: Comissão Nacional para as Comemorações dos Descobrimentos Portugueses, 1999), pp. 203 e 206; e de vidros e cristais lapidados e moldados, alguns com camafeus incrustados em *Vista Alegre: porcelanas* (Lisboa: Inapa, 1989), pp. 63-69; *I Leilão Vista Alegre* (Lisboa: As Coisas Mudam, 1997), lotes 1 a 18; *II Leilão Vista Alegre: cristais, vidros, porcelanas e biscuits* (Lisboa: Estar, 1998), pp. 13-20; *III Leilão Vista Alegre*: *cristais, vidros, porcelanas e biscuits* (Lisboa: Estar, 1999), pp. 13-22. Entre as peças contam-se compoteiras, copos, fruteiros, galheteiros, garrafas, jarros, mamadeiras, pratos e taças.

264 As peças de prata produzidas nesse período tinham, fundamentalmente, influência neoclássica e, mais tenuamente, do estilo império. Notou-se alguma simplicidade, apesar de decorações com motivos fitomórficos e zoomórficos. Entre a prataria utilizada à mesa contavam-se aparelhos de chá e café, alguns com tabuleiro; cafeteiras, candelabros, castiçais, cestos, espevitadeiras, faqueiros, galheteiros, jarros e bacias, samovares, suportes com lamparina de aquecimento e travessas. Cf. Gonçalo de Vasconcelos e Sousa, *Pratas portuguesas em coleções particulares: século XV ao século XX* (Porto: Civilização, 1998), pp. 24-28, e inventário de peças, especialmente, pp. 188-223.

265 Isabel M. R. Mendes Drumond Braga, *Portugal à mesa: alimentação, etiqueta e sociabilidade (1800-1850)*, cit., pp. 135-163.

266 Sobre a evolução da produção de louça da fábrica, ver as gravuras da obra *Vista Alegre: porcelanas*, cit., pp. 73-78 e 81-106. Na fábrica, além das peças de vidro, produziram-se pratos, cestos,

um certo gosto pelo exótico, traduzido na utilização de peças orientais ou de influência oriental, uma boa parte das quais de porcelana branca decorada de azul.[267]

Entre os que possuíam serviços da Companhia das Índias brasonados, da dinastia Qing, reinado de Jiaqing (1796-1820), contam-se D. João VI (dois serviços diferentes, além de outras peças);[268] D. António de São José de Castro, bispo e governador do Porto; e D. Duarte Manuel de Noronha Meneses, quarto marquês de Tancos e nono conde de Atouguia.[269] Da mesma dinastia, reinado de Daoguang (1821-1850), foram igualmente feitos diversos serviços para portugueses. Entre os seus possuidores contaram-se D. Pedro I, imperador do Brasil; António de Albuquerque do Amaral Cardoso, conde dos Coutos; João Ferreira Sarmento, conde de Sarmento; Adrião Acácio da Silveira Pinto, governador de Macau; e D. José Maria da Silva Torres, arcebispo de Goa.[270]

Na *Gazeta de Lisboa* podem encontrar-se anúncios de vários utensílios de mesa. Por exemplo, leiloavam-se partidas de louça oriental num armazém da rua Nova do Almada;[271] serviços de mesa, prataria, vidros e louça na casa de pasto Latour, no Cais do Sodré;[272] partidas de porcelana dourada, louça da Índia, de casquinha com guarnições de prata, vidros e cristais, no Corpo Santo;[273] e um *plateau*, terrinas,

---

galheteiros, açucareiros, molheiras, jarros, pires e chávenas em "pó de pedra" e, a partir de 1835, peças de porcelana perfeita, fabricadas com caulino: serviços de jantar e de chá, *tête à tête* com tabuleiro, jarros e bacias, floreiros, lamparinas, tinteiros, bases de candeeiros, jarras e frascos de rapé. Em 1826-1827, foram fabricadas chávenas e pires com suntuosas decorações, inclusive a que, em 1826, foi dedicada à infanta regente D. Isabel Maria. Sobre o contexto econômico, industrial e artístico em que apareceu a fábrica, ver Jorge Borges de Macedo, "Introdução", em *Vista Alegre: porcelanas*, cit., pp. 11-33; Ilda Arez, *Vista Alegre: porcelanas portuguesas* (Lisboa: Estar, 1998). Sobre a porcelana europeia desse período e, nomeadamente, de Sèvres, Limoges, Wedgwood, Worcester e Chelsea, ver Mina Bacci, *European Porcelain* (Londres/Nova York/Sidney/Toronto: Hamlyn, 1966), e Hugo Morley-Fletcher, *Investing in Pottery & Porcelain* (Londres: Barrie & Rocklitt the Cressert, 1968).

267 Rita Garnel, "O orientalismo no quotidiano", em *O orientalismo em Portugal (séculos XVI-XX)* (Lisboa:/Porto: Comissão Nacional para as Comemorações dos Descobrimentos Portugueses/ Inapa/Câmara Municipal, 1999), pp. 285-313.

268 Nuno Castro, *A porcelana chinesa e os brasões do Império* (Porto: Civilização, 1987), pp. 203, 207, 212 e 213.

269 *Ibid.*, pp. 183-215; Nuno Castro, "Porcelana chinesa e alguns brasões inéditos", em Rui Guedes, *Companhia das Índias: porcelanas* (Lisboa: Bertrand, 1995), pp. 101-104. Em qualquer dos trabalhos podem ver-se reproduções coloridas das peças.

270 Nuno Castro, *A porcelana chinesa e os brasões do Império*, cit., pp. 219-230.

271 *Gazeta de Lisboa*, nº 57, 8-3-1814.

272 *Ibid.*, nº 154, 24-6-1814.

273 *Ibid.*, nº 174, 26-7-1814.

pratos, bandejas e outras peças de prata, no largo do Caldas.[274] Na rua do Alecrim, vendiam-se "toalhas de mesa adamascadas de padrões elegantes e novos com seus guardanapos competentes".[275]

Quando a Corte portuguesa chegou ao Brasil, vigorava, como já referimos, em toda a Europa, o serviço à francesa. Ora, as realidades do serviço à mesa no Brasil nem sempre se assemelhavam ao padrão europeu. Mas, além dessas discrepâncias, havia uma outra entre os estabelecimentos que serviam refeições em Lisboa e no Rio de Janeiro. Se eram comuns os anúncios de mesa redonda, isto é, cardápio fixo servido aos comensais numa mesa coletiva, nas duas cidades, em Lisboa já se aludia frequentemente à lista, ou seja, a ementa ou *menu*, que só se vulgarizaria nas refeições particulares na segunda metade do século XIX.[276] Efetivamente, como verificamos, diversos anúncios informaram: "haverá lista",[277] "será servido por lista",[278] "servida com lista e mesa redonda"[279] e "mesa redonda como de lista".[280] Numa obra dedicada a fazer o elenco dos letreiros e outros escritos caricatos espalhados pela cidade de Lisboa, publicada em 1806, já se refere um *menu* de uma casa de pasto completamente cheia de erros ortográficos. Do documento, denominado *lista*, constavam os seguintes pratos: "sopa de lazeira, bifestexe, arrosbifs, compota de macaco, xaxilxa, pastes, podi, asetonas, laranga, arros da se, episnafres co ouvos, poimbos com jorichas, calinha e mais caldo, dita com ditas selada de alsasia".[281]

Para facilitar o trato social, sobretudo dos que não tinham aprendido no seio da família, continuaram a publicar-se manuais de etiqueta, os quais, no que tocava ao comportamento à mesa, insistiam em regras

274 *Ibid.*, nº 91, 18-4-1820.

275 *Ibid.*, nº 2, 3-1-1814.

276 Isabel M. R. Mendes Drumond Braga, *Os menus em Portugal: para uma história das artes de servir à mesa*, cit.

277 *Gazeta de Lisboa*, nº 106, 4-5-1811.

278 *Ibid.*, nº 119, 20-5-1811.

279 *Ibid.*, nº 8, 10-1-1814.

280 *Ibid.*, nº 178, 30-7-1814.

281 *Segunda parte da collecção dos lettreiros celebres que se achão escritos por cima das portas de varias lojas desta capital para servirem de tabuletas e conhecimento ao publico: vistos e examinados e colligidos por hum Taful de Luneta* (Lisboa: Oficina de João Procópio Correa da Silva, 1806), p. 145. Sobre essa obra, escreveu-se, num anúncio da *Gazeta de Lisboa*: "tem duas utilidades, a de recriar pelas muitas combinações ridículas que neste assunto tem produzido a ignorância e a de mostrar quanto seja de absoluta necessidade, para escapar a uma merecida irrisão, o fazer escrever com acerto e ortografia os títulos com que se quer indicar ao público o objeto do tráfico, oficina ou qualquer outro estabelecimento apontado nas tabuletas". Cf. *Gazeta de Lisboa*, nº 225, 23-9-1814.

básicas, como a necessidade de ser discreto, não incomodar os demais e, em caso de desconhecimento, observar outros comensais e seguir o exemplo. Uns fizeram apelo à ironia usando uma história anedótica, contada em diálogo, para salientar as maneiras corretas e as incorretas à mesa; outros utilizaram perguntas e respostas com o mesmo fim; outros ainda apenas descreveram o que consideravam correto e incorreto. Em todos os textos foram fornecidos diversos conselhos úteis que visavam facilitar a vida em sociedade, não obstante se notarem pontuais diferenças. Ensinou-se ao convidado a ser pontual, a ocupar o lugar indicado pelos donos da casa, a dar graças a Deus antes de iniciar a refeição (em voz alta ou mentalmente), a manter uma posição digna à mesa, a usar corretamente os talheres e o guardanapo, a servir-se de uma travessa, bem como do sal e da pimenta, e a tratar com os criados. No caso dos que recebiam, explicou-se como se deveriam fazer as distribuições dos lugares, como seria dado o sinal de levantar da mesa, onde se deveria servir o café e como se deveriam trinchar as carnes.[282] A importância destes textos, a maioria dos quais dedicados a pais e educadores em geral, não deixou de ser salientada na publicidade da época.[283]

Ou seja, a ausência da Corte não impediu que, em Lisboa, se fossem acompanhando as modas europeias em matéria de ritual e serviço das refeições. Por outro lado, avaliar a eventual influência da estada da família real no Rio de Janeiro nas alterações alimentares dos portugueses residentes no Reino passa pela análise dos livros de cozinha, manuscritos ou impressos, aparecidos após 1821. Tais textos, na expressão de Laura Graziela Gomes, a "culinária de papel",[284] não foram particularmente abundantes em Portugal.[285] Apesar da pobreza numérica das obras, comparativamente ao que se conhece para outros reinos da Europa,[286] recentemente têm sido publicados alguns conjuntos de recei-

---

282 Isabel M. R. Mendes Drumond Braga &Paulo Drumond Braga,"Civilidades. Porquê? Para quê? Para quem?", em Maria Amália Vaz de Carvalho, *Arte de viver na sociedade* (Sintra: Colares, 2004), pp. 9-42.

283 *Gazeta de Lisboa*, nº 229, 28-9-1820, em relação à obra *Escolla politica ou tratado pratico de civilidade*.

284 Laura Graziela Gomes, "Culinária de papel", em *Estudos Históricos*, nº 33, Rio de Janeiro, 2004, pp. 1-22. Disponível em http://www.cpdoc.fgv.br/revista/asp/dsp.

285 Ver obras existentes na Biblioteca Nacional de Lisboa, além de um ou outro exemplar de coleções particulares, em Manuela Rêgo, *Livros portugueses de cozinha* (2ª ed. Lisboa: Biblioteca Nacional, 1998).

286 Stephen Mennell, *All Manners of Food: Eating and Taste in England and France from the Middle Ages to the Present*, cit., pp. 166-199; Philip Hyman & Mary Hyman, "Imprimer la cuisine: les livres de cuisine en France entre le XVe et le XVIe siècles", em Jean-Paul Flandrin e Massimo Montanari (orgs.), *Histoire de l'alimentation*, cit., pp. 643-655; Philip Hyman & Mary Hyman,

tas de casas particulares e de instituições religiosas que enriqueceram o conhecimento do receituário português dos séculos XVII a XX.[287] O estudo dos livros de cozinha publicados no passado permite avaliar os graus de interesse e inovação, quer em relação às técnicas, quer aos produtos utilizados,[288] mesmo tendo em conta que essas obras revelam o que se podia consumir e não necessariamente o que se comia.

No final do século XVII e até ao século XIX, Domingos Rodrigues, cozinheiro do futuro D. Pedro II, monopolizará as atenções com a sua *Arte de cozinha*, publicada em 1680. Tratou-se do primeiro livro de cozinha impresso em Portugal. A obra conheceu diversas edições na primeira metade do século XIX: 1804, 1814, 1821, 1836, 1844 e 1849.[289] Verdadeiramente relevante, só, um século depois, o texto de Lucas Rigaud, intitulado *Cozinheiro moderno ou nova arte de cozinha*.[290] Essa publicação conheceu sucesso imediato, o qual se manteve ao longo do século XIX, quando foi republicada em 1807 e 1826.[291] Especificamente dedicado à doçaria, em 1788, foi publicado um texto anônimo intitulado *Arte nova e curiosa, para conserveiros, confeiteiros e copeiros*. Ao contrário dos anteriores, não foi um sucesso editorial, uma vez que

---

"Livres et cuisine au XIXe siècle", em *À table au XIXe siècle* (Paris: Musée d' Orsay/Flammarion, 2001), pp. 80-89 ; Bruno Laurioux, *Le règne de taillevent: livres et pratiques culinaires à la fin du Moyen Âge* (Paris: Publications de la Sorbonne, 1997); Trude Ehlert, "Les manuscrits culinaires médiévaux témoignent-ils d'un modèle alimentaire allemand?", em Martin Bruegel & Bruno Laurioux (orgs.), *Histoire et identités alimentaires en Europe* (Paris: Hachette, 2002), pp. 121-136.

287 Paulino Mota Tavares, *Mesa, doces e amores no século XVII português* (Sintra: Colares, 1999); Paulino Mota Tavares (org.), *Doces e manjares do século XIX: o Livro do Padre Brito* (Coimbra: Fora de Texto, 1995); Maria Isabel de Vasconcelos Cabral (org.), *O livro de receitas da última freira de Odivelas* (Lisboa: Verbo, 1999); Paulino Mota Tavares & Maria Leonor Cavalheiros, *Quinta das Lágrimas. Cenário dos amores de Pedro e Inês: história, requintes e sabores* (Sintra: Colares, 2002); Nuno Santos Pinheiro (org.), *Receitas de minha mãe* (Lisboa: Hugin, 2003). Ver ainda algumas receitas e um estudo sobre um interessante livro de cozinha de Francisco Borges Henriques, escrito na primeira metade do século XVIII, em Isabel M. R. Mendes Drumond Braga, "O livro de cozinha de Francisco Borges Henriques", cit., pp. 61-84.

288 Sobre o tratamento do conteúdo de alguns livros de culinária, ver A. H. de Oliveira Marques, *A sociedade medieval portuguesa: aspectos de vida quotidiana*, cit., pp. 7-22; Salvador Dias Arnaut, *A arte de comer em Portugal na Idade Média*, cit.; Maria José Azevedo Santos, "O mais antigo livro de cozinha português: receitas e sabores", cit., pp. 35-66; Isabel M. R. Mendes Drumond Braga, *Portugal à mesa: alimentação, etiqueta e sociabilidade (1800-1850)*, cit., pp. 103-114; Isabel M. R. Mendes Drumond Braga, "O livro de cozinha de Francisco Borges Henriques", cit.; Isabel M. R. Mendes Drumond Braga, "O primeiro livro de doçaria portuguesa (1788)", em Isabel Drumond Braga (org.), *Arte nova e curiosa para conserveiros, confeiteiros e copeiros* (Sintra: Colares, 2004), pp. 9-22.

289 Domingos Rodrigues, *Arte de cozinha* (Lisboa: Imprensa Nacional/Casa da Moeda, 1987). A primeira edição é de 1680.

290 Lucas Rigaud, *Cozinheiro moderno ou nova arte de cozinha*, cit. A primeira edição é de 1780.

291 Sobre a importância dessas duas obras, ver Isabel M. R. Mendes Drumond Braga, *Portugal à mesa: alimentação, etiqueta e sociabilidade (1800-1850)*, cit., pp. 103-114.

não conheceu mais edições. Face aos antecessores e, especialmente, ao livro de Lucas Rigaud, aparecido oito anos antes, teve a desvantagem de apenas ensinar a confeccionar doces, matéria também abordada por aquele, que contemplou igualmente receitas de carne, peixe e marisco, ovos, sopas e legumes.[292]

Aos impressos há que juntar as receitas manuscritas que circulavam em família, que deviam ser relativamente comuns. Por exemplo, em 1818, D. José Trasimundo, futuro marquês de Fronteira e d'Alorna, deu conta disso mesmo. A propósito de certo jantar em Portalegre, pôde registar nas suas *Memórias*:

> tivemos um esplêndido jantar, onde a doçaria era imensa e a velha senhora, forte conserveira, queria dar-nos a receita de todos os bons doces que, com gosto, provámos. Eu fiz a aquisição de várias receitas que trouxe a minha sogra, que muito as apreciou, porque tinha estado em Portalegre e lembrava-se sempre das guloseimas da terra.[293]

Ora, se analisarmos os livros de culinária portuguesa publicados após 1821, verificaremos que os reflexos de alguma influência brasileira são menos que muito tênues. Isto é, são praticamente inexistentes, pois, entre as publicações de livros de cozinha pós-1821, apenas João da Mata, em 1876, apresentou na sua *Arte de Cozinha* - que chegou a ser traduzida para o castelhano - pratos dedicados a amigos do autor e às famílias real portuguesa e imperial brasileira. Neste último caso, a receita de bomba de neve à brasileira, uma sobremesa gelada, continha frutas do Brasil (abacaxi, jaca, fruta de jambu), além de queijos franceses, italianos e ingleses, rum da Jamaica, marrasquino de Zara e curaçau da Holanda.[294]

Em suma, da passagem da Corte pelo Rio de Janeiro não chegaram influências visíveis a Lisboa em matéria de preparos culinários, o que se explica tendo em conta a inexistência de muitos ingredientes da antiga colônia em Portugal, além da dificuldade em ultrapassar preconceitos.

---

292 Isabel M. R. Mendes Drumond Braga (org.), *Arte nova e curiosa para conserveiros, confeiteiros e copeiros*, cit.

293 Ernesto de Campos de Andrada (org.), *Memórias do marquês de Fronteira e d'Alorna D. José Trazimundo Mascarenhas Barreto ditadas por ele próprio em 1861*, vol. 1, cit., p. 365.

294 João da Mata, *Arte de cozinha*, cit., pp. 255-257.

As relações Portugal-Brasil após a Independência da antiga colônia

Nos últimos anos do século XVIII e nos primeiros do século seguinte, sobretudo por influência dos recém-nascidos Estados Unidos da América, houve várias revoltas no Brasil com intuitos independentistas. A mais famosa foi a de 1789, chamada Inconfidência Mineira ou revolta do Tiradentes, mas podem ainda ser citadas as do Rio de Janeiro (1794), da Bahia (1798) e de Pernambuco (1801 e 1817).

Um passo extremamente importante para a independência foi dado com a presença da família real portuguesa, de 1808 a 1821, e de toda a Corte no Rio de Janeiro. Isso levou à criação de um quadro político, administrativo, econômico e cultural, como anteriormente se referiu. A revolução liberal ocorrida em Portugal em 1820, e o subsequente regresso do rei a Lisboa (1821), apressaram o processo secessionista. Antes de partir, D. João VI deixou como regente do Reino do Brasil o filho mais velho e herdeiro da Coroa, D. Pedro. Foi este príncipe que, a 7 de setembro de 1822, considerando que o Brasil não poderia continuar a aceitar as ordens vindas do outro lado do Atlânti-

D. Pedro I, imperador do Brasil.

co, proclamou a independência do território e aceitou ser imperador, com o nome de D. Pedro I.[1]

Declarada unilateralmente a independência, Portugal não a aceitou. Iniciaram-se conversações entre os dois Estados, sob a égide de um diplomata inglês, Charles Stuart, que se foram prolongando. Finalmente, a 13 de maio de 1825, uma carta patente de D. João VI reconheceu que o Brasil tinha administração separada de Portugal, transferindo para seu filho, D. Pedro I, o pleno exercício da soberania, mas mantendo para si próprio o título de imperador do Brasil. A 29 de agosto, foi assinado um tratado, em que se reconhecia totalmente a independência do Brasil. O soberano português, embora conservasse o título imperial, aceitava o seu uso por parte de D. Pedro I. Uma convenção adicional a esse tratado previa que o Brasil pagaria a Portugal, a título de satisfação das reivindicações, a quantia de 2 milhões de libras esterlinas.[2]

Nos anos que se seguiram à morte de D. João VI, ocorrida a 10 de março de 1826, os destinos políticos de Portugal e do Brasil estiveram muito próximos. Falecido o soberano, o seu filho primogênito assumiu a Coroa lusa com o nome de D. Pedro IV. O fato de já ser imperador do Brasil colocava alguns problemas. De fato, nenhum dos países queria uma nova união. Sem sair do Brasil, o novo monarca outorgou a Portugal uma Carta Constitucional (28 de abril) e abdicou da Coroa lusa a favor de uma das suas filhas, então com 7 anos de idade, que se tornou rainha com o nome de D. Maria II (2 de maio). Como tinha esta um filho varão, a ele viria a caber um dia o trono brasileiro. D. Pedro IV projetou ainda o casamento de D. Maria II com o tio, o infante D. Miguel, que seria regente enquanto aquela não completasse 18 anos de idade. Todas as medidas tomadas mostravam que pretendia a conciliação entre as duas grandes tendências políticas existentes então em Portugal, os liberais e os absolutistas. Mas isso era impossível: enquanto os liberais acataram, na sua maior parte, as decisões do novo monarca, os absolutistas contestaram-nas, dizendo que, ao

---

1 Maria Beatriz Nizza da Silva, "Da Revolução de 1820 à independência brasileira", em Maria Beatriz Nizza da Silva (org.), *O Império Luso-Brasileiro (1750-1822)*, cit., pp. 397-428; A. H. de Oliveira Marques, "A conjuntura", em Joel Serrão & A. H. de Oliveira Marques (orgs.), *Nova história de Portugal. Portugal e a instauração do liberalismo*, vol. 9 (Lisboa: Presença, 2002), pp. 545-561; Jorge Pedreira & Fernando Dores Costa, *D. João VI, o Clemente*, cit., pp. 265-289.

2 Zília Osório de Castro, "A 'varanda da Europa' e o 'cais do lado de lá': Tratado de Paz e Aliança entre D. João VI e D. Pedro (29/08/1825)", em *Tratados do Atlântico Sul: Portugal-Brasil (1825-2000)* (Lisboa: Ministério dos Negócios Estrangeiros/Instituto Diplomático, 2006), pp. 23-56.

aceitar ser imperador do Brasil, ele atraiçoara ao mesmo tempo Portugal e D. João VI. Teria, portanto, perdido os seus direitos ao trono e, assim, não os podia transmitir. Dentro dessa óptica, o legítimo rei seria D. Miguel, que chegou a Portugal nos inícios de 1828, jurou fidelidade a D. Pedro, a D. Maria II e à Carta Constitucional e recebeu de imediato a regência. Mas as pressões dos absolutistas sobre D. Miguel eram muitas, e o infante decidiu convocar Cortes, que o proclamaram rei, em julho de 1828. Como consequência, a Carta Constitucional foi suspensa. Em 1830, formou-se, na ilha Terceira, um governo de exílio, nomeado por D. Pedro, na sua qualidade de tutor de D. Maria II. No ano seguinte, por enfrentar, no Brasil, numerosos problemas políticos, o imperador abdicou a favor de seu filho varão, que então se tornou imperador com o nome de D. Pedro II. Partiu de seguida para a Europa com D. Maria II, decidido a recolocá-la no trono. Intitulou-se, então, regente de Portugal em nome da filha. Em julho de 1832, depois de uma passagem pela Inglaterra e pela França, D. Pedro desembarcou no Mindelo, à frente de um exército parcialmente constituído por mercenários arregimentados em Londres e Paris, conquistando, em seguida, o Porto, onde foi instalado o governo que viera da ilha Terceira. D. Miguel pôs cerco àquela cidade. Tinha começado a guerra civil. Em 1833, um outro exército liberal, comandado pelo duque da Terceira, desembarcou no Algarve. Conseguindo avançar, apoderou-se de Lisboa, em 24 de julho. D. Miguel acabou por se render a D. Pedro, a 26 de maio de 1834, em Évora-Monte. D. Maria II foi reposta no trono, e a Carta Constitucional entrou novamente em vigor. Foi decidido que D. Pedro manteria a regência, que, contudo, deixou, voluntariamente, em julho do mesmo ano. Achava-se já muito doente, vítima de tuberculose, vindo a falecer em setembro seguinte.[3]

A 19 de maio de 1836, foi assinado entre Brasil e Portugal um tratado de comércio e navegação, que o Brasil nunca ratificou, impedindo a sua entrada em vigor.[4] O mesmo não aconteceu com a convenção sobre

---

3 A. H. de Oliveira Marques, "A conjuntura", cit., pp. 566-591; Eugénio dos Santos, *D. Pedro IV: liberdade, paixões, honra* (Lisboa: Círculo de Leitores/Universidade Católica Portuguesa/Centro de Estudos dos Povos e Culturas de Expressão Portuguesa, 2006); Maria Alexandre Lousada & Maria de Fátima Sá e Melo Ferreira, *D. Miguel* (Lisboa: Círculo de Leitores/Universidade Católica Portuguesa/Centro de Estudos dos Povos e Culturas de Expressão Portuguesa, 2006); Maria de Fátima Bonifácio, *D. Maria II* (Lisboa: Círculo de Leitores/Universidade Católica Portuguesa/Centro de Estudos dos Povos e Culturas de Expressão Portuguesa, 2005).

4 Júlio Rodrigues da Silva, "O difícil reencontro luso-brasileiro: o Tratado de Comércio e Navegação (19/05/1836)", em *Tratados do Atlântico Sul: Portugal-Brasil (1825-2000)*, cit., pp. 57-97.

agentes consulares de 1863, que vigorou durante várias décadas, tendo sido sucessivamente renovada,[5] e com o acordo de extradição de 1872, visando os portugueses que habitualmente se refugiavam no Brasil.[6] Anote-se ainda que, entre 1863 e 1866, Portugal serviu de medianeiro num conflito entre o Brasil e a Inglaterra: em 1861, um navio inglês naufragado no Rio Grande do Sul foi pilhado, e os ingleses, como represália, bloquearam o porto do Rio de Janeiro. Os dois Estados cortaram relações diplomáticas, e Portugal conseguiu restabelecê-las, servindo-se dos bons ofícios do conde de Lavradio, embaixador em Londres.[7]

A emigração de portugueses para o Brasil, que tão importante tinha sido antes de 1822, foi retomada, após um curto parêntesis, depois de 1834. Foi de tal forma grande que Alexandre Herculano a classificou como "espantosa". Dados de 1855-1865 mostram que o Brasil colheu a preferência de 86% dos imigrantes portugueses, porcentagem que se elevou para 93% no período de 1891-1900. Os anos de 1850 a 1930 são considerados os anos de ouro da emigração portuguesa para o Brasil, rumo aos portos de Santos, Rio de Janeiro, Recife e Belém, dando origem ao estabelecimento de muitos portugueses nos setores da venda a varejo de secos e molhados, da construção civil, da indústria de panificação e até das atividades agrícolas. Começou, então, a desenvolver-se a imagem do português como homem pobre, inculto e oportunista, o qual, ao regressar a Portugal, passava a ser conhecido como "brasileiro", sinônimo de alguém rico e bem-sucedido na vida, que conseguiu ascender social e economicamente. Porém, se muitos enriqueceram, tornando-se banqueiros e comerciantes, outros não passaram de operários e caixeiros. Acrescente-se que a comunidade portuguesa criou, no Brasil, várias instituições de caráter cultural, entre as quais avultam o Real Gabinete Português de Leitura (1837), o Retiro Literário Português (1849) e o Liceu Literário Português (1868), todas no Rio de Janeiro.[8]

---

5 José Calvet de Magalhães, *Relance histórico das relações diplomáticas luso-brasileiras* (Lisboa: Quetzal, 1997), pp. 32-35, 11-15.

6 Maria Cecília de Sousa Cameira, "A arte do compromisso: Tratado de Extradição de Criminosos entre Portugal e o Brasil (10-6-1872)", em *Tratados do Atlântico Sul: Portugal-Brasil (1825-2000)*, cit., pp. 99-141.

7 José Calvet de Magalhães, *Relance histórico das relações diplomáticas luso-brasileiras*, cit., pp. 35-37.

8 Maria Beatriz Rocha Trindade & Domingos Caeiro, *Portugal-Brasil: migrações e migrantes (1850-1930)* (Lisboa: Inapa, 2000); Robert Rowland, "O problema da emigração: dinâmicas e modelos", em Francisco Bethencourt & Kirti Chaudhuri (orgs.), *História da expansão portuguesa. Do Brasil para a África (1808-1930)*, vol. 4, cit., pp. 304-323; Robert Rowland, "Brasileiros do Minho:

As relações entre as duas famílias reinantes em Portugal e no Brasil eram muito próximas. Convém não esquecer que a rainha D. Maria II e o imperador D. Pedro II eram irmãos. Aliás, enquanto a primeira não gerou um filho (1837), o assunto preocupou o governo luso, tendo-se chegado a encarar a hipótese de solicitar a ida do Brasil para Portugal da infanta D. Januária, irmã dos dois soberanos, a fim de assumir a condição de herdeira presuntiva da Coroa lusa.[9] Bastante mais tarde, em 1871-1872 e em 1877, D. Pedro II visitou Portugal, onde reinava seu sobrinho, D. Luís.[10] Regressaria uma terceira vez, desta feita na condição de exilado, quando a República foi implantada no Brasil. Depois de ter sofrido o desgosto da morte repentina de sua mulher, a imperatriz Teresa Cristina, decidiu, para não criar problemas ao governo português, partir para a França, onde veio a morrer (1891), tendo os seus restos mortais sido sepultados na igreja lisboeta de São Vicente de Fora, junto aos seus familiares portugueses.[11]

A República foi proclamada no Brasil a 15 de novembro de 1889. Portugal só a reconheceu a 29 de janeiro do ano seguinte, depois dos Estados Unidos da América e da França, mas antes da Inglaterra.[12] Refira-se quanto o exemplo brasileiro – a par do da França da III República, implantada em 1871 – motivou os republicanos portugueses, que estavam então a investir bastante na propaganda antimonárquica.[13]

Uma das primeiras medidas do novo regime implantado no Brasil, com data de 14 de dezembro de 1889, foi polêmica na Europa: todos

---

emigração, propriedade e família", em Francisco Bethencourt & Kirti Chaudhuri (orgs.), *História da expansão portuguesa. Do Brasil para a África (1808-1930)*, vol. 4, cit., pp. 324-347; Robert Rowland, "Portugueses no Brasil: projetos e contextos", em Francisco Bethencourt & Kirti Chaudhuri (orgs.), *História da expansão portuguesa*, vol. 4: *Do Brasil para a África (1808-1930)*, cit., pp. 348-373; Igor José de Renó Machado, *Cárcere público: processos de exotização entre imigrantes brasileiros no Porto (Portugal)*, tese de doutorado (Campinas: Instituto de Filosofia e Ciências Humanas da Universidade Estadual de Campinas, 2003), pp. 38-60.

9 Fernanda Paula Sousa Maia, *O discurso parlamentar português e as relações Portugal-Brasil: a Câmara dos Deputados (1826-1852)* (Lisboa: Fundação Calouste Gulbenkian/Fundação para a Ciência e a Tecnologia, 2002), pp. 302-306.

10 Lourenço Luís Lacombe (org.), *A primeira visita do imperador do Brasil D. Pedro II a Portugal* (Lisboa: Embaixada do Brasil, 1965); José Calvet de Magalhães, *Relance histórico das relações diplomáticas luso-brasileiras*, cit., pp. 38-40.

11 Amado Luiz Cervo, "As relações Portugal-Brasil no século XIX", em Dário Moreia de Castro Alves (org.), *Depois das caravelas: as relações entre Portugal e o Brasil (1808-2000)* (Lisboa: Instituto Camões, 2000), p. 157.

12 Eduardo Cândido Cordeiro Gonçalves, *Ressonâncias em Portugal da implantação da República no Brasil (1889-1895)* (Porto: Reitoria da Universidade do Porto, 1995), pp. 143-150.

13 *Ibid.*, pp. 47-134; Luísa Maria Gonçalves Teixeira Barbosa, *O ideário republicano nas relações Brasil-Portugal (1880-1891)*, dissertação de mestrado (Lisboa: Faculdade de Letras da Universidade de Lisboa, 2002), 2 vols., mimeo.

os estrangeiros que residissem no Brasil à data da proclamação da República seriam considerados cidadãos brasileiros, salvo se no prazo de seis meses fizessem uma declaração em sentido contrário. De nada serviram os protestos de vários Estados europeus, incluindo Portugal. Acrescente-se, entretanto, que, ao abrigo da nova lei, quase 2 milhares de portugueses declararam querer continuar a sê-lo.[14]

Em 1892, foi assinado entre os dois países um tratado de comércio nunca ratificado.[15] Em 1894-1895, Portugal e Brasil estiveram de relações diplomáticas cortadas, em virtude de dois navios de guerra lusos terem dado asilo a insurgentes militares brasileiros. A intervenção da Inglaterra restabeleceu a paz.[16] Pouco tempo depois, em 1895-1896, foi a vez de Portugal servir de mediador num conflito entre o Brasil e a Inglaterra, que ocupara a ilha da Trindade, ao largo do estado do Espírito Santo, mas acabou por a devolver.[17]

Em 1898, o presidente eleito da República do Brasil, Campos Sales, visitou Portugal.[18] De novo se registou, nos anos seguintes, alguma aproximação: a antiga potência colonial participou ativamente nas comemorações do quarto centenário da viagem de Pedro Álvares Cabral (1900) e do primeiro centenário da abertura dos portos brasileiros (1908).[19] Estava mesmo prevista, para junho desse ano, uma visita ao Brasil do rei D. Carlos, que não se verificou em virtude do assassinato do monarca.[20]

As boas relações continuaram depois da implantação da República em Portugal, que aconteceu durante uma visita do presidente eleito do Brasil, Hermes da Fonseca, que chegou a Lisboa a 1 de outubro de 1910 e partiu a 5.[21] O Brasil foi o primeiro país a reconhecer o novo

---

14 Eduardo Cândido Cordeiro Gonçalves, *Ressonâncias em Portugal da implantação da República no Brasil (1889-1895)*, cit., pp. 151-166.

15 Maria Manuela Tavares Ribeiro, "Vivências das crises, vencer a crise: Tratado de Comércio e Navegação entre Portugal e o Brasil (14-1-1892)", em *Tratados do Atlântico Sul: Portugal-Brasil (1825-2000)*, cit., pp. 143-164.

16 Eduardo Cândido Cordeiro Gonçalves, *Ressonâncias em Portugal da implantação da República no Brasil (1889-1895)*, cit., pp. 167-180.

17 José Calvet de Magalhães, *Relance histórico das relações diplomáticas luso-brasileiras*, cit., p. 52.

18 *Ibidem*.

19 Regina Maria Seixas dos Santos, *Portugal na Exposição Nacional do Rio de Janeiro em 1908: significados e intenções*, dissertação de mestrado (Porto: Faculdade de Letras da Universidade do Porto, 1999).

20 Rodrigues Cavalheiro, *D. Carlos I e o Brasil* (Lisboa: Nacional, 1957).

21 José Calvet de Magalhães, *Relance histórico das relações diplomáticas luso-brasileiras*, cit., pp. 54-56.

regime, a 22 de outubro.[22] Ambos elevaram as respectivas representações diplomáticas à categoria de embaixadas, Portugal em 1913 e o Brasil em 1914.[23] Em 1919, ocorreu nova visita a Lisboa, uma vez mais de um presidente eleito, Epitácio Pessoa.[24]

O ano em que o Brasil comemorou o primeiro centenário da sua independência, 1922, deu azo ao aprofundamento dos laços com Portugal. Gago Coutinho e Sacadura Cabral efetuaram a primeira travessia aérea do Atlântico Sul, aportando ao Rio de Janeiro.[25] O presidente da República portuguesa, António José de Almeida, deslocou-se ao Brasil, tendo sido assinados tratados nunca ratificados,[26] e foram ainda devolvidos por Portugal os restos mortais de D. Pedro II e de sua mulher.[27] No ano anterior, mas já no âmbito das comemorações centenárias, começara a sair a *História da colonização portuguesa no Brasil*, dirigida por um português com fortes ligações com o Brasil, Carlos Malheiro Dias. A publicação arrastar-se-ia até 1924.[28]

A emigração de portugueses para o Brasil continuava a ser uma realidade. No período de 1901-1930 partiram 754.147 pessoas, número que, em 1931-1950, baixou para 148.699, correspondendo à tendência geral mundial: a grande depressão que se seguiu à crise de 1929 levou ao fecho das portas dos países que tradicionalmente acolhiam imigrantes.[29]

A partir dos anos 30, aprofundaram-se os contatos, graças ao empenho do Estado Novo português e dos presidentes Getúlio Vargas, Café Filho e Juscelino Kubitschek de Oliveira. Assim, foram assinados vários tratados com vista ao incremento das relações comerciais entre os dois

---

22 A. H. de Oliveira Marques, "As relações diplomáticas", em Joel Serrão & A. H. de Oliveira Marques (orgs.), *Nova história de Portugal. Portugal da monarquia para a república*, vol. 11, cit., p. 355.

23 José Calvet de Magalhães, *Relance histórico das relações diplomáticas luso-brasileiras*, cit., p. 56.

24 *Ibid.*, pp. 56-57.

25 Maria Isabel João, *Memória e Império: comemorações em Portugal (1880-1960)* (Lisboa: Fundação Calouste Gulbenkian/Fundação para a Ciência e a Tecnologia, 2002), pp. 80-87.

26 Rosália Augusta da Cunha Marques, *A viagem do presidente António José de Almeida no âmbito das relações com o Brasil no final da I República*, dissertação de mestrado (Porto: Faculdade de Letras da Universidade do Porto, 1998) mimeo; José Sacchetta Ramos Mendes & Tiago dos Reis Miranda, "O Tratado do 1º Centenário ou a retórica das 'duas pátrias' (26-9-1922)", em *Tratados do Atlântico Sul: Portugal-Brasil (1825-2000)*, cit., pp. 164-204.

27 Lilia Moritz Schwarcz, *As barbas do imperador: D. Pedro II, um monarca nos trópicos* (Lisboa: Assírio & Alvim, 2003), pp. 614-617.

28 Filipe Nunes de Carvalho, "O contributo de Malheiro Dias para a *História da colonização portuguesa do Brasil*: notas e observações", em *Mare Liberum*, nº 17, Lisboa, 1999, pp. 97-196.

29 Williams da Silva Gonçalves, *O realismo da fraternidade: Brasil-Portugal. Do Tratado de Amizade ao Caso Delgado* (Lisboa: Universidade de Lisboa/Instituto de Ciências Sociais, 2003), p. 149.

países (1933,[30] 1941, 1949, 1954), outros sobre transportes e comunicações (1942, 1943, 1946), acordos ortográficos (1943 e 1945) e ainda um de cooperação intelectual (1948). Um ponto alto da aproximação foi constituído pelas comemorações centenárias de 1940, em Lisboa.[31] Convém não menosprezar o papel que, nesse processo de aproximação, desempenharam lusófilos brasileiros, com relevo para Gilberto Freire, autor de obras marcantes como *Casa-grande & senzala* (1933) e *O mundo que o português criou* (1940).[32] No dizer de Williams da Silva Gonçalves, o sociólogo pernambucano fez mais pela reconciliação do Brasil com Portugal que todos os políticos dos dois lados do Atlântico.[33]

Mas a coroa de glória nessa reaproximação seria o Tratado de Amizade e Consulta assinado em 1953, ao fim de dez anos de negociações.[34] O presidente brasileiro, Café Filho, esteve em Portugal (1954), tendo a visita sido retribuída pelo presidente português, Craveiro Lopes (1957).[35] Outro chefe do Estado brasileiro, Juscelino Kubitschek, deslocou-se a Portugal por duas vezes, a primeira em 1956, como presidente eleito, e a segunda em 1960, no âmbito das comemorações do quinto centenário da morte do infante D. Henrique. Foram, então, assinados novos acordos entre os dois países, em áreas tão diversas como a dupla nacionalidade, a extradição e a cooperação judiciária em matéria fiscal, os quais não vieram a ser aplicados, porque, em 1961, Juscelino Kubitschek terminou o seu mandato.[36]

Entretanto, houve um estremecimento nas relações luso-brasileiras em 1959, quando o general Humberto Delgado, candidato derrotado nas eleições presidenciais portuguesas do ano anterior, se refugiou na Em-

---

30 Sobre esse tratado em particular, ver Isabel Baltazar, "Ritmo novo: o Tratado de Comércio entre Portugal e o Brasil (14-9-1933)", em *Tratados do Atlântico Sul: Portugal-Brasil (1825-2000)*, cit., pp. 205-249.

31 José Calvet de Magalhães, *Relance histórico das relações diplomáticas luso-brasileiras*, cit., pp. 59-63.

32 Valentim Alexandre, "Luso-tropicalismo", em Antônio Barreto & Maria Filomena Mônica (orgs.), *Dicionário de história de Portugal: suplemento*, vol. 8 (Porto: Figueirinhas, 1999), pp. 391-394.

33 Williams da Silva Gonçalves, *O realismo da fraternidade: Brasil-Portugal. Do Tratado de Amizade ao Caso Delgado*, cit., p. 90.

34 Fernando Martins & Pedro Leite de Faria, "Um primeiro passo no bom caminho: o Tratado de Amizade e Consulta (16-2-1953)", em *Tratados do Atlântico Sul: Portugal-Brasil (1825-2000)*, cit., pp. 251-287.

35 Fernando Rosas & Alice Samara, *Francisco Craveiro Lopes* (Lisboa: Museu da Presidência da República, 2006), p. 52.

36 José Calvet de Magalhães, *Relance histórico das relações diplomáticas luso-brasileiras*, cit., pp. 70-71.

baixada do Brasil em Lisboa e logrou obter asilo político. Foi relevante o papel aqui desempenhado pelo embaixador Álvaro Lins, que mostrou então, claramente, a sua profunda aversão ao Estado Novo português.[37]

A saída de Juscelino Kubitschek da presidência, em 1961, significou uma alteração da política externa brasileira. Os seus sucessores, Jânio Quadros (1961) e João Goulart (1961-1964), claramente esquerdistas, opuseram-se à continuação da presença portuguesa no Ultramar, alinhando com as críticas da União Soviética e do Terceiro Mundo.[38] Uma prova evidente da má vontade contra Portugal ocorreu no mesmo ano de 1961: Henrique Galvão, forte opositor do governo de Lisboa, desviou o paquete português *Santa Maria*, entrando depois no porto do Recife, onde se lhe juntaram Humberto Delgado e Álvaro Lins. Os responsáveis pelo incidente obtiveram asilo político no Brasil.[39]

Apesar de a atitude anticolonialista do Brasil não se ter alterado quando, em 1964, foi instituído o regime militar, o discurso foi-se gradualmente moderando, o que tornou possível a assinatura, em 1966, de um acordo comercial luso-brasileiro, destinado a incrementar as relações econômicas, que vinham decaindo de maneira considerável. Basta dizer que Portugal exportou, em 1950-1954, mercadorias no valor de quase 6,5 milhões de dólares, valor esse que era, em 1960-1964, de apenas 2 milhões. No tocante às importações, no primeiro quinquênio referido rondaram os 6 milhões de dólares e no derradeiro ficaram-se pelos 4 milhões. O acordo de 1966, assinado pelo primeiro presidente militar, Castelo Branco, foi ratificado pelo segundo, Costa e Silva. Foi uma clara viragem na história das trocas entre os dois países.[40]

Nesse clima novamente favorável, em que se evitava falar do problema colonial português, o sucessor de Salazar na chefia do governo português, Marcelo Caetano, visitou o Brasil, obtendo enorme sucesso (1969).[41] Mais tarde, foi assinada a convenção de Brasília, sobre a igual-

---

37 Williams da Silva Gonçalves, *O realismo da fraternidade: Brasil-Portugal. Do Tratado de Amizade ao Caso Delgado*, cit., pp. 223-237; Frederico Delgado Rosa, *Humberto Delgado: biografia do general sem medo* (Lisboa: A Esfera dos Livros, 2008).

38 José Calvet de Magalhães, *Relance histórico das relações diplomáticas luso-brasileiras*, cit., pp. 72-81; Nuno Severiano Teixeira, "Política externa", em *Dicionário de história de Portugal: suplemento*, vol. 9, cit., pp. 120-121.

39 David Landes Raby, "Santa Maria, Assalto do", em *Dicionário de história de Portugal: suplemento*, vol. 9, cit., pp. 396-397.

40 José Calvet de Magalhães, *Relance histórico das relações diplomáticas luso-brasileiras*, cit., pp. 81-84.

41 *Ibid.*, pp. 84-86.

dade de direitos e deveres entre portugueses e brasileiros (1971).[42] Em abril de 1972, o presidente da República portuguesa, Américo Thomaz, deslocou-se ao Brasil, no âmbito das comemorações dos 150 anos da independência, transportando os restos mortais de D. Pedro I, primeiro imperador do Brasil, até então conservados em Lisboa. Ainda no mesmo ano, mas em setembro, era a vez de Marcelo Caetano visitar o Brasil, desta feita para assistir à deposição dos ossos de D. Pedro I no Monumento do Ipiranga e ao encerramento das comemorações centenárias. Retribuindo a visita de Américo Thomaz, o presidente brasileiro, Garrastazú Médici, esteve em Portugal (1973).[43]

A 27 de abril de 1974, dois dias apenas após o golpe de Estado militar ocorrido em Lisboa, o Brasil reconheceu as novas autoridades lusas, já que vislumbrava a possibilidade de desempenhar o papel de mediador no processo da descolonização portuguesa, no que se deparou com a oposição de Lisboa e até mesmo de alguns dos Estados africanos em embrião, como a Guiné-Bissau.[44] As relações normalizaram-se a partir de 1976, quando as instituições democráticas começaram a funcionar em Portugal. De qualquer modo, em termos de política externa, tanto de Portugal quanto do Brasil, as relações entre os dois países não constituíam uma prioridade. Circulavam imagens pouco claras de Portugal no Brasil e do Brasil em Portugal. A situação só começou a conhecer melhorias após a adesão de Portugal à Comunidade Europeia, em 1986, apesar de se terem realizado antes diversas visitas presidenciais.[45]

O presidente português Ramalho Eanes visitou o Brasil (1978), e o derradeiro presidente militar brasileiro, João Figueiredo, retribuiu, deslocando-se a Portugal (1981). Seguiram-se as visitas (algumas das quais de caráter privado e outras a pretexto de cimeiras) dos presidentes civis: Trancredo Neves (1985), José Sarney (1986 e 1988), Fernando Collor de Mello (1990), Fernando Henrique Cardoso (1995 e 2000) e Luiz Inácio Lula da Silva (2003, 2005 e 2007). Em 1989, o primeiro-ministro português, Cavaco Silva, foi por sua vez ao Brasil, o mesmo

---

42 *Ibid.*, pp. 88-90; Rui Manuel Moura Ramos, "Lei da nacionalidade", em *Dicionário de história de Portugal: suplemento*, vol. 8, cit., p. 363.

43 José Calvet de Magalhães, *Relance histórico das relações diplomáticas luso-brasileiras*, cit., pp. 90-91.

44 *Ibid.*, pp. 92-96.

45 Yves Léonard, "As ligações a África e ao Brasil", em Francisco Bethencourt & Kirti Chaudhuri (orgs.), *História da expansão portuguesa*, vol. 4: *Do Brasil para a África (1808-1930)*, cit., p. 437.

tendo feito, sete anos depois, o seu sucessor, António Guterres, após incidentes ocorridos em 1993 relativos ao impedimento de entrada de cidadãos brasileiros e à chamada "guerra dos dentistas".[46] Quanto aos presidentes da República portuguesa, à viagem de Ramalho Eanes seguiram-se as de Mário Soares (1987, 1990, 1993 e 1994), Jorge Sampaio (1997, 2001, 2002 e 2003) e Cavaco Silva (2008). Esta última, que ocorreu de 6 a 9 de março, esteve integrada nas comemorações do segundo centenário da chegada de D. João VI ao Rio de Janeiro.

O saldo de todas essas visitas foi altamente positivo, tendo sido assinados acordos em áreas tão diferentes como a científica, a industrial, a fiscal, a judicial e a turística. Anote-se que, aquando da visita de Cavaco Silva, enquanto primeiro-ministro, em 1989, foi assinado o Acordo Quadro de Cooperação, que instituiu cimeiras regulares entre os representantes máximos dos dois países.[47] De qualquer modo, o comércio bilateral de mercadorias atingiu um mínimo histórico em 1992, tendo crescido de forma regular a partir de então e até 1998, conhecendo a seguir algumas perturbações em resultado das dificuldades do real, o que não impediu a retoma da curva ascensional a partir de 2000.[48] Entretanto, em 1996, nascia a Comunidade de Países de Língua Portuguesa (CPLP), planejada desde 1989 e sucessivamente adiada por motivos diversos, entre eles a oposição de Angola.[49] A 22 de abril de 2000, foi assinado, em Porto Seguro, o Tratado de Amizade e Consulta entre Portugal e o Brasil, destinado a aprofundar os laços entre os dois países.[50]

---

46 Bela Feldman-Bianco, "Entre a 'fortaleza' da Europa e os laços afetivos da 'irmandade' luso-brasileira: um drama familiar de um só ato", em Cristina Bastos; Miguel Vale de Almeida; Bela Feldman-Bianco, *Trânsitos coloniais: diálogos críticos luso-brasileiros* (Lisboa: Instituto de Ciências Sociais, 2002), pp. 389-393; Igor José de Renó Machado, *Cárcere público: processos de exotização entre imigrantes brasileiros no Porto (Portugal)*, cit., pp 29, 91.

47 José Calvet de Magalhães, *Relance histórico das relações diplomáticas luso-brasileiras*, cit., pp. 99-100.

48 Joaquim Ramos Silva, *Portugal/Brasil: uma década de expansão das relações econômicas (1992-2002)* (Lisboa: Terramar, 2002), p. 14

49 José Calvet de Magalhães, *Relance histórico das relações diplomáticas luso-brasileiras*, cit., pp. 98-100.

50 Cristina Montalvão Sarmento, "Tratado do milénio: 500 anos para redescobrir a história (22/04/2000)", em *Tratados do Atlântico Sul: Portugal-Brasil (1825-2000)*, cit., pp. 289-344.

Os brasileiros em Portugal na atualidade

Corre de boca em boca e na internet a seguinte anedota: interrogaram 850 mil habitantes em Portugal: "acha que existem muitos imigrantes em Portugal? 20% responderam sim, 13% responderam não e 67% responderam oi?!".[1] Mais do que a dupla questão humorística – exagero da porcentagem e dificuldade de entendimento, por parte dos brasileiros, do português falado por portugueses –, a questão que nos importa é a consciência, por parte de todos, de que, efetivamente, muitos brasileiros escolheram Portugal como local de residência nos últimos anos.

Deixando observações impressionistas, fixemo-nos nos números e comecemos por dar conta da situação de Portugal relativamente aos fenômenos migratórios. Efetivamente, em termos demográficos, o país caracterizou-se estruturalmente pela existência de muitos emigrantes, que saíam para os mais variados destinos em diversos continentes. No entanto, a partir de meados dos anos 70, deram-se alterações significativas: os países receptores de mão de obra portuguesa,

---

1 Cf., por exemplo, Hugo Veiga, "Caipirinha, samba e publicidade pa caramba", disponível em http://aventurapaulista.blogspot.com, consultado em 27-2-2009.

Restaurante Comida de Santo, em Lisboa.

em resultado da crise petrolífera de 1973-1974, optaram por medidas restritivas. Paralelamente, depois de 1975, Portugal recebeu um número considerável de pessoas residentes nas antigas colônias de África. Apesar da pressão demográfica de então, a emigração portuguesa diminuiu e só retomou o seu curso a partir de meados da década de 1980, desta feita composta por emigrantes temporários a termo fixo e emigrantes sazonais, apesar de uma parte deles acabar por se tornar permanente. Um novo destino europeu tornou-se relevante: a Suíça.[2]

De qualquer modo, a partir da década de 80, as migrações em Portugal passaram a assinalar uma novidade: a existência simultânea de fluxos de entrada e de saída de pessoas, com perfis econômicos semelhantes, em número significativo.[3] Assim, Portugal tem recebido a presença de três grandes grupos de imigrantes: indivíduos oriundos do continente americano, representando 20% do total dos imigrantes, em 1997; da União Europeia, 26% no mesmo ano; e dos Países de Língua Oficial Portuguesa (Palop), 44% nessa mesma data.[4] Todos com uma enorme concentração na área metropolitana de Lisboa.[5]

Naturalmente, no passado recente, para nos limitarmos ao século XX, também se fixaram estrangeiros em Portugal. Nos anos 60 do século XX, entre os 30 mil estrangeiros residentes, 22% eram brasileiros que tinham chegado nas décadas de 40 e 50. A porcentagem de estrangeiros com autorização de residência era então de 0,3%. A partir de 1993, o saldo migratório em Portugal passou a revelar-se positivo e em crescimento. Em 1997, viviam em Portugal 175.263 pessoas com autorização de residência, a que se juntavam imigrantes ilegais em número desconhecido, calculando-se em pouco mais de 2% a porcentagem de imigrantes no cômputo total da população residente no país. Do total de imigrantes, 11,4% eram oriundos do Brasil; 44% destes viviam no distrito de Lisboa, 16% no do

---

2 Maria Ioannis Baganha & João Peixoto, "O estudo das migrações nacionais", em J. M. Carvalho Ferreira *et al.* (orgs.), *Entre a economia e a sociologia* (Oeiras: Celta, 1996), pp. 233-239; Maria Ioannis Baganha & Pedro Góis, "Migrações internacionais de e para Portugal: o que sabemos e para onde vamos", em *Revista Crítica de Ciências Sociais*, nº 52-53, Lisboa, 1999, pp. 229-280;

3 Maria Ioannis Baganha, "A cada sul o seu norte: dinâmicas migratórias em Portugal", em Boaventura de Sousa Santos (org.), *Globalização: fatalidade ou utopia* (Porto: Afrontamento, 2001), p. 142.

4 Cláudia Norte *et al.* (orgs.), "O impacto da imigração nas sociedades da Europa. Um estudo para a rede europeia das migrações: o caso português", 2004, p. 8, disponível em http://www.sef.pt/documento56, consultado em 20-2-2009.

5 Maria Lucinda Fonseca *et al.* (org.), *Immigrants in Lisbon. Routes of Integration* (Lisboa: Centro de Estudos Geográficos, 2002).

Porto e 10% no de Aveiro.[6] Se nos fixarmos nos últimos anos, poderemos verificar que, dos mais de 50 mil indivíduos estrangeiros residentes em 2000, passou-se a mais de 65 mil em 2001 e a mais de 70 mil em 2002, ou seja, 4% da população. Concomitantemente, também se verificou uma diversificação das nacionalidades. Das 102 em 1981, passou-se a 129 em 1991 e a cerca de 170 em 2003.[7] Ou seja, estamos perante uma situação muito diferente da que Portugal conhecera no passado, quando se caracterizava pela emigração e não pela imigração.

Os dados mais recentes continuam a mostrar o crescimento da população estrangeira em Portugal,[8] havendo a acrescentar, aos números oficiais, a presença de um número indeterminado de indivíduos sem situação regularizada. Tal tem tido repercussões positivas no rejuvenescimento da população e no total da população ativa, pois, como se sabe, os imigrantes representam um setor da população com uma elevada taxa de ativos: não há idosos e quase todos trabalham. Acresce ainda que os custos sociais que o Estado despende com os imigrantes - que chegam já com a escolaridade - são inferiores aos custos com os nacionais. Finalmente, os impostos pagos pelos imigrantes são superiores às prestações sociais de que usufruem.[9]

Quadro 3

Porcentagem dos estrangeiros face ao total da população portuguesa e da população ativa estrangeira face à população ativa

Anos	1992	1995	1998	2001	2002
Percentagem de estrangeiros face à população portuguesa	1,3	1,7	1,8	3,4	4,0
Percentagem população ativa estrangeira face à população ativa em Portugal	1,3	1,8	1,8	4,4	5,3

6 Rui Pena Pires, "A imigração", em Francisco Bethencourt & Kirti Chaudhuri (orgs.), *História da expansão portuguesa. Último império e recentramento (1930-1998)*, vol. 5, cit., pp. 197-202.

7 Maria Ioannis Baganha; João Ferrão; Jorge Macaísta Malheiros, "Os imigrantes e o mercado de trabalho: o caso português", em *Análise Social*, nº 150, Lisboa, 1999, p. 149; Cláudia Norte *et al.* (orgs.), "O impacto da imigração nas sociedades da Europa. Um estudo para a rede europeia das migrações: o caso português", cit., pp. 6-7.

8 Cf. os dados apresentados pelo Alto Comissariado para a Imigração e Minorias Étnicas, disponível em http://www.acime.gov.pt, consultado em 23-1-2009.

9 Helena Rato; Fátima Geada; Susana Rodrigues, *Economia e imigrantes: contribuição dos imigrantes para a economia portuguesa* (Oeiras: Celta, 2000), p. 9; Eduardo de Sousa Ferreira; Helena Rato; Maria João Mortágua, *Viagens de Ulisses: efeitos da imigração na economia portuguesa* (Lisboa: Alto Comissariado para a Integração das Minorias Étnicas, 2004), pp. 50-52.

Fixemo-nos nos brasileiros. Tanto quanto se sabe, a imigração brasileira é um fenômeno expressivo, pois, na atualidade, pelo menos 1% da população vive fora do seu país.[10] E se o destino preferencial tem sido os Estados Unidos da América, Portugal vem recebendo um número crescente de brasileiros. Segundo dados oficiais fornecidos pelo Alto Comissariado para a Imigração e Minorias Étnicas (Acime), entre 2001 e 2004, Portugal concedeu 183.833 autorizações de permanência - renovadas anualmente - a estrangeiros, das quais 37.951, ou seja, 20,6%, beneficiaram cidadãos brasileiros. Em 2004, foram expedidas 265.361 autorizações de residência - obtidas ao fim de cinco anos de permanência -, entre as quais as de 28.956 brasileiros, ou seja, 10,9% do total. No ano de 2004, as pessoas oriundas do país presidido por Luiz Inácio Lula da Silva representaram 14,9% dos imigrantes legais residentes em Portugal.

Entre as motivações para a vinda de brasileiros, pelo menos entre 1998 e 2003, certamente generalizáveis a outros anos, contam-se a elevada taxa de desemprego e os baixos salários praticados no Brasil, segundo inquérito realizado pela Casa do Brasil em Lisboa e pelo Acime junto de quatrocentos brasileiros residentes nos distritos de Lisboa e Setúbal.[11] Recorde-se que, no Brasil, só a partir dos anos 80 do século XX é que a emigração de carácter econômico passou a ter significado, o que se explica tendo em conta o descrédito da política econômica no que se refere à estabilização monetária durante o governo de Sarney. Vários fatores têm facilitado a escolha de muitos cidadãos brasileiros: o fato de, em Portugal, se falar a mesma língua - o que não impede dificuldades de compreensão e alguma marginalização inicial -,[12] a existência de referentes culturais idênticos facilitadores de alguma integração, o reconhecimento de igualdade de direitos no plano jurídico, a obtenção de nacionalidade portuguesa devido a laços de parentesco,

---

10 Igor José de Renó Machado, *Cárcere público: processos de exotização entre imigrantes brasileiros no Porto (Portugal)*, cit., p. 18.

11 Sofia Barros Rodrigues de Castro Pereira, *Imagem(s) do outro no quotidiano dos portugueses: estereótipos dos portugueses face aos ucranianos, brasileiros e caboverdianos a residir em Portugal*, dissertação de mestrado (Lisboa: Universidade Aberta, 2004), p. 22.

12 Sobre essa questão, ver Maria Ioannis Baganha; João Ferrão; Jorge Macaísta Malheiros, "Os imigrantes e o mercado de trabalho: o caso português", cit., pp. 150; Igor José de Renó Machado, "Afetividade e poder entre os imigrantes brasileiros do Porto", em *Cadernos Pagu*, nº 23, Campinas, 2004, p. 266; Maria Gomes de Oliveira Xavier Villas Boas, *Redescobrindo o Brasil: processos identitários de brasileiros em Portugal*, dissertação de mestrado (Lisboa: Instituto Superior de Ciências do Trabalho e da Empresa, 2004), p. 92.

a ideia de que Portugal poderia funcionar como uma porta de entrada para outros destinos europeus, o crescente investimento de empresas brasileiras em Portugal e de empresas portuguesas no Brasil e, finalmente, a divulgação de notícias na imprensa e de reportagens na televisão do Brasil, as quais passaram imagens positivas de Portugal.[13]

Entre os 265.361 estrangeiros que receberam autorização de residência em 2004, contam-se 144.383 homens (54,4%) e 120.978 mulheres (45,6). No que se refere aos brasileiros, dos 28.956 com autorização de residência, temos 13.815 homens (47,7%) e 15.141 mulheres (52,3%). Representam, respectivamente, 9,6% e 12,5% do total das pessoas com autorização de residência. Vale a pena salientar que a tradicional máxima "homens que partem mulheres que ficam", tão típica dos movimentos migratórios de outros tempos, não é válida para a comunidade brasileira estabelecida em Portugal na atualidade. Porém, num passado recente não foi assim.[14] É certo que não é caso único. Entre os vários contingentes de imigrantes, também estão em número superior as mulheres da Federação Russa, da Ucrânia e de São Tomé e Príncipe.

Já no que se refere à idade média dos imigrantes brasileiros, em 2001, era de 31,2 anos, ligeiramente inferior à média da de todos os estrangeiros nesse ano, a qual se situou em 32,3 anos. Médias mais baixas foram a dos franceses, 26,8 anos; dos angolanos, 28,5 anos; dos são-tomenses, 29,6; dos guineenses, 29,8; dos romenos, 30,3%; e dos chineses, 30,5%.

No mesmo ano de 2001, a comunidade brasileira apresentou, tal como seria de esperar, níveis de qualificação acadêmica variados. Assim, 6% não sabiam ler nem escrever; 6,4% sabiam ler e escrever, mas não possuíam qualquer grau; 46,9% tinham o ensino básico; 26,7% frequentaram o ensino secundário; e 14% tinham um diploma do ensino superior. Estudos relativos ao início da imigração brasileira em Portugal salientam que os oriundos do Brasil apresentavam a maior porcenta-

---

13 Cf. a análise da repercussão do programa *Fantástico*, exibido pela TV Globo em outubro de 1999, citado por Carlos Vianna, "A comunidade brasileira em Portugal", disponível em http://www.casadobrasil.info, consultado em 11-3-2009; e o caso das notícias publicadas pela revista brasileira *Veja* estudadas por Ana Filipa Antunes Pinho, *Migrações e processos comunicacionais: o caso dos brasileiros em Portugal*, dissertação de mestrado (Lisboa: Instituto Superior de Ciências do Trabalho e da Empresa, 2001).

14 Ainda em 1998, as mulheres brasileiras representavam apenas 36% diante dos 64% dos homens. Cf. Sofia Barros Rodrigues de Castro Pereira, *Imagem(s) do outro no quotidiano dos portugueses: estereótipos dos portugueses face aos ucranianos, brasileiros e caboverdianos a residir em Portugal*, cit., p. 24.

gem de trabalhadores por conta própria e que, por exemplo, ainda em 1998, 46,4% estavam ocupados em profissões científicas e técnicas.[15] Contudo, há que pontualizar, pois esses números não compreendem os imigrantes ilegais dedicados às atividades menos valorizadas, sendo clara uma bipolarização acentuada: pessoas com profissões altamente qualificadas e pessoas com atividades de baixa qualificação.[16]

Se distribuirmos a comunidade brasileira por grupos socioeconômicos, podemos verificar que, em 2001, há um predomínio de operários qualificados e semiqualificados (17%), seguindo-se os empregados do comércio serviços (15%) e os operários não qualificados (13%). Esses três grupos representam 45%, a que acrescem 28% de inativos.[17]

De 2001 até ao presente, sabe-se que o contingente imigrante em Portugal tem continuado a aumentar. Só de 2003 para 2004, a população estrangeira em Portugal cresceu 7%. Registaram-se, então, 446.178 imigrantes legais, sendo 262.523 com autorização de residência e 183.655 com autorização de permanência. Foram ainda concedidos vistos de trabalho, de estudo ou de estada temporária a 19.276 pessoas, 10.770 das quais brasileiras. Em 2004, a mesma comunidade contava com cerca de 77 mil cidadãos, seguida pelas comunidades ucraniana, com 66.048, cabo-verdiana, com 63.887, e angolana, com 34.995. A maioria dos imigrantes residia na região de Lisboa. Faro, Setúbal e Porto eram, então, as outras cidades que acolhiam mais imigrantes.[18]

Dados mais recentes e ainda provisórios, fornecidos pelo Serviço de Estrangeiros e Fronteiras, relativos a 2007, dão conta de 435.736 imigrantes legais, dos quais são 240.096 homens e 195.640 mulheres. Os brasileiros totalizam 66.354 e, embora menos do que em 2004, representam 15,2% do total, continuando a predominar as mulheres 34.520 (52%) face a 31.834 homens (48%). Terá a tendência de crescimento verificada nos últimos anos começado a inverter-se?

---

15 Helena Rato; Fátima Geada; Susana Rodrigues, *Economia e imigrantes: contribuição dos imigrantes para a economia portuguesa*, cit., p. 15.

16 Maria Ioannis Baganha; João Ferrão; Jorge Macaísta Malheiros, "Os imigrantes e o mercado de trabalho: o caso português", cit., p. 150; Igor José de Renó Machado, *Cárcere público: processos de exotização entre imigrantes brasileiros no Porto (Portugal)*, cit., pp. 25-29. O autor, ao trabalhar com os imigrantes brasileiros residentes no Porto, deu conta da existência de muitas pessoas de poucos recursos e de uma concentração de profissionais de ginástica, restauração, construção civil e dentistas.

17 Todos os dados aqui trabalhados podem ser vistos em http://www.acime.gov.pt, consultado em 23-1-2009.

18 Dados obtidos em http://www.acidi.gov.pt, consultado em 23-1-2009.

Gráfico 1

Brasileiros por grupos socioeconômicos

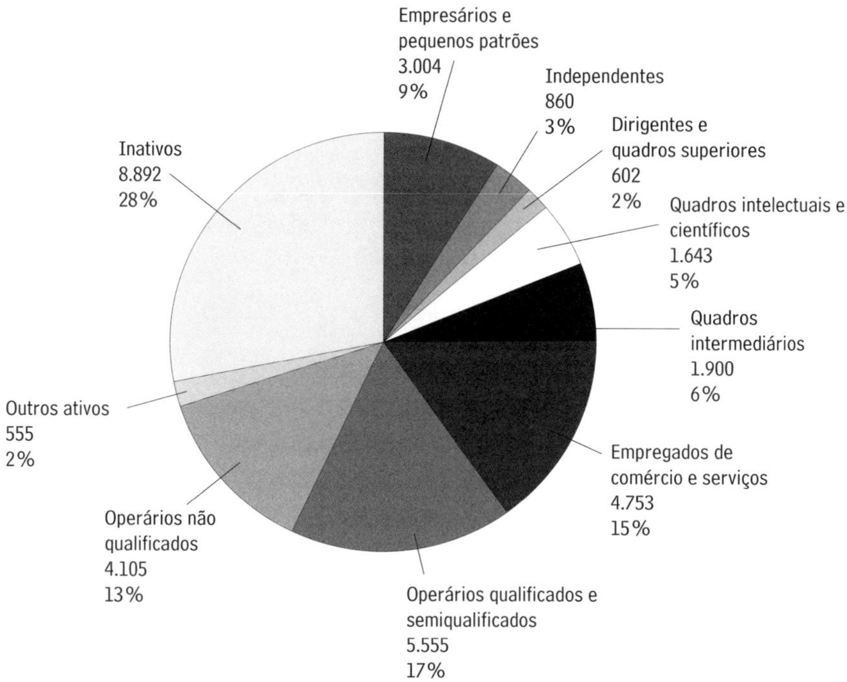

Em 2007, continuaram os imigrantes em geral e os brasileiros em particular a escolher o distrito de Lisboa como local de residência preferida. Só nele se concentraram 36,8% do total de brasileiros em Portugal. Seguem-se, a grande distância, os distritos de Faro (8.046), Porto (7.083), Setúbal (6.156) e Aveiro (4.057). Com pouco significado, isto é, com menos de mil pessoas, os distritos de Bragança (338), Guarda (432), Portalegre (447), Vila Real (529), Castelo Branco (619), Viana do Castelo (677), Beja (690) e Évora (765). Nos arquipélagos da Madeira (1.156) e dos Açores (898) também se encontram alguns.[19] Ou seja, a atração mais significativa é pela capital, seguindo-se o Sul do país, local de grande afluência turística, logo com oferta de trabalho, e, em seguida, algumas cidades movimentadas, mais uma vez procuradas por oportunidades de trabalho. Pouco atrativos têm mostrado os distritos de

19 Cf. http://www.sef.pt, consultado em 23-1-2009.

Trás-os-Montes, Alentejo e parte da Beira Interior, regiões tradicionalmente menos povoadas e com pouca oferta no mercado de emprego.

Mapa 1

Distribuição da população brasileira em Portugal por distritos em 2007

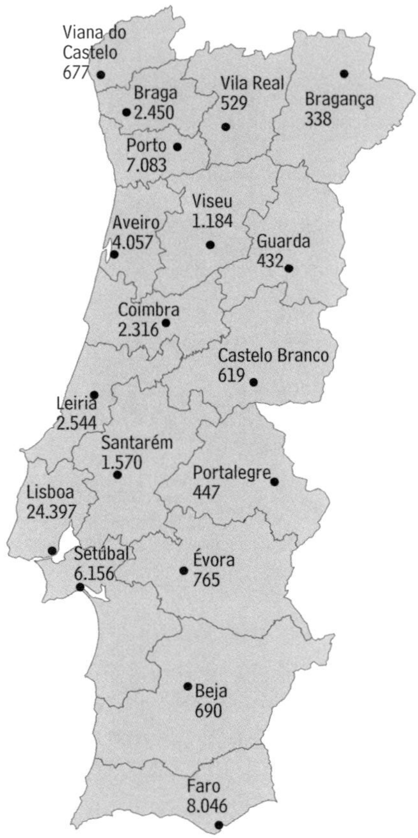

Portugal, país de emigrantes, também recebeu imigrantes desde cedo. Sobretudo a partir do século XV, o Reino assistiu à implantação de colônias estrangeiras, fato cujas principais justificações se encontram na necessidade sentida no país de artífices e de gente ligada à guerra, e também no interesse despertado pelo comércio e pelos descobrimentos, entre os súditos de outros reinos.[20] Os estrangeiros

[20] Sobre os estrangeiros em Portugal faltam estudos de conjunto. Para uma introdução ao tema, ver: para a Idade Média, Joel Serrão & A. H. de Oliveira Marques (orgs.), *Nova história de Por-*

transportaram consigo novos hábitos, modas e ideias. Na guerra, no comércio e nos ofícios, conviveram com os portugueses, nem sempre de modo pacífico. A mobilidade geográfica das populações, motivada por diversos fatores, mas tendo sempre em vista alcançar uma vida melhor, ou mais tranquila, nem sempre significou isso mesmo. Não podemos esquecer que o estrangeiro era aquele que não fazia parte do grupo, que não pertencia ao Reino, que não era súdito do rei. Na perspectiva jurídica, como J. Gaudemet chamou a atenção, *"l'étranger est avant tout celui qui n'appartient pas à ce cadre et qui, pour cette raison, a un statut juridique particulier"*.*[21]

Como em qualquer outra época, para fazer face aos problemas enunciados, os estrangeiros que saem do seu país e se fixam em outro tendem a organizar-se, escolhendo, de acordo com as suas posses, determinadas zonas para morar, criando certos espaços de divertimento, de comércio dos seus produtos específicos, e agrupando-se à volta de determinadas instituições leigas ou religiosas. No caso dos brasileiros, todas essas matérias carecem de estudo. Apontem-se apenas alguns indícios dessas realidades.

Em 1991, para dar resposta à crescente presença de brasileiros em Portugal, germinou a ideia de constituir a Casa do Brasil em Lisboa. A fundação ocorreu em dezembro, na Associação Cristã de Moços, onde mais de sessenta pessoas assinaram a ata de criação e elegeram uma comissão organizadora. A festa da passagem do ano, na Voz do Operário, deu a conhecer a entidade a mais de quatrocentas pessoas que por lá passaram. A 15 de janeiro de 1992, deu-se a criação oficial da Casa do Brasil em Lisboa. Nos primeiros anos, além da organização de festas e de outros eventos culturais, que têm sido uma constante desde o início, a Casa do Brasil em Lisboa criou um posto de atendimento para os brasileiros que pretendiam regularizar a sua situação em Portugal, ao abrigo do primeiro período de legalização extraordinária (1992). Em 1993, passou a integrar o Conselho Consultivo Municipal para as Comunidades Imigrantes e Minorias Étnicas da Câmara Municipal de Lisboa. Em 1996, novo período de legalização permitiu à Casa do Brasil em Lisboa,

tugal. Portugal na crise dos séculos XIV e XV, vol. 4, cit., pp. 40-44; e, para o século XVI, Isabel M. R. Mendes Drumond Braga, "A circulação e a distribuição de produtos", cit., pp. 232-237.

* "o estrangeiro é antes de tudo aquele que não faz parte desse contexto e que, por isso, tem um *status* jurídico particular." (N. E.)

21 J. Gaudemet, "L'étranger: de l'image au statut", em Yves Lequin (org.), *Histoire des étrangers et de l'immigration en France* (Paris: Larousse, 1992), p. 18.

com o apoio da Câmara Municipal de Lisboa, do Consulado do Brasil em Lisboa e dos Governos Civis de Lisboa, Porto e Faro, divulgar massivamente esse novo período de legalização e assegurar aconselhamento aos imigrantes. Nesse mesmo ano, foi inaugurado pelo embaixador Itamar Franco o Centro de Documentação da Casa do Brasil em Lisboa. Em 1998, Portugal promulgou uma nova lei que regulava a imigração, e a Casa do Brasil em Lisboa, que antes participara nas discussões prévias do referido diploma, criou o Centro de Apoio Jurídico. No ano seguinte, foi a vez de Portugal aprovar a lei das associações de imigrantes, tendo a Casa do Brasil em Lisboa sido a primeira a ser reconhecida. A partir de 2001, teve início o processo de legalização através da concessão das autorizações de permanência, ou seja, um visto de trabalho que, ao fim de cinco anos de renovação contínua, poderá passar a autorização de residência. Em 2003, o então presidente da República, Jorge Sampaio, visitou a Casa do Brasil em Lisboa, no âmbito de uma presidência aberta.

Ou seja, apoio à comunidade, mormente apoio jurídico, debate de questões afetas aos imigrantes com as autoridades portuguesas e brasileiras e realização de eventos culturais têm pautado as preocupações da associação.[22]

Em qualquer época, a vida dos imigrantes nos países de acolhimento conheceu dificuldades. A começar pelo fato de nem sempre a chegada ao país escolhido ser tranquila. Recorde-se a criminalidade ligada à imigração, nomeadamente a utilização subversiva dos meios de comunicação, o auxílio à imigração ilegal, o tráfico de pessoas e o lenocínio, a angariação de mão de obra ilegal, a falsificação de documentos, as organizações criminosas, os casamentos de conveniência e as redes dedicadas ao aliciamento e à exploração dos imigrantes.[23] De qualquer modo, a própria desorganização social da população imigrante, provocada pela falta de meios de vida nos países de acolhimento, propicia a criminalidade praticada por parcelas dessa população. Em Portugal, o aumento da criminalidade por parte dos estrangeiros (incluindo os imigrantes legais e ilegais, mas também os turistas, os

---

22 Consultar o histórico e os relatórios de atividades em http://www.casadobrasil.info, consultado em 23-1-2009. Ver também Luísa Maria da Silva Franco Desmet, *Brasileiros em Lisboa nos finais do século XX*, dissertação de mestrado (Lisboa: Universidade Aberta, 1998), pp. 101-154; Bela Feldman-Bianco, "Entre a 'fortaleza' da Europa e os laços afetivos da 'irmandade' luso-brasileira: um drama familiar de um só ato", cit., pp. 400-403.

23 A análise dessa criminalidade foi feita por Maria João Guia, *Imigração e criminalidade: caleidoscópio de imigrantes reclusos* (Coimbra: Almedina, 2008).

exilados e os passageiros em trânsito) tem acompanhado o crescimento da imigração. Assim, enquanto em 1997 a porcentagem de reclusos estrangeiros era de 11%, em 2004 tinha subido para 17,29%.[24]

Os brasileiros não fogem ao quadro traçado, nem enquanto vítimas de redes de aliciamento,[25] nem enquanto autores de determinados tipos de criminalidade. A mais significativa praticada pelos brasileiros residentes em Portugal, nos últimos anos, refere-se ao tráfico, e outros crimes relacionados com drogas, e aos crimes contra a propriedade, tal como acontece entre os cabo-verdianos. De qualquer modo, de 2002 para 2005, o primeiro tipo de crimes tendeu a diminuir, e o segundo a aumentar de forma significativa.[26] Por outro lado, sabe-se que a porcentagem de reclusos brasileiros cresceu nas cadeias portuguesas desde 1999, só tendo conhecido uma pequena inflexão em 2003, logo recuperada no ano seguinte.[27] Estão posicionados em terceiro lugar, entre os estrangeiros, depois dos cabo-verdianos e dos angolanos.

Quando 4

Porcentagem de crimes praticados por brasileiros (1999-2005)

Ano	Percentagem
1999	4,9
2000	5,1
2001	6,9
2002	7,4
2003	6,8
2004	8,2
2005	8,5

A criação de imagens estereotipadas é uma realidade cotidiana.[28] Assim, por norma, o português vê o brasileiro de forma positiva, ca-

24 *Ibid.*, p. 67.

25 Igor José de Renó Machado, "Implicações da imigração estimulada por redes ilegais de aliciamento: o caso dos brasileiros em Portugal", disponível em http://www.upscar.br, consultado em 11-3-2009.

26 Maria João Guia, *Imigração e criminalidade. Caleidoscópio de imigrantes reclusos*, cit., pp. 221-224.

27 *Ibid.*, p. 189.

28 Também atingiu os portugueses residentes no Brasil. Cf., por exemplo, Bela Feldman-Bianco, "Entre a 'fortaleza' da Europa e os laços afetivos da 'irmandade' luso-brasileira: um drama

racterizando-o com adjetivos como comunicativo, divertido e exótico, mas também o vê como desconfiado e fanático.[29] Os brasileiros residentes em Portugal - segundo estudo recente - veem-se como pessoas otimistas, esperançosas, alegres, simples e com facilidade de se relacionarem, evidenciando uma imagem de sintomática identificação e de pertença ao povo brasileiro, ao mesmo tempo que caracterizam o português como reservado, formal, desconfiado, pessimista, hipócrita, invejoso, conservador e preconceituoso, não deixando de chamar a atenção para os diferentes tipos de discriminações de que foram vítimas.[30] Saliente-se, por exemplo, a ideia de que as mulheres brasileiras são fáceis, isto tanto por parte de alguns portugueses como de alguns brasileiros, independentemente de se estarem a referir ou não às trabalhadoras do sexo.[31] Tal realidade acaba por ter eco na própria comunicação social europeia.[32]

Apesar de diversas contrariedades, segundo sondagem publicada em 2006, relativa aos anos de 2002 a 2004, 66% dos brasileiros re-

---

familiar de um só ato", cit., pp. 389-393.

29 Sofia Barros Rodrigues de Castro Pereira, *Imagem (s) do outro no quotidiano dos portugueses: estereótipos dos portugueses face aos ucranianos, brasileiros e caboverdianos a residir em Portugal*, cit., pp. 150-154.

30 Maria Gomes de Oliveira Xavier Villas Boas, *Redescobrindo o Brasil: processos identitários de brasileiros em Portugal*, cit., pp. 87-158.

31 Igor José de Renó Machado, *Cárcere público: processos de exotização entre imigrantes brasileiros no Porto (Portugal)*, cit., pp. 79-86; Igor José de Renó Machado, "Afetividade e poder entre os imigrantes brasileiros do Porto" cit., pp. 257-278; Igor José de Renó Machado, "Imigração em Portugal", em *Estudos Avançados*, 20 (57), São Paulo, 2006, pp. 1-13, disponível em http://www.scielo.br, consultado em 11-3-2009; João Peixoto, "Tráfico, contrabando e imigração irregular: os novos contornos da imigração brasileira em Portugal", em *Sociologia, Problemas e Práticas*, nº 53, Lisboa, 2007, pp. 81-85. Maria Gomes de Oliveira Xavier Villas Boas, *Redescobrindo o Brasil: processos identitários de brasileiros em Portugal*, cit., p. 158. Sobre a prostituição brasileira em Portugal, ver Maria João Guia, *Imigração e criminalidade: caleidoscópio de imigrantes reclusos*, cit., pp. 85-86.

32 Cf. Igor José de Renó Machado, *Cárcere público: processos de exotização entre imigrantes brasileiros no Porto (Portugal)*, cit., pp. 108-132; Catarina Vasques Rito, "Imprensa regional discrimina brasileiros", em *Diário de Notícias*, Lisboa, 2-3-2009, p. 53. O artigo apresenta a dissertação de mestrado de Maria Ribeiro, apresentada à Universidade do Minho, a qual aborda a questão, tendo em conta dois jornais: o *Diário do Minho* (Braga) e *L'Adige* (Trento). Uma abordagem diferente, tendo em conta os imigrantes de diversas proveniências, foi feita através da análise de notícias sobre imigração publicadas pela imprensa portuguesa escrita de distribuição nacional (68%) e de distribuição regional (32%), entre 1-1-2001 e 31-3-2002. Os autores recolheram cerca de 4 mil unidades de texto (notícias, breves, artigos, reportagens, entrevistas, editoriais, crônicas, opinião e outros: cartas de leitores, direitos de resposta, inquéritos, sondagens, críticas e estudos) e concluiram que 30% das notícias se referiam à imigração do Leste da Europa e 5% à do continente americano, com destaque evidente para o Brasil. Cf. Rui Cádima & Alexandra Figueiredo, *Representações (imagens) dos imigrantes e das minorias étnicas nos media* (Lisboa: Observatório da Imigração/Alto Comissariado para a Integração das Minorias Étnicas, 2003).

sidentes em Portugal declararam estar bastante satisfeitos ou muito satisfeitos no país.[33]

De qualquer modo, não obstante as notícias sobre violência e marginalidade urbanas, o Brasil, um destino turístico cada vez mais popular em Portugal, é visto como a terra do sol, do samba, do futebol, da mestiçagem e da sexualidade mais desinibida. Isto é, o Brasil é olhado mais pela positiva do que pela negativa, independentemente de os estereótipos se fazerem sentir.

---

[33] Mário F. Lages *et al.*, *Os imigrantes e a população portuguesa. Imagens recíprocas: análise de duas sondagens* (Lisboa: Alto Comissariado para a Integração das Minorias Étnicas, 2006).

A redescoberta do Brasil e dos produtos alimentares brasileiros

As transferências culturais resultam das inter-relações entre conjuntos culturais postos em contato. Ora, desde que os portugueses se estabeleceram no Brasil, o convívio com um modelo alimentar dos índios, exógeno e diferente do português, deu origem a tensões, rejeições, adaptações e até imitações. Mas, desde logo, foi-se dando um enorme leque de trocas e alguma assimilação integradora.[1] O apreço pelos sabores brasileiros foi visível através da exportação de produtos da colônia para o Reino, mesmo a título de pequenos mimos. Por exemplo, em correspondência particular do período em que a Corte esteve no Brasil, pode ver-se que a separação das famílias – uns em Portugal, outros no Brasil – implicava não só a troca de cartas como também de presentes. Assim, em maio de 1813, saíram da Bahia para Penafiel diversos produtos; entre os alimentares contaram-

1 Antonio Nino, "Relaciones y transferencias culturales internacionales", em Benoît Pellistrandi & Jean-François Sirinelli (orgs.), *L' histoire culturelle en France et en Espagne* (Madri: Casa de Velázquez, 2008), pp. 179-205 e, especialmente, 180-184.

Quindim.

-se açúcar, arroz, café, doce de maracujá, farinha, melaço e uma paca. Pouco depois, procederam à exportação de aguardente e de "um porco caititu que se domestica, mas é para quintal".[2] No ano seguinte, as remessas foram constituídas por caixotes de doces e açúcar.[3] Para os portugueses residentes na Bahia, os seus parentes do Porto enviaram um caixote de lampreias. A oferta mereceu o seguinte comentário: "as lampreias chegaram bem, mas não cheguei a comê-las, porque poucos dias depois se perderam. Assim mesmo, ainda consolei a barriga com algumas e reparti com amigos".[4]

Mesmo após a Independência do Brasil, continuaram a chegar produtos alimentares brasileiros a Portugal. Por exemplo, em 1846, em *O Grátis*, um jornal de publicidade, anunciavam-se produtos estrangeiros de diversas origens, entre os quais doces do Brasil:

> Na loja de José Marrare, na rua das Portas de Santa Catarina, nº 26, ao Chiado, há para vender um novo sortimento de caixas francesas do melhor gosto, cheias de amêndoas. Também há para vender doce do Brasil em pequenos barris e amêndoa torrada em arráteis, de superior qualidade.[5]

Poucos dias depois, novo anúncio. Desta feita, ofereciam-se doces de Pernambuco.[6]

Atualmente, com a presença de muitos imigrantes brasileiros em Portugal, o país assistiu à introdução de diversos produtos e hábitos relativos à alimentação e à sociabilidade à mesa. Porém, a diversidade cultural está bastante limitada ao próprio núcleo dos brasileiros que, aos domingos, não dispensam a música – samba, forró, sertaneja, chorinho –, o churrasco ou a feijoada, de acordo com a sua proveniência, independentemente da existência dos chamados restaurantes étnicos, frequentados por portugueses e brasileiros, sobretudo pelos primeiros. Porém, se "*manger la nourriture des autres, c'est lier une relation avec eux*",*[7] portugueses e brasileiros estão cada vez mais próximos.

---

2 António Monteiro Cardoso & António d'Oliveira Pinto da França (orgs.), *Correspondência luso-brasileira: das invasões francesas à Corte no Rio de Janeiro (1807-1821)*, vol. 1 (Lisboa: Imprensa Nacional/Casa da Moeda, 2008), pp. 78-81.

3 *Ibid.*, pp. 84, 97.

4 *Ibid.*, pp. 149, 164.

5 *O Grátis. Jornal de Annuncios e do Comercio*, nº 1968, Lisboa, 4-4-1846.

6 *Ibid.*, nº 1970, Lisboa, 13-4-1846.

* "comer a comida dos outros é criar um vínculo com eles." (N. E.)

7 Hélène d'Almeida-Topor, *Le goût de l'étranger: les saveurs venues d'ailleurs depuis la fin du XVIIIe siècle*, cit., p. 5.

Fig. 1 | Autor não identificado, *O beijo das duas pátrias: alegoria para o I Centenário da Independência do Brasil.*

Fig. 2 | Restaurante Comida de Santo, em Lisboa.

Fig. 3 | Restaurante Comida de Santo, em Lisboa.

Figs. 4 e 5 | Hábitos que já se tornaram portugueses: o quindim (acima) e o pão de queijo (abaixo).

Fig. 6 | Feijoada.

Fig. 7 | Caipirinha.

Fig. 8 | Moqueca de camarão.

Fig. 9 | Acarajés.

Fig. 10 | Carne-de-sol com macaxeira.

Fig. 11 | Prato do restaurante Comida de Santo, em Lisboa.

Fig. 12 | Café A Brasileira, no Chiado, em Lisboa.

Fig. 13 | Cozido completo e quindim – gastronomia luso-brasileira celebrada em selo.

Fig. 14 | Escultura de Fernando Pessoa, na calçada de A Brasileira, em Lisboa.

O salutar convívio alimentar permite o apreço pelos pratos do "outro". Assim se compreende que, no portal da Casa do Brasil em Lisboa, se encontrem, além de algumas receitas brasileiras, diversas portuguesas. No primeiro caso, há receitas de acarajé, bobó de camarão, feijoada brasileira, picanha na cerveja, pirão, tutu à mineira e vatapá. Aparecem ainda pamonha e pão de queijo, além de doces como brigadeiro, canjica e quindim. Isto é, pratos emblemáticos de vários estados do Brasil, como Bahia, Minas Gerais e Rio de Janeiro. Já no que às receitas portuguesas respeita, predominam as de bacalhau: à Brás, à lagareiro, com natas e camarão, além de arroz de pato, arroz de polvo malandrinho à minhota, chanfana à moda de Coimbra, coelho frito à vilão, cozido à portuguesa e ensopado de borrego. As francesinhas e doces como pastéis de nata e filhós de Natal completam o quadro, bastante pobre em matéria de doçaria.[8] Outra página, a da Casa da América Latina, apresenta entre os pratos brasileiros bobó de camarão, feijoada à brasileira e tutu à mineira. Entre os salgados, refere-se ainda a pamonha e o pão de queijo. Nos doces encontram-se o bolo de fubá e os brigadeiros.[9]

A presença de numerosos brasileiros em Portugal teve também repercussões na indústria alimentar, nomeadamente no que se refere à produção de refrigerantes, vendidos a naturais e a estrangeiros. Assim, Portugal foi o primeiro país escolhido para a internacionalização do Guaraná Antarctica, disponível em embalagens individuais de 0,33 e 0,50 litros e em embalagens familiares de 1,5 litro.[10] Por seu lado, a Compal apresentou, em abril de 2009, um novo sabor na gama *light*: ananás hortelã, em embalagens de 200 mililitros e de 1 litro, pensado especialmente para o público feminino[11] e, naturalmente, inspirado nos tradicionais sumos naturais de abacaxi com hortelã, consumidos um pouco por todo o Brasil.

Se recuperarmos as palavras de Gilberto Freire,

> A verdade, porém, é que a cozinha brasileira, importante como é, sob o aspecto de conjunto nacional das cozinhas regionais – a amazônica, a maranhense, a sertaneja, a cearense, a pernambucana, a baiana, a mineira, a fluminense, a gaúcha –, vai além como conjunto nacional: é

[8] As receitas podem ser vistas em http://www.casadobrasil.info, consultado em 23-1-2009.

[9] Cf. http://www.c-americalatina.pt, consultado em 3-2-2009.

[10] Cf. http://www.sumolcompal.pt, consultado em 24-4-2009.

[11] Cf. http://www.hipersuper.pt, consultado em 24-4-2009.

> a parte hoje mais rica de um conjunto transnacional de cultura, isto é, o lusotropical,[12]

seremos tentados a procurar perceber de que Estados são oriundos os brasileiros residentes em Portugal, de que maneira sentem ou não falta dos produtos típicos das suas culinárias, e o que oferecem os restaurantes étnicos aos paladares portugueses.

O Brasil, dividido política e administrativamente em 27 unidades federativas - 26 Estados e um Distrito Federal -, com uma densidade populacional muito variável, tem uma área total de aproximadamente 8.514.877 quilômetros quadrados e, segundo dados de 2008, cerca de 193 milhões de habitantes. Naturalmente, os imigrantes brasileiros em Portugal não provêm de forma equitativa de cada um dos estados. Sabe-se, por exemplo, que o de Minas Gerais, especificamente a região de Governador Valadares, é um grande centro de imigração.[13] Mas os censos oficiais não têm dado a conhecer a origem dos imigrantes brasileiros residentes em Portugal. Restam algumas informações. Por exemplo, o inquérito realizado em 2003 pela Casa do Brasil em Lisboa e pelo Acime, que abrangeu quatrocentas pessoas residentes nos distritos de Lisboa e Setúbal, deu conta da origem desses brasileiros. O predomínio foi para Minas Gerais (31%), seguindo-se Espírito Santo (13,6%) e, em terceiro lugar, São Paulo, com 12,7%, percentagem próxima dos 12% do Paraná.[14]

Sabendo-se que a presença de uma comunidade estrangeira numericamente significativa dá origem à abertura de pequenas lojas de produtos integrantes do cotidiano das pessoas que se deslocaram e ao comércio paralelo, tentamos sondar que novidades alimentares Portugal conheceu nos últimos anos, devido à presença dos brasileiros no país. Para tentar averiguar como se podem conhecer os sabores do Brasil em Portugal e quais predominam, realizamos um questionário e procuramos informar-nos sobre os chamados restaurantes étnicos, aproximando-nos da sociologia da alimentação.

---

12 Gilberto Freire, *Açúcar: em torno da etnografia, da história e da sociologia do doce no Nordeste canavieiro do Brasil* (2ª ed. Rio de Janeiro: Ministério da Indústria e do Comércio/Instituto do Açúcar e do Álcool, 1969), p. 12.

13 Igor José de Renó Machado, "Imigração em Portugal", em Estudos avançados, 20 (57), São Paulo, 2006, p. 7. Disponível em http://www.scielo.br. Consultado em 11-3-2009.

14 Igor José de Renó Machado, "Implicações da imigração estimulada por redes ilegais de aliciamento: o caso dos brasileiros em Portugal", p. 9. Disponível em http://upscar.br, consultado em 11-3-2009.

O método de obtenção de dados foi um questionário realizado por entrevista pessoal e por autoadministração, respondido por 265 pessoas nos meses de fevereiro e março de 2009. Visou brasileiros que vivessem em Portugal há pelo menos um mês, ou que tivessem vivido no último ano por um período não inferior a um mês. Assim, independentemente da situação legal e de possuírem ou não um visto de estudo ou de trabalho, uma autorização de residência ou de permanência, pretendeu saber-se sexo, idade, estado de onde eram oriundos, atividade a que se dedicavam, prato brasileiro preferido, que alimentos consumiam no Brasil e não conseguiam encontrar em Portugal, quais os alimentos brasileiros que consumiam em Portugal e, finalmente, onde conseguiam obtê-los.

Verificamos que o grupo dos entrevistados foi constituído por 171 mulheres e 94 homens, os quais representaram 65% e 35%, respectivamente. Tinham idades compreendidas entre 14 e 74 anos, predominando a população até 40 anos, a qual representa 69% entre o universo dos inquiridos.

Gráfico 2

Brasileiros por grupos etários

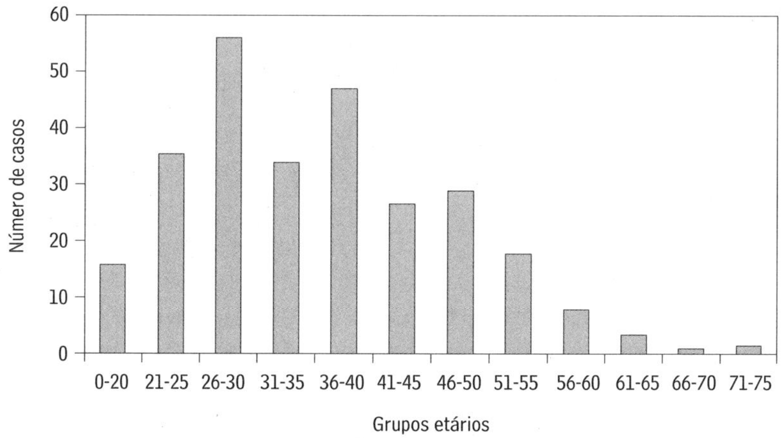

A maioria dos inquiridos estava em Portugal há menos de cinco anos, o que nos leva a interrogar se parte dos imigrantes da primeira vaga procuraram outros destinos ou regressaram ao Brasil. Efetivamente, 165 pessoas, 62,3% do total, encontram-se nessa situação, enquanto os que vivem no país por um período de entre seis e dez anos constituem um grupo de setenta indivíduos, isto é, 26,4%. Apenas trinta, representando 11,3%, estão há mais de onze anos.

Gráfico 3

Tempo de permanência em Portugal

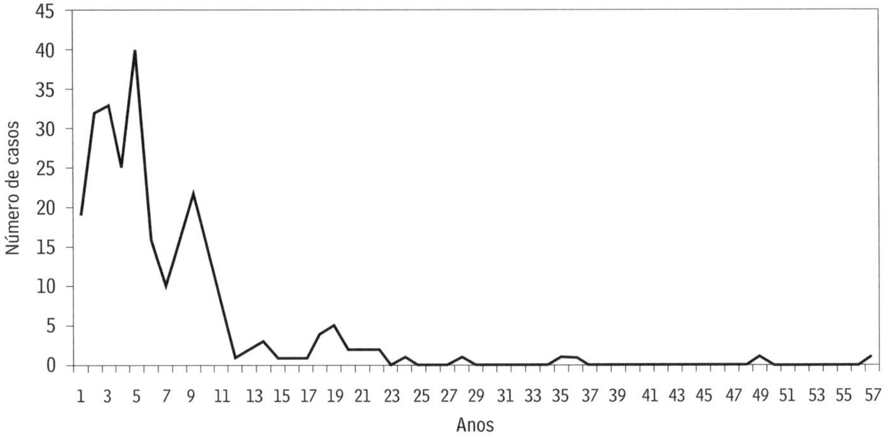

Do ponto de vista socioprofissional, o inquérito abrangeu pessoas de todos os grupos. Nem todos os indivíduos indicaram a atividade que desempenhavam. Entre os que o fizeram, encontram-se desde os aposentados (2), médicos (7), professores de vários níveis de ensino (20) e estudantes (23), neste caso com claro predomínio para os universitários, passando pelos operários (20). Lugar de relevo para os que desempenhavam funções nas áreas do comércio (46) e dos serviços (80), estes últimos representados em maior quantidade.

Entre os 265 inquiridos, não se acham representantes de cinco unidades federativas: Acre, Amapá, Paraíba, Rondônia e Roraima. Em contrapartida, destacam-se, por ordem decrescente, os oriundos dos estados de Minas Gerais, São Paulo, Paraná, Bahia, Espírito Santo e Rio de Janeiro.

Mapa 2

Número de inquiridos por unidade federativa

Quadro 5

Estados da Federação Brasileira e Distrito Federal[15]

Estado	Abreviatura	Capital	Área (km²)	População (2005)	Densidade (2005)	Nº de inquiridos[16]
Acre	AC	Rio Branco	152.581,4	656.043	4.30	0
Alagoas	AL	Maceió	27.767,7	3.015.912	108.61	2
Amapá	AP	Macapá	142.814,6	594.587	4.16	0
Amazonas	AM	Manaus	1.570.745,7	3.232.330	2.05	1
Bahia	BA	Salvador	564.692,7	13.815.334	24.46	31
Ceará	CE	Fortaleza	148.825,6	8.097.276	54.40	1
Distrito Federal	DF	Brasília	5.822,1	2.333.108	400.73	2

(cont.)

[15] Dados disponíveis em http://pt.wikipedia.org/wiki/Unidades_federativas_do_Brasil, consultado em 13-3-2009.

[16] Número de inquiridos por questionário.

Estado	Abreviatura	Capital	Área (km²)	População (2005)	Densidade (2005)	Nº de inquiridos
Espírito Santo	ES	Vitória	46.077,5	3.408.365	73.97	19
Goiás	GO	Goiânia	340.086,7	5.619.917	16.52	16
Maranhão	MA	São Luís	331.983,3	6.103.327	18.38	2
Mato Grosso	MT	Cuiabá	903.357,9	2.803.274	3.10	3
Mato Grosso do Sul	MS	Campo Grande	357.125,0	2.264.468	6.34	10
Minas Gerais	MG	Belo Horizonte	586.528,3	19.237.450	32.79	44
Pará	PA	Belém	1.247.689,5	6.970.586	5.58	1
Paraíba	PB	João Pessoa	56.439,8	3.595.886	63.71	0
Paraná	PR	Curitiba	199.314,9	10.261.856	51.48	33
Pernambuco	PE	Recife	98.311,6	8.413.593	85.58	11
Piauí	PI	Teresina	251.529,2	3.006.885	11.95	1
Rio de Janeiro	RJ	Rio de Janeiro	43.696,1	15.383.407	352.05	20
Rio Grande do Norte	RN	Natal	52.796,8	3.003.087	56.88	4
Rio Grande do Sul	RS	Porto Alegre	281.748,5	10.845.087	38.49	9
Rondônia	RO	Porto Velho	237.576,2	1.534.594	6.46	0
Roraima	RR	Boa Vista	224.299,0	391.317	1.74	0
Santa Catarina	SC	Florianópolis	95.346,2	5.866.568	61.53	9
São Paulo	SP	São Paulo	248.209,4	40.442.795	162.93	35
Sergipe	SE	Aracaju	21.910,3	1.967.761	89.81	2
Tocantins	TO	Palmas	277.620,9	1.305.728	4.70	9

Dado que o questionário foi distribuído a partir de Lisboa, a esmagadora maioria das respostas foi dada por pessoas que moram na cidade – em número de 183 –, a que acrescem muitas outras residentes no próprio distrito de Lisboa. Contudo, conseguiram obter-se entrevistados de outros pontos do país, como Porto, Santarém, Abrantes, Évora e diversas localidades algarvias. Note-se que as respostas dos inquiridos exteriores ao distrito de Lisboa em nada diferem das dos seus conterrâneos espalhados por outros pontos de Portugal. De qualquer modo, saliente-se que o número de inquéritos obtidos não permite extrapolar conclusões válidas para toda a comunidade. Trata-se apenas de tentar perceber gostos, dificuldades e facilidades na obtenção de alimentos e não de generalizar conclusões de forma abusiva.

No Brasil, uma refeição completa compreende arroz, feijão, alguma preparação com carne, complemento, salada e sobremesa,[17] daí não ser de estranhar o fato de muitas pessoas escolherem como prato preferido carne, arroz e feijão. Nessa situação, encontraram-se 46 entrevistados, oriundos das várias unidades federativas. Uma das diferenças salientadas pelos brasileiros diz respeito à variedade das refeições portuguesas, em que as pessoas tentam comer pratos diferentes a cada dia. Esta situação é particularmente vivida pelos que se alojam em casas de famílias portuguesas, por exemplo arrendando um quarto.

Apesar das eventuais limitações de algumas respostas fornecidas quando se realizam questionários – dados deformados por esquecimento ou até mesmo por negação e pela diferença entre o que se faz e o que se afirma fazer –, cremos que carne, feijão e arroz, feijoada brasileira e churrasco são os pratos mais apreciados pelos inquiridos. Efetivamente, a feijoada aparece entre a preferência mais significativa para 58 pessoas dos estados de Amazonas, Bahia, Espírito Santo, Minas Gerais, Mato Grosso, Pernambuco, Paraná, Rio de Janeiro, Rio Grande do Norte, Santa Catarina, São Paulo, Sergipe e Tocantins.

O popular churrasco do Sul do Brasil aparece em segundo lugar, com 25 menções, não se limitando a ser o prato preferido de alguns naturais do Paraná, Santa Catarina e Rio Grande do Sul. Também tem adeptos entre os oriundos do Distrito Federal e de Goiás, Minas Gerais, Mato Grosso do Sul, Sergipe e Tocantins. Com igual número de menções, aparece a picanha, com apreciadores igualmente um pouco por todo o lado: Espírito Santo, Goiás, Mato Grosso do Sul, Paraná, Rio de Janeiro, Santa Catarina, São Paulo e Tocantins. Se juntarmos os que preferem churrasco e picanha, ainda assim, a primazia da feijoada fica intocável.

Mineiros e baianos não esqueceram os seus pratos típicos. Os adeptos do feijão tropeiro e de carne assada com farofa, costelas e costeli-

---

17 Jean-Pierre Poulain & Rossana Pacheco da Costa Proença, "Reflexões metodológicas para o estudo das práticas alimentares", em *Revista de Nutrição*, 16 (4), Campinas, 2003, p. 369.

nhas mineiras, frangos e galinhas caipiras ou ao molho pardo e tutu à mineira são sobretudo mineiros, embora o feijão tropeiro, com dezoito menções, tenha entusiastas entre pessoas da Bahia, do Espírito Santo, de Goiás e de São Paulo. Já no que se refere à comida baiana, acarajés, bobós de camarão, moquecas de peixe e de camarão e vatapás são habitualmente referidos. As moquecas lideram, com 23 menções. De novo, estamos perante um prato apreciado não apenas por baianos como também por pessoas do Espírito Santo – algumas das quais referiram a moqueca capixaba –, Rio de Janeiro e São Paulo.

Entre os pratos preferidos, referência ainda para um conjunto muito diversificado, mas, mais uma vez, com predomínio da carne. Entre outros: arroz de carreteiro (Rio Grande do Sul), arroz de pequi (Goiás), baião de dois (Ceará), carne de sol com pirão de leite (Nordeste), caruru (Bahia), cuscuz (São Paulo), frango com angu e quiabo (Minas Gerais), galinhada (Minas Gerais), músculo com pinhão (Paraná), torta de camarão com arroz de cuxá (Maranhão), vaca atolada (Minas Gerais) e virado à paulista (São Paulo). Algumas pessoas não deixaram de referir pratos comuns no Brasil, mas não brasileiros, tais como lasanha, pizza e strogonoff.

Que alimentos lamentaram os brasileiros não poder consumir em Portugal? As respostas foram as mais variadas e abrangeram as carnes, peixes, frutas e legumes, mas também pratos específicos e produtos de determinadas marcas. Treze pessoas afirmaram que em Portugal havia todos os alimentos brasileiros que necessitavam. Uma, no entanto, salientou que não tinham o mesmo sabor. A maioria fez notar faltas. Nas carnes, aparecem 84 referências: 22 referentes a carnes brasileiras em geral ou a certos cortes (cupim e picanha); linguiças, mortadelas e salames foram referidos em 14 casos; a carne de animais específicos foi lembrada por poucos: capivara (1), chester (1), jabá (1) e tatu (1). Foi a carne salgada, denominada de diferentes maneiras, que obteve mais relevância, com 54 menções: a carne de sertão (1), o charque (6), a carne de sol (20) e a carne-seca (27). Na área piscícola, os brasileiros não sentem tantas faltas. Apenas doze referências, cinco das quais com especificações: peixes de água doce (1), da bacia Amazônica (1), pirarucu (1), tainha (1) e piaba e surubim (1). A falta de camarão seco foi notada por dez pessoas. Caranguejos e siris também foram lembrados por dois baianos.

Frutas e legumes mereceram muitas menções. No primeiro caso, mais de trinta entrevistados referiram as frutas em geral. Outros foram mais específicos e lembraram: abacaxi (2), açaí (8), acerola (8), araçá (1), bacuri (1), banana-maçã (1), banana-ouro (1), banana-prata (8), banana-da-terra (3), cajá (3), caju (6), carambola (1), coco (5), cupuaçu (1), fruta-do-conde (4), goiaba (9), jabuticaba (8), jaca (5), mamão (4), manganba (1), maracujá azedo (1), murici (1), papaia (5), pequi (5), pitanga (3), poncãs (1), pupunha (1) e umbu (1). Nos frutos secos apenas foi notado o pinhão de araucária, por pessoas oriundas do Paraná e de Santa Catarina. Referência ainda para a água de coco, o caldo de cana e as polpas de frutos. No que se refere aos vegetais, por uns referidos genericamente e por outros especificados, foram notados: abóbora-moranga (4), abobrinha (1), aipim (2), batata-baroa (1), batata-doce (1), cará (2), chuchu (1), inhame (3), macaxeira (2), mandioca (6), mandioquinha (6), milho (6) e quiabo (17).

Outros produtos foram tidos como inexistentes em Portugal: as farinhas, com 25 referências - genéricas (7), farofa (6), farinha de água (1), de mandioca (4), de milho (5) e de puba (2) -; os feijões, com 25 menções - nomeadamente carioca, carioquinha, preto, roxo e para acarajé, isto é, feijão-frade -; o óleo de dendê e o de pequi, o mate (9), o polvilho, alguns queijos - Catupiry (17), coalho (5), Minas (15), provolone (5), requeijão (2) e ricota (1) -; e os temperos.

Ao verificarmos a lista, podemos concluir que uma boa parte dos alimentos apresentados como inexistentes em Portugal estão disponíveis quer em supermercados muito grandes quer em lojas especializadas. Efetivamente, as exceções são as carnes e os peixes da fauna americana, as frutas do Nordeste e da Amazônia, além da batata-baroa, da mandioquinha e do cará. O mesmo se pode afirmar em relação aos queijos de Minas e Catupiry.

Alguns inquiridos preferiram indicar doces e salgados, em vez de alimentos propriamente ditos. Assim, entre os pratos e outros salgados que lamentaram não encontrar contam-se abará (1), acarajé (5), arroz de carreteiro (1), baião de dois (1), batata recheada (1), bobó de camarão (1), bobó de frango (1), bode assado (1), buchada de bode (1), cachorro-quente, prensado ou de boa qualidade (3), caldo de piranha (1), carne assada (1), caruru (2), churrasco (1), cozido (1), cuscuz (5), cuxá (1), feijoada (6), frango caipira (1), lasanha (3), macarronada (1), mocotó (1), pamonha (17), pão de queijo não industrializado (4), pão francês (7), pastel de angu (1), pastel de vento (1), pizza (1), rabada (2), tacacá (2), tutu (1) e vatapá (5). Entre os doces: arroz-doce (1), bananada (1), biscoito (1), bolo de fubá (1), brigadeiro (1), cajuzinho (1), canjica (1), churros (1), cocada (1), curau (1), doce de banana (3), doce de caju (1), doce de figo (1), doce de leite (13), paçoca e paçoquinha (4), pipoca doce (1), rapadura (7), rocambole de arroz (1), sagu (1), sorvete de açaí (1) e tapioca (12). Mais uma vez se detecta que uma boa parte dos preparados se pode encontrar em Portugal, principalmente em restaurantes brasileiros, havendo alguns pratos italianos e árabes disponíveis em diversos locais. No que se refere aos preparados doces, bons supermercados e casas *gourmet* também disponibilizam alguns.

Muitas pessoas não fazem distinção entre alimento e produto já elaborado. Daí mencionarem marcas de produtos das quais sentem falta. Entre as que mais referências mereceram contam-se o guaraná Antarctica e a cerveja Skol. Porém, também foram mencionados a cerveja Brahma, o chá-mate Leão, os chocolates Bis e Garoto, a farofa Yoki, a massa de pastel Poviolli e o sumo de soja Ades, para nos cingirmos apenas aos que são mesmo brasileiros.

Tendo sido perguntado que alimentos e produtos alimentares os brasileiros consumiam habitualmente em Portugal, alguns dos inquiridos enunciaram exatamente alguns dos que outros consideravam inexistentes em Portugal. Assim, foram arrolados os diferentes tipos de farinhas e de feijões, mas também aipim, chuchu, erva-mate, jiló, goiabada, leite de coco, mandioca, milho, óleo de dendê, palmito, polvilho, polpas de frutas congeladas, pão de queijo e quiabo.

Uma nutricionista de São Paulo, residente em Portugal há quatro anos, afirmou ter procurado conhecer os alimentos e os pratos típicos de Portugal e a eles se ter adaptado; uma professora do Rio Grande do Norte, que mora em Portugal por temporadas, afirmou ter procurado adaptar-se à dieta local, utilizando os produtos similares aos que utilizava no Brasil; e uma professora de dança, residente há quatro anos, testemunhou ter-se adaptado aos hábitos alimentares portugueses de tal modo que não procura os alimentos brasileiros.

Aos inquiridos foi perguntado como obtinham alimentos brasileiros: em supermercados, lojas especializadas, trazidos por familiares e amigos ou em outras situações. Esse grupo de perguntas foi o que mais incomodou a comunidade, pois alguns dos inquiridos pretenderam ver segundas intenções na questão. De qualquer modo, produtos adquiridos em grandes supermercados - Continente, El Corte Inglés, Feira Nova, Jumbo, Modelo e Pingo Doce - foram objeto de resposta por parte de 204 pessoas. As lojas especializadas, localizadas em Lisboa, Amadora e Porto, foram referidas por 114 pessoas. Já o papel de familiares e amigos só mereceu 66 respostas. No domínio das outras situações, cinco pessoas referiram a aquisição de produtos em lojas indianas; seis notaram a compra em lojas de produtos africanos, afins a muitos utilizados na culinária baiana; outras duas deram conta da importância das semanas gastronômicas do Brasil promovidas por vários supermercados e por outras instituições; três lembraram os restaurantes; duas afirmaram plantar maxixe, pois viviam no meio rural; e um indivíduo afirmou obter comida brasileira por uma cunhada, que trabalhava num restaurante e trazia os restos.

Outra forma de consumir alimentos e pratos brasileiros é através da frequência de restaurantes. A restauração étnica está limitada às grandes cidades e é, atualmente, inferior a 10% do total de estabelecimentos.[18] Implica não só a aproximação entre autóctones e imigrantes como constitui uma fonte de emprego para os próprios imigrantes, se bem que estes não sejam os únicos a trabalhar na primeira, ao mesmo tempo que permite aumentar as opções gastronômicas do país receptor.[19] No caso dos restaurantes brasileiros em Lisboa, sabe-se que a decisão para investir no setor foi marcada pela procura dos membros da comunidade, que chegavam e desejavam comer os alimentos da sua zona de origem, o que potencializou a regionalização (cozinha baiana, mineira, gaúcha), apesar de se saber também que há investidores portugueses donos de restaurantes brasileiros (alguns dos quais viveram antes no Brasil), e que a maioria dos clientes dos restaurantes brasileiros é de origem portuguesa.[20]

A expansão dos restaurantes brasileiros em Lisboa deu-se entre 1996 e 2000, período em que abriram centros comerciais como o Vas-

---

18 Cláudia Norte *et al.*, *O impacto da imigração nas sociedades da Europa. Um estudo para a rede europeia das migrações: o caso português*, cit., p. 36.

19 Milene Souto Montanha, *Imigração e difusão da gastronomia brasileira na cidade de Lisboa*, dissertação de mestrado (Lisboa: Faculdade de Letras da Universidade de Lisboa, 2007), pp. 81-85 e 29, respectivamente.

20 *Ibid.*, pp. 39-41.

co da Gama - onde se encontram alguns desses espaços - e em que ocorreu a Expo 98, em cujo Parque das Nações também se concentram alguns. É também, como vimos, um período de crescente presença de imigrantes brasileiros em Portugal. Alguns dos estabelecimentos disponibilizam no cardápio não só pratos brasileiros como também alguns portugueses e até italianos e africanos.[21]

Não obstante, a primeira oferta culinária brasileira na capital é anterior e data de 1981. Referimo-nos ao restaurante Comida de Santo, fundado por um português que aprendeu a cozinhar em Salvador. O espaço é marcado pela cozinha baiana, com entradas como casquinha de siri e pratos como moqueca de peixe ou de camarão, bobó de camarão e vatapá, entre outros. Porém, não se descuidaram receitas de espaços diversos, como, por exemplo, a feijoada, o virado à paulista e o picadinho à mineira. Entre as sobremesas, destaquem-se o quindim e a bananada.

Naturalmente, os restaurantes brasileiros, sobretudo os que apresentam especialização regional, não descuidam a decoração dos espaços, recorrendo ao artesanato, nomeadamente com a utilização de miniaturas de instrumentos musicais, às pinturas *naïf*, às esculturas de animais da fauna brasileira e até aos arranjos decorativos com frutas tropicais. Utilizam produtos brasileiros para a preparação dos pratos, valendo-se de importadores e, muito raramente, procurando a importação direta.[22] A presença de exposições temporárias de pintura e escultura brasileiras e de música ao vivo também faz parte das atrações apresentadas por alguns espaços, como por exemplo o Aquarela do Brasil, em Paço de Arcos, ou o Pindorama, em Cascais. Referência ainda para os rodízios, especializados em carnes, cuja introdução em Portugal constituiu uma novidade.

A restauração étnica está centrada nas grandes cidades, como tal, não se encontram restaurantes brasileiros em todo o país. Se nos limitarmos a um guia de lazer acabado de sair, relativo à presença de restaurantes de diversas origens em Portugal no corrente ano de 2009, poderemos verificar que, no que se refere aos restaurantes de comida brasileira, cobrem apenas uma pequena parte do território nacional.[23]

---

21 *Ibid.*, pp. 57-59.

22 *Ibid.*, pp. 64-70.

23 Lifecooler, *Cozinhas do mundo em Portugal: 250 receitas para descobrir* (s/l.: Lifecooler, 2009), pp. 194-208.

De qualquer modo, a lista está longe de ser exaustiva, pois muitos outros locais têm restaurantes brasileiros e, mesmo entre as cidades e vilas assinaladas, também não estão referidos todos os estabelecimentos. Basta ter em conta guias *on-line* para verificar a existência de outras casas, o que desde logo permite aumentar não só o número de restaurantes em certas localidades, como dá conta de outros em diferentes espaços.[24]

Qual o peso dos produtos alimentares brasileiros nas importações portuguesas? Em meados dos anos 90 do século XX, aumentam as relações econômicas bilaterais entre Portugal e Brasil. De fato, com a implementação do Plano Real, em 1994, o Brasil intensificou as relações econômicas com Portugal, prática facilitada pela redução da taxa de inflação e pelas privatizações nos setores da energia e das telecomunicações. O investimento português no Brasil cresceu, centrando-se especialmente nas atividades imobiliárias, nos transportes e telecomunicações e na produção de eletricidade, gás e água. As empresas de maiores dimensões foram as primeiras a investir entre 1995 e 1999, anos que correspondem ao período das privatizações de uma boa parte das empresas estatais brasileiras do setor das concessões: telecomunicações, eletricidade, água e saneamento.[25] As importações e as exportações entre os dois países aumentaram de forma generalizada, apresentando-se a balança de pagamentos com um *deficit* sempre desfavorável a Portugal. No que se refere à posição relativa enquanto parceiro comercial, o Brasil representava, em 2001, 1,15% das importações portuguesas e 0,65% das exportações. Em 2004, enquanto fornecedor português, o Brasil posicionou-se em nona posição e enquanto cliente na décima nona. Entre as exportações portuguesas, destaque para o azeite e para o vinho. No que se refere às importações, salientem-se a soja e derivados. Efetivamente, soja, bagaço de soja, frutas, milho, resíduos de indústrias alimentares, carne, açúcar, café e tabaco representaram 32,4% das importações do Brasil em 2003 e 34,8% em 2004.[26]

---

24 Cf. http://www.lifecooler.com/edicoes e http://www.guiadacidade.pt, consultados em 23-1-2009.

25 Carla Maria Barroso Guapo da Costa, *O investimento português no Brasil: determinantes tradicionais e contribuição da proximidade cultural*, tese de doutorado (Lisboa: Instituto Superior de Economia e Gestão, 2003), pp. 227-235, *passim*.

26 Nuno Carlos Prazeres Marques Leitão, *As relações comerciais entre Portugal e o Brasil nos anos noventa através de alguns indicadores*, dissertação de mestrado (Lisboa: Instituto Superior de

Os dados apresentados pelo Instituto Nacional de Estatística referem-se à globalidade das trocas e não especificam os alimentos. Assim, tendo em conta dados relativos a 2007, o Brasil representou 2,4% das importações portuguesas.[27] Os últimos dados disponíveis referem-se a outubro de 2008. O total das importações de Portugal foi de 5.283.409.247 euros, sendo as do Brasil no valor de 52.064.309 euros, dividindo-se os alimentos e os produtos alimentares por diversas categorias: animais vivos e produtos do reino animal (1.762.174 euros), produtos do reino vegetal (20.543.933 euros), gorduras e óleos animais ou vegetais, produtos da sua dissociação, gorduras alimentares elaboradas e ceras de origem animal ou vegetal (141.385 euros), produtos das indústrias alimentares, bebidas, líquidos alcoólicos e vinagres, tabaco e seus sucedâneos manufaturados (3.699.561 euros).[28]

A pressão da procura levou, nos últimos anos, à abertura de pequenas lojas especializadas em produtos brasileiros, sobretudo nas grandes cidades, e ao enriquecimento das ofertas dos médios e grandes supermercados. Antes, apenas as lojas de produtos africanos - algumas situadas na rua do Arsenal (Lisboa) e no largo Martim Moniz (Lisboa) - podiam suprir algumas das necessidades da comunidade brasileira residente em Portugal.

Um guia de 2006, destinado a informar acerca da diversidade gastronômica oferecida em Portugal, não registou nenhum estabelecimento especializado em produtos brasileiros. As ofertas limitavam-se a lojas de alimentos africanos, asiáticos (chineses e japoneses), indianos e do Leste da Europa.[29] Em 2009, a situação já conheceu alterações. Encontram-se casas de produtos brasileiros - alimentares e de higiene e beleza - no Porto, na Amadora e, sobretudo, em Lisboa. Entre as da capital, podem citar-se o Cantinho Luso-Brasileiro, que pretende abrir uma filial em Leiria, e o Sabor a Brasil. Algumas lojas de indianos disponibilizam igualmente iguarias e produtos de higiene e beleza brasileiros.

Economia e Gestão da Universidade Técnica de Lisboa, 2002), p. 64; e, sobretudo, Tito Ferreira de Carvalho, "O investimento português no Brasil e os desafios do futuro", disponível em http://www.portugaldigital.com.br, consultado a 4-8-2008.

27 *A península Ibérica em números. La península Iberica en cifras*, (Lisboa: Instituto Nacional de Estatística, 2008), p. 24, disponível em http://www.ine.pt, consultada em 20-2-2009.

28 Disponível em http://www.ine.pt, consultado em 6-2-2009.

29 *Sabores do Mundo: guia da diversidade gastronômica* (Lisboa: Alto Comissariado para a Imigração e Minorias Étnicas, 2006), p. 82.

Prato do restaurante Comida de Santo, Lisboa.

Novas recepções e transformações alimentares

Se é pacífico que a integração de novos produtos na alimentação se realiza de forma mais fácil quando estes permitem respeitar os hábitos culinários do espaço de acolhimento, também não é menos verdade que os restaurantes étnicos tendem a padronizar as suas ofertas e a adaptar-se aos gostos e às necessidades do público do país de acolhimento. A um nível diferente, temos a cozinha de fusão, com a mistura de ingredientes e culturas, que dá origem a novas experiências gastronômicas, com a mistura de ingredientes e de técnicas culinárias num único prato. Essa realidade não pode ser dissociada da mobilidade das pessoas, da oferta de novos produtos por pressão dos imigrantes e da adaptação de hábitos distintos provenientes do estrangeiro, muitas vezes através dos próprios imigrantes.

A presença atual de muitos cidadãos brasileiros em Portugal, mesmo tendo em conta que provêm de estados com hábitos culinários distintos e que são oriundos de meios sociais diversos, não deixa de marcar, como vimos, o alargamento da oferta alimentar e, mais do que isso, de proporcionar novas recepções e transformações alimentares, conferindo à culinária, cada vez mais, um estatuto de coesão comunitária.

Um pouco por todo o lado, passou a ser frequente encontrar caipirinha e picanha também nos cardápios de restaurantes portugueses, e não apenas em restaurantes étnicos. Em cafés e pastelarias, também passou a ser possível degustar algumas especialidades brasileiras de doces e de salgados. Por exemplo, a Brasileira do Chiado, um empreendimento misto de restaurante e cafeteria, fundado em Lisboa, em 1903, por um português que viveu e enriqueceu no Brasil, oferece, na seção de pastelaria, pão de queijo, coxinha de galinha e esfirra. Aliás, o pão de queijo tornou-se popular e pode consumir-se em muitos cafés e pastelarias que cozem pão, como, por exemplo, a muito portuguesa pastelaria Lido, também situada em Lisboa.

Se alguns restaurantes brasileiros salientam as suas especialidades, destacando até sumos de frutas de determinadas regiões, como o açaí da Amazônia, caso por exemplo do informal Salsaparrilha, situado no centro comercial Cascais Villa, que também inclui os alfajores, doces tradicionais argentinos, outros há que recepcionam e transformam os novos sabores. Referimo-nos, por exemplo, ao Stuppendo, um restaurante de *fast-food* localizado no mesmo centro comercial e que, entre pratos italianos, apresenta a muito portista francesinha, na versão francesinha de picanha. Efetivamente, trata-se de um prato famoso na cidade do Porto, preparado com fatias de pão, fiambre, carne de vaca ou de porco, linguiça, salsicha, manteiga e queijo, ao qual acresce um molho. Pode ser acompanhado com ovo e com batatas fritas. Ora, na versão abrasileirada substitui-se o bife de lombo de vaca ou o lombo de porco assado e fatiado por picanha.

Caso único? Claro que não. Até na indústria essas recepções e transformações são visíveis, e não se limitam a empresas portuguesas. Por exemplo, a Matutano apresenta batatas fritas onduladas com vários sabores, nomeadamente as Ruffles com sabor de presunto, de ketchup e de churrasco, estas últimas numa clara influência gaúcha. Entre os snacks inclui cajus.[1] As bebidas não escapam a essas realidades. A Bacardi, empresa originariamente cubana, cujos produtos são comercializados em Portugal, propõe Bacardi caipirinha, a ser preparada com Bacardi, em vez de cachaça, açúcar e lima,[2] enquanto o português Licor Beirão, cujo início de produção data do século XIX, na

1 Cf. http://www.ruffles.pt, consultado em 4-2-2008.

2 Cf. http://www.bacardi.com, consultado em 4-2-2008.

vila da Lousã, e em cuja composição entram alecrim, alfazema, canela e eucalipto, é atualmente indicado como passível de ser utilizado na preparação de uma variante da caipirinha, denominada caipirão,[3] que deverá ser preparada com o licor, limas e gelo picado, e sem açúcar, dado que o licor já é doce.[4]

---

3 Cf. http://www.pt.wikipedia/org, consultado em 4-2-2008.

4 Cf. http://receitasdebebidas.blogs.sapo.pt, consultado em 4-2-2008.

Conclusão

Uma boa parte dos alimentos do continente americano, em especial do espaço brasileiro, fascinou os portugueses. Porém, a sua cronologia de adoção foi extremamente desigual, alguns só se impondo definitivamente nos séculos XVIII e XIX. De fato, o conhecimento de uma nova planta esteve longe da sua adoção imediata na alimentação europeia. O fato de esses alimentos, antes desconhecidos, serem consumidos pelas populações autóctones levou, em alguns casos, a desconfianças e má vontade, mas a qualidade e o sabor, especialmente das frutas, acabaram por se impor. Com o passar do tempo, a adoção de diversos alimentos modificou o cotidiano das populações europeias, dando origem a uma revolução alimentar. O fato de alguns desses novos alimentos se passarem a cultivar ou a criar na Europa – caso do milho maís, da batata-doce, da batata, do tomate e do peru – também facilitou a integração dos novos produtos no sistema alimentar europeu, incluindo a dieta mediterrânica. Mas, mesmo no caso em que a cultura foi tardia e limitada – caso dos ananases em São Miguel (Açores) –, a importação permitiu superar algumas dificuldades, especialmente com o desenvolvimento dos transportes marítimos. Nesses casos, o consumo foi, durante muito tempo, limitado às elites.

Se a descoberta dos sabores americanos no século XVI só revolucionou definitivamente a culinária europeia dois séculos depois, e se a substituição de produtos foi o caminho mais fácil para evitar a fome, a consciência dos ganhos de produtividade só tenuemente se fez sentir, mas nem sempre esteve ausente. Partindo da premissa que não se pode discutir a preparação e o consumo alimentares sem ter presente que tais atos são consequências das realidades sociais e culturais dos envolvidos, procuramos ter presente que a cultura da alimentação é polivalente e poliglota. O ato de comer não é suscetível de ser reduzido a um mero consumo de bens materiais; é, antes de mais, uma representação cultural.

A dificuldade de dissociar os usos metafóricos dos usos materiais da comida permite percepcionar a sua complexidade e a sua relevância no cotidiano. As rejeições, as adaptações e as transformações dos alimentos são mais do que meras questões de gosto ou de capricho, representam a essência do valor que é dado aos diferentes bens e conduzem a questões de identidade. O consumo alimentar parece ser um dos fatores mais relevantes da construção das identidades culturais pela inclusão ou exclusão de determinados alimentos e tradições gastronômicas.

Numa época em que está na moda a cozinha de fusão e, sobretudo, numa época em que a comunidade brasileira em Portugal atingiu números surpreendentes, arrastando consigo hábitos, costumes e práticas alimentares distintas, os quais motivaram a chegada de novos produtos antes praticamente ou totalmente inexistentes, os portugueses redescobrem novos sabores, e os brasileiros encontram e reencontram outras cozinhas. O fascínio é mútuo: portugueses apreciam a gastronomia brasileira e brasileiros não resistem aos sabores portugueses.

Fontes e bibliografia

Fontes manuscritas

Évora. Arquivo da Santa Casa da Misericórdia de Évora (ASCME), sob a guarda do Arquivo Distrital de Évora. Cod. 275.

Lisboa, Arquivos Nacionais Torre do Tombo (ANTT)

Casa Real, caixas 3593-3594, 3596, 3598-3599, 3601, 3603, 3605-3614, 3616-3617, 3620, 3622-3626, 3628-3629.

Inquisição de Évora, liv. 640.

Inquisição de Lisboa, livs. 484, 491.

Lisboa, Biblioteca da Sociedade de Geografia de Lisboa (BSGL) Res 3-C-6.

Lisboa, Biblioteca Nacional de Portugal (BNP). Cod. 7376.

Rio de Janeiro, Biblioteca Nacional (BN). Ms. 05, 03, 009. Ms. 512 (94), doc. 29. Ms. II, 30, 34, 16, nº 3.

Fontes impressas

ABBEVILLE, Claude d'. *História das missões dos padres capuchinhos na ilha do Maranhão e suas circunvizinhanças*. Trad. César Augusto Marques. São Paulo: Siciliano, 2002.

AS GAVETAS DA TORRE DO TOMBO. Vol. 6. Lisboa: Centro de Estudos Históricos Ultramarinos, 1967.

ALMANACH DAS COSINHAS PARA 1899. Lisboa: Minerva, 1898.

ALTAMIRAS, Juan. *Nueva arte de cocina*. Huesca: La Val de Onsera, 1994. Essa edição tem por base a de 1758. [1ª ed. 1745.]

AMADO, Jorge. *Gabriela, cravo e canela*. Texto integral e definitivo fixado por Paloma Amado e Pedro Costa sob orientação do autor. Lisboa: Planeta de Agostini, 2007.

ANCHIETA, José de. *Cartas, informações, fragmentos históricos e sermões*. Belo Horizonte/São Paulo: Itatiaia/Edusp, 1988.

ANDRADA, Ernesto de Campos de (org.). *Memórias do conde de Lavradio D. Francisco de Almeida Portugal comentadas pelo marquês do Lavradio D. José de Almeida Correia de Sá*. Vol. 3. Coimbra: Imprensa da Universidade, 1934.

_________. *Memórias do Marquês de Fronteira e d' Alorna D. José Trazimundo Mascarenhas Barreto ditadas por ele próprio em 1861*. Edição fac-símile da edição de Coimbra: Imprensa da Universidade, 1926-1932. Vol. 1. Lisboa: Imprensa Nacional/Casa da Moeda, 1986.

ANTONIL, André João. *Cultura e opulência do Brasil*. 3ª ed. Belo Horizonte/São Paulo: Itatiaia/Edusp, 1992.

ARAGO, Jacques. *Jantares em diferentes países: esboço anedótico e fisiológico*. Trad. Marisa Motta. Rio de Janeiro: José Olympio, 2006.

ARAÚJO, José de Souza Azevedo Pizarro. *Memórias históricas do Rio de Janeiro*. Vol. 7. Rio de Janeiro: Imprensa Nacional, 1948.

B. A. B. *Collecção de verdadeiras e proveitosas receitas*. Lisboa: A. Rebelo & Irmãos, 1849.

BAILLIE, Marianne. *Lisbon in the Years 1821, 1822 and 1823*. Vol. 1. Londres: s/ed., 1824.

_________. *Lisboa nos anos de 1821, 1822 e 1823*. Trad. Albano Nogueira. Lisboa: Biblioteca Nacional, 2002.

BARREIRA, Isidoro de. *Tratado das significações das plantas, flores e fructos que se referem na Sagrada Escritura*. Lisboa: Manuel Lopes Ferreira, 1698.

BARROS, José Joaquim Soares de. "Memória sobre as causas da diferente população de Portugal em diversos tempos da monarquia". Em *Memórias económicas da Academia Real das Ciências de Lisboa para o adiantamento da agricultura, das artes e da indústria em Portugal e suas conquistas (1789-1815)*, tomo 1. Prefácio de M. Jacinto Nunes. Lisboa: Banco de Portugal, 1990.

BAYLE-MOULLIARD, Elisabeth-Félicie. *Nouveau manuel complet du parfumeur*. Paris: Librairie Encyclopédique de Roret, 1854.

BEIRÃO, Caetano (org.). *Cartas da rainha D. Mariana Vitória para a sua família de Espanha*. Vol. 1. Lisboa: Empresa Nacional de Publicidade, 1936.

BELLO, António Maria de Oliveira [Olleboma]. *Culinária*. Lisboa: Tipografia da Empresa do Diário de Notícias, 1928.

BERGER, Paulo (org.), *Ilha de Santa Catarina: relatos de viajantes estrangeiros nos séculos XVIII e XIX*. 4ª ed. Florianópolis: Editora da UFSC/Lunardelli, 1996.

BLEGNY, Nicolas. *Le bon usage du thé, du café et du chocolat pour la preservation & pour la guerison des maladies*. Paris: Chez l'Auteur, 1687.

BRAGA, Isabel M. R. Mendes Drumond (org.). *Arte nova e curiosa para conserveiros, confeiteiros e copeiros*. Sintra: Colares, 2004.

BRANDÃO, Ambrósio Fernandes. *Diálogos das grandezas do Brasil*. Organização e introdução José Antônio Gonsalves de Mello. 3ª ed. Recife: Fundação Joaquim Nabuco, 1997.

BRANDÃO (DE BUARCOS), João. *Grandeza e abastança de Lisboa em 1552*. Organização e notas José da Felicidade Alves. Lisboa: Horizonte, 1990.

BRELIN, Johan. *De passagem pelo Brasil e Portugal em 1756*. Trad. Carlos Pericão de Almeida. Introdução e comentário Nils Hedberg. Lisboa: Casa Portuguesa, 1955.

BREVES INSTRUÇÕES AOS CORRESPONDENTES da Academia das Sciencias de Lisboa sobre as remessas dos produtos e noticias pertencentes à historia da natureza para formar hum museo nacional. Lisboa: Regia Oficina Tipográfica, 1781.

CABRAL, Maria Isabel de Vasconcelos (org.). *O livro de receitas da última freira de Odivelas*. Lisboa: Verbo, 1999.

CÂMARA, Manuel Ferreira da. "Ensaio de descrição física e económica da comarca de Ilhéus na América". Em *Memórias Econômicas da Academia Real das Ciências de Lisboa, para o adiantamento da agricultura, das artes e da indústria em Portugal e suas conquistas (1789-1815)*. Tomo 1. Prefácio M. Jacinto Nunes. Lisboa: Banco de Portugal, 1990.

CAMINHA, Pero Vaz de. *Carta a el-rei D. Manuel sobre o achamento do Brasil (1 de maio de 1500)*. Introdução, atualização do texto e notas M. Viegas Guerreiro. Leitura paleográfica Eduardo Nunes. Lisboa: Imprensa Nacional/Casa da Moeda, 1974.

CARDIM, Fernão. *Tratados da terra e gente do Brasil*. Transcrição do texto, introdução e notas Ana Maria de Azevedo. Lisboa: Comissão Nacional para as Comemorações dos Descobrimentos Portugueses, 1997.

CARDOSO, António M. M. & FRANCA, António d'Oliveira Pinto (orgs.). *Das invasões francesas à Corte no Rio de Janeiro (1807-1821): correspondência luso-brasileira*. Vol. 1. Lisboa: Imprensa Nacional/Casa da Moeda, 2008.

CARDOSO, José Luís (org.). *Memórias de história natural: Domingos Vandelli*. Porto: Porto Editora, 2003.

CARTAS AVULSAS (1550-1568). Belo Horizonte/São Paulo: Itatiaia/Edusp, 1988.

CARTAS DE LUIZ JOAQUIM DOS SANTOS MARROCOS. Em *Anais da Biblioteca Nacional do Rio de Janeiro*. Vol. 56. Rio de Janeiro: 1934 [1939].

CARVALHO, José Adriano de Freitas (org.). *D. Maria de Portugal (1538-1577), princesa de Parma. Monumenta Sparsa*. Porto: Centro Interuniversitário de História da Espiritualidade, 1998.

CHAVES, Castelo Branco (org.). *O Portugal de D. João V visto por três forasteiros*. Trad. Castelo Branco Chaves. Lisboa: Biblioteca Nacional, 1983.

CONDAMINE, Charles-Marie de la. *Viagem pelo Amazonas: 1735-1745*. Seleção de textos, introdução e notas Hélène Minguet. Trad. Maria Helena Franco Martins. Rio de Janeiro/São Paulo: Nova Fronteira/Edusp, 1992.

CORDEIRO, Valério A. (org.). *Memorias da ultima condessa de Atouguia*. Manuscrito autobiographico inédito. 2ª ed. Braga: P. Vilela & Irmão, 1917.

COSTA, Jacinto da. *Elementos gerais de cirurgia medica, clínica e legal*, vol. 1. Lisboa: Impressão Régia, 1813.

COSTIGAN, Arthur William. *Cartas sobre a sociedade e os costumes de Portugal (1778-1779)*. 2 vols. Tradução, prefácio e notas Augusto Reis Machado. Lisboa: Lisóptica, 1989.

COZINHEIRO IMPERIAL ou nova arte do cozinheiro e do copeiro. Rio de Janeiro: Eduardo & Henrique Laemmert, 1843. [1ª ed. 1840; 8ª ed., por Henrique Laemmert, 1881.]

DANIEL, João. *Tesouro descoberto no máximo rio Amazonas*. 2 vols. Rio de Janeiro: Contraponto, 2004.

DEBRET, Jean Baptiste. *Viagem pitoresca e histórica ao Brasil*. Trad. Sérgio Milliet. São Paulo: Martins, 1940.

DENIS, Ferdinand. *Brasil*. Belo Horizonte: Itatiaia, 1980.

DIÁRIO DAS VISITAS PASTORAIS NO PARÁ de D. Frei Caetano Brandão. Introdução Luís A. de Oliveira Ramos. Porto: Instituto Nacional de Investigação Científica/Centro de História da Universidade do Porto, 1991.

DIÁRIO DE WILLIAM BECKFORD em Portugal e Espanha. 3ª ed. Introdução e notas Boyd Alexander. Trad. João Gaspar Simões. Lisboa: Biblioteca Nacional, 1988.

DIAS, João José Alves (org.). *Cortes portuguesas: reinado de D. Manuel I (Cortes de 1498)*. Lisboa: Universidade Nova de Lisboa/Centro de Estudos Históricos, 2002.

________. *Cortes portuguesas: reinado de D. Manuel I (Cortes de 1499)*. Lisboa: Universidade Nova de Lisboa/Centro de Estudos Históricos, 2001.

________. *Cortes portuguesas: reinado de D. Manuel I (Cortes de 1502)*. Lisboa: Universidade Nova de Lisboa/Centro de Estudos Históricos, 2001.

DOYLE, Henrique. *Tractado sobre a cultura, uso e utilidade das batatas ou papas* Solanum tuberosum *e instrução para a sua melhor propagação.* Trad. José Mariano Veloso. Lisboa: Arco do Cego, 1800.

DUFOUR, Philippe Sylvestre. *Traitez nouveaux & curieux du café, du thé et du chocolat: ouvrage également nécessaire aux médecins, & à tous ceux qui aiment leur santé.* Lyon: Jean Girin & B. Riviere, 1685.

ERASMO. *A civilidade pueril.* Trad. Fernanda Guerreiro. Lisboa: Estampa, 1978.

EVREUX, Yves d'. *Viagem ao Norte do Brasil, feita nos anos de 1613-1614.* Trad. César Augusto Marques. 3ª ed. São Paulo: Siciliano, 2002.

FERRÃO, António. *A 1ª Invasão Francesa. A invasão de Junot vista através dos documentos da Intendência Geral da Polícia (1807-1808): estudo político e social.* Coimbra: Imprensa da Universidade, 1925.

FRANCO, Francisco de Mello. *Elementos de hygiene ou dictames theoreticos e praticos para conservar a saude e prolongar a vida.* 3.ª ed. Lisboa: Academia das Ciências de Lisboa, 1823.

FREIRE, Anselmo Braamcamp. *Ida da imperatriz D. Isabel para Castela.* Coimbra: Imprensa da Universidade, 1920.

________. "Inventário da guarda-roupa de D. Manuel". Em *Archivo Historico Portuguez.* Vol. 2. Lisboa: s/ed., 1904.

________. "Inventário da infanta D. Beatriz (1507)". Em *Archivo Historico Portuguez.* Vol. 9. Lisboa: s/ed., 1914.

FREIREYSS, G. W. *Viagem ao interior do Brasil.* Trad. A. Löfgren. Belo Horizonte/São Paulo: Itatiaia/Edusp, 1982.

GÂNDAVO, Pero de Magalhães. *História da província de Santa Cruz a que vulgarmente chamamos Brasil.* Edição fac-símile. Notícia prévia Francisco Leite Faria. Lisboa: Biblioteca Nacional, 1984.

GAZETA DE LISBOA, Lisboa, 1808-1821.

GAZETA DO RIO DE JANEIRO, Rio de Janeiro, 1808-1821.

GÓIS, Damião de. *Crônica do felicíssimo rei D. Manuel.* Nova edição conforme a de 1566. Coimbra: Acta Universitatis Conimbrigensis, 1955.

GRAHAM, Maria. *Diário de uma viagem ao Brasil e de uma estada nesse país durante parte dos anos de 1821, 1822 e 1823.* Trad. Américo Jacobina Lacombe. São Paulo: Companhia Editora Nacional, 1956.

HERCULANO, Alexandre. "Viagem a Portugal dos cavaleiros Tron e Lippomani (1580)". Em *Opúsculos.* Vol. 4. Organização, introdução e notas Jorge Custódio & José Manuel Garcia. Lisboa: Presença, 1985.

HERIARTE, Maurício de. "Descrição do estado do Maranhão, Pará, Corupá e rio das Amazonas". Em VARNHAGEN, Francisco Adolfo de. *História geral do Brasil.* Vol. 2, tomos 3 e 4. 10.ª ed. Belo Horizonte/São Paulo: Itatiaia/Edusp, 1981. [O texto é de 1662.]

KOSTER, Henry, *Viagens ao Nordeste do Brasil* 11.ª ed. Trad.Luís da Câmara Cascudo. Estudo introdutório e organização Leonardo Dantas Silva. 2 vols. Recife: Fundação Joaquim Nabuco/Massangana, 2002.

LACOMBE, Lourenço Luís (org.). *A primeira visita do imperador do Brasil D. Pedro II a Portugal*. Lisboa: Embaixada do Brasil, 1965.

LAGO, Antônio Bernardino Pereira do. *Estatística histórico-geográfica da província do Maranhão*. São Paulo: Siciliano, 2001.

________. *Itinerário da província do Maranhão*. São Paulo: Siciliano, 2001.

LAVEDAN, Antonio. *Tratado de los usos, abusos, propiedades y virtudes del tabaco, café, té y chocolate extractado de los mejores autores que han tratado a esta materia, a fin de que su uso no perjudique a la salud, antes bien pueda servir de alivio y curación a muchos males*. Madri: Imprenta Real, 1796.

LAVRADIO, marquês do. *Cartas da Bahia (1768-1769)*. Rio de Janeiro: Arquivo Nacional, 1972.

LÉRY, Jean. *Viagem à terra do Brasil*. Trad. Sérgio Millet. Belo Horizonte/São Paulo: Itatiaia/Edusp, 1980.

L' ÉVÊQUE, Henry. *Costume of Portugal*. Londres: Colnaghi, 1814.

LIMA, Constança Oliva de. *Doceira brasileira ou novo guia manual para se fazerem todas as qualidades de doces*. 3ª ed. Rio de Janeiro: Eduardo & Henrique Laemmert, 1862. [Desconhecemos a data da primeira edição.]

LINDLEY, Thomas. *Narrativa de uma viagem ao Brasil*. Trad. Thomaz Newlands Neto. São Paulo: Companhia Editora Nacional, 1969.

LINK, Heinrich Friedrich. *Notas de uma viagem a Portugal e através de França e Espanha*. Trad.Fernando Clara. Lisboa: Biblioteca Nacional, 2005.

LISBOA, Frei Cristóvão de. *História dos animais e árvores do Maranhão*. Estudo e notas de Jaime Walter. Prefácio de Alberto Iria. Lisboa: Arquivo Histórico Ultramarino/Centro de Estudos Históricos Ultramarinos, 1967.

LOBO, Constantino Botelho de Lacerda Costa. "Memoria sobre a preparação do peixe salgado e secco das nossas pescarias". Em *Memórias econômicas da Academia Real das Ciências de Lisboa para o adiantamento da agricultura, das artes e da industria em Portugal e nas conquistas*. Tomo 4. Lisboa: Academia das Ciências de Lisboa, 1812.

LUCCOCK, John. *Notas sobre o Rio de Janeiro e partes meridionais do Brasil tomadas durante uma estada de dez anos nesse país, de 1808 a 1818*. Trad. Milton da Silva Rodrigues. 2ª ed. São Paulo: Martins, 1951.

MANUAL DA CONSERVEIRA: collecção de 300 receitas de doces, compotas e licores dedicada ás boas donas de casa. Lisboa: Henrique Zeferino, 1890.

MANUPPELLA, Giacinto (org.). *Livro de cozinha da infanta D. Maria: Códice Português I.E.33. da Biblioteca Nacional de Nápoles*. Lisboa: Imprensa Nacional/Casa da Moeda, 1986.

"MARIA GRAHAM NO BRASIL. II – Esboço biográfico de D. Pedro I com uma notícia do Brasil e do Rio de Janeiro", Em *Anais da Biblioteca Nacional do Rio de Janeiro,* vol. 60. Rio de Janeiro, 1938 [1940].

MATA, João da. *Arte de cozinha.* Prefácio de Melo Lapa. 5ª ed. Lisboa: Vega, 1993. [1ª ed., 1876.]

MATOS, Manuel António de (org.). *Encyclopedia das artes: collecção de 1318 processos industriaes, formulas e receitas de facil applicação para uso dos artistas e das familias.* Lisboa: Tipografia Universal, 1863.

MAWE, John. *Viagem ao interior do Brasil, principalmente aos distritos de ouro e dos diamantes.* Trad. Solena Benevides Viana. Introdução e notas Clado Ribeiro de Lessa. Rio de Janeiro: Zélio Valverde, 1944.

MEMÓRIA JUSTIFICATIVA DO MARQUEZ D'ALORNA. Hamburgo: Tipografia de F. H. Nestler, 1823.

MENDES, Luís António de Oliveira. "Discurso acadêmico ao programa". Em *Memórias económicas da Academia Real das Ciências de Lisboa (1789-1815).* Tomo 4. Ed. fac-símile. Lisboa: Banco de Portugal, 1991.

MENDONÇA, Marcos Carneiro de. *A Amazónia na era pombalina: correspondência do governador e capitão-general do estado do Grão Pará e Maranhão, Francisco Xavier de Mendonça Furtado (1751-1559).* 3 tomos. 2ª ed. Brasília: Senado Federal, 2005.

MESQUITA, José Manuel de Campos. "Extracto da memoria sobre o destroço actual das creações do gado vaccum, apresentada à academia". Em *Memórias economicas da Academia Real das Ciências de Lisboa para o adiantamento da agricultura, das artes e da industria em Portugal e nas conquistas.* Tomo 4. Lisboa: Academia das Ciências de Lisboa, 1812.

MONARDES, Nicolás. *Primera y segunda y tercera partes de la historia medicinal.* Sevilha: Fernando Diaz, 1580.

NEUWIED, Maximiliano de Wied. *Viagem ao Brasil.* Trads. Edgar Süssekind de Mendonça & Flávia Poppe de Figueiredo. São Paulo/Rio de Janeiro: Companhia Editora Nacional, 1940.

NIEUHOF, Joan. *Memorável viagem marítima e terrestre ao Brasil.* Trad. Moacir N. Vasconcelos. Belo Horizonte/São Paulo: Itatiaia/Edusp, 1981.

NÓBREGA, Manuel da. *Cartas do Brasil (1549-1560).* Belo Horizonte/São Paulo: Itatiaia/Edusp, 1988.

NOVISSIMA ARTE DE COZINHA. 3ª ed. Lisboa: Santos & Vieira/Empresa Literária e Fluminense, 1909. [1ª ed., 1889.]

O COZINHEIRO COMPLETO ou nova arte do cozinheiro e do copeiro. Lisboa: Tipografia de Luís Correia da Cunha, 1849.

O COZINHEIRO, CONFEITEIRO e licorista moderno. Lisboa: Tipografia de Matias José da Silva, 1849.

O COZINHEIRO DOS COZINHEIROS: collecção de mais de 1000 receitas. Lisboa: Tipografia Luso-Britânica, 1870.

O COZINHEIRO INDISPENSAVEL: repositorio dos melhores processos de preparar as mais saborosas iguarias. Porto: Ernest Chardron, 1894.

O GRATIS. Jornal de Annuncios e do Comercio, nº 46, Porto, 15-4-1837; nº 98, 1º-9-1837; nº 116, 12-10-1837; nº 1968, 4-4-1846; nº 1970, 13-4-1846.

OLIVEIRA, Cristóvão Rodrigues de. *Lisboa em 1551: sumário em que brevemente se contêm algumas coisas assim eclesiásticas como seculares que há na cidade de Lisboa (1551).* Apresentação e notas José da Felicidade Alves. Lisboa: Horizonte, 1987.

PINHEIRO, Nuno Santos (org.). *Receitas de minha mãe.* Lisboa: Hugin, 2003.

PITTA, Rocha. *História da América portuguesa.* Belo Horizonte: Itatiaia, 1976.

POHL, Johan Emanuel. *Viagem no interior do Brasil empreendida nos anos de 1817 a 1821.* Vol. 1. Rio de Janeiro: Instituto Nacional do Livro, 1951.

RATTAZZI, Maria. *Portugal de relance.* Atualização do texto, introdução e notas de José M. Justo. Lisboa: Antígona, 1997.

RAU, Virgínia. *Inventário de bens da rainha da Grã-Bretanha D. Catarina de Bragança.* Coimbra: Imprensa da Universidade, 1947.

________ & NUNES, Eduardo Borges (orgs.). *Inventário* post mortem *del-rei D. Pedro II.* Lisboa: Instituto de Alta Cultura/Centro de Estudos Históricos da Universidade de Lisboa, 1969.

RESENDE, André de. "Vida do infante D. Duarte". Em *Obras portuguesas.* Prefácio e notas José Pereira Tavares. Lisboa: Sá da Costa, 1963.

RIBEIRO, Francisco de Paula. *Memórias dos sertões maranhenses.* São Paulo: Siciliano, 2002.

RIGAUD, Lucas. *Cozinheiro moderno ou nova arte de cozinha.* 3ª ed. Lisboa: Simão Tadeu Ferreira, 1798. [1ª ed., 1780.]

RODRIGUES, Domingos. *Arte de cozinha.* Leitura, apresentação, notas e glossário Maria da Graça Pericão & Maria Isabel Faria. Lisboa: Imprensa Nacional/Casa da Moeda, 1987. [1ª ed., 1680.]

ROSÁRIO, António do. *Frutas do Brasil numa nova e ascética monarchia consagrada à Santissima Senhora do Rosário.* Edição fac-símile da edição de Lisboa: António Pedro Galrão, 1702. Prefácio Ana Hatherly. Lisboa: Biblioteca Nacional, 2002.

RUDERS, Carl Israel. *Viagem em Portugal (1798-1802).* Trad. António Feijó. Prefácio e notas Castelo Branco Chaves. Lisboa: Biblioteca Nacional, 1981.

________. *Viagem em Portugal (1798-1802),* vol. 2. Trad. Inga Gullander. Organização Maria Leonor Machado de Sousa. Lisboa: Biblioteca Nacional, 2002.

RUGENDAS, Johann Moritz. *Viagem pitoresca através do Brasil.* Trad. Sérgio Milliet. São Paulo: Círculo do Livro, s/d.

RUSSO, Mariagrazia (org.). *A embaixada enviada por D. João V ao imperador Yongzheng (1725-1728) através da documentação do Arquivo Distrital de Braga*. Lisboa: Centro Científico e Cultural de Macau, 2007.

SÁ, Isabel dos Guimarães & PAIVA, José Pedro (orgs.). *Portugaliae Monumenta Misericordiarum. A Fundação das Misericórdias: o Reinado de D. Manuel I*. Vol. 3. Lisboa: Universidade Católica Portuguesa/Centro de Estudos de História Religiosa/União das Misericórdias Portuguesas, 2002.

SACRAMENTO, Francisco Leandro do. *Memória econômica sobre a plantação do chá*. Rio de Janeiro: Tipografia Nacional, 1825.

SAINT-HILAIRE, Auguste. *Segunda viagem ao Rio de Janeiro, a Minas Gerais e a São Paulo (1822)*. Trad. Afonso de E. Taunay. São Paulo: Companhia Editora Nacional, 1932.

________. *Viagem ao Espírito Santo e Rio Doce*. Trad. Milton Amado. Belo Horizonte: Itatiaia, 1974.

________. *Viagem à província de Santa Catarina (1820)*. Trad.Carlos da Costa Pereira. São Paulo: Companhia Editora Nacional, 1936.

________. *Viagem à província de São Paulo e resumo das viagens ao Brasil, Província Cisplatina e Missões do Paraguai*. 2ª ed. São Paulo: Martins, 1945.

________. *Viagem às nascentes do rio São Francisco*. Trad. Regina Regis Junqueira. Belo Horizonte: Itatiaia, 2004.

________. *Viagem pelo distrito dos diamantes e litoral do Brasil*. Trad. Leonam de Azeredo Penna. Belo Horizonte: Itatiaia, 2004.

SALVADOR, Frei Vicente do. *História do Brasil (1500-1627)*. 7ª ed. Belo Horizonte/São Paulo: Itatiaia/Edusp, 1982.

SANTOS, Luís Gonçalves dos (Padre Perereca). *Memórias para servir à história do Reino do Brasil*. 2 tomos. Belo Horizonte/São Paulo: Itatiaia/Edusp, 1981.

SANTOS, Maria José de Azevedo. "A escrita serve à mesa". Em GIL, Helena & GOMES, Florinda (orgs.). *Actas do Congresso Saberes e Sabores*. Vila Real: Direção Regional da Cultura do Norte, 2006.

________. *Jantar e cear na Corte de D. João III: leitura, transcrição e estudo de dois livros de cozinha do rei (1524 e 1532)*. Vila do Conde/Coimbra: Câmara Municipal de Vila do Conde/Centro de História da Sociedade e da Cultura, 2002.

SEGUNDA PARTE DA COLLECÇÃO DOS LETTREIROS celebres que se achão escritos por cima das portas de varias lojas desta capital para servirem de tabuletas e conhecimento ao publico. Vistos e examinados e colligidos por hum Taful de Luneta. Lisboa: João Procópio Correa da Silva, 1806.

SILVA, Joaquim Xavier da Silva. *Breve tratado de hygiene militar e naval*. Lisboa: Academia das Ciências de Lisboa, 1819.

SILVEIRA, António Henriques da. "Racional discurso sobre a agricultura e população da província do Alentejo". Em *Memórias económicas da Academia*

Real das Ciências de Lisboa para o adiantamento da agricultura, das artes e da indústria em Portugal e suas conquistas (1789-1815). Tomo 1. Prefácio M. Jacinto Nunes. Lisboa: Banco de Portugal, 1990.

SILVEIRA, Simão Estácio da. *Relação sumária das cousas do Maranhão, dirigidas aos pobres deste Reino de Portugal.* 8ª ed. São Paulo: Siciliano, 2001.

SIQUEIRA, Joaquim Pedro Fragoso de. "Memoria sobre a creação e vantagens do gado cabrum em Portugal". Em *Memórias economicas da Academia Real das Ciências de Lisboa para o adiantamento da agricultura, das artes e da industria em Portugal e suas conquistas.* Tomo 4. Lisboa: Academia das Ciências de Lisboa, 1812.

SOARES, Francisco. "Coisas notáveis do Brasil". Em PERICÃO, Maria da Graça (org.). *O reconhecimento do Brasil.* Lisboa: Alfa, 1989.

SOARES, José Pinheiro de Freitas. *Tratado de policia medica, no qual se comprehendem todas as materias que podem servir para organizar hum regimento de policia de saude para o interior do Reino de Portugal.* Lisboa: Academia das Ciências de Lisboa, 1818.

SOUSA, D. António Caetano de. *Provas da história genealógica da Casa Real portuguesa.* Tomo 3. Coimbra: Atlântida, 1948.

SOUSA, Gabriel Soares de. *Tratado descritivo do Brasil em 1587.* Belo Horizonte: Itatiaia, 2000.

SOUSA, Sofia de. *Real confeiteiro português e brasileiro.* Lisboa: A. M. Teixeira, 1904.

SPIX, Johann Baptist von & MARTIUS, Carl Friedrich von. *Viagem pelo Brasil: 1817-1820.* Trad. Lúcia Furquim Lahmeyer. Revisão B. F. Ramiz Galvão. Anotações Basílio Magalhães. 3 vols. Belo Horizonte/São Paulo: Itatiaia/Edusp, 1981.

STADEN, Hans. *Duas viagens ao Brasil* Trad. Guiomar de Carvalho Franco. Belo Horizonte/São Paulo: Itatiaia/Edusp, 1974.

TAVARES, Paulino Mota Tavares (org.). *Doces e manjares do século XIX: o livro do padre Brito.* Prefácio Maria José Azevedo Santos. Coimbra: Fora de Texto, 1995.

THEVET, André. *As singularidades da França Antártica.* Trad. Eugênio Amado. Belo Horizonte/São Paulo: Itatiaia/Edusp, 1978.

TOMÁS, Fernandes. *Cartas bibliographicas.* 2ª série. Coimbra: Imprensa da Universidade, 1877.

TORRE, Antonio de la & FERNÁNDEZ, Luis Suárez (orgs.). *Documentos referentes a las relaciones con Portugal durante el reinado de los Reyes Católicos.* Vol. 3. Valladolid: Consejo Superior de Investigaciones Científicas, 1963.

VASCONCELOS, Simão de. *Notícias curiosas e necessárias das cousas do Brasil.* Introdução e recolha de textos Luís A. de Oliveira Ramos. Lisboa: Comissão Nacional para as Comemorações dos Descobrimentos Portugueses, 2001.

VIEIRA, António. *Cartas*. Vol. 3. Coordenação e notas J. Lúcio de Azevedo. Reimpressão da edição da Imprensa Nacional de 1970. Lisboa: Imprensa Nacional/Casa da Moeda, 1997.

VIGANEGO, Pietro Francesco. *Ao Serviço Secreto da França na Corte de D. João V.* Trad. Fernando de Morais do Rosário. Prefácio Joaquim Veríssimo Serrão. Lisboa: Lisóptima, 1994.

VILARINHO DE SÃO ROMÃO, visconde de. *Arte do cosinheiro e do copeiro compilado dos melhores autores*. Lisboa: Tipografia da Sociedade Propagadora dos Conhecimentos Úteis, 1841.

________. *Manual pratico da cultura das batatas e do seu uso na economia domestica colligido dos melhores agrónomos franceses e inglezes, e seguido de algumas observações praticas do auctor, para melhor conhecimento dos nossos agricultores.* Lisboa: Academia Real das Ciências de Lisboa, 1845.

Catálogos, dicionários, repertórios e outras obras de referência

I LEILÃO VISTA ALEGRE. Lisboa: As Coisas Mudam, 1997.

II LEILÃO VISTA ALEGRE: cristais, vidros, porcelanas e biscuits. Lisboa: Estar, 1998.

III LEILÃO VISTA ALEGRE: cristais, vidros, porcelanas e biscuits. Lisboa: Estar, 1999.

A AMÉRICA PORTUGUESA nas colecções da Biblioteca Nacional de Portugal e da Biblioteca da Ajuda. Lisboa: Biblioteca Nacional de Portugal, 2008.

BLUTEAU, Rafael. *Vocabulario portuguez e latino.* 10 tomos. Coimbra: Colégio das Artes da Companhia de Jesus, 1712-1728.

COZINHAS DO MUNDO EM PORTUGAL: 250 receitas para descobrir. Guia de lazer. S/l.: s/ed., 2009.

D. JOÃO VI E O SEU TEMPO: exposição. Lisboa: Comissão Nacional para as Comemorações dos Descobrimentos Portugueses, 1999.

MEMÓRIA DAS COMEMORAÇÕES DO BI-CENTENÁRIO do nascimento da princesa D. Maria Francisca Benedita: catálogo da Exposição Biblio-Iconográfica na Biblioteca Nacional de Torres Vedras. Torres Vedras: Biblioteca Municipal, 1947.

PALMER, Simon & SIMÓN, Maria del Carmen. *Bibliografía de la gastronomía española*. Prólogo Marquês de Desio. Madri: Velázquez, 1977.

POULAIN, Jean-Pierre & PROENÇA, Rossana Pacheco da Costa. "Reflexões metodológicas para o estudo das práticas alimentares". Em *Revista de Nutrição,* 16 (4), Campinas, 2003.

REDON, Odile & LAURIOUX, Bruno. "Histoire de l'alimentation entre Moyen Âge et temps modernes. Regardes sur trents ans de recherches". Em RE-

DON, Odile; SALLMANN, Line; STEINBERG, Sylvie (orgs.). *Le désir et le goût: une autre histoire (XIIIe-XVIIIe siècles)*. Saint-Denis: Presses Universitaires de Vincennes, 2005.

RÊGO, Manuela (org.). *Livros portugueses de cozinha*. 2ª ed. Lisboa: Biblioteca Nacional, 1998.

SABORES DO MUNDO: guia da diversidade gastronômica. Lisboa: Alto Comissariado para a Imigração e Minorias Étnicas, 2006.

SANTOS, Carlos Roberto Antunes dos. "A alimentação e o seu lugar na história: os tempos da memória gustativa". Em *História: questões e debates*, nº 42, Curitiba, 2005.

SERRÃO, Joel (org.). *Dicionário de história de Portugal*. 2ª ed. 6 vols. Porto: Figueirinhas, 1983.

SILVA, Maria Beatriz Nizza da (org.). *Dicionário da história da colonização portuguesa no Brasil*. Lisboa: Verbo, 1994.

VAINFAS, Ronaldo (org.). *Dicionário do Brasil colonial (1500-1808)*. Rio de Janeiro: Objetiva, 2001.

________ & NEVES, Lúcia Bastos Pereira (orgs.). *Dicionário do Brasil joanino (1808-1821)*. Rio de Janeiro: Objetiva, 2008.

VISTA ALEGRE: porcelanas. Lisboa: Inapa, 1989.

Estudos

ABDALA, Mônica. *Receita de mineiridade: a cozinha e a construção da imagem do mineiro*. 2ª ed. Uberlândia: Edufu, 2007.

A DOÇARIA tradicional de Pelotas. 2ª ed. Rio de Janeiro: Editora Senac Rio, 2004.

ALENCASTRO, Luiz Felipe de. *O trato dos viventes: formação do Brasil no Atlântico Sul (séculos XVI-XVII)*. 2ª ed. São Paulo: Companhia das Letras, 2000.

ALEXANDRE, Valentim. "Luso-tropicalismo". Em BARRETO, António & MÔNICA, Maria Filomena (orgs.). *Dicionário de história de Portugal: suplemento*. Vol. 8. Porto: Figueirinhas, 1999.

ALGRANTI, Leila Mezan. "Aguardente de canas e outras aguardentes: por uma história da produção e do consumo de licores na América portuguesa". Em VENÂNCIO, Renato Pinto & CARDOSO, Henrique (orgs.). *Álcool e drogas na história do Brasil*. São Paulo/Belo Horizonte: Alameda/PUC-MG, 2005.

________. "A hierarquia social e a doçaria luso-brasileira (séculos XVII a XIX)". Em *Revista da Sociedade Brasileira de Pesquisa Histórica*, nº 22, Curitiba, 2002.

________. "Alimentação, saúde e sociabilidade: a arte de conservar e confeitar os frutos (séculos XV- XVIII)". Em *História: Questões e Debates*, nº 42, Curitiba, 2005.

________. "Famílias e vida doméstica". Em SOUZA, Laura de Mello (org.). *Cotidiano e vida privada na América portuguesa*. Coleção História da Vida Privada no Brasil. Vol. 1. Coordenação Fernando A. Novais. São Paulo: Companhia das Letras, 1997.

________. "Os doces na culinária luso-brasileira: da cozinha dos conventos à cozinha da 'casa brasileira' (séculos XVII a XIX)". Em *Anais de História de Além-Mar*, nº 6, Lisboa, 2005.

________. "Os livros de receitas e a transmissão da arte luso-brasileira de fazer doces (séculos XVII-XIX)". Em *O açúcar e o quotidiano: actas do III Seminário Internacional sobre o Açúcar.* Funchal: Centro de Estudos de História do Atlântico, 2004.

ALLAIN, Yves-Marie. "Du jardin du roy au jardin des plantes: un jardin pour la science à Paris". Em ALLAIN, Yves-Marie *et al. Passions botaniques: naturalistes voyageurs au temps des grandes découvertes.* Rennes: Ouest-France, 2008.

________. "Le transport des plantes et les jardins de ports". Em *Passions botaniques: naturalistes voyageurs au temps des grandes découvertes.* Rennes: Ouest-France, 2008.

ALLORGE, Lucile & IKOR, Olivier. *La fabuleuse odyssée des plantes: les jardins des plantes, les herbiers.* Paris: Hachette, 2003.

________. "Quelques grands explorateurs du XVIIIe siècle". Em *Passions botaniques: naturalistes voyageurs au temps des grandes découvertes.* Rennes: Ouest-France, 2008.

ALMAÇA, Carlos. "Os portugueses do Brasil e a zoologia pré-lineana". Em *A universidade e os descobrimentos.* Lisboa: Comissão Nacional para as Comemorações dos Descobrimentos Portugueses, 1993.

ALMEIDA, Aloísio. "Vida cotidiana da capitania de São Paulo (1722-1822): excertos de uma obra completa". Em MOURA, Carlos Eugênio Marcondes de (org.). *Vida cotidiana em São Paulo no século XIX: memórias, depoimentos, evocações.* São Paulo: Ateliê/Fundação Editora Unesp/Imprensa Oficial do Estado/Secretaria de Estado da Cultura, 1998.

ALMEIDA, Luís Ferrand de. "A aclimatação de plantas do Oriente no Brasil durante os séculos XVII e XVIII". Em *Páginas dispersas: estudos de história moderna de Portugal.* Coimbra: Instituto de História Económica e Social/ Faculdade de Letras da Universidade de Coimbra, 1995.

________. "Sobre a introdução e a difusão do milho mais em Portugal". Em *Páginas dispersas: estudos de história moderna de Portugal.* Coimbra: Instituto de História Económica e Social/Faculdade de Letras da Universidade de Coimbra, 1995.

ALVES, Ana Maria. "A etiqueta de Corte no período manuelino". Em *Nova História (século XVI)*, nº 1, Lisboa, 1984.

________. *Iconografia do poder real no período manuelino: à procura de uma linguagem perdida*. Lisboa: Imprensa Nacional/Casa da Moeda, 1985.

AMON, Denise & MENASCHE, Renata. "Comida como narrativa da memória social". Em *Sociedade e Cultura*, 11 (1), São Paulo, 2008.

AMORIM, Maria Adelina. "Frei Cristóvão de Lisboa, primeiro missionário naturalista da Amazônia". Em CRISTÓVÃO, Fernando (org.). *O olhar do viajante dos navegadores aos exploradores*. Coimbra: Almedina, 2003.

ANDRADE, António Alberto Banha de. "Vinhos do Alentejo". Em *O vinho na história portuguesa (séculos XIII-XIX): ciclo de conferências*. Porto: Fundação Engenheiro Antônio de Almeida, 1983.

ANDRADE, Ferreira de. "Os cafés da Lisboa romântica". Em *Revista Municipal*, nº 56, Lisboa, 1953.

ANDRADE, Maria do Carmo Rebelo de. "Iconographic Narrative of Stately Silverweare: Portugal XV and XVI centuries". Em D'OREY, Leonor (org.). *Mesas reais europeias: encomendas e ofertas / Royal and Princely Tables of Europe: Comissions and Gifts / Tables Royales en Europe: commandes et cadeaux*. Lisboa: Instituto Português de Museus, 1999.

ARAÚJO, Ana Cristina Bartolomeu de. "As invasões francesas e a afirmação das ideias liberais". Em TORGAL, Luís Reis & ROQUE, João Lourenço (orgs.). *História de Portugal: o liberalismo*. Vol. 5. Direção José Mattoso. Lisboa: Estampa, 1998.

ARAÚJO, Maria Lucília Viveiros. "Os interiores domésticos após a expansão da economia exportadora paulista". Em *Anais do Museu Paulista*, nova série, vol. 12, São Paulo, 2004.

AREZ, Ilda. *Vista Alegre: porcelanas portuguesas*. Prefácio Rui Afonso Santos. Lisboa: Estar, 1998.

ARGOD–DUTARD, Françoise. "Cuvée lexicale dans les vignes du XVIe siècle". Em VIALLON-SCHONEVELD, Marie (org.). *Le boire et le manger au XVIe siècle: actes du Colloque du Puy-en-Velay*. Saint-Etienne: Publications de l'Université de Saint-Etienne, 2004.

ARNAUT, Salvador Dias. *A arte de comer em Portugal na Idade Média: introdução ao "Livro de cozinha" da infanta D. Maria de Portugal*. Lisboa: Imprensa Nacional/Casa da Moeda, 1986.

ARON, Jean-Paul. *Le mangeur du XIXe siècle*. Prefácio Marc Ferro. Paris: Payot, 1989.

ARRIVÉ, Nadège. "Le vin en France au XVIe siècle. Aspects du vin: production, usages et pratiques culinaires". Em VIALLON-SCHONEVELD, Marie (org.). *Le boire et le manger au XVIe siècle: actes du Colloque du Puy-en--Velay*. Saint-Etienne: Publications de l'Université de Saint-Etienne, 2004.

ARRUDA, José Jobson de Andrade. *Uma colônia entre dois impérios: a abertura dos portos brasileiros (1800-1808)*. São Paulo/Bauru: Edusc, 2008.

ARRUDA, Luís M. "Inhame". Em *Enciclopédia açoriana*. Disponível em http://pg.azores.gov.pt/drac/cca/enciclopedia.

ASSUNÇÃO, Paulo de. *Ritmos da vida privada: momentos efusivos da família real nos trópicos*. Rio de Janeiro: Arquivo Nacional, 2008.

AZEVEDO, Francisca L. Nogueira de. *Carlota Joaquina na Corte do Brasil*. Rio de Janeiro: Civilização Brasileira, 2003.

BACCI, Mina. *European Porcelain*. Londres/Nova York/Sydney/Toronto: Fundação Paul Hamlyn, 1966.

BAGANHA, Maria Ioannis. "A cada sul o seu norte: dinâmicas migratórias em Portugal". Em SANTOS, Boaventura de Sousa (org.). *Globalização: fatalidade ou utopia*. Porto: Afrontamento, 2001.

________; FERRÃO, João; MALHEIROS, Jorge Macaísta. "Os imigrantes e o mercado de trabalho: o caso português". Em *Análise Social*, 34 (150), Lisboa, 1999.

________ & GÓIS, Pedro. "Migrações internacionais de e para Portugal: o que sabemos e para onde vamos". Em *Revista Crítica de Ciências Sociais*, nº 52-53, Lisboa, 1999.

________ & PEIXOTO, João. "O estudo das migrações nacionais". Em FERREIRA, J. M. Carvalho *et al.* (orgs.). *Entre a economia e a sociologia*. Oeiras: Celta, 1996.

BAIÃO, António. "Despesas do Convento de Cristo, por 1551, com a visita de D. João III e comitiva". Em *Anais da União dos Amigos dos Monumentos da Ordem de Cristo*, vol. 3, Tomar, 1952.

________. *Episódios dramáticos da Inquisição portuguesa*. Vol. 3. 3ª ed. Lisboa: Seara Nova, 1973.

BALTAZAR, Isabel. "Ritmo novo: o Tratado de Comércio entre Portugal e o Brasil (14-9-1933)". Em CASTRO, Zilda Osório de; SILVA, Júlio Rodrigues da; SARMENTO, Cristina Montalvão (orgs.). *Tratados do Atlântico Sul: Portugal-Brasil (1825-2000)*. Coleção Biblioteca Diplomática do MNE. Lisboa: Ministério dos Negócios Estrangeiros/Instituto Diplomático, 2006.

BARBOSA, Luísa Maria Gonçalves Teixeira. *O ideário republicano nas relações Brasil-Portugal (1880-1891)*. 2 vols. Dissertação de mestrado em História e Cultura do Brasil. Lisboa: Faculdade de Letras da Universidade de Lisboa, 2002.

BERTINI, Giuseppe. "L'entrata solenne di Maria di Portogallo a Parma nell 1566". Em *D. Maria de Portugal princesa de Parma (1565-1577) e o seu tempo: as relações culturais entre Portugal e a Itália na segunda metade de Quinhentos*. Porto: Centro Interuniversitário de História da Espiritualidade/Instituto de Cultura Portuguesa, 1999.

________. "O 'Livro de cozinha' de Maria de Portugal e a cozinha de Corte em Bruxelas e em Lisboa ao tempo das suas núpcias com Alexandre Farnésio". Em *Oceanos*, vol. 21, Lisboa, 1995.

________. "The Marriage of Alessandro Farnese and D. Maria of Portugal in 1565: Court Life in Lisbon and Parma". Em K. J. P. Lowe (org.). *Cultural Links between Portugal and Italy in the Renaissance*. Oxford: Oxford University Press, 2000.

________ & GSCHWEND, Annemarie Jordan. *Il "guardaroba" di una principessa del Rinascimento: l'inventario di Maria di Portogallo sposa di Alessandro Farnese*. Parma: Guaraldi, 1999.

BETTENCOURT, Mariana. "A fauna brasileira". Em BETTENCOURT, Mariana *et al*. *A fauna exótica dos descobrimentos*. Lisboa: Elo, 1993.

BLACK, Maggie. *Food and Cooking in 19th Century Britain: History & Recipes*. Londres: English Heritage, 1985.

________. "Victorian Britain". Em *A Taste of History: 10 000 Years of Food in Britain*. 3ª ed. Londres: British Museum Press, 1997.

BÔAS, Maria Gomes de Oliveira Xavier Villas. *Redescobrindo o Brasil: processos identitários de brasileiros em Portugal*. Dissertação de mestrado em Comunicação, Cultura e Tecnologias da Informação. Lisboa: Instituto Superior de Ciências do Trabalho e da Empresa, 2004.

BONDAR, Gregorio. *A cultura de cacao na Bahia*. São Paulo: Revista dos Tribunais, 1938.

BONET CORREA, Antonio. "Les cafés littéraires en Espagne du XVIIIe au XXe siècles". Em MARTIN, Aurell *et al*. *La sociabilité à table: commensalité et convivialité à travers les âges*. Rouen: Publications de l'Université de Rouen, 1993.

BONIFÁCIO, Maria de Fátima. *D. Maria II*. Lisboa: Círculo de Leitores/Universidade Católica Portuguesa/Centro de Estudos dos Povos e Culturas de Expressão Portuguesa, 2005.

BORA, Zélia Maria. "Culinária e religião: resistência cultural afro-brasileira no século XIX". Em SARMENTO, Clara (org.). *Condição feminina no império colonial português*. Porto: Centro de Estudos Interculturais/Instituto Superior de Contabilidade e Administração do Instituto Politécnico do Porto, 2008.

BRAGA, Isabel M. R. Mendes Drumond. "A alimentação das minorias no Portugal quinhentista". Em *Do primeiro almoço à ceia: estudos de história da alimentação*. Sintra: Colares, 2004.

________. "A circulação e a distribuição de produtos". Em SERRÃO, Joel & OLIVEIRA MARQUES, A. H. (orgs.). *Nova história de Portugal. Portugal do Renascimento à crise dinástica*. Vol. 5. Coordenação de João José Alves Dias. Lisboa: Presença, 1998.

________. "A governação de Portugal durante a viagem de D. Manuel a Castela e Aragão em 1498". Em *Cooperação e conflito: Portugal, Castela e Aragão (séculos XV-XVII)*. Lisboa: Universitária, 2002.

________. *A herança das Américas em Portugal: Trópico das cores e dos sabores.* Lisboa: CTT Correios, 2007.

________. "Alimentação e códigos comportamentais na segunda metade do século XIX". Em *Do primeiro almoço à ceia: estudos de história da alimentação*. Sintra: Colares, 2004.

________. "Alimentação e culinária". Em VAINFAS, Ronaldo & NEVES, Lúcia Bastos Pereira das (orgs.). *Dicionário do Brasil joanino (1808-1821)*. Rio de Janeiro: Objetiva, 2008.

________. "Alimentação e publicidade alimentar na *Revista ABC* (1920-1926)". Em SILVA, Carlos Guardado da (org.). *Turres Veteras IX: história da alimentação*. Torres Vedras/Lisboa: Câmara Municipal/Colibri, 2007.

________. "Alimentação e sociabilidade à mesa: um percurso historiográfico recente". Comunicação apresentada ao I Colóquio de História e Cultura da Alimentação. Saber e Sabor... História, Comida e Identidade, Curitiba, 19 a 21 de agosto de 2007.

________. "Alimentação, etiqueta e sociabilidade em Portugal no século XVIII". Em *Cultura, religião e quotidiano: Portugal (século XVIII)*. Lisboa: Hugin, 2005.

________. "A mesa". Em SERRÃO, Joel & OLIVEIRA MARQUES, A. H. (orgs.). *Nova história de Portugal. Portugal e a instauração do liberalismo*. Vol. 9. Coordenação de A. H. de Oliveira Marques. Lisboa: Presença, 2002.

________. "A mesa do marquês de Viana em meados de Oitocentos". Em *Lusíada. História*, série 2, nº 3, Lisboa, 2006.

________. "Animais exóticos e outras novidades". Em *História*, nº 127, Lisboa, 1990.

________. "D. Miguel (1498-1500) ou o projeto de um monarca para a península Ibérica". Em *Cooperação e conflito: Portugal, Castela e Aragão (séculos XV-XVII)*. Lisboa: Universitária, 2002.

________. *Do primeiro almoço à ceia: Estudos de história da alimentação*. Sintra: Colares, 2004.

________. *Gelados: história de uma doce e fresca tentação*. Sintra: Colares, 2003.

________. "O chocolate à mesa: sociabilidade, luxo e exotismo". Em *Colóquio Formas e Espaços de Sociabilidade. Contributos para uma história da cultura em Portugal*, Lisboa, Universidade Aberta, 2008 [CD-ROM].

________. "O 'deve' e o 'haver' da casa da rainha D. Catarina (1525-1557)". Em *Arquivos do Centro Cultural Português*, nº 28, Lisboa/Paris, 1990.

________. "O livro de cozinha de Francisco Borges Henriques". Em *Do primeiro almoço à ceia: Estudos de história da alimentação*. Sintra: Colares, 2004.

________. *O Mosteiro de Guadalupe e Portugal (séculos XIV-XVIII)*. Lisboa: Junta Nacional de Investigação Científica e Tecnológica, 1994.

________. *Os menus em Portugal. Para o estudo das artes de servir à mesa.* Lisboa: Chaves Ferreira, 2006.

________. "O peixe na dieta alimentar dos portugueses (séculos XVI-XVIII)". Em *Do primeiro almoço à ceia: estudos de história da alimentação.* Sintra: Colares, 2004.

________. "Os 'pretos da rainha'. Serviçais exóticos na Corte de D. Maria I". Em *IV Congresso Histórico de Guimarães. Do absolutismo ao liberalismo.* Guimarães: Câmara Municipal de Guimarães, 2008.

________. "Para o estudo da minoria cigana no Portugal quinhentista". Em *Brigantia*, 12 (4), Bragança, 1992.

________. *Portugal à mesa: alimentação, etiqueta e sociabilidade (1800-1850).* Lisboa: Hugin, 2000.

________. "Representação, poder e espectáculo: o auto da fé". Em SILVA, Carlos Guardado da (org.). *Turres Veteras VIII: História das festas.* Lisboa/Torres Vedras: Colibri/Câmara Municipal de Torres Vedras/Instituto Alexandre Herculano, 2006.

________. *Um espaço, duas monarquias: Inter-relações na península Ibérica no tempo de Carlos V.* Lisboa: Universidade Nova de Lisboa/Centro de Estudos Históricos/Hugin, 2001.

________ & BRAGA, Paulo Drumond. "Civilidades. Porquê? Para quê? Para quem?". Em CARVALHO, Maria Amália Vaz de (org.). *Arte de viver na sociedade.* Estudo e atualização do texto de Isabel M. R. Mendes Drumond Braga e Paulo Drumond Braga. Sintra: Colares, 2004.

________. "O juramento dos herdeiros do trono em Cortes (séculos XIV-XVII)". Em *As Cortes e o Parlamento em Portugal: 750 anos das Cortes de Leiria de 1254. Actas do Congresso Internacional.* Lisboa: Assembleia da República, 2006.

________ & OLIVEIRA, Ricardo Pessa de. "Seduzir para vender: para o estudo da publicidade em São Miguel no século XIX". Em *O liberalismo nos Açores: do vintismo à regeneração. O tempo de Teotônio de Ornelas Bruges (1807-1870). Actas do Colóquio.* Angra do Heroísmo: Instituto Açoriano de Cultura, 2008.

BRAGA, Paulo Drumond. *A princesa na sombra: D. Maria Francisca Benedita (1746-1829).* Lisboa/Torres Vedras: Colibri/Câmara Municipal, 2007.

________. "A vida quotidiana". Em MARQUES, A. H. de Oliveira (org.). *História dos portugueses no Extremo Oriente.* Vol. 1, tomo 1. Lisboa: Fundação Oriente, 1998.

________. "Comércio alimentar na Lisboa pombalina". Em *Revista Portuguesa de História*, 36 (2), Coimbra, 2002-2003.

________. *D. João III.* Lisboa: Hugin, 2002.

________. *Leite: biografia de um gênero alimentar.* Sintra: Colares, 2004.

________. "O vinho nas cidades medievais portuguesas". Em *XVI jornadas de viticultura y enología de Tierra de Barros*. Tomo 2. Almendralejo: Junta de Extremadura/Dirección General de Comercio e Industrias Agrarias, 1994.

BRANDÃO, Mário. *O Colégio das Artes (1555-1580)*. Coimbra: Imprensa da Universidade, 1933.

BRAUDEL, Fernand. *Civilização material, economia e capitalismo (séculos XV-XVIII)*. Tomo 1: *As estruturas do quotidiano: o possível e o impossível*. Trad. Telma Costa. Lisboa: Teorema, 1992.

BRIGOLA, João Carlos Pires. *Coleções, gabinetes e museus em Portugal no século XVIII*. Lisboa: Fundação Calouste Gulbenkian/Fundação para a Ciência e Tecnologia, 2003.

BROCHARD, Gilles & PRIER, Matthieu. *La boîte à chocolat*. Paris: Tana, 2001.

CÁDIMA, Rui & FIGUEIREDO, Alexandra. *Representações (imagens) dos imigrantes e das minorias étnicas nos media*. Lisboa: Observatório da Imigração/Alto Comissariado para a Integração das Minorias Étnicas, 2003.

CALMON, Pedro. *História do Brasil*. Vol. 3. Rio de Janeiro: José Olympio, 1959.

CAMEIRA, Maria Cecília de Sousa. "A arte do compromisso: Tratado de Extradição de Criminosos entre Portugal e o Brasil (10-6-1872)". Em CASTRO, Zilda Osório de; SILVA, Júlio Rodrigues da; SARMENTO, Cristina Montalvão (orgs.). *Tratados do Atlântico Sul: Portugal-Brasil, 1825-2000*. Coleção Biblioteca Diplomática do MNE. Lisboa: Ministério dos Negócios Estrangeiros/Instituto Diplomático, 2006.

CANNABRAVA, Alice P. "A grande propriedade rural". Em HOLANDA, Sérgio Buarque de (org.). *História geral da civilização brasileira: a época colonial*, tomo 1, vol. 2. 10ª ed. Rio de Janeiro: Bertrand Brasil, 2003.

CAPELA, José Viriato Eiras. *Entre-Douro e Minho (1750-1830): finanças, administração e bloqueamentos estruturais no Portugal moderno*. 3 vols. Tese de doutorado em História Moderna e Contemporânea. Braga: Universidade do Minho, 1987.

CAPPATI, Alberto. "Le goût de la conserve". Em FLANDRIN, Jean-Louis & MONTANARI, Massimo (orgs.). *Histoire de l' alimentation*. Paris: Fayard, 1996.

CARNEIRO, Henrique. *Comida e sociedade: uma história da alimentação*. 4ª ed. Rio de Janeiro: Elsevier, 2003.

CARREIRA, António & MOTA, Avelino Teixeira da. "O milho zaburro e o milho de maçaroca na Guiné e nas ilhas de Cabo Verde". Em *Revista de História Econômica e Social*, vol. 17, Lisboa, 1986.

CARRERA, Ceferino. *Vinhos de Portugal. Da vinha ao vinho: variedades e regiões*. Prefácio Vítor Wladimiro Ferreira. Sintra: Colares, 1997.

CARVALHO, Filipe Nunes de. "Cambiantes do paladar: a alimentação dos colonos no Brasil do século XVI". Em *Penélope*, nº 23, Lisboa, 2009.

________. "O contributo de Malheiro Dias para a *História da Colonização Portuguesa do Brasil*: notas e observações". Em *Mare Liberum*, nº 17, Lisboa, 1999.

CARVALHO, Tito Ferreira de. "O investimento português no Brasil e os desafios do futuro". Disponível em http://www.portugaldigital.com.br. Consultado em 4-8-2008.

CASCUDO, Luís da Câmara. *História da alimentação no Brasil*. 2 vols. Belo Horizonte/São Paulo: Itatiaia/Edusp, 1983.

________. *Prelúdio da cachaça: etnologia, história e sociologia da aguardente no Brasil*. Belo Horizonte: Itatiaia, 1986.

CASTEL-BRANCO, Cristina. *Félix de Avelar Brotero: botânico português (1744-1828)*. Coimbra/Lisboa: Imprensa da Universidade/Horizonte, 2005.

CASTELO-BRANCO, Fernando. *A expansão portuguesa e a culinária*. Lisboa: Petrogal, 1989.

________. "O vinho de Borba". Em Academia Portuguesa da História (org.). *O vinho na história portuguesa (séculos XIII-XIX): ciclo de conferências*. Porto: Fundação Engenheiro António de Almeida, 1983.

CASTRO, Nuno. *A porcelana chinesa e os brasões do império*. Porto: Civilização, 1987.

________. "Porcelana chinesa e alguns brasões inéditos". Em GUEDES, Rui (org.). *Companhia das Índias: porcelanas*. Lisboa: Bertrand, 1995.

CASTRO, Zília Osório de. "A 'varanda da Europa' e o 'cais do lado de lá': Tratado de Paz e Aliança concluído entre D. João VI e D. Pedro (29-8-1825)". Em CASTRO, Zilda Osório de; SILVA, Júlio Rodrigues da; SARMENTO, Cristina Montalvão (orgs.). *Tratados do Atlântico Sul: Portugal-Brasil (1825-2000)*. Coleção Biblioteca Diplomática do MNE. Lisboa: Ministério dos Negócios Estrangeiros/Instituto Diplomático, 2006.

CATARINO, Maria Manuela. *Na margem direita do baixo Tejo: Paisagem rural e recursos alimentares (séculos XIV e XV)*. Cascais: Patrimonia, 2000.

CAVALHEIRO, Rodrigues. *D. Carlos I e o Brasil*. Lisboa: Nacional, 1957.

CERVO, Amado Luiz. "As relações Portugal-Brasil no século XIX". Em ALVES, Dário Moreia de Castro (org.). *Depois das caravelas: as relações entre Portugal e o Brasil (1808-2000)*. Lisboa: Instituto Camões, 2000.

CHARTIER, Roger. *Lectures et lecteurs dans la France d'Ancien Régime*. Collection L'Univers Historique. Paris: Seuil, 1987.

CHAUDHURI, Kirti. "O estabelecimento no Oriente". Em BETHENCOURT, Francisco & CHAUDHURI, Kirti (orgs.). *História da expansão portuguesa: a formação do Império (1415-1570)*. Vol. 1. Lisboa: Temas & Debates, 1998.

CHAVES, Larissa Patron. "Gênero e notabilidade: mulheres portuguesas imigrantes nas sociedades de beneficência do Brasil (1854-1889)". Em SAR-

MENTO, Clara (org.). *Condição feminina no império colonial português*. Porto: Centro de Estudos Interculturais/Instituto Superior de Contabilidade e Administração do Instituto Politécnico do Porto, 2008.

CHORÃO, Maria José Mexia Bigotte. *Os forais de D. Manuel (1495-1520)*. Lisboa: Arquivo Nacional da Torre do Tombo, 1990.

CHRISTO, Maria Stella Libânio. *Fogão e lenha: quitandas e quitudes de Minas Gerais*. 11ª ed. Petropólis: Vozes, 1998. [1ª ed., 1977.]

COELHO, Maria Helena da Cruz Coelho. "Apontamentos sobre a comida e a bebida do campesinato coimbrão em tempos medievos". Em *Homens, espaços e poderes (séculos XI-XVI): notas do viver social*. Vol. 1. Lisboa: Horizonte, 1990.

________. "Comer, vestir e habitar". Em SERRÃO, Joel & OLIVEIRA MARQUES, A. H. (orgs.). *Nova História de Portugal. Portugal em definição de fronteiras (1096-1325): do condado portucalense à crise do século XIV*. Vol. 3. Coordenação de Maria Helena da Cruz Coelho e Amando Luís de Carvalho Homem. Lisboa: Presença, 1996.

________. "Quaresma". Em AZEVEDO, Carlos Moreira. *Dicionário de história religiosa de Portugal*. Vol. 4. Lisboa: Centro de Estudos de História Religiosa da Universidade Católica Portuguesa/Círculo de Leitores, 2000.

COINTE, Paul Le. *A cultura do cacau na Amazônia*. 2ª ed. Rio de Janeiro: Tipografia do Ministério da Agricultura, 1934.

CONTRERAS, Remedio. "La flora de América en la *Historia general y natural de las Indias* de Gonzalo de Oviedo, y la *Apologética historia* de fray Bartolomé de las Casas". Em *Cuadernos de Historia Moderna*, nº 16, Madri, 1995.

CORREIA, Patrícia Cardoso. *A mandioca: do Brasil para a costa ocidental africana (c.1550-c.1650)*. Dissertação de mestrado em História e Cultura do Brasil. Lisboa: Faculdade de Letras da Universidade de Lisboa, 2006.

COSTA, Carla Maria Barroso Guapo da. *O investimento português no Brasil: determinantes tradicionais e contribuição da proximidade cultural*. Tese de doutorado em Economia. Lisboa: Instituto Superior de Economia e Gestão, 2003.

COSTA, Elisa Maria de Jesus Lopes da. "La minoranza sociale rom nel Portogallo moderno (secoli XV-XVIII)". Em *Lacio Drom*, 25 (1), Roma, 1989.

COSTA, João Paulo de Oliveira e. *D. Manuel I (1469-1521): um príncipe do Renascimento*. Lisboa: Círculo de Leitores/Universidade Católica Portuguesa/Centro de Estudos dos Povos e Culturas de Expressão Portuguesa, 2005.

COUTO, Cristiana. *Arte de cozinha: alimentação e dietética em Portugal e no Brasil (séculos XVII-XIX)*. São Paulo: Editora Senac São Paulo, 2007.

COUTO, Jorge. *A construção do Brasil: ameríndios, portugueses e africanos do início do povoamento a finais de quinhentos*. 2ª ed. Lisboa: Cosmos, 1997.

COWAN, Brian. "New Worlds, New Tastes: Food Fashions after the Renaissance". Em FREEDMAN, Paul (org.). *Food: the History of Taste*. Londres: Thomas & Hudson, 2007.

CRESPO, Jorge & HASSE, Manuela. "A alimentação no Colégio Real dos Nobres de Lisboa (1766-1831)". Em *Revista de História Econômica e Social*, nº 7, Lisboa, 1981.

CUBILLO DE LA PUENTE, Roberto. *Comer en León: un siglo de historia: 1700-1800*. León: Ediciones Universidad de León, 2000.

CUNHA, Rui Vieira da. "A vida do Rio de Janeiro através dos testamentos (1815-1822)". Em *Revista do Instituto Histórico-Geográfico Brasileiro*, vol. 282, Rio de Janeiro, 1969.

DAHER, Andrea. *O Brasil francês: as singularidades da França equinocial (1612-1615)*. Trad. Albert Stückenbruck. Rio de Janeiro: Civilização Brasileira, 2007.

D'ALMEIDA-TOPOR, Hélène. *Le goût de l'étranger: les saveurs venues d'ailleurs depuis la fin du XVIIIe siècle*. Paris: Armand Colin, 2006.

DANTAS, Júlio. *Lisboa dos nossos avós*. 2ª ed. Lisboa: Câmara Municipal, 1969.

DESMET, Luísa Maria da Silva Franco. *Brasileiros em Lisboa nos finais do século XX*. Dissertação de mestrado em Relações Interculturais. Lisboa: Universidade Aberta, 1998.

DIAS, Fátima Sequeira. "O ananás dos Açores: ascensão e declínio de uma 'cultura forçada' que, de crise em crise, *forçadamente* tem sobrevivido". Em *Os Açores na história de Portugal (séculos XIX-XX)*. Lisboa: Horizonte, 2008.

DIAS, João José Alves. *Gentes e espaços: em torno da população portuguesa na primeira metade do século XVI*. Vol. 1. Lisboa: Fundação Calouste Gulbenkian/Junta Nacional de Investigação Científica e Tecnológica, 1996.

________. "Introdução". Em *Ordenações Manuelinas. Edição fac simile da edição de Valentim Fernandes (Lisboa, 1512-1513)*. Livro 1. Lisboa: Universidade Nova de Lisboa/Centro de Estudos Históricos, 2002.

________. "Nova forma de transmissão do 'verbo' – a imprensa". Em SERRÃO, Joel & OLIVEIRA MARQUES, A. H. (orgs.). *Nova história de Portugal. Portugal do Renascimento à crise dinástica*. Vol. 5. Coordenação de João José Alves Dias. Lisboa: Presença, 1998.

________. "Un banquet royal au Portugal au XVIᵉ siècle". Em *La sociabilité à table: commensalité et convivialité à travers les âges*. Rouen: Publications de l'Université, 1993.

________; BRAGA, Isabel M. R. Mendes Drumond; BRAGA, Paulo Drumond. "A conjuntura". Em SERRÃO, Joel & OLIVEIRA MARQUES, A. H. (orgs.). *Nova história de Portugal. Portugal do Renascimento à crise dinástica*. Vol. 5. Coordenação de João José Alves Dias. Lisboa: Presença, 1998.

DIAS, Manuel Nunes. *As frotas do cacau da Amazônia (1756-1777): subsídios para o estudo do fomento ultramarino português no século XVIII.* Lisboa: s/ed., 1961.

________. *As frotas do cacau da Amazônia (1756-1777): subsídios para o estudo do fomento ultramarino português no século XVIII.* Separata da *Revista da Faculdade de Ciências*, vol. 39, Coimbra, 1967.

________. "Cacau". Em SERRÃO, Joel (org.). *Dicionário de história de Portugal.* Vol. 1. 2ª ed. Porto: Figueirinhas, 1983.

________. "O cacau na Amazônia brasileira no século XVIII". Em *Coletânea de estudos em honra do prof. doutor Damião Peres.* Lisboa: Academia Portuguesa da História, 1974.

________. "O cacau luso-brasileiro na economia mundial: subsídios para a sua história". Em *Studia,* vol. 8, Lisboa, 1961.

DIAS, Maria Odília Leite da Silva. *Quotidiano e poder em São Paulo no século XIX.* 2ª ed. São Paulo: Brasiliense, 2001.

DIAS, Marina Tavares. *Cafés de Lisboa.* Lisboa: Quimera, 1999.

________. *Lisboa desaparecida.* 6ª ed. Lisboa: Quimera, 1991.

DIAS, Pedro. "Símbolos e imagens do cristianismo na porcelana chinesa". Em *Reflexos: catálogo.* Lisboa: Misericórdia de Lisboa/Comissão Nacional para as Comemorações dos Descobrimentos Portugueses, 1996.

DÍAZ, Fermín del Pino & VIERNA, Ángel Guirao de. "Las expediones ilustradas y el Estado español". Em *Revista de Indias*, 47(180), Madri, 1987.

DOMINGUES, Ângela. *Viagens de exploração geográfica na Amazônia em finais do século XVIII: política, ciência e aventura.* Funchal: Secretaria Regional do Turismo, Cultura e Emigração/Centro de Estudos de História do Atlântico, 1991.

DOMINGUES, Francisco Contente & GUERREIRO, Inácio. "A vida a bordo na Carreira da Índia (século XVI)". Em *Revista da Universidade de Coimbra*, vol. 34, Coimbra, 1988.

DUARTE, Marco Daniel. "Elementos simbólicos da cultura da alimentação na arte medieval e moderna: exemplário breve". Em SILVA, Carlos Guardado da (org.). *Turres Veteras IX: história da alimentação.* Torres Vedras/Lisboa: Câmara Municipal/Colibri, 2007.

________. "Entre a mesa do rei e o altar de Deus: o aparato cênico da mesa real através da pintura dos séculos XV a XVIII". Em GIL, Helena & GOMES, Florinda (orgs.). *Actas do Congresso Saberes e Sabores.* Vila Real: Direção Regional da Cultura do Norte, 2006.

________. "O rei preside à ceia. Estudo iconológico da mesa real na Idade Média". Em *Economia, sociedade e poderes: estudos em homenagem a Salvador Dias Arnaut.* Vila Nova de Gaia: Ausência, 2004.

EHLERT, Trude. "Les manuscrits culinaires médiévaux témoignent-ils d'un modèle alimentaire allemand ?". Em BRUEGEL, Martin & LAURIOUX, Bruno (orgs.). *Histoire et identités alimentaires en Europe*. Paris: Hachette, 2002.

ELIAS, Norbert. *O processo civilizacional: investigações sociogenéticas e psicogenéticas*. Vol. 1. Trad. Lídia Campos Rodrigues. Lisboa: D. Quixote, 1989.

EL-KAREH, Almir Chaiban & HERNÁN BRUIT, Héctor. "Cozinhar e comer, em casa e na rua: culinária e gastronomia na Corte do Império do Brasil". Em *Estudos Históricos*, nº 33, Rio de Janeiro, 2004. Disponível em http://www.cpdoc.fgv.br/revista/asp/dsp.

ELLIS, Markman. *The Coffee House: a Cultural History*. Londres: Weidenfeld & Nicolson, 2004.

ESTUDOS HISTÓRICOS, nº 33, Rio de Janeiro, 2004. Disponível em http://www.cpdoc.fgv.br/revista/asp/dsp.

FARIA, Ana Maria Leal de. *Duarte Ribeiro de Macedo: um diplomata moderno (1618-1680)*. Lisboa: Ministério dos Negócios Estrangeiros, 2005.

FARIA, Miguel Figueira de. *A imagem útil. José Joaquim Freire (1760-1847), desenhador topográfico e de história natural: arte, ciência e razão de estado no final do Antigo Regime*. Lisboa: Universidade Autônoma de Lisboa, 2001.

FARIA, Sheila de Castro. "A alimentação no Brasil escravista". Em *Terra e alimento: panorama dos 500 anos de agricultura no Brasil*. Brasília: Ministério da Agricultura, Pecuária e Abastecimento/Empresa Brasileira de Pesquisa Agropecuária, 2000.

________. "Abastecimento". Em VAINFAS, Ronaldo & NEVES, Lúcia Bastos Pereira das (orgs.). *Dicionário do Brasil joanino (1808-1821)*. Rio de Janeiro: Objetiva, 2008.

________. "Culinária". Em VAINFAS, Ronaldo & NEVES, Lúcia Bastos Pereira das. *Dicionário do Brasil colonial (1500-1808)* Rio de Janeiro: Objetiva, 2001.

FARINHA, António Dias. "Norte de África". Em BETHENCOURT, Francisco & CHAUDHURI, Kirti (orgs.). *História da expansão portuguesa. A formação do Império (1415-1570)*. Vol. 1. Lisboa: Temas & Debates, 1998.

FELDMAN-BIANCO, Bela. "Entre a 'fortaleza' da Europa e os laços efetivos da 'irmandade' luso-brasileira: um drama familiar em um só ato". Em BASTOS, Cristina; ALMEIDA Miguel Vale de; FELDMAN-BIANCO, Bela (orgs.). *Trânsitos coloniais: diálogos críticos luso-brasileiros*. Lisboa: Instituto de Ciências Sociais, 2002.

FERNANDES, João Azevedo. *Selvagens bebedeiras: álcool, embriaguez e contatos culturais no Brasil colonial*. Tese de doutorado. Niterói: Universidade Federal Fluminense, 2004.

FERRÃO, José Eduardo Mendes. *A aventura das plantas e os descobrimentos portugueses*. 3ª ed. Lisboa: Chaves Ferreira/Instituto de Investigação Científica e Tropical/Fundação Berardo, 2005.

________. "Difusão das plantas no mundo através dos descobrimentos". Em *Mare Liberum*, vol. 1, Lisboa, 1990.

________. "Transplantação de plantas de continentes para continentes no século XVI". Em *História e desenvolvimento da ciência em Portugal*. Vol. 2. Lisboa: Academia das Ciências de Lisboa, 1986.

________ & FORTUNA, Mário. "Ananás". Em *Enciclopédia açoriana*. Disponível em http://pg.azores.gov.pt/drac/cca/enciclopedia.

FERREIRA, Eduardo de Sousa & RATO, Helena (orgs.). *Economia e imigrantes: contribuição dos imigrantes para a economia portuguesa*. Oeiras: Celta, 2000.

FERREIRA, Eduardo de Sousa; RATO, Helena; MORTÁGUA, Maria João. *Viagens de Ulisses: efeitos da imigração na economia portuguesa*. Lisboa: Alto Comissariado para a Integração das Minorias Étnicas, 2004.

FERREIRA, João Alberto do Couto. *A dessacralização do pão. Políticas de abastecimento no Antigo Regime: do Concelho ao Estado iluminista*. Porto: Campo das Letras, 1995.

FERREIRA, José Albino Pinto. "A economia do vinho e o crescimento do Porto, nos séculos XVII a XIX". Em *O vinho na história portuguesa (séculos XIII-XIX): ciclo de conferências*. Porto: Fundação Engenheiro António de Almeida, 1983.

FERRIÈRES, Madeleine. *Histoire des peurs alimentaires: du Moyen Âge à l'aube du XXe siècle*. Paris: Seuil, 2002.

________. *Nourritures canailles*. Collection L'Univers Historique. Paris: Seuil, 2007.

FERRO, João Pedro. *Arqueologia dos hábitos alimentares*. Lisboa: Dom Quixote, 1996.

FIGUEIREDO, Luciano Raposo de. *O avesso da memória: cotidiano e trabalho da mulher em Minas Gerais no século XVIII*. 2ª ed. Rio de Janeiro: José Olympio, 1999.

________. "Quitandas e quitutes: um estudo sobre rebeldia e transgressão femininas numa sociedade colonial". Em *Cadernos de Pesquisas*, nº 54, São Paulo, 1985.

________ & MAGALDI, Ana Maria Bandeira de Mello. "Negras de tabuleiro e vendeiras: a presença feminina na desordem mineira do século XVIII". Em *Ciências Sociais hoje: 1984*. São Paulo: Cortez/Anpocs, 1984.

FLANDRIN, Jean-Louis. "Le goût et la nécessité: sur l'usage des graisses dans les cuisines d'Europe Occidentale (XIVe-XVIIIe siècle)". Em *Annales. Economies, Sociétés, Civilisations*, 38 (2), Paris, 1983.

FONSECA, Luís Adão da. *D. João II*. Lisboa: Círculo de Leitores/Universidade Católica Portuguesa/Centro de Estudos dos Povos e Culturas de Expressão Portuguesa, 2005.

________. *Vasco da Gama: O homem, a viagem, a época*. Lisboa: Expo 98, 1997.

FONSECA, Maria Lucinda *et al. Immigrants in Lisbon: Routes of imigration.* Lisboa: Centro de Estudos Geográficos, 2002.

FRADA, João José Cúcio. "Mantimentos, dietas e doenças dos marinheiros no período da expansão e dos descobrimentos". Em *Pavilhão do Conhecimento dos Mares. Exposição Mundial de Lisboa de 1998: catálogo oficial.* Lisboa: Expo 98, 1998.

FRAMOND, Martin de. "À table d'un marchand bourgeois du Puy". Em VIALLON-SCHONEVELD, Marie (org.). *Le boire et le manger au XVIe siècle: actes du XIe Colloque du Puy-en-Velay.* Saint-Etienne: Publications de l'Université de Saint-Etienne, 2004.

FRANCA, Carlos. *Os portugueses no século XVI e a história natural do Brasil.* Lisboa: Empresa Literária Fluminense, s/d.

FREEDMAN, Paul (org.) *Food: the History of Taste.* Londres: Thomas & Hudson, 2007.

FREYRE, Gilberto. *Açúcar: em torno da etnografia, da história e da sociologia do doce no Nordeste canavieiro do Brasil.* 2ª ed. Rio de Janeiro: Ministério da Indústria e do Comércio/Instituto do Açúcar e do Álcool, 1969.

_________. *Casa-grande & senzala: formação da família brasileira sob o regime de economia patriarcal.* Lisboa: Livros do Brasil, 1957.

_________. *Ingleses no Brasil: aspectos da influência britânica sobre a vida, a paisagem e a cultura do Brasil.* 3ª ed. Rio de Janeiro: Topbooks, 2000.

FRIEIRO, Eduardo. *Feijão, angu e couve: ensaio sobre a comida dos mineiros.* Belo Horizonte: Centro de Estudos Mineiros/Universidade Federal de Minas Gerais, 1966.

GARCEZ, Angelina Nobre Rolim & FREITAS, Antônio Fernandes Guerreiro de. *Bahia cacaueira: um estudo de história recente.* Salvador: Centro Editorial e Didático da Universidade Federal da Bahia, 1979.

GARCÍA, L. Jacinto. *Carlos V a la mesa: Cocina y alimentación en la España renacentista.* Toledo: Bremen, 2000.

GARNEL, Rita. "O orientalismo no quotidiano". Em *O orientalismo em Portugal (séculos XVI-XX).* Lisboa/Porto: Comissão Nacional para as Comemorações dos Descobrimentos Portugueses/Inapa/Câmara Municipal, 1999.

GARRIDO ARANDA, Antonio. "La revolución alimentaria del siglo XVI en América y Europa". Em *Los sabores de España y América: cultura y alimentación.* Huesca: La Val de Onsera, 1999.

GASPARD-DAVID, Élise. *L'homme et le chocolat.* Lyon: Le Léopard d'Or/Muséum de Lyon, 1991.

GAUDEMET, Jean. "L'étranger: de l'image au statut". Em LEQUIN, Yves. *Histoire des étrangers et de l' immigration en France.* Paris: Larousse, 1992.

GERBOD, Paul. *La restauration hors foyer en Europe (du Moyen Âge à nos jours).* Paris: Honoré Champion, 2000.

GIL, Helena & GOMES, Florinda (orgs.). *Actas do Congresso Saberes e Sabores*. Vila Real: Direção Regional da Cultura do Norte, 2006.

GISPERT CRUELLS, Montserrat. "Las plantas americanas que revolucionaron los guisos, aderezos y repostería de la comida occidental". Em *Los sabores de España y América: cultura y alimentación*. Huesca: La Val de Onsera, 1999.

GODINHO, Vitorino Magalhães. *Os descobrimentos e a economia mundial*. Vol. 4. 2ª ed. Lisboa: Presença, 1983.

GOMES, Laura Graziela. "Culinária de papel". Em *Estudos Históricos*, nº 33, Rio de Janeiro, 2004. Disponível em http://www.cpdoc.fgv.br/revista/asp/dsp.

GONÇALVES, Eduardo Cândido Cordeiro. *Ressonâncias em Portugal da implantação da República no Brasil (1889-1895)*. Porto: Reitoria da Universidade do Porto, 1995.

GONÇALVES, Iria. "Acerca da alimentação medieval". Em *Imagens do mundo medieval*. Lisboa: Horizonte, 1988.

__________. "A colheita régia medieval, padrão alimentar de qualidade: um contributo beirão". Em *Revista da Faculdade de Ciências Sociais e Humanas*, vol. 6, Lisboa, 1992-1993.

__________. "Alimentação medieval: conceitos, recursos, práticas". Em *Actas dos VI Cursos Internacionais de Verão de Cascais*. Vol. 2. Cascais: Câmara Municipal de Cascais, 2000.

__________. "À mesa, com o rei de Portugal (séculos XII-XIII)". Em *Revista da Faculdade de Letras*, 2ª série, vol. 14, Porto, 1997.

__________. "Defesa do consumidor na cidade medieval: os produtos alimentares (Lisboa - séculos XIV-XV)". Em *Um olhar sobre a cidade medieval*. Cascais: Patrimonia, 1996.

__________. "Privilégios de estalajadeiros portugueses (séculos XIV e XV)". Em *Imagens do mundo medieval*. Lisboa: Horizonte, 1988.

__________. "Sobre o pão medieval: o testemunho das inquirições de 1258". Em *Arqueologia Medieval*, nº 6, Porto, 1999.

GONÇALVES, Williams da Silva. *O realismo da fraternidade: Brasil-Portugal. Do Tratado de Amizade ao Caso Delgado*. Lisboa: Universidade de Lisboa/Instituto de Ciências Sociais, 2003.

GRACIAS, Maria de Fátima da Silva. "Entre partir e chegar: saúde, higiene e alimentação a bordo da Carreira da Índia no século XVIII". Em MATOS, Artur Teodoro de & THOMAZ, Luís Filipe F. Reis (orgs.). *A Carreira da Índia* e as rotas *dos estreitos: actas do VIII Seminário Internacional de História Indo-Portuguesa*. Angra do Heroísmo: Fundação Oriente, 1998.

GSCHWEND, Annemarie Jordan. "A Cristal Elephant from the Kunstkammer of Catherine of Austria". Em *Jahrbuch der Kunsthistorischen Sammlungen in Wien*, vol. 87, Viena, 1991.

________. "As maravilhas do Oriente: coleções de curiosidades renascentistas em Portugal". Em *A herança de Rauluchantim*. Lisboa: Comissão Nacional para as Comemorações dos Descobrimentos Portugueses/Misericórdia de Lisboa, 1996.

________. "Catarina de Áustria: coleção e *Kunstkammer* de uma princesa renascentista". Em *Oceanos*, vol. 16, Lisboa, 1993.

________. "Os produtos exóticos da Carreira da Índia e o papel da Corte portuguesa na sua difusão". Em *Nossa Senhora dos Mártires: a última viagem*. Lisboa: Expo 98/Verbo, 1998.

________. "Queen of the Seas and Overseas: Dining at the Table of Catherine of Austria, Queen of Portugal". Em D' OREY, Leonor (org.). *Mesas reais europeias: encomendas e ofertas / Royal and Princely Tables of Europe: Comissions and Gifts / Tables Royales en Europe: commandes et cadeaux*. Lisboa: Instituto Português de Museus, 1999.

________. *The Development of Catherine of Austria's Collection in the Queen's Household: Its Character and Cost*. 2 vols. Dissertação de mestrado. Providence: Brown University, 1994.

GUERREIRO, Inácio. "A vida a bordo na Carreira da Índia: a torna-viagem". Em MATOS, Artur Teodoro de & THOMAZ, Luís Filipe F. Reis (orgs.). *A Carreira da Índia e as rotas dos estreitos: actas do VIII Seminário Internacional de História Indo-Portuguesa*. Angra do Heroísmo: Fundação Oriente, 1998.

GUIA, Maria João. *Imigração e criminalidade: caleidoscópio de imigrantes reclusos*. Coimbra: Almedina, 2008.

HARWICH, Nikita. *Histoire du chocolat*. Paris: Desjonquères, 1992.

HENRIQUES, Isabel Castro. *São Tomé e Príncipe: a invenção de uma sociedade*. Lisboa: Vega, 2000.

HEYNEMANN, Cláudia Beatriz. "O teatro da natureza". Em *Nossa História*, 1 (12), Rio de Janeiro, 2004.

HISTÓRIA: QUESTÕES E DEBATES, nº 42, Curitiba, 2005.

HOLANDA, Sérgio Buarque de. *Caminhos e fronteiras*. 3ª ed. São Paulo: Companhia das Letras, 2005.

________ & CAMPOS, Pedro Moacyr de (orgs.). *História geral da civilização brasileira: o Brasil monárquico*. Tomo 1, vol. 2. 9ª ed. Rio de Janeiro: Bertrand Brasil, 2003.

HYMAN, Philip & HYMAN, Mary. "Imprimer la cuisine: les livres de cuisine en France entre le XVe et le XVIe siècles". Em FLANDRIN, Jean-Paul & MONTANARI, Massimo (orgs.). *Histoire de l'alimentation*. Paris: Fayard, 1996.

________. "Livres et cuisine au XIXe siècle". Em *À table au XIXe siècle*. Paris: Musée d' Orsay/Flammarion, 2001.

IGNACE, Jean-Claude & LABORIE, Yan. "Approche du régime alimentaire des moines dans les couvents franciscains, dominicains et carmes de Bergerac à la fin du XVIIIe siècle". Em GUILLAUME, Pierre (org.). *Du bien manger et du bien vivre à travers les âges et les terroirs*. Pessac: Maison des Sciences de l'Homme d' Aquitaine, 2002.

JOÃO, Maria Isabel. *Memória e Império: comemorações em Portugal (1880-1960)*. Lisboa: Fundação Calouste Gulbenkian/Fundação para a Ciência e a Tecnologia, 2002.

JOHNSON, Harold. "Desenvolvimento e expansão da economia brasileira". Em SERRÃO, Joel & OLIVEIRA MARQUES, A. H. (orgs.). *Nova história da expansão portuguesa. O Império Luso-Brasileiro (1500-1620)*. Vol. 6. Coordenação de Harold Johnson e Maria Beatriz Nizza da Silva. Lisboa: Estampa, 1992.

KERGREIS-VALLS, Françoise. "Le chocolat, plaisir de cours, bonheurs d'enfants". Em *História*, nº 542, Paris, 1992.

KHODOROWSKY, Katherine & ROBERT, Hervié. *100% chocolat: la sage du chocolat enrobée de 40 recettes gourmandes*. Paris: Solar, 2001.

KIPLE, Kennneth F. *A Movable Feast: Ten Millennia of Food Globalization*. Cambridge: Cambridge University Press, 2007.

KOK, Glória. *O sertão itinerante: expedições da capitania de São Paulo no século XVIII*. São Paulo: Hucitec, 2004.

LAFUENTE, Antonio. "Las expediciones científicas del Setecientos y la nueva relación del científico con el Estado". Em *Revista de Indias*, 47 (180), Madri, 1987.

LAGES, Mário F. *et al. Os imigrantes e a população portuguesa. Imagens recíprocas: análise de duas sondagens*. Lisboa: Alto Comissariado para a Integração das Minorias Étnicas, 2006.

LARA, Sílvia Harold. *Fragmentos setecentistas: escravidão, cultura e poder na América portuguesa*. São Paulo: Companhia das Letras, 2007.

LAURIOUX, Bruno. *Le règne de Taillevent: livres et pratiques culinaires à la fin du Moyen Âge*. Paris: Publications de la Sorbonne, 1997.

LEHMANN, Gilly. *The British Housewife: Cookery Books, Cooking and Society in Eighteenth-Century Britain*. Blackawaton: Prospect Books, 2003.

LEITÃO, Nuno Carlos Prazeres Marques. *As relações comerciais entre Portugal e o Brasil nos anos noventa através de alguns indicadores*. Dissertação de mestrado em Economia Internacional. Lisboa: Instituto Superior de Economia e Gestão da Universidade Técnica de Lisboa, 2002.

LEMOS, Carlos A. C. *Cozinhas, etc.: um estudo sobre as zonas de serviço da casa paulista*. São Paulo: Perspectiva, 1978.

LEMPS, Alain Huertz de. "Boissons coloniales et essor du sucre". Em FLANDRIN, Jean-Louis & MONTANARI, Massimo (orgs.). *Histoire de l'alimentation*. Paris: Fayard, 1996.

LÉONARD, Yves. "As ligações a África e ao Brasil". Em BETHENCOURT, Francisco & CHAUDHURI, Kirti (orgs.). *História da expansão portuguesa. Do Brasil para África (1808-1930)*. Vol. 4. Lisboa: Temas & Debates, 2000.

LESNES, Corine. "Le régime 'locavore', délices et délires". Em *Le Monde*, nº 19.694, Paris, 22-5-2008.

LIGHT, Kenneth. "A viagem da família real para o Brasil (1807-1808)". Em *Anais do Seminário Internacional D. João VI: um rei aclamado na América*. Rio de Janeiro: Museu Histórico Nacional, 2000.

LIMA, Oliveira. *Dom João VI no Brasil*. 3ª ed. Rio de Janeiro: Topbooks, 1996.

LIMA, Tania Andrade. "Chá e simpatia: uma estratégia de gênero no Rio de Janeiro oitocentista". Em *Anais do Museu Paulista*, nova série, vol. 5, São Paulo, 1997.

________. "Pratos e mais pratos: louças domésticas, divisões culturais e limites sociais no Rio de Janeiro (século XIX)". Em *Anais do Museu Paulista*, nova série, nº 3, São Paulo, 1995.

LIMA, Valéria. *J.-B. Debret: historiador e pintor*. Campinas: Editora da Unicamp, 2007.

LIMA, Vivaldo da Costa. "As dietas africanas". Em FERNANDES, Caloca. *Viagem gastronômica através do Brasil*. 8ª ed. São Paulo: Editora Senac São Paulo/Estúdio Sônia Robatto, 2007.

________. "As dietas africanas no sistema alimentar brasileiro". Em CAROSO, Carlos & BACELAR, Jeferson (orgs.). *Faces da tradição afro-brasileira: religiosidade, sincretismo, antissincretismo, reafricanização, práticas terapêuticas, etnobotânica e comida*. Rio de Janeiro/Salvador: Pallas/CEAO, 1999.

LINHARES, Maria Yelda Leite & SILVA, Francisco Carlos Teixeira da. "Os alimentos que fizeram o Brasil". Em *Terra e alimento: panorama dos 500 anos de agricultura no Brasil*. Brasília: Ministério da Agricultura, Pecuária e Abastecimento/Empresa Brasileira de Pesquisa Agropecuária, 2000.

LLANOS Y TORRIGLIA, Félix de. "Una comida histórica en el refectorio de Guadalupe". Em *El Monasterio de Guadalupe*, tomo 4, Guadalupe, 1923-1924.

LLOPIS, Manuel Martínez. *La dulcería española: recetarios histórico y popular*. Madri: Alianza, 1999.

LOPES, Marília dos Santos. *Ao cheiro desta canela: notas para a história de uma especiaria rara*. Lisboa: Montepio Geral/Público, 2002.

________. *Da descoberta ao saber: os conhecimentos sobre África na Europa dos séculos XVI e XVII*. Viseu: Passagem, 2001.

LOPEZ, Emilio Carlos Rodriguez. *Festas públicas, memória e representação: um estudo sobre manifestações políticas na Corte do Rio de Janeiro (1808-1822)*. São Paulo: FFLCH-USP/Humanitas, 2004.

LÓPEZ PIÑERO, José María & LÓPEZ TERRADA, María Luz. *La influencia española en la introducción en Europa de las plantas americanas (1493-1623)*. Valência: Instituto de Estudios Documentales e Históricos sobre la Ciencia/Universitat de València/Consejo Superior de Investigaciones Científicas, 1997.

LOUREIRO, Antônio José Souto. "A alimentação indígena". Em FERNANDES, Caloca. *Viagem gastronômica através do Brasil*. 8ª ed. São Paulo: Editora Senac São Paulo/Estúdio Sônia Robatto, 2007.

LOUREIRO, Francisco de Sales. *Uma jornada ao Alentejo e ao Algarve: a alteração das linhas de força da política nacional. Texto do cronista João Cascão*. Lisboa: Horizonte, 1984.

LOUSADA, Maria Alexandre. "A rua, a taberna e o salão: elementos para uma geografia histórica das sociabilidades lisboetas nos finais do Antigo Regime". Em VENTURA, Maria da Graça Mateus (org.). *Os espaços de sociabilidade na Ibero-América (séculos XVI-XIX)*. Lisboa/Portimão: Colibri/Instituto de Cultura Ibero-Atlântica, 2004.

________. *Espaços de sociabilidade em Lisboa: finais do século XVIII a 1834*. Vol. 1. Tese de doutorado em Geografia Humana. Lisboa: Faculdade de Letras da Universidade de Lisboa, 1995.

LOUSADA, Maria Alexandre & FERREIRA, Maria de Fátima Sá e Melo. *D. Miguel*. Lisboa: Círculo de Leitores/Universidade Católica Portuguesa/Centro de Estudos dos Povos e Culturas de Expressão Portuguesa, 2006.

LUJÁN, Néstor. *Historia de la gastronomia*. Barcelona: Folio, 1997.

MACEDO, Jorge Borges de. "Introdução". Em *Vista Alegre: porcelanas*. Lisboa: Inapa, 1989.

MACEDO, Luís Pastor de. *Lisboa de lés a lés: subsídios para a história das vias públicas da cidade*. Vol. 2. 2ª ed. Lisboa: Câmara Municipal de Lisboa, 1960.

MACHADO, Igor José de Renó. "Afetividade e poder entre os imigrantes brasileiros do Porto". Em *Cadernos Pagu*, nº 23, Campinas, 2004.

________. *Cárcere público: processos de exotização entre imigrantes brasileiros no Porto (Portugal)*. Dissertação de doutorado em Ciências Sociais. Campinas: Instituto de Filosofia e Ciências Humanas da Universidade Estadual de Campinas, 2003.

________. "Imigração em Portugal". Em *Estudos Avançados*, 20 (57), São Paulo, 2006. Disponível em http://www.scielo.br. Consultado em 11-3-2009.

________. "Implicações da imigração estimulada por redes ilegais de aliciamento: o caso dos brasileiros em Portugal". Disponível em http://www.upscar.br. Consultado em 11-3-2009.

MACHADO, José Montalvão. "Alimentos antigos e alimentos novos". Em *Anais da Academia Portuguesa da História*, 2ª série, vol. 29, Lisboa, 1984.

MACIEL, Maria Eunice. "Chimarrão: identidade, ritual e sociabilidade". Em MACIEL, Maria Eunice & GOMBERG, Estélio (orgs.). *Temas em cultura e alimentação*. São Cristóvão/Aracaju: Editora UFS/Fundação Oviedo Teixeira, 2007.

________. "Uma cozinha à brasileira". Em *Estudos Históricos*, nº 33, Rio de Janeiro, 2004. Disponível em http://www.cpdoc.fgv.br/revista/asp/dsp.

MAGALHÃES, Beatriz Ricardina de. "A demanda do trivial: vestuário, alimentação e habitação". Em *Revista Brasileira de Estudos Políticos*, nº 65, Belo Horizonte, 1987.

MAGALHÃES, José Calvet de. *Relance histórico das relações diplomáticas luso-brasileiras*. Lisboa: Quetzal, 1997.

MAGALHÃES, Sônia Maria de. *A mesa de Mariana: produção e consumo de alimentos em Minas Gerais (1750-1850)*. São Paulo: Annablume, 2004.

MAIA, Fernanda Paula Sousa. "À mesa com os monges de Bustelo: algumas regras de conduta". Em *Humanística e Teologia*, 14 (3), Porto, 1993.

________. *O discurso parlamentar português e as relações Portugal-Brasil: a Câmara dos Deputados (1826-1852)*. Lisboa: Fundação Calouste Gulbenkian/ Fundação para a Ciência e a Tecnologia, 2002.

________. "O regime alimentar no Mosteiro de Bustelo entre os séculos XVII e XIX". *Em Poligrafia*, nº 2, Arouca, 1992.

MALERBA, Jurandir. *A corte no exílio: civilização e poder no Brasil às vésperas da independência (1808-1821)*. São Paulo: Companhia das Letras, 2000.

MALTEZ, Maria Teresa Nasbitt Rebelo da Silva. *Os recursos alimentares no Algarve oriental (século XIV)*. Dissertação de mestrado em História Medieval. Lisboa: Faculdade de Ciências Sociais e Humanas da Universidade Nova de Lisboa, 1993.

MAO, Caroline Le. "À la table du Parlement de Bordeaux: alimentation et auto-alimentation chez les parlementaires bordelais au début du XVIIIe siècle". Em GUILLAUME, Pierre (org.). *Du bien manger et du bien vivre à travers les âges et les terroirs*. Pessac: Maison des Sciences de l'Homme d'Aquitaine, 2002.

MARCADÉ, Jacques. "O quadro internacional e imperial". Em SERRÃO, Joel & OLIVEIRA MARQUES, A. H. (orgs.). *Nova história da expansão portuguesa. O Império Luso-Brasileiro (1620-1750)*. Vol. 7. Coordenação de Frédéric Mauro. Lisboa: Estampa, 1991.

MARGARIDO, Alfredo. "Les relations culturelles du côté du corps: la nourriture et le vêtement». Em *Les rapports culturels et littéraires entre le Portugal el la France*. Paris: Fundação Calouste Gulbenkian, 1983.

________. *As surpresas da flora no tempo dos descobrimentos*. S/l.: Elo, 1994.

MARGOLIN, Jean-Claude, "La civilité nouvelle: de la notion de civilité à sa pratique et aux traités de civilité". Em MONTANDON, A. (org.). *Pour une histoire des traités de savoir-vivre en Europe.* Clermont-Ferrand: Associations des Publications de la Faculté des Lettres et Sciences Humaines de Clermont-Ferrand, 1995.

MARQUES, A. H. de Oliveira, "A alimentação". Em SERRÃO, Joel & OLIVEIRA MARQUES, A. H. (orgs.). *Nova história de Portugal. Portugal da monarquia para a república.* Vol. 11. Coordenação de A. H. de Oliveira Marques. Lisboa: Presença, 1991.

________. "A conjuntura". Em SERRÃO, Joel & OLIVEIRA MARQUES, A. H. (orgs.). *Nova história de Portugal. Portugal e a instauração do liberalismo.* Vol. 9. Coordenação de A. H. de Oliveira Marques. Lisboa: Presença, 2002.

________. "A expansão no Atlântico". Em SERRÃO, Joel & OLIVEIRA MARQUES, A. H. (orgs.). *Nova história da expansão portuguesa. A expansão quatrocentista.* Vol. 2. Coordenação de A. H. de Oliveira Marques. Lisboa: Estampa, 1998.

________. "Alimentação". Em SERRÃO, Joel & OLIVEIRA MARQUES, A. H. (orgs.). *Nova história de Portugal. Portugal das invasões germânicas à "Reconquista".* Vol. 2. Coordenação de A. H. de Oliveira Marques. Lisboa: Presença, 1993.

________. "Alimentação". Em SERRÃO, Joel & OLIVEIRA MARQUES, A. H. (orgs.). *Nova história de Portugal. Portugal na crise dos séculos XIV e XV.* Vol. 4. Coordenação de A. H. de Oliveira Marques. Lisboa: Presença, 1986.

________. "As grandes tendências da cultura". Em SERRÃO, Joel & OLIVEIRA MARQUES, A. H. (orgs.). *Nova história de Portugal. Portugal do Renascimento à crise dinástica.* Vol. 5. Coordenação de João José Alves Dias. Lisboa: Presença, 1998.

________. "As relações diplomáticas". Em SERRÃO, Joel & OLIVEIRA MARQUES, A. H. (orgs.). *Nova história de Portugal. Portugal da monarquia para a república.* Vol. 11. Coordenação de A. H. de Oliveira Marques. Lisboa: Presença, 1991.

________. *A sociedade medieval portuguesa: aspectos de vida quotidiana.* 4ª ed. Lisboa: Sá da Costa, 1981. [1ª ed., 1964.]

________. "As viagens e o seu quotidiano". Em SERRÃO, Joel & OLIVEIRA MARQUES, A. H. (orgs.). *Nova história da expansão portuguesa. A expansão quatrocentista.* Vol. 2. Coordenação de A. H. de Oliveira Marques. Lisboa: Estampa, 1998.

________. *História de Portugal: do Renascimento às revoluções liberais.* Vol. 2. 13ª ed. Lisboa: Presença, 1998.

________. *Portugal na crise dos séculos XIV e XV.* Em SERRÃO, Joel & OLIVEIRA MARQUES, A. H. (orgs.). *Nova história de Portugal.* Vol. 4. Lisboa: Presença, 1987.

________. "Uma descrição de Portugal em 1578-80". Em *Portugal quinhentista: ensaios.* Lisboa: Quetzal, 1987.

MARQUES, Rosália Augusta da Cunha. *A viagem do presidente António José de Almeida no âmbito das relações com o Brasil no final da I República*. Dissertação de mestrado em História Moderna. Porto: Faculdade de Letras da Universidade do Porto, 1998.

MARTÍ GARCÍA, María José. "Productos americanos en la mesa conventual". Em *XIV Jornades d'Estudis Històrics Locals: la mediterrània, àrea de convergència de sistemes alimentaris (segles V-XVIII)*. Palma de Maiorca: Institut d'Estudis Baleàrics, 1996.

MARTIN-FUGIER, Anne. "Os ritos da vida privada burguesa". Em PERROT, Michelle (org.). *História da vida privada*. Vol. 4: *Da revolução à Grande Guerra*. Direção Philippe Ariès e Georges Duby. Trad. Armando Luís de Carvalho Homem Porto: Afrontamento, 1990.

MARTINS, Ana Canas Delgado. *Governação e arquivos: D. João VI no Brasil*. Lisboa: Arquivos Nacionais Torre do Tombo, 2007.

MARTINS, António Coimbra. "Cafés". Em SERRÃO, Joel (org.). *Dicionário de história de Portugal*. Vol. 1. Porto: Figueirinhas, 1981.

MARTINS, Fernando & FARIA, Pedro Leite de. "Um primeiro passo no bom caminho: o Tratado de Amizade e Consulta (16-2-1953)". Em CASTRO, Zilda Osório de; SILVA, Júlio Rodrigues da; SARMENTO, Cristina Montalvão (orgs.). *Tratados do Atlântico Sul: Portugal-Brasil (1825-2000)*. Coleção Biblioteca Diplomática do MNE. Lisboa: Ministério dos Negócios Estrangeiros/Instituto Diplomático, 2006.

MARTINS, Luciana de Lima. *O Rio de Janeiro dos viajantes: o olhar britânico (1800-1850)*. Rio de Janeiro: Zahar, 2001.

MARTINS FILHO, Enéas Martins. *O Conselho de Estado Português e a transmigração da família real em 1807*. Rio de Janeiro: Arquivo Nacional, 1968.

MATOS, Artur Teodoro de. "A bagagem e os alimentos nas viagens dos jesuítas do Japão (1576-1604)". Em CARNEIRO, Roberto & MATOS, Artur Teodoro de (orgs.). *O século cristão do Japão*. Lisboa: s/ed., 1994.

________. "'Quem vai ao mar em terra se avia'. Preparativos e recomendações aos passageiros da Carreira da Índia no século XVII". Em MATOS, Artur Teodoro de & THOMAZ, Luís Filipe F. Reis (orgs.). *A Carreira da Índia e as rotas dos estreitos: actas do VIII Seminário Internacional de História Indo-Portuguesa*. Angra do Heroísmo: Fundação Oriente, 1998.

MAXWELL, Kenneth. "Condicionalismos da Independência do Brasil". Em SERRÃO, Joel & OLIVEIRA MARQUES, A. H. (orgs.). *Nova história da expansão portuguesa. O Império Luso-Brasileiro (1750-1820)*. Vol. 8. Coordenação de Maria Beatriz Nizza da Silva. Lisboa: Estampa, 1986.

MELO, Evaldo Cabral de. *Olinda restaurada: guerra e açúcar no Nordeste (1630-1654)*. 2ª ed. revista e aumentada. Rio de Janeiro: Topbooks, 1998 e 3ª ed. São Paulo: Editora 34, 2007.

MENDES, José Sacchetta Ramos & MIRANDA, Tiago dos Reis. "O Tratado do 1º Centenário ou a retórica das 'duas pátrias' (26-9-1922)". Em CASTRO, Zilda Osório de; SILVA, Júlio Rodrigues da; SARMENTO, Cristina Montalvão (orgs.). *Tratados do Atlântico Sul: Portugal-Brasil (1825-2000)*. Coleção Biblioteca Diplomática do MNE. Lisboa: Ministério dos Negócios Estrangeiros/Instituto Diplomático, 2006.

MENESES, Avelino de Freitas de. *Os Açores na encruzilhada de Setecentos (1740-1770). Economia*. Vol. 2. Ponta Delgada: Universidade dos Açores, 1995.

MENESES, José Newton Coelho de. *O continente rústico: abastecimento alimentar nas Minas Gerais setecentistas*. Diamantina: Maria Fumaça, 2000.

MENNELL, Stephen. *All Manners of Food: Eating and Taste in England and France from the Middle Ages to the Present*. 2ª ed. Chicago: University of Illinois Press, 1996.

MIGUEL, Carlos Frederico Montenegro de Sousa. "Batata". Em SERRÃO, Joel (org.). *Dicionário de história de Portugal*. Vol. 1. Porto: Figueirinhas, 1981.

MIRET I NIN, Monserrat. *O vinho na arte*. Trad. Daniel Gouveia. Lisboa: Chaves Ferreira, 2005.

MONTANARI, Massimo. *La fame e l'abbondanza: Storia dell'alimentazione in Europa*. 5ª ed. Roma: Laterza, 2005.

MONTANHA, Milene Souto. *Imigração e difusão da gastronomia brasileira*. Dissertação de mestrado em Geografia Humana e Planeamento Regional e Local. Lisboa: Faculdade de Letras da Universidade de Lisboa, 2007.

MORLEY-FLETCHER, Hugo. *Investing in Pottery & Porcelain*. Londres: Barrie & Rocklitt, 1968.

MOTA, Ignacio H. de la. *El libro del chocolate*. Madri: Pirámide, 1992.

MOTA, Salvador Magalhães. "O regime alimentar dos monges bernardos no final do século XVIII". Em *Revista de Ciências Históricas*, vol. 5, Porto, 1990.

MOTT, Luiz. "In vino veritas: vinho e aguardente no cotidiano dos sodomitas luso-brasileiros à época da Inquisição". Em VENÂNCIO, Renato Pinto & CARDOSO, Henrique (orgs.). *Álcool e drogas na história do Brasil*. São Paulo/Belo Horizonte: Alameda/PUC-MG, 2005.

MOULIN, Leo. *Les liturgies de la table: une histoire culturelle du manger et du boire*. Paris: Albin Michel, 1989.

MOURA, Carlos Francisco. "Colonos chineses no Brasil no reinado de D. João VI". Em *Boletim do Instituto Luís de Camões*, 7 (2), Macau, 1973 e 7 (3), Macau, 1973.

________. "Os chineses do Rio de Janeiro requerem a D. João VI um cônsul e intérprete". Em *Boletim do Instituto Luís de Camões*, 8 (1), Macau, 1974.

MOUTINHO, Mário. *História da pesca do bacalhau: por uma antropologia do "fiel amigo"*. Lisboa: Estampa, 1985.

MUCHAGATO, Jorge. "A arquitetura". Em SERRÃO, Joel & OLIVEIRA MARQUES, A. H. (orgs.). *Nova história de Portugal. Portugal do Renascimento à crise dinástica*. Vol. 5. Coordenação de João José Alves Dias. Lisboa: Presença, 1998.

MUTGÉ I VIVES, Josefa. "L'abastament de peix i carn a Barcelona, en el primer terç del segle XIV". Em *Alimentació i societat a la Catalunya medieval*. Barcelona: Consejo Superior de Investigaciones Científicas, 1988.

NABUCO, Joaquim. *Premier mémoire: le droit du Brésil*. Paris: A. Lahure, 1903.

NEIVA, Saulo. "Les mets et les moeurs: la représentation satirique des repas courtisans au Portugal". Em VIALLON-SCHONEVELD, Marie (org.). *Le boire et le manger au XVIe siècle: actes du Colloque du Puy-en-Velay*. Saint-Étienne: Publications de l'Université de Saint-Etienne, 2004.

NEPOMOCENO, Rosa. *O jardim de D. João*. 2ª ed. Rio de Janeiro: Casa da Palavra, 2008.

NEVES, Lúcia Basto Pereira das. "Jardim Botânico". Em VAINFAS, Ronaldo & NEVES, Lúcia Bastos Pereira das (orgs.). *Dicionário do Brasil joanino (1808-1821)*. Rio de Janeiro: Objetiva, 2008.

________ & MACHADO, Humberto Fernandes. *O Império do Brasil*. 4ª ed. Rio de Janeiro: Nova Fronteira, 1999.

NINO, Antonio. "Relaciones y transferencias culturales internacionales". Em PELLISTRANDI, Benoît & SIRINELLI, Jean-François (orgs.). *L'histoire culturelle en France et en Espagne*. Madri: Casa de Velázquez, 2008.

NORTE, Cláudia *et al*. *O impacto da imigração nas sociedades da Europa. Um estudo para a rede europeia das migrações: o caso português*. Disponível em http://www.sef.pt/documento56. Consultado em 20-2-2009.

NORTON, Luís. *A Corte de Portugal no Brasil*. 2ª ed. São Paulo/Brasília: Companhia Editora Nacional/Instituto Nacional do Livro, 1979.

NUNES, António Pires. "A Primeira Invasão Francesa". Em BARATA, Manuel Themudo & TEIXEIRA, Nuno Severiano (orgs.). *Nova história militar de Portugal*. Vol. 3. Lisboa: Círculo de Leitores, 2004.

________. "A Segunda Invasão Francesa". Em BARATA, Manuel Themudo & TEIXEIRA, Nuno Severiano (orgs.). *Nova história militar de Portugal*. Vol. 3. Lisboa: Círculo de Leitores, 2004.

________. "A Terceira Invasão Francesa". Em BARATA, Manuel Themudo & TEIXEIRA, Nuno Severiano (orgs.). *Nova história militar de Portugal*. Vol. 3. Lisboa: Círculo de Leitores, 2004.

________. "Portugal e o novo conflito armado emergente". Em BARATA, Manuel Themudo & TEIXEIRA, Nuno Severiano (orgs.). *Nova história militar de Portugal*. Vol. 3. Lisboa: Círculo de Leitores, 2004.

O BRASILEIRINHO, nºˢ 89-92, Lisboa, novembro de 2008-fevereiro de 2009.

OLIVEIRA, Antônio de. *A vida econômica e social de Coimbra de 1537 a 1640*. 1ª parte, vol. 2. Coimbra: Universidade de Coimbra/Faculdade de Letras/Instituto de Estudos Históricos Doutor António de Vasconcelos, 1972.

______. "O quotidiano da academia". Em *História da Universidade em Portugal (1537-1771)*. Vol. 1, tomo 2, Coimbra/Lisboa: Universidade de Coimbra/Fundação Calouste Gulbenkian, 1997.

OLIVEIRA, João Carlos. "A alimentação". Em SERRÃO, Joel & OLIVEIRA MARQUES, A. H. (orgs.). *Nova história de Portugal. Portugal do Renascimento à crise dinástica*. Vol. 5. Coordenação de João José Alves Dias. Lisboa: Presença, 1998.

OLIVEIRA, Luís Valente de & RICUPERO, Rubens (orgs.). *A abertura dos portos*. São Paulo: Editora Senac São Paulo, 2008.

ORICO, Osvaldo. *Cozinha amazônica: uma autobiografia do paladar*. Belém: Universidade Federal do Pará, 1972.

PAIVA, Eduardo França. *Escravos e libertos nas Minas Gerais do século XVIII: estratégias de resistência através dos testamentos*. 2ª ed. São Paulo: Annablume, 2000.

PALLA, Maria José. "Comida em Portugal no limiar do Novo Mundo". Em *À volta da mesa: os alquimistas do prazer*. Lisboa: Instituto do Emprego e Formação Profissional, 2004.

______. "Cozinhar e contar uma história: o imaginário alimentar em Gil Vicente". Em EARLE, T. F. (org.). *Associação Internacional de Lusitanistas: actas do V Congresso* Oxford/Coimbra, 1998.

PAPAVERO, Claude Guy. "Dos feijões à feijoada: a transformação de um gênero comestível pouco apreciado em mantimento básico brasileiro". Comunicação apresentada na XXVI Reunião Brasileira de Antropologia, Porto Seguro, 2008 [inédito].

______. *Ingredientes de uma identidade colonial: os alimentos na poesia de Gregório de Matos*. Tese de doutorado em Antropologia Social. São Paulo: Faculdade de Filosofia, Letras e Ciências Humanas da Universidade de São Paulo, 2007.

PATIÑO, Victor Manuel. *Historia de la cultura material en la América equinoccial. Alimentación y alimentos*. Tomo 1. Bogotá: Instituto Caro y Cuervo, 1990.

PEDREIRA, Jorge & COSTA, Fernando Dores. *D. João VI, o Clemente*. Lisboa: Círculo de Leitores/Universidade Católica Portuguesa/Centro de Estudos dos Povos e Culturas de Expressão Portuguesa, 2006.

PEDROCCO, Giorgio. "L'industrie alimentaire et les nouvelles téchniques de conservation". Em FLANDRIN, Jean-Louis & MONTANARI, Massimo (orgs.). *Histoire de l'alimentation*. Paris: Fayard, 1996.

PEIXOTO, João. "Tráfico, contrabando e imigração irregular; os novos contornos da imigração brasileira em Portugal". Em *Sociologia: Problemas e Práticas*, nº 53, Lisboa, 2007.

PEREIRA, Ana Marques. *Mesa real: dinastia de Bragança*. Lisboa: Inapa, 2000.

PEREIRA, Ângelo. *D. João VI: príncipe e rei. A retirada da família real para o Brasil (1807)*. Vol. 1. Lisboa: Empresa Nacional de Publicidade, 1953.

PEREIRA, Gaspar Martins (org.). *O vinho do Porto*. Porto: Instituto do Vinho do Porto, 2003.

PEREIRA, Sofia Barros Rodrigues de Castro. *Imagem(s) do outro no quotidiano dos portugueses: estereótipos dos portugueses face aos ucranianos, brasileiros e caboverdianos a residir em Portugal*. Dissertação de mestrado em Relações Interculturais. Lisboa: Universidade Aberta, 2004.

PEREIRA, Virgínia Soares Pereira. "Celebrando Portugal: Bruxelas, 1531, e o *Genethliacon* de André de Resende". Em *Congresso Internacional Damião de Góis na Europa do Renascimento: actas*. Braga: Universidade Católica Portuguesa/Faculdade de Filosofia, 2003.

PÉREZ SAMPER, María de los Ángeles. "Chocolate, té y café: sociedad, cultura y alimentación en la España del siglo XVIII". Em SARASA, Esteban & SERRANO, Eliseo (orgs.). *El conde de Aranda y su tiempo*. Direção de José A. Ferrer Benimeli. Zaragoza: Institución Fernando El Católico (Consejo Superior de Investigaciones Científicas), 2000.

________. "Comer, beber y divertirse". Em LORENZO, Ángel Vaca (org.). *Fiesta, juego y ocio en la historia*. Salamanca: Universidad de Salamanca, 2003.

________. *La alimentación en la España del Siglo de Oro. Domingo Hernández de Maceras: "Libro del Arte de Cocina"*. Huesca: La Val de Onsera, 1998.

________. "La alimentación en tiempos del emperador: un modelo europeo de dimensión universal". Em CASTELLANO, Juan Luis & GONZÁLEZ, Francisco Sánchez-Montes (orgs.). *Carlos V: europeísmo y universalidad*. Vol. 5. Madri: Sociedad Estatal para la Commemoración de los Centenarios de Felipe II y Carlos V, 2001.

________. "La integración de los produtos americanos en los sistemas alimentarios mediterráneos". Em *XIV Jornades d'Estudis Històrics Locals. La Mediterrània Àrea de Convergència de Sistemas Alimentaris (segles V-XVIII)*. Palma de Maiorca: Institut d'Estudis Baleàrics, 1996.

________. "Lo scambio colombiano e l'Europa". Em MONTANARI, Massimo & SABBAN, Françoise (orgs.). *Atlante dell'alimentazione e della gastronomia: risorse, scambi, consumi*. Vol. 1. Turim: Unione Tipografico/Editrice Torinense, SpA, 2004.

PERRIER-ROBERT, Annie. *Le chocolat: les carnets gourmands*. Paris: Chêne, 1998.

PERROT, Michelle. "Personagens e papéis". Em PERROT, Michelle (org.). *História da vida privada*. Vol. 4: *Da revolução à Grande Guerra*. Direção Philippe Ariès e Georges Duby. Trad. Armando Luís de Carvalho Homem. Porto: Afrontamento, 1990.

PINHO, Ana Filipa Antunes. *Migrações e processos comunicacionais: o caso dos brasileiros em Portugal*. Dissertação de mestrado em Comunicação, Cultura e Tecnologias da Informação. Lisboa: Instituto Superior de Ciências do Trabalho e da Empresa, 2001.

PIRES, Rui Pena. "A imigração". Em BETHENCOURT, Francisco & CHAUDHURI, Kirti (orgs.). *História da expansão portuguesa. Último império e recentramento (1930-1998)*. Vol. 5. Lisboa: Temas e Debates, 2000.

PISSARRA, José Virgílio Amaro. *A Armada da Índia: cômputo, tipologia e funcionalidade das armadas de guerra portuguesas do Oriente (1501-1510)*. Dissertação de mestrado em História dos Descobrimentos e da Expansão Portuguesa. Lisboa: Faculdade de Letras da Universidade de Lisboa, 2001.

PLOUVIER, Liliane. *L'Europe à table: histoire et recettes*. Tomo 2. Bruxelas: Labor, 2003.

POMMARÈDE, Pierre. "Le jeûne et l'abstinence". Em GUILLAUME, Pierre. *Du bien manger et du bien vivre à travers les âges et les terroirs*. Pessac: Maison des Sciences de l'Homme d' Aquitaine, 2002.

PORRO, Antônio. "História indígena do alto e médio Amazonas (séculos XVI a XVIII)". Em CUNHA, Manuela Carneiro da (org.). *História dos índios no Brasil*. 2ª ed. São Paulo: Companhia das Letras/Secretaria Municipal de Cultura/Fundação de Amparo à Pesquisa do Estado de São Paulo, 1998.

PRADO, Geraldo Moreira & SANTOS, Rael Fiszon Eugênio dos. "Especiarias da China". Em *Nossa História*, nº 36, Rio de Janeiro, 2006.

PRIORE, Mary del & VENÂNCIO, Renato. *Uma história da vida rural no Brasil*. Rio de Janeiro: Ediouro, 2006.

RABY, David Landes. "Santa Maria, Assalto do". Em BARRETO, António & MÔNICA, Maria Filomena (orgs.). *Dicionário de história de Portugal: suplemento*. Vol. 9. Porto: Figueirinhas, 2000.

RAINHO, Maria do Carmo Teixeira. "A distinção e as suas normas: leituras e leitores dos manuais de etiqueta e civilidade. Rio de Janeiro, século XIX". Em *Acervo*, 8 (1-2), Rio de Janeiro, 1995.

RAMINELLI, Ronald. *Viagens ultramarinas: monarcas, vassalos e governo à distância*. São Paulo: Alameda, 2008.

RAMOS, Rui Manuel Moura. "Lei da nacionalidade". Em BARRETO, António & MÔNICA, Maria Filomena (orgs.). *Dicionário de história de Portugal: suplemento*. Vol. 8. Porto: Figueirinhas, 1999.

RAU, Virgínia. "Política econômica e mercantilismo na correspondência de Duarte Ribeiro de Macedo (1668-1676)". Em *Estudos sobre história econômica e social do Antigo Regime*. Lisboa: Presença, 1984.

RÊGO, Margarida Vaz do. "Milho". Em *Enciclopédia açoriana*. Disponível em http://pg.azores.gov.pt/drac/cca/enciclopedia.

REVEL, Jacques. "As práticas da civilidade". Em PERROT, Michelle (org.). *História da vida privada*. Vol. 3: *Do renascimento ao Século das Luzes*. Trad. Armando Luís de Carvalho Homem. Direção de Philippe riès e George Duby. Porto: Afrontamento, 1990.

RIBEIRO, Margarida. *Olaria de uso doméstico na arquitetura conventual do século XVI*. Montemor-o-Novo: Edição do Grupo de Amigos de Montemor-o-Novo, 1984.

RIBEIRO, Maria Manuela Tavares. "Vivências das crises, vencer a crise: Tratado de Comércio e Navegação entre Portugal e o Brasil (14-1-1892)". Em CASTRO, Zilda Osório de; SILVA, Júlio Rodrigues da; SARMENTO, Cristina Montalvão (orgs.). *Tratados do Atlântico Sul: Portugal-Brasil (1825-2000)*. Coleção Biblioteca Diplomática do MNE. Lisboa: Ministério dos Negócios Estrangeiros/Instituto Diplomático, 2006.

RICHIE, Carson I. A. *Comida e civilização: de como a história foi influenciada pelos gostos humanos*. Trad. José Labaredas. Lisboa: Assírio e Alvim, 1995.

RITO, Catarina Vasques. "Imprensa regional discrimina brasileiros". Em *Diário de Notícias*, Lisboa, 2-3-2009.

ROBERT, Hervé. *Les vertus thérapeutiques du chocolat ou comment en finir avec les idées reçues*. Paris: Artulen, 1990.

ROCHA, Rui. *A viagem dos sabores: ensaio sobre a história da alimentação (séculos IX-XIX), seguido de 100 receitas em que vários mundos se encontram*. Lisboa: Inapa, 1998.

ROCHE, Daniel. *Histoire des choses banales: naissance de la consommation dans les sociétés traditionnelles (XVIIe-XIXe siècles)*. Paris: Fayard, 1997.

RODRIGUES, Manuel Augusto. "A universidade no tempo de D. Manuel I: algumas notas". Em *A Universidade de Coimbra. Figuras e fatos da sua história*. Vol. 1. Porto: Campo das Letras, 2007.

RODRIGUES, Maria Dalila Aguiar. *Modos de expressão na pintura portuguesa: o processo criativo de Vasco Fernandes (1500-1542)*. 2 vols. Tese de doutorado em História da Arte. Coimbra: Faculdade de Letras da Universidade de Coimbra, 2000.

ROJO, Julio Valles. *Cocina y alimentación en los siglos XVI y XVII*. Valladolid: Junta de Castilla y León, 2007.

ROSA, Frederico Delgado. *Humberto Delgado: biografia do general sem medo*. Lisboa: A Esfera dos Livros, 2008.

ROSAS, Fernando & SAMARA, Alice. *Francisco Craveiro Lopes*. Lisboa: Museu da Presidência da República, 2006.

ROSSATO, Luciana. *A lupa e o diário: história natural, viagens científicas e relatos sobre a capitania de Santa Catarina (1763-1822)*. Itajaí: Universidade do Vale de Itajaí, 2007.

ROUSSEL, Claude. "Les legs de la rose: modèles et percepts de la sociabilité médiévale". Em MONTANDON, A. (org.). *Pour une histoire des traités de savoir-vivre en Europe*. Clermont-Ferrand: Associations des Publications de la Faculté des Lettres et Sciences Humaines de Clermont-Ferrand, 1995.

ROWLAND, Robert. "Brasileiros do Minho: emigração, propriedade e família". Em BETHENCOURT, Francisco & CHAUDHURI, Kirti (orgs.). *História da expansão portuguesa: do Brasil para a África (1808-1930)*. Vol. 4. Lisboa: Temas & Debates, 2000.

________. "O problema da emigração: dinâmicas e modelos". Em BETHENCOURT, Francisco & CHAUDHURI, Kirti (orgs.). *História da expansão portuguesa. Do Brasil para a África (1808-1930)*. Vol. 4. Lisboa: Temas & Debates, 2000.

________. "Portugueses no Brasil: projetos e contextos". Em BETHENCOURT, Francisco & CHAUDHURI, Kirti (orgs.). *História da Expansão Portuguesa. Do Brasil para a África (1808-1930)*. Vol. 4. Lisboa: Temas & Debates, 2000.

RUSSEL-WOOD, A. J. R. *Um mundo em movimento: os portugueses na África, Ásia e América (1415-1808)*. Trad. Vanda Anastácio. Lisboa: Difel, 1998.

SAMPAIO, A. J. de. *Alimentação sertaneja e do interior da Amazônia: onomástica da alimentação rural*. São Paulo/Rio de Janeiro/Bahia/Recife/Pará/Porto Alegre: Companhia Editora Nacional, 1944.

SANTOS, Afonso Carlos Marques dos. "A fundação de uma Europa possível". Em *Anais do Seminário Internacional D. João VI: um rei aclamado na América*. Rio de Janeiro: Museu Histórico Nacional, 2000.

SANTOS, Carlos Roberto Antunes dos. "A alimentação e o seu lugar na história: os tempos da memória gustativa". Em *História: Questões e Debates*, nº 42, Curitiba, 2005.

________. *História da alimentação no Paraná*. Curitiba: Fundação Cultural, 1995.

________. "Por uma história da alimentação". Em *História: Questões e Debates*, 14 (26-27), Curitiba, 1997.

SANTOS, Eugênio dos. *D. Pedro IV: liberdade, paixões, honra*. Lisboa: Círculo de Leitores/Universidade Católica Portuguesa/Centro de Estudos dos Povos e Culturas de Expressão Portuguesa, 2006.

SANTOS, Maria José Azevedo. "O mais antigo livro de cozinha português: receitas e sabores". Em *A alimentação em Portugal na Idade Média: fontes, cultura, sociedade*. Coimbra: Inatel, 1997.

________. "O peixe e a fruta na alimentação da Corte de D. Afonso V: breves notas". Em *A alimentação em Portugal na Idade Média: fontes, cultura, sociedade*. Coimbra: Inatel, 1997.

________. "Vinho, pescado, fruta e outras viandas em tempos medievais". Em *A alimentação em Portugal na Idade Média: fontes, cultura, sociedade*. Coimbra: Inatel, 1997.

SANTOS, Piedade Braga; RODRIGUES, Teresa; NOGUEIRA, Margarida Sá. *Lisboa setecentista vista pelos estrangeiros*. Lisboa: Horizonte, 1987.

SANTOS, Regina Maria Seixas dos. *Portugal na Exposição Nacional do Rio de Janeiro em 1908: significados e intenções*. Dissertação de mestrado em Relações Históricas Portugal, Brasil, África e Oriente. Porto: Faculdade de Letras da Universidade do Porto, 1999.

SARAGOÇA, Lucinda. *Da "Feliz Lusitânia" aos confins da Amazónia (1615-62)*. Lisboa: Cosmos, 2000.

SARAIVA, José da Cunha. "Um jantar no século XVII". Em *Feira da Ladra*, nº 3, Lisboa, 1931.

SARAMAGO, Alfredo. "O paladar tem a sua história". Em RIGAUD, Lucas. *Cozinheiro moderno ou nova arte de cozinha*. Sintra: Colares, 1999.

SARMENTO, Cristina Montalvão. "Tratado do milênio: 500 anos para redescobrir a história (22-4-2000)". Em CASTRO, Zilda Osório de; SILVA, Júlio Rodrigues da; SARMENTO, Cristina Montalvão (orgs.). *Tratados do Atlântico Sul: Portugal-Brasil (1825-2000)*. Coleção Biblioteca Diplomática do MNE. Lisboa: Ministério dos Negócios Estrangeiros/Instituto Diplomático, 2006.

SARTI, Raffaella. *Casa e família: habitar, comer e vestir na Europa moderna*. Trad. Isabel Teresa Santos. Lisboa: Estampa, 2001.

SAUNDERS, A. C. de C. M. *História social dos escravos e libertos negros em Portugal (1441-1550)*. Lisboa: Imprensa Nacional/Casa da Moeda, 1994.

SCARANO, Julieta. *Cotidiano e solidariedade: vida diária da gente de cor nas Minas Gerais (século XVIII)*. São Paulo: Brasiliense, 1994.

SCHNAPPER, Antoine. *Le géant, la licorne, la tulipe: collections françaises au XVIIe siècle*. Paris: Flammarion, 1988.

SCHWARCZ, Lilia Moritz. *As barbas do imperador: D. Pedro II, um monarca nos trópicos*. Lisboa: Assírio & Alvim, 2003.

________. "Introdução". Em ROQUETE, J. I. *Código do bom-tom ou regras da civilidade e de bem viver no século XIX*. São Paulo: Companhia das Letras, 1997.

________ & AZEVEDO, Paulo César de. *O livro dos livros da Real Biblioteca. The Royal Library's Book of Books*. São Paulo: Fundação Odebrecht, 2003.

________; AZEVEDO, Paulo César de; COSTA, Ângela Marques. *A longa viagem da biblioteca dos reis: do terremoto de Lisboa à Independência do Brasil*. São Paulo: Companhia das Letras, 2002.

SCWHARTZ, Stuart B. "De ouro a algodão: a economia brasileira no século XVIII". Em BETHENCOURT, Francisco & CHAUDHURI, Kirti (orgs.). *História da expansão portuguesa. O Brasil na balança do Império (1697-1808)*. Vol. 3. Lisboa: Temas & Debates, 1998.

________. *Segredos internos: engenhos e escravos na sociedade colonial*. São Paulo: Companhia das Letras, 1988.

SEIXAS, Maria Lucília Barbosa. *A natureza brasileira nas fontes portuguesas do século XVI: para uma tipologia das grandezas do Brasil*. Viseu: Passagem, 2003.

SENIOR, Mattew. "The Ménagerie and the Labyrinthe: Animals at Versailles (1662-1792)". Em FUDGE, Erica (org.). *Renaissance Beasts of Animals, Humans and Other Wonderful Creatures*. Chicago: University of Illinois Press, 2004.

SENOS, Nuno. *O Paço da Ribeira (1501-1581)*. Lisboa: Notícias, 2002.

SENTIERI, Maurizio & ZAZZU, Guido N. *I semi dell'Eldorado: l'alimentazione in Europa dopo la scoperta dell'America*. Bari: Dedalo, 1992.

SERRÃO, Joel & MARQUES, A. H. de Oliveira (orgs.). *Nova história de Portugal: Portugal na crise dos séculos XIV e XV*. Vol. 4. Lisboa: Presença, 1987.

SILVA, Andrée Mansuy-Diniz. *Portrait d'un homme d'état: D. Rodrigo de Souza Coutinho, comte de Linhares (1755-1812)*. 2 vols. Paris: Centro Cultural Calouste Gulbenkian, 2002-2006.

SILVA, Carlos Guardado da (org.). *Turres Veteras IX: história da alimentação*. Torres Vedras/Lisboa: Câmara Municipal/Colibri, 2007.

SILVA, Joaquim Ramos. *Portugal/Brasil; uma década de expansão das relações econômicas (1992-2002)*. Lisboa: Terramar, 2002.

SILVA, José Manuel Azevedo e. "Aspectos da política pombalina na Amazônia". Em *Revista Portuguesa de História*, tomo 33, Coimbra, 1999.

SILVA, Júlio Rodrigues da. "O difícil reencontro luso-brasileiro. O Tratado de Comércio e Navegação (19-5-1836)". Em CASTRO, Zilda Osório de; SILVA, Júlio Rodrigues da; SARMENTO, Cristina Montalvão (orgs.). *Tratados do Atlântico Sul: Portugal-Brasil (1825-2000)*. Coleção Biblioteca Diplomática do MNE. Lisboa: Ministério dos Negócios Estrangeiros/Instituto Diplomático, 2006.

SILVA, Maria Beatriz Nizza da. "A cultura implícita". Em SERRÃO, Joel & OLIVEIRA MARQUES, A. H. (orgs.). *Nova história da expansão portuguesa. O Império Luso-Brasileiro (1620-1750)*. Vol. 7. Coordenação de Frédéric Mauro. Lisboa: Estampa, 1991.

________. *A cultura luso-brasileira: da reforma da Universidade de Coimbra à Independência do Brasil*. Lisboa: Estampa, 1999.

________. *A Gazeta do Rio de Janeiro (1808-1822): cultura e sociedade*. Rio de Janeiro: Editora da Universidade do Estado do Rio de Janeiro, 2007.

________. *A primeira Gazeta da Bahia: idade d'ouro do Brazil*. 2ª ed. revista e ampliada. Salvador: Edufba, 2005.

________. "A vida quotidiana". Em SERRÃO, Joel & OLIVEIRA MARQUES, A. H. (orgs.). *Nova história da expansão portuguesa. O Império Luso-Brasileiro (1750-1820)*. Vol. 8. Coordenação de Maria Beatriz Nizza da Silva. Lisboa: Estampa, 1986.

________. "Cacau". Em SILVA, Maria Beatriz Nizza (org.). *Dicionário da história da colonização portuguesa no Brasil*. Lisboa: Verbo, 1994.

________. "Cultura no Rio de Janeiro no período pombalino". Em MENESES, Avelino de Freitas de & COSTA, João Paulo de Oliveira e (orgs.). *O reino, as ilhas e o mar oceano: estudos em homenagem a Artur Teodoro de Matos*. Vol. 2. Lisboa/Ponta Delgada: Centro de História de Além-Mar/Faculdade de Ciências Sociais e Humanas da Universidade Nova de Lisboa/Universidade dos Açores, 2007.

________. "Da Revolução de 1820 à Independência brasileira". Em SERRÃO, Joel & OLIVEIRA MARQUES, A. H. (orgs.). *Nova história da expansão portuguesa. O Império Luso-Brasileiro (1750-1822)*. Vol. 8. Coordenação de Maria Beatriz Nizza da Silva. Lisboa: Estampa, 1986.

________. *D. João, príncipe e rei no Brasil*. Lisboa: Horizonte, 2008.

SILVA, Paula Pinto e. *Farinha, feijão e carne-seca: um tripé culinário no Brasil colonial*. São Paulo: Editora Senac São Paulo, 2005.

________. *Papagaio cozido com arroz: livros de cozinha e receitas culinárias no Rio de Janeiro do século XIX*. Tese de doutorado em Antropologia Social. São Paulo: Faculdade de Filosofia, Letras e Ciências Humanas da Universidade de São Paulo, 2007.

SILVA, Raquel Costa e. "Batata-doce". Em *Enciclopédia açoriana*. Disponível em http://pg.azores.gov.pt/drac/cca/enciclopedia.

SORCINELLI, Paolo. "L'alimentation et la santé". Em FLANDRIN, Jean-Louis & MONTANARI, Massimo (orgs.). *Histoire de l'alimentation*. Paris: Fayard, 1996.

SOUSA, Cristina Maria André de Pina & GOMES, Saul António. *Intimidade e encanto: o mosteiro cisterciense de Santa Maria de Cós (Alcobaça)*. Leiria: Magno, 1998.

SOUSA, Gonçalo de Vasconcelos e. *A ourivesaria da prata em Portugal e os mestres portuenses: história e sociabilidade (1750-1810)*. Porto: Edição do autor, 2004.

________. "Ouro, prata e outras riquezas setecentistas numa herança da Bahia (Brasil)". Em *Revista da Faculdade de Letras, Ciências e Técnicas do Patrimônio*, vol. 3, Porto, 2004.

________. *Pratas portuguesas em coleções particulares: século XV ao século XX*. Porto: Civilização, 1998.

SOUZA, Ricardo Luiz de. "Cachaça, vinho, cerveja: da colônia ao século XX". Em *Estudos Históricos*, vol. 33, Rio de Janeiro, 2004. Disponível em http://www.cpdoc.fgv.br/revista/asp/dsp.

SOYER, François. "Le royaume de Portugal et l'expulsion des juifs d'Espagne en 1492". Em MONTALVO, José Hinojosa & BARROS, Maria Filomena Lopes de (orgs.). *Minorias étnico-religiosas na península Ibérica (períodos medieval e moderno)*. Lisboa/Évora/Alicante: Colibri/Universidade de Évora/Centro Interdisciplinar de História, Culturas e Sociedades/Universidade de Alicante, 2008.

__________. *The Persecution of the Jews and Muslims of Portugal: King Manuel I and the End of the Religious Pluralism in Portugal (1496-97)*. Leiden: Brill, 2007.

SPANG, Rebecca L. *A invenção do restaurante: Paris e a moderna cultura gastronômica.* Trad. Jaime Araújo. Lisboa: Temas & Debates, 2003.

STOLS, Eddy. "*Auberges espagnoles* e hóspedes flamengos: por uma história das pousadas, das vendas e da hospitalidade luso-brasileira". Em PAIVA, Eduardo França (org.). *Brasil-Portugal: sociedades, culturas e formas de governar no mundo português (séculos XVI-XVIII)*. São Paulo: Annablume, 2006.

__________. "'O doce nunca amargou... e nem mesmo na Flandres'. A dinâmica do novo açúcar brasileiro nas relações económicas de Portugal com Flandres na Época de D. João III". Em CARNEIRO, Roberto & MATOS, Artur Teodoro de (orgs.). *D. João III e o Império; actas do Congresso Internacional Comemorativo do seu Nascimento.* Lisboa: Centro de História de Além-Mar/Centro de Estudos dos Povos e Culturas de Expressão Portuguesa, 2004.

SUBRAHAMANYAN, Sanjay. *O Império Asiático Português (1500-1700): uma história política e econômica*. Trad. Paulo Jorge Sousa Pinto. Linda-a-Velha: Difel, 1995.

SUCENA, Eduardo, "Cafés". Em SANTANA, Francisco & SUCENA, Eduardo (orgs.). *Dicionário de história de Lisboa*. Lisboa: Eduardo Quintas & Associados, 1994.

TAVARES, Maria José Pimenta Ferro. "A moeda portuguesa no mundo (séculos XII-XVI)". Em *Os portugueses e o mundo: conferência internacional*. Vol. 2. Porto: Fundação Engenheiro António de Almeida, 1988.

__________. *Judaísmo e Inquisição: estudos*. Lisboa: Presença, 1987.

TAVARES, Paulino Mota. *Mesa, doces e amores no século XVII português*. Prefácio de Maria José Azevedo Santos. Sintra: Colares, 1999.

__________ & CAVALHEIROS, Maria Leonor. *Quinta das Lágrimas. Cenário dos amores de Pedro e Inês: história, requintes e sabores.* Sintra: Colares, 2002.

TEIXEIRA, Nuno Severiano. "Política externa". Em BARRETO, António & MÔNICA, Maria Filomena (orgs.). *Dicionário de história de Portugal: suplemento*. Vol. 9. Porto: Figueirinhas, 2000.

TELLES, Célia Marques. "Características grafemático-fonéticas de um manuscrito em letra gótica cursiva". Em LEÃO, Ângela Vaz & BITTENCOURT, Vanda de Oliveira (orgs.). *IV Encontro Internacional de Estudos Medievais. Anais*. Belo Horizonte: PUC-MG, 2003.

TERRA, Ana Lúcia Silva. *Cortesia e mundaneidade: manuais de civilidade em Portugal nos séculos XVII e XVIII.* 2 vols. Dissertação de mestrado em História Moderna. Coimbra: Faculdade de Letras da Universidade de Coimbra, 2000.

TERRÓN, Eloy. *España, encrucijada de culturas alimentarias: su papel en la difusión de los cultivos americanos.* Madri: Ministerio de Agricultura, Pescas y Alimentación, 1992.

TEUTEBERG, Hans Jurgen & FLANDRIN, Jean-Louis. "Transformations de la consommation alimentaire". Em FLANDRIN, Jean-Louis & MONTANARI, Massimo (orgs.). *Histoire de l' alimentation.* Paris: Fayard, 1996.

THIÉBAUT, Philippe. "1850-1914: la table bourgeoise". Em ENNÈS, Pierre; MABILLE, Gérard; THIÉBAUT, Philippe. *Histoire de la table.* Paris: Flammarion, 1994.

THIRSK, Joan. *Food in Early Modern England: Phases, Fads, Fashions (1500-1760).* Londres: Hambledon Continuum, 2007.

THOMAZ, Luís Filipe F. R. *A questão da pimenta em meados do século XVI: um debate político do governo de D. João de Castro.* Lisboa: Universidade Católica Portuguesa/Centro de Estudos dos Povos e Culturas de Expressão Portuguesa, 1998.

________. "Especiarias do Velho e do Novo Mundo. Notas histórico-filológicas". Em *Arquivos do Centro Cultural Português,* vol. 24, Lisboa/Paris, 1995.

________. "O projeto imperial joanino: tentativa de interpretação global da política ultramarina de D. João II". Em *De Ceuta a Timor.* Linda-a-Velha: Difel, 1994.

________. "The Iberian Expansion and the Fortune of Indian Plants in the West". Em VARADARAJAN, Lotika (org.). *Indo-Portuguese Encounters: Journeys in Science, Technology and Culture.* Vol. 1. Nova Délhi/Lisboa: Indian National Science Academy/Aryan/Centro de História de Além-Mar da Universidade Nova de Lisboa, s/d.

TOMASIK, Timothy J. & VITULLO, Juliann M. "At the Table: Metaphorical and Material Cultures of Food in Medieval and Early Modern Europe". Em TOMASIK, Timothy J. & VITULLO, Juliann M. (orgs.). *At the Table: Metaphorical and Material Cultures of Food in Medieval and Early Modern Europe.* Turnhout: Brepols, 2007.

TOMÉ, Elisabete Picão. *Blasfêmias no Tribunal da Inquisição de Coimbra (1541-1750).* Dissertação de mestrado em História Moderna. Coimbra: Faculdade de Letras da Universidade de Coimbra, 2006.

TORRÃO, Maria Manuel. *Dietas alimentares: transferências e adaptações nas ilhas de Cabo Verde (1460-1540).* Prefácio Maria Emília Madeira Santos. Lisboa: Instituto de Investigação Científica Tropical, 1995.

TOUSSAINT-SAMAT, Maguelonne. *A History of Food.* Trad. Anthea Bell. Oxford: Blackwell, 1999.

TRINDADE, Maria Beatriz Rocha & CAEIRO, Domingos. *Portugal-Brasil: migrações e migrantes (1850-1930).* Lisboa: Inapa, 2000.

VALENTE, Vasco. *O vidro em Portugal.* Porto: Portucalense, 1950.

VEIGA, Carlos Margaça. "A reforma manuelina dos forais". Em VENTURA, Margarida Garcez (org.). *O Foral da Ericeira no Arquivo Museu*. Lisboa: Colibri, 1993.

VEIGA, Hugo. "Caipirinha, samba e publicidade pra caramba". Disponível em http://aventurapaulista.blogspot.com.

VELOSO, Carlos. *A alimentação em Portugal no século XVIII nos relatos dos viajantes estrangeiros*. Coimbra: Minerva, 1992.

VENÂNCIO, Renato Pinto & CARNEIRO, Henrique (orgs.). *Álcool e drogas na história do Brasil*. São Paulo/Belo Horizonte: Alameda/PUC-MG, 2005.

VENTURA, António. *A Guerra das Laranjas: a perda de Olivença (1796-1801)*. Lisboa: Prefácio, 2004.

________. "Portugal e a Revolução Francesa: da Guerra do Rossilhão à Guerra das Laranjas". Em BARATA, Manuel Themudo & TEIXEIRA, Nuno Severiano (orgs.). *Nova história militar de Portugal*. Vol. 3. Lisboa: Círculo de Leitores, 2004.

VERRI, Gilda Maria Whitaker. *Tinta sobre papel: livros e leituras em Pernambuco no século XVIII (1759-1807)*. 2 vols. Recife: Universidade Federal de Pernambuco/Secretaria de Educação e Cultura, 2006.

VIANA, Mário. *Os vinhedos medievais de Santarém*. Cascais: Patrimonia, 1998.

VIANNA, Carlos. "A comunidade brasileira em Portugal". Disponível em http://www.casadobrasil.info. Consultado em 11-3-2009.

VICTORA, Ceres; KNAUTH, Daniela R.; ALMEIDA, Cláudia Choma Bettega. "Hábitos alimentares e cultura: um estudo de concepções sobre alimentação infantil". Em MACIEL, Maria Eunice & GOMBERG, Estélio (orgs.). *Temas em cultura e alimentação*. São Cristóvão/Aracaju: Universidade Federal de Sergipe/Fundação Oviedo Teixeira, 2007.

VIEIRA, Alberto. *História do vinho da Madeira*. Funchal: Secretaria Regional do Turismo e Cultura/Centro de Estudos de História do Atlântico, 1993.

WILLIOT, Jean-Pierre & LE VAYER, Marc de la Ferrière. *Saga de la pomme de terre*. Paris: Cercle, 2008.

Sites

BACARDI. http://www.bacardi.com. Consultado em 4-8-2008.

CASA DA AMÉRICA LATINA. http://www.c-americalatina.pt. Consultado em 3-2-2009.

CASA DO BRASIL. http://www.casadobrasil.info. Consultado em 23-1-2009.

GUIA DA CIDADE. http://www.guiadacidade.pt. Consultado em 23-1-2009.

LICOR BEIRÃO. http://www.pt.wikipedia/org e http://receitasdebebidas.blogs.sapo.pt. Consultados em 4-8-2008.

LIFECOOLER. O Guia da Boa Vida. http://www.lifecooler.com/edicoes. Consultado em 23-1-2009.

LOCAL FOOD. http://en.wikipedia.org/wiki/Local_food. Consultado em 10-9-2008.

PENÍNSULA IBÉRICA EM NÚMEROS. *La Península Iberica en Cifras*, Lisboa, Instituto Nacional de Estatística, 2008, p. 24. http://www.ine.pt. Consultado em 20-2-2009.

RUFFLES. http://www.ruffles.pt. Consultado em 4-8-2008.

SERVICO DE ESTRANGEIROS E FRONTEIRAS. http://www.sef.pt. Consultado em 23-1-2009.

SUMOL + COMPAL. "Guaraná". http://www.sumolcompal.pt. Consultado em 24-4-2009.

WIKIPEDIA. "Unidades federativas do Brasil". http://pt.wikipedia.org/wiki. Consultado em 13-3-2009.

Créditos iconográficos

Fotos do texto

p. 16 | Biblioteca da Ajuda, Lisboa.
p. 18 | Museu de São Roque, Lisboa.
p. 26 | Igreja de São João Batista, em Tomar.
p. 58 | Museu Nacional da Dinamarca, Copenhague.
p. 77 | Coleção Brasiliana, São Paulo.
p. 93 | Palácio dos Guiões, Lisboa.
p. 143 | Arquivo Histórico Ultramarino, Lisboa.
p. 153 | Museu Nacional da Dinamarca, Copenhague.
p. 156 | Museu Nacional dos Coches, Lisboa.
p. 166 | Biblioteca Nacional, Rio de Janeiro.
p. 228 | Museu Imperial, Petrópolis.
p. 240 | Foto: Adriana Freire/Comida de Santo.
p. 254 | Foto: Isabel M. M. Alexandre.
p. 271 | Foto: Adriana Freire/Comida de Santo.

Fotos do 1º caderno cor

Fig. 1 | Biblioteca Nacional, Rio de Janeiro.
Fig. 2 | Biblioteca Nacional, Rio de Janeiro.
Fig. 3 | Museu Nacional da Dinamarca, Copenhague.
Fig. 4 | Museu Nacional da Dinamarca, Copenhague.
Fig. 5 | Biblioteca Nacional, Rio de Janeiro.

Fig. 6 | Coleção particular.
Fig. 7 | Arquivo Histórico Ultramarino, Lisboa.
Fig. 8 | Museu Nacional da Dinamarca, Copenhague.
Fig. 9 | Foto: Darias Martin.
Fig. 10 | Museu Nacional da Dinamarca, Copenhague.
Fig. 11 | Coleção Brasiliana.
Fig. 12 | Museu Nacional da Dinamarca, Copenhague.
Fig. 13 | Museu Nacional da Dinamarca, Copenhague.
Fig. 14 | Biblioteca Nacional, Rio de Janeiro.
Fig. 15 | Foto: Fiamma Franchi.
Fig. 16 | Museu Nacional de Belas Artes, Rio de Janeiro.
Fig. 17 | Museu Histórico Nacional, Rio de Janeiro.
Fig. 18 | Coleção Brasiliana.
Fig. 19 | Biblioteca Nacional, Rio de Janeiro.
Fig. 20 | Biblioteca Nacional, Rio de Janeiro.
Fig. 21 | Coleção particular.
Fig. 22 | Coleção particular.
Fig. 23 | Biblioteca Nacional, Rio de Janeiro.
Fig. 24 | Arquivo Histórico do Museu Zoológico Bocage, Universidade de Lisboa.
Fig. 25 | Coleção particular.
Fig. 26 | Coleção Brasiliana.
Fig. 27 | Coleção Brasiliana.
Fig. 28 | Museus Castro Maya, Rio de Janeiro.
Fig. 29 | Biblioteca Nacional, Rio de Janeiro.
Fig. 30 | Biblioteca Nacional, Rio de Janeiro.
Fig. 31 | *A Gazeta do Rio de Janeiro*, ano I, nº 1, 10-9-1808. Rio de Janeiro, Impressão Régia. Diário Oficial. Império do Bras. Biblioteca Nacional, Rio de Janeiro.
Fig. 32 | Museus Castro Maya, Rio de Janeiro.
Fig. 33 | Biblioteca Nacional, Rio de Janeiro.

Fotos do 2º caderno cor

Fig. 1 | Em Maria Beatriz Rocha Trindade & Domingos Caeiro, *Portugal-Brasil, migrações e migrantes: 1850-1930* (Lisboa: Inapa, 2000), p. 150.
Fig. 2 | Foto: Adriana Freire/Comida de Santo.
Fig. 3 | Foto: Antonio Homem Cardoso/Comida de Santo.
Figs. 4 e 5 | Fotos: Isabel M. M. Alexandre.
Fig. 6 | Foto: Fernando Favoretto/Criar Imagem.
Fig. 7 | Foto: Robert Anthony/Dreamstime.com.
Fig. 8 | Foto: Vinicius Tupinamba/Dreamstime.com.
Fig. 9 | Foto: Vinicius Tupinamba/Dreamstime.com.
Fig. 10 | Foto: Humberto Medeiros.
Fig. 11 | Foto: Adriana Freire/Comida de Santo.
Fig. 12 | Foto: Antonio Ozorio Leme de Barros.
Fig. 13 | Empresa Brasileira de Correios e Telégrafos, 2008.
Fig. 14 | Foto: Isabel M. M. Alexandre.